2015

大中型批发零售和住宿餐饮企业统计年鉴

国家统计局贸易外经统计司 编

图书在版编目（CIP）数据

大中型批发零售和住宿餐饮企业统计年鉴 . 2015/
国家统计局贸易外经统计司编 .
-- 北京：中国统计出版社，2015.10
ISBN 978-7-5037-7637-3

Ⅰ . ①大… Ⅱ . ①国… Ⅲ . ①批发业 - 统计资料
- 中国 -2015- 年鉴②零售业 - 统计资料
- 中国 -2015- 年鉴③饭店业 - 统计资料
- 中国 -2015- 年鉴④饮食业 - 统计资料
- 中国 -2015- 年鉴 Ⅳ . ① F721.7-54 ② F719-54

中国版本图书馆 CIP 数据核字（2015）第 216939 号

大中型批发零售和住宿餐饮企业统计年鉴 -2015

作　　者 / 国家统计局贸易外经统计司
责任编辑 / 马　平
封面设计 / 李雪燕
出版发行 / 中国统计出版社
通信地址 / 北京市丰台区西三环南路甲 6 号　邮政编码 /100073
电　　话 / 邮购（010）63376909　书店（010）68783171
印　　刷 / 河北天普润印刷厂
经　　销 / 新华书店
开　　本 /880×1230 毫米　1/16
字　　数 /860 千字
印　　张 /27.5
版　　别 /2015 年 10 月第 1 版
版　　次 /2015 年 10 月第 1 次印刷
定　　价 / 380.00 元

如有印装差错，由本社发行部调换。

《大中型批发零售和住宿餐饮企业统计年鉴—2015》

编辑成员

顾　　问： 王保安

主　　编： 贾　楠

副 主 编： 孟庆欣　叶植材

编辑主任： 蔺　涛　卢　山　王克臣

编辑人员： (以姓氏笔画为序)

王月香　王　智　付加奇　付　媛　申俊利

刘旭玲　刘　洋　刘晓燕　严先溥　张　敏

李　敏　杜　燕　汤魏巍　杨　壮　陈群林

孟　好　罗卫华　胡春霖　赵则勇　袁　彦

责任编辑： 马　平

编辑说明

一、《大中型批发零售和住宿餐饮企业统计年鉴—2015》系统收录了全国和各省、自治区、直辖市大中型批发零售和住宿餐饮业企业基本情况、经营情况和主要财务情况的2014年年报统计数据，是一部全面反映中国大中型批发和零售业、住宿和餐饮业企业改革和发展状况的资料性年刊。

二、本年鉴正文内容分为四个部分：1. 综合篇；2. 地区篇；3. 行业篇；4. 企业篇。同时设有三个附录：1. 统计上大中小微型企业划分办法；2. 批发和零售业、住宿和餐饮业统计限额标准；3. 主要统计指标解释。

三、为便于读者使用，本年鉴对所用略语和主要统计指标解释、统计范围和统计方法作了简要说明。

四、本年鉴中所使用的企业划型标准，采用国家统计局于2011年9月印发的《统计上大中小微型企业划分办法》。

五、本年鉴中涉及的全国性统计资料，均未包括香港、澳门特别行政区和台湾省数据。

六、本年鉴中所使用的度量衡单位，均为国际统一标准计量单位。

七、本年鉴表中的“空格”表示该项统计指标数据不足本表最小单位数、不详或无该项数据。

目 录

综合篇

地区篇

行业篇

企业篇

附 录

综合篇

简要说明：

一、本篇资料主要内容为全国大中型批发和零售业、住宿和餐饮业企业单位数和从业人数情况；大中型批发和零售业企业商品购、销、存情况；大中型住宿和餐饮业企业经营情况；大中型批发和零售业、住宿和餐饮业企业主要财务及经济效益分析指标等。

二、大中型批发和零售业、住宿和餐饮业企业采用全面调查方法。

三、批发和零售业、住宿和餐饮业大中型企业划分依据《统计上大中小微型企业划分办法》，具体见附件Ⅰ。

1-1 大中型批发和零售业企业基本情况

项目	批发业					
	大中型		大型		中型	
	2014年	2013年	2014年	2013年	2014年	2013年
一、法人单位数(个)	**28987**	**27753**	**2340**	**2275**	**26647**	**25478**
二、年末从业人数(万人)	**388.8**	**373.9**	**197.1**	**188.5**	**191.7**	**185.5**
三、商品购、销、存情况(亿元)						
商品购进额	300167.1	282774.5	124297.2	116689.5	175869.9	166085.1
商品销售额	327210.0	310720.5	140892.5	132849.4	186317.4	177871.1
期末商品库存额	21302.4	18631.0	8976.8	7144.8	12325.6	11486.2
四、实收资本及构成(亿元)						
实收资本	21353.1	14661.6	9354.5	5352.1	11998.6	9309.5
国家资本	4939.2	4372.4	2400.3	2023.9	2538.9	2348.5
集体资本	379.7	249.6	56.1	61.4	323.6	188.1
法人资本	10511.7	5382.4	5050.7	1750.2	5461.0	3632.2
个人资本	3103.7	2585.2	431.4	365.0	2672.3	2220.1
港澳台资本	876.5	698.5	425.9	305.1	450.6	393.4
外商资本	1542.0	1373.5	990.2	846.4	551.8	527.2
五、主要财务指标(亿元)						
(一)年末资产负债						
流动资产合计	104157.0	94392.1	42441.8	37159.4	61715.2	57232.7
固定资产原价	10299.6	9369.0	5406.3	5108.6	4893.3	4260.4
累计折旧	3515.1	3179.0	2008.6	1825.2	1506.5	1353.8
资产总计	135951.6	121856.7	57091.3	50922.4	78860.2	70934.3
负债合计	98361.2	88665.3	38485.9	33976.4	59875.3	54688.9
所有者权益	37728.5	33302.4	18745.1	17017.9	18983.4	16284.5
(二)损益及分配						
主营业务收入	293601.4	278439.2	124660.4	117307.4	168941.0	161131.8
主营业务成本	273665.9	258580.8	112766.9	105763.8	160899.1	152817.0
主营业务税金及附加	1303.4	1293.5	909.1	881.9	394.3	411.6
主营业务利润	18632.1	18564.9	10984.4	10661.7	7647.6	7903.1
其他业务利润	1152.3	522.8	277.1	310.9	875.2	211.9
销售费用	8048.5	7282.1	5075.1	4437.8	2973.4	2844.4
管理费用	4075.7	3806.0	2089.0	1957.5	1986.7	1848.5
财务费用	1216.9	850.7	262.3	152.4	954.6	698.3
营业利润	6491.0	7195.9	4194.3	4311.0	2296.6	2884.9
利润总额	6687.4	7315.1	4302.5	4431.6	2384.9	2883.5
应交所得税	1485.6	1434.6	974.0	932.4	511.5	502.2
应付职工薪酬	3584.0	3174.8	2192.4	1945.0	1391.7	1229.7
应交增值税	3312.1	3283.9	1825.9	1874.4	1486.3	1409.5

1-1 续表

项　　目	零售业					
	大中型		大型		中型	
	2014年	2013年	2014年	2013年	2014年	2013年
一、法人单位数(个)	**27060**	**25565**	**2392**	**2299**	**24668**	**23266**
二、年末从业人数(万人)	**565.0**	**550.3**	**264.5**	**259.5**	**300.5**	**290.8**
三、商品购、销、存情况(亿元)						
商品购进额	76141.7	68927.5	34819.9	31574.5	41321.8	37353.0
商品销售额	88080.2	79992.4	42108.7	38756.1	45971.5	41236.2
期末商品库存额	9726.0	7477.2	3502.4	2300.5	6223.6	4676.7
四、实收资本及构成(亿元)						
实收资本	8358.1	5883.1	2741.8	2579.3	5616.3	3303.8
国家资本	1123.0	900.9	734.3	575.6	388.7	225.3
集体资本	258.8	150.8	62.9	63.1	195.9	87.7
法人资本	3537.7	2457.1	918.2	936.7	2619.5	1520.4
个人资本	2256.7	1336.1	404.4	307.9	1852.3	1028.2
港澳台资本	612.8	499.6	243.9	245.7	369.0	254.0
外商资本	568.8	538.6	378.1	350.4	190.8	188.2
五、主要财务指标(亿元)						
(一)年末资产负债						
流动资产合计	27184.8	24194.1	12545.7	11377.9	14639.1	12816.1
固定资产原价	8707.2	7995.9	4357.6	4090.7	4349.6	3905.3
累计折旧	2817.0	2577.3	1526.2	1380.0	1290.8	1197.3
资产总计	40993.0	36870.4	19837.8	18165.4	21155.2	18705.0
负债合计	30342.6	27222.0	14018.7	12795.3	16323.9	14426.7
所有者权益	10783.2	9680.8	5870.1	5401.7	4913.2	4279.2
(二)损益及分配						
主营业务收入	76519.7	69363.1	35565.8	32914.7	40953.9	36448.4
主营业务成本	67825.0	61175.8	31079.3	28759.0	36745.7	32416.9
主营业务税金及附加	357.2	365.1	161.0	171.0	196.2	194.1
主营业务利润	8337.4	7822.2	4325.5	3984.6	4012.0	3837.5
其他业务利润	1022.7	849.5	563.0	493.8	459.7	355.7
销售费用	4979.7	4305.2	2861.8	2462.5	2117.9	1842.7
管理费用	2329.8	2160.1	1091.3	1034.2	1238.5	1125.9
财务费用	563.7	479.8	155.8	136.1	407.9	343.7
营业利润	1549.6	1831.3	920.9	969.4	628.7	861.9
利润总额	1572.3	1777.8	966.9	991.9	605.4	786.0
应交所得税	390.2	347.8	240.2	191.6	150.0	156.2
应付职工薪酬	2616.5	2334.4	1311.0	1214.1	1305.6	1120.4
应交增值税	1320.5	1385.6	596.9	690.9	723.5	694.7

1-2 大中型批发和零售业企业单位数和从业人数

项目	法人单位数(个)		年末从业人数(人)	
	限额以上	大中型企业	限额以上	大中型企业
总　计	**181612**	**56047**	**11819393**	**9537916**
一、批发业	**93960**	**28987**	**5000515**	**3888114**
(一)按登记注册类型分				
1.内资企业	**89668**	**26514**	**4243835**	**3167844**
国有企业	2556	1504	397941	361765
集体企业	731	242	43059	28906
股份合作企业	197	48	7095	3296
联营企业	30	10	2796	2269
国有联营企业	6	NA	611	309
集体联营企业	12	NA	814	658
国有与集体联营企业	6	NA	1140	1092
其他联营企业	6	4	231	210
有限责任公司	27598	10150	1571993	1258207
国有独资公司	1303	838	160275	147809
其他有限责任公司	26295	9312	1411718	1110398
股份有限公司	1981	1195	497122	478673
私营企业	55379	13133	1668400	1015639
私营独资企业	764	157	18625	7754
私营合伙企业	141	25	4790	2635
私营有限责任公司	53127	12491	1577827	954025
私营股份有限公司	1347	460	67158	51225
其他企业	1196	232	55429	19089
2.港、澳、台商投资企业	**1836**	**1023**	**342090**	**322971**
合资经营企业	282	168	36369	32550
合作经营企业	23	14	8452	8326
独资经营企业	1485	818	280797	266177
投资股份有限公司	45	22	13969	13415
其他港澳台商投资企业	NA	NA	2503	2503
3.外商投资企业	**2456**	**1450**	**414590**	**397299**
中外合资经营企业	392	234	42051	38604
中外合作经营企业	19	14	1999	1692
外资企业	1984	1162	355951	342984
外商投资股份有限公司	38	23	7854	7469
其他外商投资企业	23	17	6735	6550

注：NA为小于或等于2(下表同)。

1-2 续表 1

项目	法人单位数(个)		年末从业人数(人)	
	限额以上	大中型企业	限额以上	大中型企业
(二)按国民经济行业分				
农、林、牧产品批发	4853	1477	215053	125730
食品、饮料及烟草制品批发	9574	3718	987437	819406
米、面制品及食用油批发	1592	638	100811	78969
肉、禽、蛋、奶及水产品批发	1384	426	96623	71750
酒、饮料及茶叶批发	1914	729	203084	169313
烟草制品批发	570	537	278876	278155
纺织、服装及家庭用品批发	11667	3894	876930	737704
服装批发	2705	1140	275482	239493
鞋帽批发	910	279	69997	57671
家用电器批发	1560	689	172300	155442
文化、体育用品及器材批发	2515	950	176517	143556
文具用品批发	839	260	27842	19202
体育用品及器材批发	165	71	14993	13318
图书批发	263	150	39321	34872
医药及医疗器材批发	5698	3463	506629	443202
西药批发	2999	2070	289778	259208
中药批发	1429	857	133757	115806
矿产品、建材及化工产品批发	40460	9320	1353868	958585
煤炭及制品批发	5762	1638	212626	151302
石油及制品批发	4182	1546	428918	395353
金属及金属矿批发	13843	2557	259090	145752
建材批发	4994	1067	148859	88622
化肥批发	1850	548	76357	50271
农药批发	239	92	11194	7936
机械设备、五金产品及电子产品批发	14746	4949	720552	548582
汽车批发	1555	581	95796	81024
计算机、软件及辅助设备批发	1558	557	65562	48808
通讯及广播电视设备批发	819	370	90398	82286
贸易经纪与代理	1093	345	41039	31879
其他批发业	3354	871	122490	79470
(三)按控股情况分				
国有控股	8145	5151	1246393	1167406
集体控股	2009	809	122943	91316
私人控股	73005	18196	2469683	1582610
港澳台控股	1778	991	335603	317721
外商控股	2296	1341	392689	376354

1-2 续表 2

项目	法人单位数(个)		年末从业人数(人)	
	限额以上	大中型企业	限额以上	大中型企业
二、零售业	**87652**	**27060**	**6818878**	**5649802**
(一)按登记注册类型分				
1.内资企业	**85414**	**25296**	**5947799**	**4790756**
国有企业	1826	643	137669	110162
集体企业	1961	505	103515	73680
股份合作企业	345	55	18331	13022
联营企业	144	22	6452	4202
国有联营企业	28	4	2216	1711
集体联营企业	48	11	2385	1738
国有与集体联营企业	40	4	931	308
其他联营企业	28	3	920	445
有限责任公司	28841	11053	2568628	2202315
国有独资公司	667	318	70145	61815
其他有限责任公司	28174	10735	2498483	2140500
股份有限公司	2385	1279	656735	630852
私营企业	48802	11524	2405755	1722704
私营独资企业	5037	429	116469	48797
私营合伙企业	488	67	14362	7662
私营有限责任公司	41601	10532	2139434	1553774
私营股份有限公司	1676	496	135490	112471
其他企业	1110	215	50714	33819
2.港、澳、台商投资企业	**1193**	**958**	**414168**	**408292**
合资经营企业	278	222	91251	89546
合作经营企业	25	17	4990	4794
独资经营企业	845	684	298725	295016
投资股份有限公司	36	27	7773	7552
其他港澳台商投资企业	9	8	11429	11384
3.外商投资企业	**1045**	**806**	**456911**	**450754**
中外合资经营企业	315	241	180422	178279
中外合作经营企业	32	23	13634	13455
外资企业	635	496	250657	247266
外商投资股份有限公司	43	34	9804	9592
其他外商投资企业	20	12	2394	2162

1-2 续表 3

项目	法人单位数(个)		年末从业人数(人)	
	限额以上	大中型企业	限额以上	大中型企业
(二)按国民经济行业分				
综合零售	12859	7312	2671293	2527824
百货零售	6232	3424	1177302	1104711
超级市场零售	5165	3386	1354891	1305303
食品、饮料及烟草制品专门零售	7524	1337	338582	222198
粮油零售	876	125	33760	19443
肉、禽、蛋、奶及水产品零售	1218	288	66165	46956
酒、饮料及茶叶零售	2575	242	74390	35082
烟草制品零售	396	107	20496	14951
纺织、服装及日用品专门零售	5415	1806	555364	483877
服装零售	2761	1140	356637	320718
文化、体育用品及器材专门零售	4202	1040	251244	188159
体育用品及器材零售	160	51	14539	12450
图书、报刊零售	1469	538	119777	97186
医药及医疗器材专门零售	4770	1972	467017	404083
药品零售	3827	1888	442507	394000
汽车、摩托车、燃料及零配件专门零售	31782	10364	1632092	1228224
汽车零售	22802	9428	1243087	956868
机动车燃料零售	6404	719	331668	249930
家用电器及电子产品专门零售	11249	1743	497147	328243
日用家电设备零售	4249	698	213606	150442
计算机、软件及辅助设备零售	2945	243	84582	40284
通信设备零售	1087	303	74437	58316
五金、家具及室内装饰材料专门零售	5855	801	209713	128735
货摊、无店铺及其他零售业	3996	685	196426	138459
互联网零售	555	182	78885	71783
(三)按控股情况分				
国有控股	5642	2820	935328	868823
集体控股	3430	1178	333499	285959
私人控股	69102	18113	3932484	2976185
港澳台控股	1147	926	376240	370640
外商控股	923	726	412289	407319

1-3 大中型批发和零售业

项目	商品购进额		进口	
	限额以上	大中型企业	限额以上	大中型企业
总　计	**4936639500**	**3763087525**	**385713820**	**330057832**
一、批发业	**3971521536**	**3001670574**	**354550639**	**302955941**
(一)按登记注册类型分				
1.内资企业	**3478292454**	**2564403893**	**218005140**	**182216428**
国有企业	270607578	253475896	18489652	17292260
集体企业	12574065	8868790	853276	819276
股份合作企业	2933071	1669060	19152	984
联营企业	495864	413466	24272	13735
国有联营企业	82360	65670	7435	
集体联营企业	72907	38439	2776	
国有与集体联营企业	278591	248320	326	
其他联营企业	62007	61038	13735	13735
有限责任公司	1756274340	1414068252	127441151	112346712
国有独资公司	388576406	354784700	17735241	16893560
其他有限责任公司	1367697934	1059283552	109705910	95453152
股份有限公司	423694251	403076435	29697922	29354499
私营企业	1004417997	479865280	41332028	22280407
私营独资企业	6089389	3045755	17874	3215
私营合伙企业	995406	451905	34913	32306
私营有限责任公司	970641617	458291672	40431569	21881351
私营股份有限公司	26691585	18075949	847672	363535
其他企业	7295289	2966713	147688	108556
2.港、澳、台商投资企业	**149839726**	**121597975**	**31001247**	**24542549**
合资经营企业	37132147	33346098	1404270	1282276
合作经营企业	1477263	1464386	36959	34443
独资经营企业	107348459	85320816	29538962	23206844
投资股份有限公司	3846940	1431758	21057	18985
其他港澳台商投资企业	34917	34917		
3.外商投资企业	**343389356**	**315668706**	**105544253**	**96196963**
中外合资经营企业	96973264	92452782	9025283	8737122
中外合作经营企业	6519015	6455570	63213	63213
外资企业	232557435	209783026	94698289	85650904
外商投资股份有限公司	3491164	3159633	61633	57989
其他外商投资企业	3848478	3817696	1695835	1687736

企业商品购、销、存情况

单位：万元

商品销售额				期末商品库存额	
		出口			
限额以上	大中型企业	限额以上	大中型企业	限额以上	大中型企业
5413197687	**4152901527**	**230139127**	**170493953**	**381237620**	**310284343**
4306783800	**3272099528**	**229093969**	**169954734**	**260808993**	**213024062**
3730325243	**2762471219**	**194883645**	**141710555**	**218140340**	**175359237**
314733105	296531295	9773051	9072900	27206254	24882152
13697450	9781379	392477	311824	931116	668328
3180039	1811721	94841	43833	161698	99405
576862	459373	10372		97491	80711
95612	77649			13289	5011
76004	38056	3139		13079	5279
311738	279514	7232		60721	60019
93508	64154			10402	10402
1860462045	1499581922	87776870	71988222	100488034	84345147
416363571	381407066	9030283	8090398	15873110	14711356
1444098475	1118174856	78746587	63897824	84614924	69633791
443005672	426228387	24434052	23698094	31476346	30751908
1086512756	524839678	72237041	36458967	57305379	34296516
7108624	3727571	58891	39858	349651	114028
1180006	609521	58424	6794	50338	34760
1048583341	500331736	70438539	35345437	55118272	32904963
29640786	20170850	1681187	1066880	1787118	1242766
8157315	3237467	164942	136715	474022	235070
175263924	**145133341**	**15071172**	**12071710**	**13949089**	**12699451**
38584403	34654443	1183386	1096543	1819477	1652915
1743160	1701157	122662	113885	42551	37880
130423860	106697780	13750463	10861282	11745824	10692722
4307490	1874951	14661		254605	229302
205011	205011			86633	86633
401194633	**364494967**	**19139152**	**16172468**	**28719563**	**24965374**
109408661	103549811	2482494	2279590	5215129	5050367
6618386	6548471	5158		39003	32035
276898204	246510113	16613211	13867792	23111758	19543087
3768502	3421751	30768	17616	182280	170808
4500881	4464821	7522	7470	171393	169077

1-3 续表 1

项目	商品购进额			
			进口	
	限额以上	大中型企业	限额以上	大中型企业
(二)按国民经济行业分				
农、林、牧产品批发	80725424	55696421	8549846	7051915
食品、饮料及烟草制品批发	321615740	269040760	11972056	7602142
米、面制品及食用油批发	50289468	35253017	5467257	3446890
肉、禽、蛋、奶及水产品批发	27631973	20878646	1840134	1001925
酒、饮料及茶叶批发	44307860	35433487	1459328	651913
烟草制品批发	129633657	125992644	682584	674665
纺织、服装及家庭用品批发	306002643	235162447	26888575	23778890
服装批发	72935173	58483378	4499995	3690170
鞋帽批发	15191542	11526983	873843	712762
家用电器批发	92011319	83508107	11483889	11144697
文化、体育用品及器材批发	63936375	52161492	4315385	2773363
文具用品批发	18271561	13468556	1236680	736326
体育用品及器材批发	3995191	3487585	114527	108639
图书批发	7435586	7041153	142827	141012
医药及医疗器材批发	159415669	148057475	12445790	11080215
西药批发	105000452	99767749	5009086	4258248
中药批发	33768511	30995750	957831	893379
矿产品、建材及化工产品批发	2407139271	1718064726	163014651	137475064
煤炭及制品批发	299066891	227241056	10206376	8999994
石油及制品批发	670333257	573141332	42808498	40600435
金属及金属矿批发	911287762	570215991	61270279	50057548
建材批发	118887665	77164219	8602518	6215292
化肥批发	53945147	41719039	1865615	1553326
农药批发	4256638	3349737	490333	485472
机械设备、五金产品及电子产品批发	500941126	429830503	100643045	89753965
汽车批发	174166798	162850254	44840740	39816257
计算机、软件及辅助设备批发	43043686	35350291	6428543	5615963
通讯及广播电视设备批发	82656989	76705564	19401758	19340315
贸易经纪与代理	47149442	35903954	10347570	8633758
其他批发业	84595848	57752796	16373721	14806629
(三)按控股情况分				
国有控股	1706228426	1558373929	133168865	126861112
集体控股	90065141	73051865	4086539	3625790
私人控股	1431042994	756709877	68618674	42891675
港澳台控股	127982109	100902043	30153087	23705243
外商控股	277131922	251000997	96764590	87343144

单位：万元

商品销售额				期末商品库存额	
		出口			
限额以上	大中型企业	限额以上	大中型企业	限额以上	大中型企业
84537644	58453188	1217667	786688	16813203	12765364
392116881	334631075	7117224	4035512	30644306	26407536
52970898	37523553	2032369	1018205	8844263	7314391
30164639	22926749	2143188	1076492	1288804	925246
57692253	47543042	348900	246445	4617218	3452131
172120571	167925923	436882	391635	11253849	11237350
349249992	271603900	73614067	50520194	29992015	25923436
86669414	70435069	27447700	20262726	8092441	6970615
18102065	13979260	7349650	4492445	1820089	1627740
98474943	89125310	4525643	3519931	10928114	9767507
70071634	57093218	5916379	3831747	9648001	8659725
19264603	14109160	1015487	682628	1213449	905299
4479623	3886877	792211	545775	623076	582728
7882785	7420967	68584	39246	1740998	1681634
179813510	166368350	2699383	2261576	28682446	27518038
115107247	109129018	1416050	1201478	18536615	17913275
39249861	35910935	337176	316260	6524716	6291440
2524790203	1802700553	63644541	48808581	94457617	69944321
313392767	237400732	1602544	1063299	9880740	7242126
709098233	612499199	9494500	9043746	22883140	20524602
948561209	589287290	22856230	15619858	36459624	24624603
127554010	82512737	6064350	4416118	5415370	3640602
55301255	42622498	1981899	1379131	5715440	4730527
4487636	3534284	839352	708304	474575	395369
561466430	477699388	46925655	37222043	42114105	35081211
200870185	183557411	4147589	4031732	16269550	13864446
46252931	37968078	2811206	2532012	3302835	2818143
88249731	81826846	4107319	3826781	4340687	3976690
52931128	40642617	12548576	8592566	3089503	2521996
91806377	62907240	15410478	13895828	5367798	4202435
1821342991	1673070293	70686996	67145968	103370213	96124772
95420813	77360794	6391268	5611550	5805347	4902038
1543464564	821923584	104984009	59609893	92626330	61260360
153094815	124124547	14533401	11544804	13643072	12442047
329822361	295014198	17406429	14514963	25954056	22240713

1-3 续表 2

项目	商品购进额		进口	
	限额以上	大中型企业	限额以上	大中型企业
二、零售业	**965117964**	**761416951**	**31163181**	**27101891**
(一)按登记注册类型分				
1.内资企业	**863784184**	**663135691**	**25085820**	**21256511**
国有企业	19677627	15372759	242347	216348
集体企业	14578710	8328793	23573	2649
股份合作企业	1763328	825994	22183	16530
联营企业	1039656	277328	31462	29393
国有联营企业	207189	48554	29393	29393
集体联营企业	339865	132241		
国有与集体联营企业	302962	50852	2069	
其他联营企业	189640	45680		
有限责任公司	378887119	313205451	12769496	11036734
国有独资公司	14725168	13438472	610636	595780
其他有限责任公司	364161950	299766979	12158860	10440954
股份有限公司	131629468	126446880	587239	568327
私营企业	312135623	196801159	11354788	9334854
私营独资企业	12755461	3265581	130617	115286
私营合伙企业	1376273	516728	20996	18362
私营有限责任公司	282782287	181935893	10838725	8860353
私营股份有限公司	15221602	11082957	364449	340854
其他企业	4072655	1877327	54733	51676
2.港、澳、台商投资企业	**43576398**	**41917650**	**3878801**	**3757019**
合资经营企业	11594869	11363119	1286333	1275785
合作经营企业	598714	559082		
独资经营企业	29425322	28176173	2405619	2295623
投资股份有限公司	865217	832665	186849	185611
其他港澳台商投资企业	1092276	986612		
3.外商投资企业	**57757382**	**56363609**	**2198560**	**2088361**
中外合资经营企业	24729833	24283928	538089	532059
中外合作经营企业	2308329	2249313	29867	29792
外资企业	28906201	28145295	1599461	1507193
外商投资股份有限公司	1443035	1407222	5036	369
其他外商投资企业	369985	277852	26108	18949

单位：万元

商品销售额				期末商品库存额	
		出　口			
限额以上	大中型企业	限额以上	大中型企业	限额以上	大中型企业
1106413887	**880801999**	**1045158**	**539219**	**120428627**	**97260281**
980679231	**758783936**	**1013979**	**517310**	**107940056**	**85214566**
22505924	17620387	14078	6021	6119477	5725991
15665589	8934062	1279	800	716409	400020
1918228	895446	799	700	135843	61894
1139167	307206			38598	26698
243505	62738			8016	5396
356871	139343			19812	16812
333439	51213			7023	3603
205352	53911			3747	887
424657848	351604791	502638	366987	45953134	38878623
18574306	17114513	1620	1620	1122209	958323
406083543	334490278	501019	365367	44830925	37920300
166948860	161227652	44038	44038	12565559	9153882
342994544	215825890	450465	98766	42058850	30747677
14030780	3559275	573		930520	294089
1546089	593708	1		110349	53158
310285489	199065105	446616	98761	39116392	28896893
17132186	12607801	3274	4	1901590	1503537
4849071	2368503	683		352187	219781
56249195	**54182861**	**15829**	**14540**	**7233251**	**6971109**
15366003	15111347	7712	7149	2674795	2645704
752519	709053			24295	24074
37992777	36366206	7905	7179	4258314	4039739
1061347	1022597	212	212	187816	182011
1076549	973659			88032	79581
69485462	**67835202**	**15350**	**7369**	**5255320**	**5074606**
31113249	30598577	5403	2582	1671773	1642937
2583969	2511165			136665	127698
33395329	32475860	9947	4787	3273563	3146320
1925987	1884584			118247	112586
466927	365016			55071	45066

1-3 续表 3

项目	商品购进额			
			进口	
	限额以上	大中型企业	限额以上	大中型企业
(二)按国民经济行业分				
综合零售	213275474	197608957	1804756	1587167
百货零售	113242637	104595865	1372607	1319885
超级市场零售	89056893	85513625	254702	243395
食品、饮料及烟草制品专门零售	28588851	12857659	344504	241432
粮油零售	3956008	1642985	14673	2112
肉、禽、蛋、奶及水产品零售	5633157	2638263	27866	15478
酒、饮料及茶叶零售	7185398	2417531	40500	20838
烟草制品零售	2263381	1494981	109286	94803
纺织、服装及日用品专门零售	34649455	25124285	1489622	1406410
服装零售	21119613	16521029	931242	898283
文化、体育用品及器材专门零售	29608244	20205565	514521	393102
体育用品及器材零售	976217	737378	1527	361
图书、报刊零售	9743153	7539658	313344	292505
医药及医疗器材专门零售	49420887	41248912	456832	252146
药品零售	46107013	40198608	170522	136362
汽车、摩托车、燃料及零配件专门零售	457680463	359234297	25799832	22798483
汽车零售	326082031	256574537	25580248	22759016
机动车燃料零售	121463663	99446178	126241	7370
家用电器及电子产品专门零售	79278383	56301146	248782	102865
日用家电设备零售	31796794	23452180	74307	48504
计算机、软件及辅助设备零售	21723175	15708757	29184	1997
通信设备零售	8163728	6005477	31649	15128
五金、家具及室内装饰材料专门零售	25707171	12612675	161730	83996
货摊、无店铺及其他零售业	46909036	36223457	342604	236291
互联网零售	30417679	28574157	40171	26427
(三)按控股情况分				
国有控股	198104173	183732399	2674212	2495798
集体控股	45268633	35118072	833636	655624
私人控股	518309519	358317922	18660884	15630384
港澳台控股	40468209	38880784	3763376	3645772
外商控股	56569164	55536841	1991065	1886970

单位：万元

商品销售额				期末商品库存额	
		出口			
限额以上	大中型企业	限额以上	大中型企业	限额以上	大中型企业
260304717	242898959	47906	29084	27232114	25950028
146853785	137030954	27035	17978	11370414	10673836
101109886	97284979	16964	7542	15021717	14642193
33567373	15409548	235332	39979	3202314	1442403
4337462	1666777	129855	928	498115	173383
6481044	2988994	4807		380706	134954
8496560	2842070	5241	995	1096946	421706
2635396	1767144	35416		473430	326878
46050034	34528366	84509	18192	7638633	6426126
28438484	22725789	25469	11344	4465545	3822434
33106396	22753049	57473	8184	5833688	4211971
1485800	1190526	1042	57	256379	221027
10195155	7830056	8344	6877	1826500	1498094
55922537	46490280	16170	12524	11735187	10950867
51798859	45200669	11893	11739	11352676	10803903
510524993	404250609	168621	115687	52677393	40599725
344156163	269674975	145968	108398	47116999	36622250
155324621	131117696	1895	1409	4461034	3494275
86295443	60615074	27128	11628	7697909	5050517
34784476	25455428	18653	8913	4007808	2897613
23532844	16761012	101		1103671	523049
9058623	6664837	1420		723374	526721
31199658	16384154	60628	1350	2048494	1000622
49442736	37471962	347390	302591	2362897	1628022
30061264	27975373	295828	285745	1302607	1184809
246149322	230164568	106194	59359	26547575	25154924
49014868	37857393	5841	4677	4118719	3537451
571293475	394351750	888050	445738	64994734	48797304
52516099	50523750	15239	14513	5445878	5183711
64332163	63118701	14661	8944	5204308	5043339

1-4 大中型批发和零售业

项　　目	流动资产合计		固定资产原价	
	限额以上	大中型企业	限额以上	大中型企业
总　计	**1726543847**	**1313418301**	**237962482**	**190067566**
一、批发业	**1386182836**	**1041569880**	**126766174**	**102995670**
(一)按登记注册类型分				
1.内资企业	**1188181148**	**870337330**	**115866742**	**92933707**
国有企业	101779840	93346755	19320133	18242863
集体企业	4565412	3514403	880065	603748
股份合作企业	1115161	511087	159912	85481
联营企业	299482	253433	112781	100696
国有联营企业	42459	26953	12595	4866
集体联营企业	43851	30156	16510	13224
国有与集体联营企业	161662	157339	72382	71520
其他联营企业	51509	38985	11295	11087
有限责任公司	590733743	471913885	40981500	33855515
国有独资公司	86778071	79485550	9282371	8691133
其他有限责任公司	503955672	392428335	31699129	25164382
股份有限公司	116222133	110912259	20806218	20132455
私营企业	371799098	189203449	32836977	19635531
私营独资企业	1130886	298135	412205	170609
私营合伙企业	198759	129972	31467	12575
私营有限责任公司	355524211	177371252	31215695	18567159
私营股份有限公司	14945242	11404090	1177610	885189
其他企业	1666280	682060	769155	277418
2.港、澳、台商投资企业	**70912761**	**57805023**	**4048555**	**3621543**
合资经营企业	10435090	8979364	623529	505678
合作经营企业	516290	502819	47610	42934
独资经营企业	58215038	47645486	3224625	2932357
投资股份有限公司	1626571	557582	140087	127869
其他港澳台商投资企业	119772	119772	12704	12704
3.外商投资企业	**127088927**	**113427528**	**6850877**	**6440420**
中外合资经营企业	24052933	21477693	1148381	1069579
中外合作经营企业	886551	863321	35286	22450
外资企业	100690442	89681713	5297814	5004310
外商投资股份有限公司	564440	531213	267799	243342
其他外商投资企业	894561	873589	101598	100739

企业年末资产负债

单位：万元

累计折旧		资产总计		负债合计		所有者权益合计	
限额以上	大中型企业	限额以上	大中型企业	限额以上	大中型企业	限额以上	大中型企业
77288287	**63320241**	**2270744607**	**1769445333**	**1665767729**	**1287037725**	**607679788**	**485116996**
42227480	**35150575**	**1762495376**	**1359515506**	**1301695685**	**983611657**	**462174894**	**377284637**
37281551	**30528162**	**1521884853**	**1149045190**	**1138676517**	**841079370**	**384603600**	**309366670**
7615954	7230679	133651615	122556369	72168865	63778999	62531940	59826560
320243	221734	6232880	4749350	4952956	3705103	1279924	1044248
52706	29806	1471927	615239	1331483	518403	140444	96836
12859	8387	443803	379240	354962	298531	88841	80709
3752	1303	70775	40895	36422	12392	34353	28502
2536	1073	72232	54906	61086	48019	11145	6887
1929	1504	235240	230481	220655	216576	14585	13904
4642	4507	65556	52959	36798	21544	28758	31415
12650419	10663435	737742314	599960996	577122130	467255824	160742134	132826521
2919233	2734954	124597501	115666184	90713250	83373941	34005601	31913592
9731186	7928482	613144813	484294813	486408881	383381883	126736533	100912930
7419980	7265661	187038723	179426944	123697216	118515753	63567143	61036903
9058915	5036763	452716068	240364357	357691006	186340908	95023551	54028047
71502	30871	1706370	489994	1099215	340861	607155	149133
10300	4662	240965	149131	182855	112753	58110	36378
8668264	4779652	432170668	225472313	341763594	174573219	90405589	50903691
308850	221577	18598066	14252920	14645343	11314075	3952696	2938845
150476	71697	2587523	992695	1357899	565849	1229624	426846
1562318	**1408334**	**84903607**	**69943982**	**59260897**	**48943934**	**25644360**	**21001698**
200549	150497	13480988	11409265	9453563	7994228	4027426	3415037
18027	17324	599015	577667	373953	359736	225062	217931
1291525	1190832	68865056	57113400	47716010	39905980	21150695	17209070
47183	44649	1828454	713557	1615426	582045	213028	131512
5033	5033	130094	130094	101945	101945	28149	28149
3383611	**3214080**	**155706915**	**140526334**	**103758271**	**93588353**	**51926934**	**46916270**
505773	471143	28996809	26186640	22147898	20229032	6827201	5935897
16737	14698	1069149	991097	756747	592604	312402	298493
2671546	2542647	123647930	111484183	79787597	71573571	43860333	39810612
119462	115780	1029009	925193	575614	511820	453394	413372
70093	69811	964018	939221	490416	481326	473603	457895

1-4 续表 1

项　　目	流动资产合计		固定资产原价	
	限额以上	大中型企业	限额以上	大中型企业
(二)按国民经济行业分				
农、林、牧产品批发	49535506	36729228	7639331	5159883
食品、饮料及烟草制品批发	132002572	111554840	23725465	20856159
米、面制品及食用油批发	27289872	20009853	2797792	2159078
肉、禽、蛋、奶及水产品批发	5888444	4043908	2153302	1728086
酒、饮料及茶叶批发	25151952	21342553	1704324	1346164
烟草制品批发	49485690	48671046	11530860	11519440
纺织、服装及家庭用品批发	132717868	104881232	10857561	8976449
服装批发	36016184	29364731	3448753	3084912
鞋帽批发	7902666	6280665	676188	592361
家用电器批发	40933161	36332656	2856909	2585574
文化、体育用品及器材批发	33969372	27483369	2906222	2316168
文具用品批发	7025843	4944032	637925	307298
体育用品及器材批发	1977840	1726858	181369	167846
图书批发	6648089	6288122	1157429	1106626
医药及医疗器材批发	75951775	69257571	5740230	5106157
西药批发	46733927	43432991	3017509	2708903
中药批发	17170724	15733975	983396	810903
矿产品、建材及化工产品批发	662868256	445479615	61501789	49952571
煤炭及制品批发	104064870	77806520	8886267	6970516
石油及制品批发	106436412	84029719	29955738	28429545
金属及金属矿批发	281518131	172211178	9995049	6059848
建材批发	51416511	32536688	3394129	1966006
化肥批发	28169200	24453952	4275676	3721358
农药批发	2144374	1742300	140000	102042
机械设备、五金产品及电子产品批发	220660003	184323879	11149133	8530982
汽车批发	59896163	53549063	1847282	1403694
计算机、软件及辅助设备批发	16502947	11961172	519679	378463
通讯及广播电视设备批发	31624145	29115796	1345862	1270072
贸易经纪与代理	43475001	37477964	884660	698478
其他批发业	35002483	24382181	2361784	1398824
(三)按控股情况分				
国有控股	494990334	455465902	58719457	55924218
集体控股	33109761	26776658	2752739	1972210
私人控股	554475152	311395483	47196827	29357967
港澳台控股	68492370	55749815	3852773	3494192
外商控股	113456823	100304794	5940095	5561817

单位：万元

累计折旧		资产总计		负债合计		所有者权益合计	
限额以上	大中型企业	限额以上	大中型企业	限额以上	大中型企业	限额以上	大中型企业
2055410	1461460	68968082	52475608	50442804	38046289	18525278	14429318
8858807	8201409	169983613	144163881	90542902	71430660	79440683	72683221
757488	597806	34176299	25620222	29076223	21810496	5100076	3809726
654012	553141	8853831	6117859	5765137	4004213	3088694	2113646
570247	475039	29772635	25272084	20090496	17162582	9682111	8109502
5338565	5331877	60655068	59832927	10433895	10006179	50221174	49826748
3651564	2938358	159891268	127510001	120089310	94758148	39798538	32751853
1076347	938939	45137121	37502772	31921966	25859172	13215155	11643600
222689	193943	9447767	7643547	6357722	4952960	3090045	2690587
726084	650904	47244897	42113606	38390354	34190473	8854543	7923133
1009057	814870	43490439	35946170	30571921	24969045	12896808	10955415
210654	100490	8098881	5573503	6547203	4560953	1529968	990839
83199	78049	2240120	1967522	1735106	1560412	505014	407110
405784	390104	10497446	10021278	6138734	5814941	4358712	4206337
2121290	1912778	89175546	81156684	67874436	62267202	21301109	18889482
974982	871489	55058896	50979666	42671456	39771414	12387440	11208252
316742	266566	19592650	17869908	15220794	14048772	4371856	3821137
19337504	15803997	872417093	621908040	669205488	465065322	204610665	158243627
2361155	1821214	144708434	114248118	107918915	84241942	36789519	30006176
10653938	10151671	161538852	135354701	114937587	93169231	47994222	43581722
3200342	1831534	346135243	222025216	283000849	178687339	63141042	43342534
820936	511267	65291503	42560346	49221905	31931726	16069598	10628620
584427	456812	39682154	35140345	27953912	24471038	11728242	10669308
40440	29899	2999905	2536970	2210070	1869893	789835	667077
4186415	3330063	265662870	222859078	196452426	165590260	69211746	57270408
622411	497047	71410818	64122252	54872254	49891397	16538564	14230855
192838	131168	18783129	13291283	13978352	10190435	4804776	3100848
680341	650322	36608287	33837193	27045305	24926422	9562982	8910770
301683	242719	48668995	41749667	41874792	36306489	6794203	5443179
705751	444922	44237471	31746377	34641606	25128242	9595865	6618135
21127842	20253192	678020512	631711425	469990476	433488446	209426287	199619231
968009	733089	39457100	31849405	32037705	25900666	7419395	5948739
13276936	8070739	680004171	394212899	535909449	307910916	144095177	86306580
1494014	1374530	81945273	67511682	57306465	47346107	24640457	20167224
2935844	2776512	138366544	123765902	91036434	81314298	47308399	42429893

1-4 续表 2

项目	流动资产合计		固定资产原价	
	限额以上	大中型企业	限额以上	大中型企业
二、零售业	**340361011**	**271848421**	**111196308**	**87071896**
(一)按登记注册类型分				
1.内资企业	**295788613**	**228967234**	**96061157**	**72359783**
国有企业	5403214	3982406	2960100	2430138
集体企业	1924429	1055780	1389204	816837
股份合作企业	341620	144563	206572	129228
联营企业	135030	48699	67518	21854
国有联营企业	24117	11806	17265	9456
集体联营企业	44954	21951	20216	6499
国有与集体联营企业	40927	8498	20125	2171
其他联营企业	25032	6444	9913	3729
有限责任公司	137926496	111970771	42559772	31188155
国有独资公司	3649653	2936571	2459297	2219801
其他有限责任公司	134276843	109034200	40100475	28968353
股份有限公司	39819180	38222988	20845130	20220078
私营企业	109124308	72857687	27448295	17256228
私营独资企业	1958008	628667	1586144	294671
私营合伙企业	267439	137782	155950	54229
私营有限责任公司	101435641	67757023	24356985	15972148
私营股份有限公司	5463220	4334215	1349217	935180
其他企业	1114337	684340	584566	297265
2.港、澳、台商投资企业	**21636290**	**20563423**	**7141830**	**6980915**
合资经营企业	6813410	6716743	1763329	1710218
合作经营企业	194356	184899	212208	210063
独资经营企业	13444981	12527461	4735460	4638018
投资股份有限公司	692998	678534	352136	347101
其他港澳台商投资企业	490545	455786	78697	75515
3.外商投资企业	**22936107**	**22317764**	**7993321**	**7731199**
中外合资经营企业	7120293	6958977	3166942	3052215
中外合作经营企业	795326	766521	302161	299442
外资企业	14408995	14013217	4147073	4008813
外商投资股份有限公司	538598	525480	307207	305000
其他外商投资企业	72895	53569	69938	65729

单位：万元

累计折旧		资产总计		负债合计		所有者权益合计	
限额以上	大中型企业	限额以上	大中型企业	限额以上	大中型企业	限额以上	大中型企业
35060807	**28169666**	**508249231**	**409929827**	**364072043**	**303426068**	**145504895**	**107832359**
29280825	**22503989**	**441573174**	**345504897**	**316520045**	**257311394**	**126360232**	**89502313**
955807	781356	10432370	8334413	6435779	5144700	3996591	3189714
427517	280087	3339937	1837554	2075295	1232703	1264642	604852
66461	33015	550992	267415	349251	163844	201741	103571
31598	8765	193071	68167	106101	48223	86970	19944
9027	5323	34419	16213	25621	17314	8798	-1101
5468	1745	65529	30658	35902	17780	29627	12878
12611	740	53629	10732	18225	4739	35403	5993
4493	957	39494	10564	26353	8390	13141	2174
13687920	10021078	198604433	159849744	145614564	122683588	52988538	37161241
762197	687036	7346220	6297341	4046784	3465256	3299436	2832086
12925723	9334042	191258213	153552403	141567780	119223333	49689102	34329156
6541307	6380046	76354088	74016604	49456061	48088161	28208671	27239086
7438076	4923868	150246529	100041437	111457363	79267669	38786956	20771849
346054	86519	3688980	931177	1685227	554288	2003753	376889
47483	17172	460438	218886	262032	148998	198407	69888
6667603	4550608	138533984	92957881	104375989	74409433	34155785	18546530
376936	269569	7563127	5933493	5134115	4154951	2429012	1778542
132139	75775	1851755	1089563	1025632	677506	826124	412056
2473470	**2422626**	**33709229**	**32394435**	**22885155**	**22083389**	**10824073**	**10311046**
606347	590121	9705433	9534994	6173432	6076759	3532001	3458235
87113	85390	396394	386244	166254	165366	230140	220878
1616678	1586015	21263489	20188014	15181935	14531744	6081554	5656270
147512	146399	1492812	1471955	951101	936540	541711	535416
15820	14701	851101	813229	412434	372981	438667	440249
3306512	**3243051**	**32966828**	**32030495**	**24666843**	**24031285**	**8320589**	**8019000**
1397819	1373786	10591833	10301631	7805039	7579412	2786794	2722220
157256	155752	974829	939462	733515	714085	241315	225376
1652744	1616630	20132975	19571576	15131181	14781719	5022398	4809648
75887	75009	1107328	1091701	865593	851809	241735	239891
22806	21873	159863	126125	131515	104260	28348	21865

1-4 续表 3

项　　目	流动资产合计		固定资产原价	
	限额以上	大中型企业	限额以上	大中型企业
(二)按国民经济行业分				
综合零售	86459834	82291966	42649463	40247381
百货零售	51977947	49745359	26956265	25412806
超级市场零售	32329118	30971254	14611763	14085712
食品、饮料及烟草制品专门零售	13203805	5670488	9445347	2357798
粮油零售	2431973	557132	778848	250502
肉、禽、蛋、奶及水产品零售	1301814	775326	868542	511255
酒、饮料及茶叶零售	3420047	1884894	1060727	518368
烟草制品零售	1074800	704018	165965	103137
纺织、服装及日用品专门零售	18313767	15065657	5155056	4059376
服装零售	11445441	9758421	3483433	2870911
文化、体育用品及器材专门零售	15520179	11215912	4507093	3451841
体育用品及器材零售	644517	546398	167529	148613
图书、报刊零售	6442713	5289486	2563806	2131138
医药及医疗器材专门零售	24618376	20840786	2583884	1972345
药品零售	22346873	20093391	2379842	1883309
汽车、摩托车、燃料及零配件专门零售	130777291	100666479	34457331	26981411
汽车零售	109984761	85682547	20964299	16211229
机动车燃料零售	17954441	13884392	12840308	10555961
家用电器及电子产品专门零售	28748267	20962054	4165713	2629598
日用家电设备零售	15250408	12401474	2177578	1517584
计算机、软件及辅助设备零售	4875685	2625335	529145	228315
通信设备零售	2723745	2049505	290636	183833
五金、家具及室内装饰材料专门零售	8589044	4703674	4537354	3003127
货摊、无店铺及其他零售业	14130447	10431405	3695066	2369019
互联网零售	6663556	6225213	322807	273737
(三)按控股情况分				
国有控股	55816138	51261970	26409242	24832235
集体控股	12090203	10379147	5540861	4602437
私人控股	190843204	135630458	52489132	32849329
港澳台控股	19115566	18062742	6782441	6628645
外商控股	21752032	21246548	7065620	6889281

单位：万元

累计折旧		资产总计		负债合计		所有者权益合计	
限额以上	大中型企业	限额以上	大中型企业	限额以上	大中型企业	限额以上	大中型企业
13951613	13410036	144683145	137002590	105687082	100874920	39010681	36143086
8238787	7904095	91421098	86931149	62839444	60063212	28576481	26863563
5364721	5234071	49851751	47661793	40310850	38874691	9560692	8806893
3128252	650080	22769167	9013927	10722164	5140843	12047003	3873083
193377	74543	3374617	924486	2093157	621738	1281460	302748
207412	134974	2418494	1424943	1317490	842423	1101004	582519
289744	164762	5433050	2603717	2882650	1578110	2550400	1025608
63197	39461	1497518	986835	623886	380212	873632	606623
1585649	1334485	26924065	22274342	18918139	15945501	8001295	6323670
1082736	925264	17689650	15190730	12725314	11058999	4959980	4126561
1577064	1276895	21825011	16149732	13068411	9803778	8756600	6345954
46558	40457	844979	715957	518325	425343	326654	290614
1007205	850554	9819694	8211715	5447425	4688522	4372269	3523194
866195	698055	30201336	25568066	23360305	20201727	6841031	5366339
802356	672838	27653413	24679940	21474325	19553217	6179088	5126723
10920287	8855965	189510097	148709942	140372012	112231690	50455822	37796606
6315507	5119829	143192403	111817662	112649000	90239101	30546122	21581898
4389467	3657655	42417483	35481245	24987229	20930693	18745272	15865569
1075591	678620	36940976	27034791	25434115	19447664	11506845	7587127
545306	377547	19951926	16244268	14186095	11867035	5765831	4377233
163864	68527	5928601	3245807	3563997	2145632	2364604	1100175
95488	64430	3361030	2515198	2522866	1989607	838165	525590
929174	603100	15786868	9933033	10440154	6969663	5346714	2963371
1026982	662430	19608565	14243405	16069661	12810282	3538904	1433123
99649	88193	7444316	6931489	8205899	7825635	-761583	-894146
8707940	8175165	100181197	93315816	64464479	60514166	37031735	34116667
1714068	1445985	19695794	16866944	13990964	12403260	5700456	4459309
15171618	9601513	268662121	189791472	197155811	148593098	71502770	41196540
2309865	2263332	30311022	29023361	21245512	20460574	9065510	8562787
3019969	2973154	30271291	29545453	23163120	22707773	7128775	6857471

1-5 大中型批发和零售业

项目	实收资本		国家资本		集体资本	
	限额以上	大中型企业	限额以上	大中型企业	限额以上	大中型企业
总 计	**449563252**	**297112098**	**66531324**	**60621286**	**8982903**	**6385696**
一、批发业	**322225326**	**213531247**	**54076810**	**49391652**	**5664559**	**3797460**
(一)按登记注册类型分						
1.内资企业	**289487160**	**186389606**	**53215738**	**48592041**	**5624369**	**3771346**
国有企业	10908202	9590731	7226217	6122007	17198	10205
集体企业	612172	369759	5133	1113	519353	324192
股份合作企业	166155	78452	3499	3405	25359	2638
联营企业	46194	36294	7396	4800	7798	5302
国有联营企业	11283	7800	7392	4800	42	
集体联营企业	6578	3664			5962	3664
国有与集体联营企业	11003	10000	4		156	
其他联营企业	17330	14830			1638	1638
有限责任公司	145980153	109267780	26741993	24414756	3033910	1634760
国有独资公司	17930706	16707519	11116019	10447564	46214	46214
其他有限责任公司	128049447	92560262	15625974	13967191	2987696	1588546
股份有限公司	33163478	29575434	19102951	17983415	505557	459521
私营企业	97982734	37303875	124064	60723	1439030	1322078
私营独资企业	316766	79539	4474		3838	
私营合伙企业	46166	19294	1978	1978	10610	6872
私营有限责任公司	95274732	35682937	112016	54720	1390914	1307168
私营股份有限公司	2345071	1522104	5596	4025	33669	8038
其他企业	628073	167280	4487	1824	76164	12651
2.港、澳、台商投资企业	**12795212**	**9780873**	**437143**	**407099**	**20302**	**10561**
合资经营企业	2669434	2088875	434647	404602	20301	10561
合作经营企业	82896	80972	2497	2497		
独资经营企业	9873137	7502324				
投资股份有限公司	150751	89709				
其他港澳台商投资企业	18994	18994				
3.外商投资企业	**19942954**	**17360769**	**423929**	**392511**	**19888**	**15554**
中外合资经营企业	3117184	2581660	326099	296438	19888	15554
中外合作经营企业	181401	176130	3558	2302		
外资企业	16288269	14284165	5000	5000		
外商投资股份有限公司	243862	215854	88771	88771		
其他外商投资企业	112239	102960	500			

企业实收资本及构成

单位：万元

法人资本		个人资本		港澳台资本		外商资本	
限额以上	大中型企业	限额以上	大中型企业	限额以上	大中型企业	限额以上	大中型企业
196441873	**140494654**	**136528428**	**53603763**	**17446555**	**14893002**	**23629113**	**21108593**
140814377	**105117159**	**93100262**	**31037040**	**10999291**	**8764633**	**17568171**	**15420199**
137250024	**102489885**	**92563579**	**30813038**	**135900**	**87634**	**698799**	**635612**
3647340	3451561	17392	6959	55			
54548	19550	33135	24902	2	1	2	1
32129	22734	105167	49675				
16597	13000	14403	13192				
3650	3000	200					
605		11					
10843	10000						
1500		14192	13192				
94005374	76060928	21861380	6909457	68852	34896	270445	212984
6706811	6156172	61477	57383	92	92	93	93
87298563	69904756	21799903	6852073	68760	34804	270352	212891
7666864	6655941	5423392	4011854	43893	43883	420821	420821
31606463	16199018	64784044	19713390	21054	6861	7531	1805
127310	21877	180987	57663	156			
11477	2251	22100	8193				
30573033	15524587	63170066	18787959	20735	6699	7419	1805
894643	650303	1410891	859576	162	162	111	
220710	67153	324666	83608	2045	2042	1	1
1011087	**607064**	**359878**	**95320**	**10703854**	**8557610**	**262948**	**103220**
447301	264946	305483	53153	1359213	1283928	102489	71685
2153	1462	30623	30198	47599	46816	25	
547743	333917	20006	11515	9144953	7125358	160434	31534
13890	6739	3767	455	133095	82515		
				18994	18994		
2553266	**2020210**	**176805**	**128682**	**159537**	**119340**	**16606425**	**14681367**
1352656	1089507	159920	112918	80040	42594	1175476	1021545
82400	81600	653	553	862	862	93929	90813
1061400	794670	802		77899	75284	15143168	13409212
7977	5600	118				146996	121483
48833	48833	15312	15212	737	600	46857	38314

1-5 续表 1

项目	实收资本		国家资本		集体资本	
	限额以上	大中型企业	限额以上	大中型企业	限额以上	大中型企业
(二)按国民经济行业分						
农、林、牧产品批发	10989468	8135697	4418263	3890942	276828	201990
食品、饮料及烟草制品批发	18072094	12099801	3366200	2990662	472574	356014
米、面制品及食用油批发	3014627	2018817	999620	849415	63112	55438
肉、禽、蛋、奶及水产品批发	1306017	881831	146045	123345	46006	12978
酒、饮料及茶叶批发	2807590	2002506	124716	115875	25481	12516
烟草制品批发	2728366	2712818	879746	870112	2708	2225
纺织、服装及家庭用品批发	20114295	13733104	1203526	1100884	217832	152499
服装批发	6839132	4929265	401920	392188	78116	72084
鞋帽批发	965443	691558	80616	78467	9896	7561
家用电器批发	3856112	3053971	162606	156977	44028	9644
文化、体育用品及器材批发	7660505	5268434	1786073	1745089	78727	62924
文具用品批发	960146	525726	42250	39123	15312	11998
体育用品及器材批发	351096	277290	3200	3200	400	50
图书批发	1555721	1459743	1046403	1019916	5444	3960
医药及医疗器材批发	14382549	10899415	2039327	1780838	236557	203260
西药批发	9479695	6926835	1233661	993112	154513	134078
中药批发	3272150	2687084	640897	628479	80073	67714
矿产品、建材及化工产品批发	174353470	102953546	36392923	33396645	3155178	2609176
煤炭及制品批发	25663178	14486111	4584667	4246398	351252	271357
石油及制品批发	40253421	35077390	17450448	16709965	130076	78590
金属及金属矿批发	62830558	28943268	9942300	8538291	896303	716999
建材批发	15054132	9481659	816334	710308	40131	14347
化肥批发	5546785	4817532	701448	667209	1446914	1325090
农药批发	392942	295986	92766	89179	39030	31637
机械设备、五金产品及电子产品批发	66726089	54368355	2813194	2599822	1061916	108869
汽车批发	10192172	5363518	492539	477112	936935	28161
计算机、软件及辅助设备批发	3082060	1988013	133570	99659	17953	11443
通讯及广播电视设备批发	3567681	2962535	112991	109374	6971	2400
贸易经纪与代理	4458865	2976262	1427060	1348291	8165	4332
其他批发业	5467992	3096635	630245	538479	156782	98397
(三)按控股情况分						
国有控股	124235379	116205587	52725003	48304875	388361	339126
集体控股	3914290	2810149	136390	127717	1933881	1419484
私人控股	144109018	58674585	358223	243389	2603783	1475465
港澳台控股	12105510	9244106	21687	20765	1152	135
外商控股	17957391	15497541	124082	119628	6695	6670

单位：万元

法人资本		个人资本		港澳台资本		外商资本	
限额以上	大中型企业	限额以上	大中型企业	限额以上	大中型企业	限额以上	大中型企业
2827770	1921143	2867940	1586126	341531	295878	257137	239619
7603730	4846467	4868681	2311486	941870	849833	819038	745339
1085543	626377	689152	340845	104630	94132	72571	52610
470856	341783	544202	321934	55154	50345	43755	31447
1206067	739778	679865	406496	445482	409106	325979	318736
1841564	1838991	4347	1490				
7360458	4944667	5676217	2460607	2336742	1380565	3319520	3193882
3201218	2358703	1686238	756116	951762	879187	519878	470986
300486	203034	325398	182590	231533	210099	17515	9807
1015337	681094	559520	341041	244680	50826	1829941	1814389
2034870	1440107	2686714	1140336	739400	606069	331617	270804
334246	200953	390629	184046	96153	13439	78452	73063
81517	30714	60789	42877	179239	178884	25951	21565
374692	341292	108065	76458	3000		18117	18117
6311823	5741785	5048062	2524299	250299	224139	496482	425094
4154128	3872355	3520866	1562778	134542	121129	281985	243383
1567838	1387280	900230	542248	54404	54404	28708	6959
65454482	44531692	60948174	16018139	3204627	2394516	5199334	4003379
9219268	6919802	10663715	2330172	101630	58851	742047	659530
16148765	14512874	5170921	2661418	531078	405855	822082	708689
23408060	10862553	26279962	7376071	1033983	763388	1267851	685967
8790976	6968620	4484070	1081243	745451	628957	181171	78185
1881165	1646117	738713	404341	7500	5900	771045	768876
177558	133652	80278	38208			3311	3311
45445114	39286980	8484014	4315371	2407048	2063413	6514804	5993900
5064253	2109121	1890189	1040890	292621	283645	1515635	1424589
1280875	767015	935219	572158	405051	257643	309392	280095
1145917	841513	733318	513013	348275	286300	1220210	1209936
1431514	1062285	1053079	154566	166957	59509	372090	337278
2344617	1342035	1467381	526109	610818	330710	258149	210905
67833397	64872934	2320247	1786295	108851	35134	857520	817223
1575737	1055859	257780	199277	5173	3884	5329	3928
54547928	29370425	86426430	27460418	99576	59171	76429	55718
860110	546767	340861	78409	10634141	8430158	247560	117872
1781126	1260270	24104	17749	90741	78196	15927539	14011923

1-5 续表 2

项目	实收资本		国家资本		集体资本	
	限额以上	大中型企业	限额以上	大中型企业	限额以上	大中型企业
二、零售业	**127337926**	**83580851**	**12454514**	**11229634**	**3318344**	**2588235**
(一)按登记注册类型分						
1.内资企业	**111639795**	**68771301**	**12093419**	**10898253**	**3225714**	**2496383**
国有企业	2151842	1748103	1785085	1543388	16663	8687
集体企业	675010	352756	3053	977	520752	282381
股份合作企业	178826	72455	3243	2470	35478	22630
联营企业	44314	20889	7910	4129	18976	9547
国有联营企业	9259	5268	2333	525	10	
集体联营企业	19976	10101	580		15927	9260
国有与集体联营企业	9367	4254	4911	3604	1147	
其他联营企业	5712	1266	86		1892	287
有限责任公司	44652459	29825505	5417563	4744135	2135910	1862231
国有独资公司	1586546	1370704	1190896	1015925	3260	2678
其他有限责任公司	43065913	28454801	4226667	3728209	2132650	1859553
股份有限公司	13676076	12065992	4605063	4549905	173056	141797
私营企业	49696919	24455374	194856	50619	302445	160666
私营独资企业	1510418	296932	16456	9	9840	159
私营合伙企业	158358	59500	2263		1478	
私营有限责任公司	45756811	22299441	162773	50485	272412	154720
私营股份有限公司	2271333	1799501	13364	125	18715	5787
其他企业	564350	230228	76648	2629	22435	8443
2.港、澳、台商投资企业	**7710612**	**7298197**	**43203**	**38510**	**59985**	**59639**
合资经营企业	1612526	1529740	36838	32145	54083	53886
合作经营企业	144216	137466	666	666	149	
独资经营企业	5362868	5050142	5700	5700	5753	5753
投资股份有限公司	476532	469657				
其他港澳台商投资企业	114471	111192				
3.外商投资企业	**7987520**	**7511353**	**317892**	**292871**	**32645**	**32214**
中外合资经营企业	2450590	2310710	301335	276314	22104	21673
中外合作经营企业	214875	204134			10348	10348
外资企业	5061685	4742205	3123	3123		
外商投资股份有限公司	206910	204830	13434	13434	193	193
其他外商投资企业	53459	49475				

单位：万元

法人资本		个人资本		港澳台资本		外商资本	
限额以上	大中型企业	限额以上	大中型企业	限额以上	大中型企业	限额以上	大中型企业
55627496	**35377494**	**43428166**	**22566723**	**6447264**	**6128370**	**6060942**	**5688395**
52635091	**32572706**	**43313348**	**22463215**	**221820**	**206845**	**148795**	**131900**
335890	189009	13923	6963	39	2	105	53
120416	55996	30759	13402	30			
75520	9762	63601	36693	385	300	600	600
13074	5541	4354	1672				
6033	4400	883	343				
2559	178	911	663				
2724	275	585	375				
1759	688	1975	291				
22832055	16434469	14012512	6547929	131748	124289	123112	111952
381420	342230	11910	9870				
22450635	16092239	14000601	6538059	131748	124289	123112	111952
5263797	3931354	3560849	3369625	61232	61232	12079	12079
23789660	11833833	25366866	12380558	28335	21002	12848	7195
478491	116330	1005374	180433	100	1	96	1
49543	7990	105054	51510	20			
22737729	11367262	22551120	10697317	23188	20975	7740	7183
523896	342251	1705319	1451298	5027	27	5012	12
204681	112743	260485	106373	52	20	50	20
1210908	**1124745**	**91110**	**86649**	**6154092**	**5856429**	**151315**	**132223**
670881	639291	75651	73743	680728	651676	94346	79000
15890	14522	929		126582	122279		
419945	370372	9097	7474	4866460	4608676	55912	52166
28719	28368	5432	5432	441323	434800	1058	1058
75472	72194			38999	38999		
1781497	**1680043**	**23708**	**16859**	**71352**	**65095**	**5760833**	**5424271**
695103	656838	17823	11911	45999	44854	1368228	1299121
55738	55569	500		9928	6247	138362	131970
902709	843786	3102	2665	15426	13995	4137731	3878635
116063	115250	959	959			76261	74994
11884	8600	1324	1324			40251	39551

1-5 续表 3

项　　目	实收资本		国家资本		集体资本	
	限额以上	大中型企业	限额以上	大中型企业	限额以上	大中型企业
(二)按国民经济行业分						
综合零售	25550875	23252337	1372291	1268071	1091828	876849
百货零售	14390382	13171198	1108107	1038183	644005	520341
超级市场零售	10107651	9339379	201739	187185	298254	283423
食品、饮料及烟草制品专门零售	5236436	1601122	383946	175984	145457	69099
粮油零售	852797	127890	129899	39649	11469	6515
肉、禽、蛋、奶及水产品零售	698222	322050	27281	13821	24050	12143
酒、饮料及茶叶零售	1497170	327627	87027	20069	26447	11581
烟草制品零售	223139	124823	98552	70537	7332	2621
纺织、服装及日用品专门零售	6158316	4922857	391770	358944	72310	46495
服装零售	4029765	3305209	177307	167880	28454	15134
文化、体育用品及器材专门零售	4720836	2940916	1313133	1000116	58404	23114
体育用品及器材零售	175558	145635	2281	2150	503	50
图书、报刊零售	1763512	1306794	1151117	872821	11647	1766
医药及医疗器材专门零售	4189311	2968013	729413	628383	96255	47789
药品零售	3738535	2856411	655332	626648	93095	46340
汽车、摩托车、燃料及零配件专门零售	67034526	39912064	7741281	7378093	1606697	1367167
汽车零售	54033886	30039154	718519	623242	1462921	1352195
机动车燃料零售	11958486	9649814	6946132	6745126	72181	10546
家用电器及电子产品专门零售	6999955	3914268	74092	32202	116414	78663
日用家电设备零售	3114176	2140427	18011	4625	36890	27240
计算机、软件及辅助设备零售	1733311	610911	38177	17322	12201	503
通信设备零售	649400	373584	6778	6442	4636	653
五金、家具及室内装饰材料专门零售	3402909	1695000	75456	59599	62466	40712
货摊、无店铺及其他零售业	4044763	2374272	373133	328241	68513	38347
互联网零售	1069856	917236	28611	22681	2621	1700
(三)按控股情况分						
国有控股	18045682	16375676	11134190	10239092	110000	87892
集体控股	3807937	3108964	49753	23225	2268372	1856664
私人控股	79324661	42650216	449632	270418	451459	259603
港澳台控股	7326783	6929076	27461	23445	10848	10502
外商控股	7122622	6743204	91999	91874	18196	18009

单位：万元

法人资本		个人资本		港澳台资本		外商资本	
限额以上	大中型企业	限额以上	大中型企业	限额以上	大中型企业	限额以上	大中型企业
10915626	10128204	6064205	4955233	2865832	2829237	3240855	3194744
6762385	6317477	2763035	2228700	1891285	1867821	1221427	1198675
3804028	3561846	3093559	2623097	909236	898415	1800734	1785413
2440282	604870	2064801	599727	127983	127440	74907	34003
106830	26846	580691	30033	24849	24849		
250690	136114	382981	148873	9744	9310	3477	1789
888631	169414	455087	96839	30392	26434	9586	3290
80911	43573	36346	8092				
2575468	2088365	1230935	733654	1054829	968643	833413	726757
1816705	1505006	744700	480916	645060	584116	617945	552156
1844084	996586	1085638	540795	85768	70903	333809	309403
46457	33169	33001	20928	27605	27418	65711	61920
472280	347430	89808	46834	216		38443	37943
2024953	1604435	1269319	620832	47156	44713	22215	21861
1837447	1540409	1096992	588484	44115	43005	11554	11524
29967641	16901135	25585618	12336119	1470164	1352708	660863	574842
26299185	14725413	24121687	12044744	1084604	985541	344770	306020
3259572	2067555	996700	206399	377554	359848	306286	260341
2951228	1688281	3394997	1690649	217175	211154	245999	213319
1196025	790369	1571156	1026609	132471	132261	159624	159324
795044	358279	822224	190014	19230	13642	46436	31151
291854	147963	299179	172002	29129	29129	17825	17395
1198760	518605	1558497	592014	61118	46033	446613	438037
1709453	847015	1174156	497701	517238	487539	202270	175430
327382	262276	169248	117088	428662	417645	113331	95847
5856193	5177345	624590	575701	90856	90139	230655	205507
1330003	1116112	131998	97560	8449	8210	19363	7193
38750531	21673221	39548412	20343667	96482	84343	25736	16964
1010188	932371	41343	38580	6108966	5813041	127977	111137
1530722	1451206	11345	8588	34565	33134	5436202	5140393

1-6 大中型批发和零售业

项 目	主营业务收入		主营业务成本	
	限额以上	大中型企业	限额以上	大中型企业
总 计	**4842139010**	**3701210329**	**4487601647**	**3414909424**
一、批发业	**3873253429**	**2936013799**	**3631144297**	**2736659084**
(一)按登记注册类型分				
1.内资企业	**3359707706**	**2481896356**	**3179117425**	**2339073101**
国有企业	282376612	266754359	246272808	231608249
集体企业	12860036	9358482	11965964	8717086
股份合作企业	2832407	1612296	2672298	1529960
联营企业	759961	647865	640399	535433
国有联营企业	89345	72094	83054	67451
集体联营企业	65325	24224	60989	22900
国有与集体联营企业	516772	487393	417289	388629
其他联营企业	88520	64154	79066	56452
有限责任公司	1660370808	1334682685	1589965423	1276583744
国有独资公司	362267971	330737078	351184413	320467608
其他有限责任公司	1298102836	1003945607	1238781010	956116136
股份有限公司	393522813	378684838	377453752	363145132
私营企业	999119662	487060787	943507153	454371366
私营独资企业	6317029	3183122	5356359	2698146
私营合伙企业	1078336	531784	959212	440878
私营有限责任公司	963810973	464292009	911474012	433855273
私营股份有限公司	27913325	19053874	25717570	17377069
其他企业	7865408	3095044	6639628	2582133
2.港、澳、台商投资企业	**156388796**	**129136946**	**138901355**	**112618441**
合资经营企业	35603494	32051277	33771989	30363880
合作经营企业	1502643	1472263	1312877	1286087
独资经营企业	115387515	93847402	100231396	79493533
投资股份有限公司	3728056	1598916	3446293	1336140
其他港澳台商投资企业	167088	167088	138800	138800
3.外商投资企业	**357156926**	**324980497**	**313125517**	**284967542**
中外合资经营企业	96404459	90985189	88368261	83199040
中外合作经营企业	5708595	5639047	5576871	5511428
外资企业	247611921	221255278	212503266	189863230
外商投资股份有限公司	3355714	3057655	2887080	2631179
其他外商投资企业	4076238	4043329	3790039	3762664

企业损益及分配

单位：万元

主营业务税金及附加		主营业务利润		其他业务利润		销售费用	
限额以上	大中型企业	限额以上	大中型企业	限额以上	大中型企业	限额以上	大中型企业
20500550	**16605725**	**334036813**	**269695180**	**23742822**	**21749729**	**151585787**	**130282121**
14967186	**13033763**	**227141946**	**186320953**	**12573409**	**11522753**	**94738198**	**80485086**
13053352	**11208646**	**167536929**	**131614609**	**5824616**	**4907968**	**59751456**	**47030627**
6375694	6347061	29728110	28799049	421009	385919	4912105	4704660
67711	52972	826361	588424	43608	38342	296356	191129
7074	2580	153035	79756	5207	3228	60317	35399
1703	1123	117859	111310	1598	1575	35015	32964
197	130	6093	4514	478	478	1573	679
444	62	3891	1262	1013	1013	1324	351
775	764	98709	98000	23		30498	30208
288	168	9165	7534	85	85	1620	1726
3459300	2821125	66946084	55277816	2474378	2126179	25450242	21976133
747135	694293	10336423	9575177	415403	383310	3115412	2965200
2712165	2126833	56609661	45702639	2058975	1742868	22334830	19010933
455958	420821	15613103	15118885	880116	365216	8107743	7953949
2593180	1521747	53019329	31167674	1990905	1481800	20681277	12042877
90543	50910	870126	434066	2876	1144	214130	144858
8095	4824	111029	86081	2041	121	47783	38657
2374253	1385837	49962708	29050899	1923895	1429819	19736769	11323623
120290	80177	2075465	1596628	62093	50717	682596	535739
92732	41216	1133049	471696	7794	5710	208400	93516
314923	**291034**	**17172519**	**16227471**	**545850**	**514438**	**9560446**	**9207329**
38365	35511	1793141	1651886	16499	14472	1047879	972757
2453	2404	187313	183771	835	307	94194	93286
269688	249181	14886431	14104688	522152	493303	8208001	7934677
4168	3690	277595	259086	6363	6356	191210	187447
248	248	28040	28040			19163	19163
1598912	**1534083**	**42432497**	**38478873**	**6202943**	**6100348**	**25426297**	**24247131**
99799	95915	7936399	7690234	5456248	5452003	5166453	5106454
22727	22688	108996	104931	6178	5693	82014	76074
1463285	1404173	33645370	29987875	1689722	1592254	19755865	18668281
6678	6248	461956	420227	-962922	-963285	313983	291280
6422	5059	279777	275606	13718	13682	107983	105042

1-6 续表 1

项　　目	管理费用		财务费用		营业利润	
	限额以上	大中型企业	限额以上	大中型企业	限额以上	大中型企业
总　计	**79542518**	**64054222**	**24845422**	**17805658**	**101604983**	**80405818**
一、批发业	**50051152**	**40756621**	**17670156**	**12168711**	**76870784**	**64909617**
(一)按登记注册类型分						
1.内资企业	**37778929**	**29420708**	**16823271**	**11450210**	**61445812**	**51920872**
国有企业	7052431	6827110	276298	134268	17944307	17497467
集体企业	251949	170219	75688	63061	266981	211348
股份合作企业	40774	20013	26954	13297	30913	15084
联营企业	10777	7872	4360	3999	12782	6917
国有联营企业	3104	1303	758	539	2391	3600
集体联营企业	1908	1209	1251	1130	-539	-1373
国有与集体联营企业	3806	3438	2371	2351	836	782
其他联营企业	1958	1922	-20	-20	10093	3908
有限责任公司	14138944	11571540	8004136	6276935	23726576	20066805
国有独资公司	2282889	2141815	1142224	1045612	5096816	4717409
其他有限责任公司	11856055	9429725	6861912	5231323	18629760	15349396
股份有限公司	3343579	3188443	1484450	1413354	4523949	4374082
私营企业	12754087	7560509	6908242	3532835	14247165	9460597
私营独资企业	121198	56468	37875	16859	511915	227303
私营合伙企业	17526	11078	4023	1432	42714	36045
私营有限责任公司	12146600	7146382	6624152	3346489	12914470	8558953
私营股份有限公司	468764	346580	242193	168055	778066	638297
其他企业	186389	75003	43143	12461	693139	288573
2.港、澳、台商投资企业	**4123451**	**3837103**	**588469**	**546854**	**4333469**	**4008882**
合资经营企业	376170	346470	95569	96159	590886	530096
合作经营企业	40373	39631	1210	1122	53880	52148
独资经营企业	3628211	3384072	478890	441830	3667918	3403781
投资股份有限公司	72628	60860	11955	6897	18718	20789
其他港澳台商投资企业	6069	6069	846	846	2068	2068
3.外商投资企业	**8148772**	**7498810**	**258416**	**171648**	**11091503**	**8979863**
中外合资经营企业	603860	554241	258514	236327	2013591	1896722
中外合作经营企业	19754	16891	-2196	-2514	28944	32570
外资企业	7396072	6808970	-6272	-69411	8877027	6889699
外商投资股份有限公司	85614	76726	6005	4939	59461	50057
其他外商投资企业	43472	41982	2366	2306	112480	110816

单位：万元

利润总额		应交所得税		应付职工薪酬		应交增值税	
限额以上	大中型企业	限额以上	大中型企业	限额以上	大中型企业	限额以上	大中型企业
104266126	**82597088**	**23333010**	**18757223**	**75710840**	**62005557**	**56168173**	**46325830**
78998083	**66874461**	**18348915**	**14855595**	**43318291**	**35840240**	**39962594**	**33121141**
62873586	**53249642**	**14482301**	**11590138**	**32361382**	**25238000**	**32633163**	**26444137**
19123298	18495189	4721920	4585422	6219745	6063904	6586895	6435461
243794	194427	28960	21550	184861	121222	192383	55303
27286	10633	2732	1418	27799	12879	22013	9528
16032	8572	1997	1823	12907	11363	10678	6929
3768	3600	1005	873	2646	1779	1154	1005
1108	61	22	2	2829	2453	4098	2464
720	663	352	329	6682	6433	4847	3247
10436	4247	619	619	751	698	580	214
24847306	20677506	5892041	4580001	13282214	10036256	12648963	10289517
5552667	5083327	1345565	1274840	2047377	1948843	2601791	2224650
19294639	15594179	4546476	3305161	11234837	8087414	10047172	8064867
4671216	4547153	874405	847218	3833281	3745562	4660508	4564299
13282662	9036751	2903619	1524882	8596314	5163454	8405927	5029175
453694	182109	58618	33852	76389	32506	180860	121433
40321	35629	6649	4816	17793	11339	15534	11115
11978464	8147351	2698770	1384760	8170324	4849672	7912633	4684158
810183	671662	139583	101454	331807	269936	296901	212469
661994	279412	56627	27823	204261	83362	105796	53926
4761001	**4374382**	**1047504**	**966714**	**3375245**	**3225946**	**2320541**	**2128002**
684659	615324	124347	108163	302822	283063	326214	302235
60011	58281	11538	11489	52701	52250	9691	9626
3993699	3675761	894623	830378	2905749	2779804	1948762	1782050
20195	22579	16976	16664	96370	93225	34080	32297
2436	2436	21	21	17603	17603	1794	1794
11363497	**9250437**	**2819110**	**2298743**	**7581663**	**7376294**	**5008890**	**4549003**
2073585	1965573	494455	465122	592028	561637	950871	925030
28567	32238	5136	4969	29523	25760	12411	12120
9075884	7078696	2261976	1773708	6848634	6682512	3790681	3359358
61443	52553	27609	25663	61798	58548	34850	33254
124019	121377	29934	29281	49679	47837	220078	219242

1-6 续表 2

项 目	主营业务收入		主营业务成本	
	限额以上	大中型企业	限额以上	大中型企业
(二)按国民经济行业分				
农、林、牧产品批发	79186746	55192929	73085923	50849278
食品、饮料及烟草制品批发	346477775	296065174	284973297	239166894
米、面制品及食用油批发	49251186	34790306	46439529	32609453
肉、禽、蛋、奶及水产品批发	26252791	19468838	23673257	17441631
酒、饮料及茶叶批发	49265104	41294172	38232359	31307775
烟草制品批发	150802362	147197678	115437033	112310349
纺织、服装及家庭用品批发	315548783	244283144	278756204	211761009
服装批发	79054747	63891339	67657492	53566953
鞋帽批发	16895513	12981280	14361398	10716299
家用电器批发	85956844	77516176	78103763	70104328
文化、体育用品及器材批发	64389414	52707826	59052686	48169136
文具用品批发	17930698	13269775	16960752	12579257
体育用品及器材批发	3983456	3431039	3455933	2955182
图书批发	6944739	6500222	5808970	5442386
医药及医疗器材批发	159270516	146977974	142553423	132025418
西药批发	100972186	95549960	92792759	88011196
中药批发	35045034	31913061	31256773	28583008
矿产品、建材及化工产品批发	2281432550	1627096844	2215630725	1581810417
煤炭及制品批发	285365035	217059340	273937229	209045124
石油及制品批发	643170646	556721733	626592674	542160782
金属及金属矿批发	844423161	517318225	827264474	507971393
建材批发	112984033	72312506	107585163	69134618
化肥批发	64689668	52233648	61419709	49694381
农药批发	4407455	3487071	4046393	3201239
机械设备、五金产品及电子产品批发	494077617	418427521	451605547	383100720
汽车批发	174297862	159787462	157070148	145034825
计算机、软件及辅助设备批发	41350649	33879837	39336345	32209140
通讯及广播电视设备批发	70304712	64541275	66030379	60534702
贸易经纪与代理	48439009	37124505	46071895	35212382
其他批发业	84431020	58137882	79414596	54563830
(三)按控股情况分				
国有控股	1611290700	1479951197	1530473451	1402798785
集体控股	88226592	71624059	84455301	68535605
私人控股	1417089865	759215895	1334784472	707525261
港澳台控股	136729009	110306665	119872226	94397844
外商控股	294501764	264030392	255108772	228612928

单位：万元

主营业务税金及附加		主营业务利润		其他业务利润		销售费用	
限额以上	大中型企业	限额以上	大中型企业	限额以上	大中型企业	限额以上	大中型企业
361396	262309	5739427	4081343	196516	129977	1516211	1021133
8248110	8025666	53256368	48872614	1531760	1425027	15467938	13979932
84458	54391	2727198	2126463	161069	139441	1773049	1511378
149314	121849	2430220	1905359	94865	31922	838929	677420
345683	287877	10687062	9698520	667748	635782	5457337	5094390
7213979	7200159	28151351	27687169	260171	259922	3147406	3136509
864850	711495	35927728	31810639	6056976	5945679	18500497	17110814
334466	296227	11062789	10028159	163105	149947	4574924	4199787
64589	55592	2469526	2209389	48347	26342	907258	806788
126262	112770	7726819	7299079	5515675	5502493	4473327	4294253
141489	104096	5195239	4434594	277106	248772	2392907	2116932
29696	20615	940250	669904	35798	24701	362523	269040
8934	7854	518589	468004	14066	13092	238780	218924
8354	6765	1127415	1051071	126918	121573	488569	452629
381334	329328	16335759	14623229	737600	693024	8524295	7885674
201431	184699	7977996	7354066	384821	366347	4050424	3787754
97775	80316	3690485	3249737	140800	130176	1965974	1830935
2638702	1748349	63163123	43538078	1390911	913604	25773878	18170784
546779	371321	10881027	7642895	357951	255328	4441050	3050494
444956	345354	16133015	14215597	-521296	-585159	7433294	6918124
660121	390773	16498566	8956059	493577	335593	6559040	3198156
276098	150182	5122773	3027706	160985	121119	1586110	932743
139449	78835	3130511	2460432	48832	40432	937550	740291
12236	9231	348827	276601	14587	13652	141423	113932
1926007	1599717	40546064	33727085	2064013	1889581	19920420	18051833
1279870	1162690	15947844	13589948	483958	439974	8437351	7982990
42767	30497	1971537	1640200	92723	80808	895112	774377
91791	82704	4182542	3923869	493013	472062	2666499	2597647
69819	51819	2297295	1860304	212676	196954	1086608	955926
335481	200985	4680944	3373067	105851	80136	1555444	1192059
8409932	8264671	72407316	68887742	7820362	7643871	23779583	22912336
200329	163733	3570962	2924721	176691	147561	1445316	1193533
3801600	2291750	78503793	49398884	2649611	1999232	30671338	19879279
303420	276318	16553363	15632503	549125	517478	9055078	8719229
1531006	1466737	37861986	33950727	792409	690055	22615527	21457805

1-6 续表 3

项目	管理费用		财务费用		营业利润	
	限额以上	大中型企业	限额以上	大中型企业	限额以上	大中型企业
(二)按国民经济行业分						
农、林、牧产品批发	1271894	881040	1194278	923168	2369476	1827702
食品、饮料及烟草制品批发	10951288	10029108	365578	16700	28090482	26413638
米、面制品及食用油批发	744050	547460	473549	345371	48489	22561
肉、禽、蛋、奶及水产品批发	454905	347879	135471	100529	1089472	841441
酒、饮料及茶叶批发	1229070	1044397	170147	115850	4191555	3798014
烟草制品批发	6448169	6438520	-881490	-873137	19650497	19198197
纺织、服装及家庭用品批发	8085827	6996826	931526	569999	9530953	8199203
服装批发	3412678	3102790	345503	261168	3265203	2992973
鞋帽批发	870855	797650	38329	25213	794917	712072
家用电器批发	976685	856821	-26886	-53543	2379886	2269417
文化、体育用品及器材批发	1536870	1298880	370353	297259	1269226	1041442
文具用品批发	286891	212439	96349	70536	234590	135835
体育用品及器材批发	186670	173810	14648	11553	126765	101357
图书批发	389338	359246	11851	9834	336450	323154
医药及医疗器材批发	3716975	3236482	918327	855901	4095172	3532129
西药批发	1826607	1662412	660626	625280	1964581	1764308
中药批发	674138	550130	200770	185193	958384	783513
矿产品、建材及化工产品批发	13520708	9553343	11483667	7654660	15820473	11998896
煤炭及制品批发	2347444	1793534	1897327	1413426	3002843	2255198
石油及制品批发	2851007	2486581	1247342	941539	4855144	4343967
金属及金属矿批发	3667270	2278013	5358128	3295666	2127176	1429531
建材批发	1163226	699790	916447	564564	2163259	1473587
化肥批发	542625	409741	626605	556553	1075058	785870
农药批发	80552	61992	29113	23854	141534	119706
机械设备、五金产品及电子产品批发	9144110	7429356	1537560	1183383	13273490	10077110
汽车批发	1401312	1141924	226571	175170	6702401	5064909
计算机、软件及辅助设备批发	615114	463679	148229	108788	506400	417688
通讯及广播电视设备批发	1431520	1339599	145284	108887	651541	565975
贸易经纪与代理	632206	493722	165255	162763	891890	713388
其他批发业	1191274	837865	703612	504879	1529622	1106108
(三)按控股情况分						
国有控股	15761092	15065892	5041653	4503640	32359427	31037708
集体控股	842081	635115	466194	379088	1061361	921450
私人控股	18417327	11517650	9809550	5496496	22351703	15175566
港澳台控股	4062809	3781728	573005	532891	4240719	3909159
外商控股	7846171	7211427	135627	62482	9730790	7617829

单位：万元

利润总额		应交所得税		应付职工薪酬		应交增值税	
限额以上	大中型企业	限额以上	大中型企业	限额以上	大中型企业	限额以上	大中型企业
2596522	1853805	254321	181147	991015	639043	374244	227097
29236211	27491971	6498726	6180750	9749064	9041277	9873315	9330955
721338	548998	129000	90068	534362	442299	336084	227970
1055757	832558	99673	81253	464940	318720	183372	150582
4326584	3938005	982150	903125	1310188	1175797	1493887	1357422
19998493	19546474	4874169	4760850	5692804	5589174	6708052	6627713
9659075	8494205	2155790	1560796	6295234	5510946	5019993	4274127
3278602	3014942	668225	601844	1792704	1501042	1490036	1214708
834095	752496	176374	164649	457814	407613	290761	267392
2406211	2330662	301502	272570	1394653	1252659	1030545	978730
1276372	1025949	254986	210236	1320427	1157744	607657	501980
217908	159760	34377	24626	190845	149250	81825	45437
130766	104522	41506	34568	126934	117660	67110	61431
279522	261978	30021	26874	361582	336426	19957	16142
4169084	3635992	903938	801887	3768752	3498282	2289114	2059835
2011002	1822198	419909	385110	1876339	1762790	1145485	1092285
941276	779799	208037	178878	704139	636964	590936	520806
16390441	12372474	4447989	2866730	10539691	8299302	14725891	11402193
2818545	2132522	557287	400649	1389361	1113602	2653253	2110692
4620597	4078025	1393928	1273272	3610536	3358951	6224334	5613958
2963631	2028120	1453662	523914	2164916	1430600	2289676	1137093
2054565	1421723	262718	147571	793401	520174	881242	528160
1120155	834388	87896	56452	392171	290521	179155	129099
128127	106306	16328	13014	65788	53541	11454	7488
13075469	10025266	3168508	2498308	9241652	6617936	5373599	4302997
5896395	4278984	1487157	1083419	1104063	934973	2064458	1664557
540004	444497	101943	91924	522718	424724	289460	231937
1066115	1012181	311130	297295	1459232	1414586	750203	711881
903859	728649	323386	284258	580987	457505	268456	206212
1691049	1246151	341270	271485	831469	618205	1430326	815744
35131349	33510613	8730209	8379822	15306834	14737188	17020610	16230681
1094323	938963	175638	145325	647479	497397	531675	330984
21648297	14662228	4748246	2412497	14141599	8182595	12247165	7644454
4596345	4204813	1009651	930387	3338126	3183651	2142017	1964753
9991917	7877518	2509673	1989957	7233219	7038541	4330340	3878929

1-6 续表 4

项　　目	主营业务收入		主营业务成本	
	限额以上	大中型企业	限额以上	大中型企业
二、零售业	**968885581**	**765196530**	**856457350**	**678250340**
(一)按登记注册类型分				
1.内资企业	**863596622**	**663169898**	**769573927**	**594131988**
国有企业	20153857	15708082	17966130	14149734
集体企业	14281796	8121358	12499463	7093698
股份合作企业	1698962	775958	1495752	661178
联营企业	1064846	294614	950175	252610
国有联营企业	221716	52907	199822	46554
集体联营企业	344458	135134	311674	120602
国有与集体联营企业	298462	48061	266675	41879
其他联营企业	200210	58512	172004	43575
有限责任公司	377273087	308558063	337226570	276556865
国有独资公司	16132234	14770663	14484971	13306350
其他有限责任公司	361140853	293787400	322741599	263250515
股份有限公司	139100626	133706997	125976143	121270935
私营企业	305458098	193782369	269660885	172256633
私营独资企业	12792939	3306864	10556166	2802469
私营合伙企业	1456232	570479	1203797	462755
私营有限责任公司	276072249	178752309	244695041	159208608
私营股份有限公司	15136678	11152717	13205882	9782802
其他企业	4565350	2222457	3798810	1890335
2.港、澳、台商投资企业	**48906292**	**47082162**	**39903282**	**38337213**
合资经营企业	12761859	12533868	10478103	10283915
合作经营企业	699207	657376	592236	555189
独资经营企业	33630906	32201411	27398794	26178836
投资股份有限公司	941190	904317	667179	638261
其他港澳台商投资企业	873130	785190	766971	681011
3.外商投资企业	**56382667**	**54944471**	**46980142**	**45781139**
中外合资经营企业	23657093	23202358	20387849	19991370
中外合作经营企业	2161909	2101654	1906137	1856473
外资企业	28790045	27991598	23189317	22546215
外商投资股份有限公司	1350715	1317984	1138953	1114513
其他外商投资企业	422906	330876	357887	272568

单位：万元

主营业务税金及附加		主营业务利润		其他业务利润		销售费用	
限额以上	大中型企业	限额以上	大中型企业	限额以上	大中型企业	限额以上	大中型企业
5533363	**3571963**	**106894868**	**83374227**	**11169413**	**10226976**	**56847589**	**49797034**
4995348	**3052782**	**89027348**	**65985129**	**8387512**	**7490768**	**44018662**	**37304246**
122908	68201	2064819	1490147	145460	119470	849210	661304
149321	83442	1633012	944218	48183	35488	437520	274729
13048	8112	190163	106669	14195	9739	69129	38677
7354	2450	107317	39554	950	71[illegible]	35166	15873
1393	779	20501	5575	594	58[illegible]	6554	1793
2501	713	30284	13819	194	[illegible]	10656	6024
2402	776	29386	5406	33		7957	1672
1059	181	27147	14755	129	129	10000	6383
1850375	1295126	38196143	30706072	4772893	446422[illegible]	21156182	18760430
62619	54204	1584645	1410109	165646	120524	690367	615983
1787756	1240923	36611498	29295963	4607247	4343697	20465815	18144447
580943	522875	12543541	11913187	1406673	1387495	7034888	6864020
2217727	1059123	33579486	20466613	1988557	1467046	14216385	10562550
219890	42654	2016884	461742	21155	8924	420287	137969
34235	21818	218200	85906	5130	773	68282	38543
1845035	927663	29532173	18616038	1872945	1381320	12865246	9660088
118567	66988	1812230	1302927	89326	76029	862570	725949
53673	13453	712868	318669	10602	6600	220181	126663
262796	**253648**	**8740213**	**8491301**	**1761276**	**1734990**	**6174721**	**5966244**
71876	70344	2211879	2179608	412725	411462	1271796	1260237
2631	2525	104340	99662	10199	9987	53069	50809
179199	171903	6052913	5850671	1308267	1284257	4556018	4367027
6898	6686	267113	259370	25564	25493	203123	199084
2192	2190	103967	101989	4521	3792	90716	89088
275220	**265533**	**9127306**	**8897798**	**1020626**	**1001218**	**6654206**	**6526545**
86686	84421	3182558	3126567	397856	394315	2414018	2388185
10650	10458	245122	234723	64946	63699	194809	190737
168131	161205	5432597	5284178	540202	526496	3913314	3822161
8115	7912	203648	195559	15569	15469	96620	93240
1638	1538	63381	56771	2053	1239	35444	32221

1-6 续表 5

项　　目	管理费用		财务费用		营业利润	
	限额以上	大中型企业	限额以上	大中型企业	限额以上	大中型企业
二、零售业	**29491367**	**23297601**	**7175266**	**5636947**	**24734200**	**15496201**
(一)按登记注册类型分						
1.内资企业	**24689595**	**18627137**	**6687960**	**5171131**	**22028925**	**12845963**
国有企业	650502	480616	63737	48105	664334	429257
集体企业	403298	237599	77104	49116	731727	399805
股份合作企业	66419	38580	5582	2670	67906	39707
联营企业	21766	11346	3387	2062	50975	11903
国有联营企业	5347	3638	427	268	9194	671
集体联营企业	6278	1960	1471	688	14577	5899
国有与集体联营企业	2820	1236	388	298	18357	2152
其他联营企业	7322	4512	1101	808	8847	3181
有限责任公司	10581447	8539571	2845823	2331606	7545708	4833229
国有独资公司	455732	399273	20990	12736	593415	541662
其他有限责任公司	10125716	8140298	2824833	2318870	6952293	4291567
股份有限公司	3192497	3051709	607814	569915	3926002	3645189
私营企业	9618823	6189311	3047459	2145551	8730025	3387062
私营独资企业	378288	109519	98862	22133	1121428	197619
私营合伙企业	50919	22965	11393	5493	95181	28214
私营有限责任公司	8717460	5705484	2831905	2042166	6880284	2764522
私营股份有限公司	472156	351344	105299	75759	633132	396707
其他企业	154842	78405	37054	22106	312247	99812
2.港、澳、台商投资企业	**2449467**	**2386947**	**296301**	**290017**	**1278048**	**1264086**
合资经营企业	465025	455793	114820	111957	805920	796252
合作经营企业	40660	40017	3931	3928	20275	18418
独资经营企业	1847772	1799835	161084	158909	388151	384290
投资股份有限公司	48615	45589	8247	7961	20921	20788
其他港澳台商投资企业	47396	45713	8219	7262	42780	44339
3.外商投资企业	**2352304**	**2283518**	**191005**	**175800**	**1427227**	**1386152**
中外合资经营企业	674515	657941	43487	36669	547586	532606
中外合作经营企业	63186	62401	-2345	-2412	53724	45897
外资企业	1496011	1448482	128212	120260	794422	780909
外商投资股份有限公司	97942	96600	17995	17918	24659	21271
其他外商投资企业	20651	18093	3655	3365	6835	5469

单位：万元

利润总额		应交所得税		应付职工薪酬		应交增值税	
限额以上	大中型企业	限额以上	大中型企业	限额以上	大中型企业	限额以上	大中型企业
25268042	**15722627**	**4984095**	**3901628**	**32392550**	**26165317**	**16205579**	**13204689**
22596259	**13118455**	**4188875**	**3121352**	**27673376**	**21541927**	**14223844**	**11292985**
1690842	417446	67048	39923	757400	590370	440315	371881
674875	380649	67857	38780	306789	210733	218426	148958
56381	32676	7560	2499	66995	36565	19014	8118
43529	10093	8098	1465	27745	17043	13043	4201
8146	662	1663	13	12780	10249	2470	147
9590	4287	2052	1004	6787	4628	3495	2198
17073	1993	3083	27	4984	869	4203	312
8721	3152	1300	422	3194	1297	2875	1543
7581409	5097998	2105645	1773607	11967687	10234612	5911750	4969877
609471	550187	99810	94825	430202	381464	217881	204656
6971938	4547812	2005835	1678782	11537485	9853148	5693869	4765221
3849127	3647237	554481	529913	3836432	3652443	2299968	2247225
8419313	3446754	1352824	724732	10540352	6692326	5259957	3513425
1001254	173483	97356	17550	1208126	121134	279763	82006
88405	23912	8599	1238	44262	21646	19045	6001
6783026	2907952	1172532	660116	8828485	6169492	4707795	3238135
546628	341407	74337	45828	459479	380054	253355	187283
280783	85602	25362	10434	169976	107836	61370	29301
1181584	**1156391**	**387361**	**383078**	**2208547**	**2158923**	**1022083**	**989087**
790832	777117	146687	145192	570221	562894	313110	310289
21767	19808	7120	6741	28842	27872	10991	9864
284649	272873	222066	219710	1527052	1487741	667238	638725
30633	30968	7929	7875	38628	37047	19759	19261
53704	55625	3560	3560	43804	43370	10984	10948
1490200	**1447782**	**407859**	**397199**	**2510626**	**2464467**	**959651**	**922617**
558800	544589	170735	168281	893064	882041	293731	282832
71342	63727	11733	10246	61425	60138	39023	37512
832020	816271	219185	212878	1466230	1435266	594448	571010
19236	15836	5615	5484	67606	66424	24596	23647
8803	7359	591	311	22303	20598	7853	7617

1-6 续表 6

项目	主营业务收入		主营业务成本	
	限额以上	大中型企业	限额以上	大中型企业
(二)按国民经济行业分				
综合零售	216879621	200831485	184216562	170642514
百货零售	117322813	108307284	99143743	91535332
超级市场零售	88260440	84721326	75560530	72605298
食品、饮料及烟草制品专门零售	30854472	14417050	25027986	11349258
粮油零售	4105811	1544934	3557931	1376696
肉、禽、蛋、奶及水产品零售	5612018	2817390	4680389	2321858
酒、饮料及茶叶零售	7853201	2605624	6243066	1952109
烟草制品零售	2459418	1670764	1994848	1334752
纺织、服装及日用品专门零售	40555774	30595102	29357603	21263951
服装零售	24491958	19891683	17225621	13546115
文化、体育用品及器材专门零售	30544994	20959084	25019998	17148567
体育用品及器材零售	1362775	1092328	1082666	854747
图书、报刊零售	9777674	7535263	7540288	5798390
医药及医疗器材专门零售	49271956	40652749	42797105	35523366
药品零售	45559090	39456799	39823027	34584726
汽车、摩托车、燃料及零配件专门零售	451245914	358016033	420148446	335232064
汽车零售	311309601	246047445	290417123	230363649
机动车燃料零售	130387683	108688040	121325708	101903482
家用电器及电子产品专门零售	78660915	53222785	69633949	47414962
日用家电设备零售	31157820	22428596	27151218	19549103
计算机、软件及辅助设备零售	22375092	14552272	20348691	13370141
通信设备零售	8074461	5864644	7217791	5331368
五金、家具及室内装饰材料专门零售	27444701	13985178	21921478	10697302
货摊、无店铺及其他零售业	43427234	32517065	38334224	28978356
互联网零售	25283360	23791050	23225255	21900329
(三)按控股情况分				
国有控股	202839938	188284778	183744665	170922677
集体控股	43979302	33882954	38933887	30013647
私人控股	510704990	350669727	452351881	312364521
港澳台控股	45923827	44166770	37749734	36241118
外商控股	55508182	54440585	46698284	45820382

单位：万元

主营业务税金及附加		主营业务利润		其他业务利润		销售费用	
限额以上	大中型企业	限额以上	大中型企业	限额以上	大中型企业	限额以上	大中型企业
1880686	1620855	30782374	28568115	5890469	5802677	20467280	19845635
1207434	1047243	16971637	15724709	3081960	3020022	8803924	8465093
540063	485695	12159848	11630334	2658670	2641406	10752539	10571817
380838	159462	5445649	2908330	187257	139138	2178846	1532451
37991	11708	509888	156530	19840	15245	180952	104229
69265	29339	862364	466193	11894	7948	285384	191797
126434	52087	1483701	601428	51013	40462	580547	333086
20408	11065	444162	324946	28890	25645	139527	104601
450150	322078	10748021	9009074	855631	792031	6383299	5699323
267116	203974	6999220	6141595	686236	650771	4139066	3787535
268477	139707	5256519	3670811	297781	216366	2295264	1817437
9302	7124	270807	230457	3094	1886	161828	140808
26077	18032	2211309	1718840	177697	116362	889929	713431
207584	139030	6267267	4990353	185299	155595	2954556	2541739
183796	133613	5552267	4738460	172079	152614	2649412	2419399
1181886	595879	29915582	22188091	2868375	2381976	13480108	10979224
815892	449840	20076586	15233957	2669718	2254156	8856296	7179617
280349	131058	8781627	6653501	171141	112651	4310806	3677969
444155	211121	8582811	5596702	562088	476124	4604359	3750960
204107	103650	3802496	2775843	255803	233085	2285316	1952917
85207	39373	1941195	1142757	41744	21943	730628	529645
44133	24325	812537	508951	181415	156943	578445	481561
506664	278881	5016559	3008995	124608	94752	1471477	1029952
212925	104950	4880086	3433758	197906	168316	3012401	2600315
41358	32376	2016747	1858344	87402	84981	1953617	1877370
723785	630639	18371489	16731462	1584472	1477827	9867291	9276550
307902	210701	4737513	3658605	591936	562813	2385553	2104418
3390991	1778904	54962119	36526303	4314676	3622024	25537206	20275926
242125	233507	7931969	7692145	1732128	1706576	5770109	5563709
267580	259735	8542318	8360468	914397	898052	6411931	6305455

1-6 续表 7

项　　目	管理费用		财务费用		营业利润	
	限额以上	大中型企业	限额以上	大中型企业	限额以上	大中型企业
(二)按国民经济行业分						
综合零售	9582256	9030648	1532283	1370942	6827243	5763012
百货零售	6034423	5706819	1083174	995262	5215452	4641859
超级市场零售	3056833	2928319	403622	349042	1289910	1023049
食品、饮料及烟草制品专门零售	1275171	640969	257704	118086	1928952	770140
粮油零售	151982	37886	64531	19966	143562	18772
肉、禽、蛋、奶及水产品零售	196844	119971	47532	27801	351072	149607
酒、饮料及茶叶零售	360523	142368	74477	36186	509543	124465
烟草制品零售	113781	79011	838	-2726	245407	176421
纺织、服装及日用品专门零售	2817466	2357696	349347	270893	1614013	1057707
服装零售	1927017	1696905	248003	205460	950010	708929
文化、体育用品及器材专门零售	1590446	1186566	160488	100904	1329248	671936
体育用品及器材零售	76485	65032	818	239	32191	23199
图书、报刊零售	770562	616435	-9809	-10975	590236	412400
医药及医疗器材专门零售	1578180	1213079	440064	388747	1452218	1045909
药品零售	1345501	1137804	419268	379200	1296515	998450
汽车、摩托车、燃料及零配件专门零售	8231041	6054586	3592165	2925304	6245132	3671089
汽车零售	6636658	5066436	3262260	2727469	2848176	1606354
机动车燃料零售	1340442	904420	265836	170795	2943882	1970640
家用电器及电子产品专门零售	2047353	1248065	377084	198226	2331402	1147801
日用家电设备零售	906323	661696	154334	96603	978072	583138
计算机、软件及辅助设备零售	468935	177580	78082	16443	567238	335146
通信设备零售	244316	168818	53086	38545	195109	51046
五金、家具及室内装饰材料专门零售	1124317	676202	316059	202296	2203463	1186246
货摊、无店铺及其他零售业	1245137	889791	150072	61548	802529	182363
互联网零售	484818	444228	-10681	-13581	-311187	-352065
(三)按控股情况分						
国有控股	4692119	4269437	645222	592869	5477968	4824634
集体控股	1330753	1065872	227908	187323	1405527	905466
私人控股	15644138	10739185	4989398	3680247	13112450	5845037
港澳台控股	2278196	2218854	274675	269680	895291	884272
外商控股	2155777	2097837	148656	139930	1239488	1216252

单位：万元

利润总额		应交所得税		应付职工薪酬		应交增值税	
限额以上	大中型企业	限额以上	大中型企业	限额以上	大中型企业	限额以上	大中型企业
6832050	5963568	2030752	1941095	10406868	9947139	3835437	3543462
5207970	4739546	1598961	1539682	5199346	4937593	2334087	2196285
1387196	1153078	393662	377653	4744501	4612988	1264300	1211103
2095383	753694	256994	142371	1516439	865699	587002	362572
428413	44790	17626	6178	183095	53826	28908	8675
291704	112945	31988	13828	208881	143463	74839	43442
466394	129598	61723	24933	376637	153597	204076	118088
241139	180183	46099	36170	126092	97734	49103	35823
1504084	1002255	396333	322710	3489557	2350073	1184151	970652
860045	630009	244055	208781	2550012	1546476	809463	707618
1350085	723386	161544	100376	1627427	1203262	391630	241336
15519	9507	6577	4999	60595	51083	29296	23340
659921	481159	46023	33191	887355	709559	80590	58339
1415404	1054103	255876	195090	1839050	1593831	962215	758108
1270756	1005216	224484	182541	1683618	1516706	809256	697573
5779181	3547426	1105035	741041	9425969	7365542	7004918	5869675
2668918	1630297	709363	519192	7145109	5627690	4766490	4058136
2697973	1821490	339044	199318	2030454	1646102	2088365	1757962
2402177	1294308	330909	197374	2162653	1491788	1092676	722003
1017146	664571	133550	87473	892841	670046	442095	309105
612250	347169	84417	52463	438432	255850	282126	182990
189929	56041	36280	22609	313973	251770	132784	88466
2013973	1132572	260832	151811	822081	485337	507508	272600
1875707	251315	185819	109762	1102506	862647	640042	464280
-213697	-254334	44007	39113	543275	512341	250413	234437
6712790	5037454	902821	808490	5908727	5501358	3383698	3191187
1348614	924543	202209	153513	1282519	1108484	650802	539438
12511162	5793944	2643564	1805745	17181386	11975233	8392731	6023773
829668	810414	331048	326242	1974412	1926355	938083	901548
1285068	1258901	367449	359626	2297724	2258864	892734	865178

1-7 大中型批发和零售业企业经济效益分析指标

项目	负债比率(%)		主营业务毛利率(%)		人均主营业务收入(万元)		费用率(%)	
	限额以上	大中型企业	限额以上	大中型企业	限额以上	大中型企业	限额以上	大中型企业
总 计	**73.4**	**72.7**	**7.3**	**7.7**	**409.7**	**388.1**	**5.3**	**5.7**
一、批发业	**73.9**	**72.4**	**6.3**	**6.8**	**774.6**	**755.1**	**4.2**	**4.5**
(一)按登记注册类型分								
1.内资企业	**74.8**	**73.2**	**5.4**	**5.8**	**791.7**	**783.5**	**3.4**	**3.5**
国有企业	54.0	52.0	12.8	13.2	709.6	737.4	4.3	4.4
集体企业	79.5	78.0	7.0	6.9	298.7	323.8	4.9	4.5
股份合作企业	90.5	84.3	5.7	5.1	399.2	489.2	4.5	4.3
联营企业	80.0	78.7	15.7	17.4	271.8	285.5	6.6	6.9
国有联营企业	51.5	30.3	7.0	6.4	146.2	233.3	6.1	3.5
集体联营企业	84.6	87.5	6.6	5.5	80.3	36.8	6.9	11.1
国有与集体联营企业	93.8	94.0	19.3	20.3	453.3	446.3	7.1	7.4
其他联营企业	56.1	40.7	10.7	12.0	383.2	305.5	4.0	5.7
有限责任公司	78.2	77.9	4.2	4.4	1056.2	1060.8	2.9	3.0
国有独资公司	72.8	72.5	3.1	3.1	2260.3	2237.6	1.8	1.9
其他有限责任公司	79.3	79.2	4.6	4.8	919.5	904.1	3.2	3.4
股份有限公司	66.1	66.1	4.1	4.1	791.6	791.1	3.3	3.3
私营企业	79.0	77.5	5.6	6.7	598.8	479.6	4.0	4.8
私营独资企业	64.4	69.6	15.2	15.2	339.2	410.5	5.9	6.9
私营合伙企业	75.9	75.6	11.0	17.1	225.1	201.8	6.4	9.6
私营有限责任公司	79.1	77.4	5.4	6.6	610.8	486.7	4.0	4.7
私营股份有限公司	78.7	79.4	7.9	8.8	415.6	372.0	5.0	5.5
其他企业	52.5	57.0	15.6	16.6	141.9	162.1	5.6	5.8
2.港、澳、台商投资企业	**69.8**	**70.0**	**11.2**	**12.8**	**457.2**	**399.8**	**9.1**	**10.5**
合资经营企业	70.1	70.1	5.1	5.3	979.0	984.7	4.3	4.4
合作经营企业	62.4	62.3	12.6	12.6	177.8	176.8	9.0	9.1
独资经营企业	69.3	69.9	13.1	15.3	410.9	352.6	10.7	12.5
投资股份有限公司	88.3	81.6	7.6	16.4	266.9	119.2	7.4	16.0
其他港澳台商投资企业	78.4	78.4	16.9	16.9	66.8	66.8	15.6	15.6
3.外商投资企业	**66.6**	**66.6**	**12.3**	**12.3**	**861.5**	**818.0**	**9.5**	**9.8**
中外合资经营企业	76.4	77.2	8.3	8.6	2292.6	2356.9	6.3	6.5
中外合作经营企业	70.8	69.9	2.3	2.3	2855.7	3332.8	1.7	1.6
外资企业	64.5	64.3	14.2	14.2	695.6	645.1	11.0	11.5
外商投资股份有限公司	55.9	55.3	14.0	13.9	427.3	409.4	12.1	12.2
其他外商投资企业	50.9	51.2	7.0	6.9	605.2	617.3	3.8	3.7

注：费用率等于销售费用、管理费用、财务费用三项之和除以主营业务收入合计(下表同)。

1-7 续表 1

项目	负债比率(%)		主营业务毛利率(%)		人均主营业务收入(万元)		费用率(%)	
	限额以上	大中型企业	限额以上	大中型企业	限额以上	大中型企业	限额以上	大中型企业
(二)按国民经济行业分								
农、林、牧产品批发	73.1	72.5	7.7	7.9	368.2	439.0	5.0	5.1
食品、饮料及烟草制品批发	53.3	49.6	17.8	19.2	350.9	361.3	7.7	8.1
米、面制品及食用油批发	85.1	85.1	5.7	6.3	488.5	440.6	6.1	6.9
肉、禽、蛋、奶及水产品批发	65.1	65.5	9.8	10.4	271.7	271.3	5.4	5.8
酒、饮料及茶叶批发	67.5	67.9	22.4	24.2	242.6	243.9	13.9	15.1
烟草制品批发	17.2	16.7	23.5	23.7	540.8	529.2	5.8	5.9
纺织、服装及家庭用品批发	75.1	74.3	11.7	13.3	359.8	331.1	8.7	10.1
服装批发	70.7	69.0	14.4	16.2	287.0	266.8	10.5	11.8
鞋帽批发	67.3	64.8	15.0	17.4	241.4	225.1	10.8	12.6
家用电器批发	81.3	81.2	9.1	9.6	498.9	498.7	6.3	6.6
文化、体育用品及器材批发	70.3	69.5	8.3	8.6	364.8	367.2	6.7	7.0
文具用品批发	80.8	81.8	5.4	5.2	644.0	691.1	4.2	4.2
体育用品及器材批发	77.5	79.3	13.2	13.9	265.7	257.6	11.0	11.8
图书批发	58.5	58.0	16.4	16.3	176.6	186.4	12.8	12.6
医药及医疗器材批发	76.1	76.7	10.5	10.2	314.4	331.6	8.3	8.1
西药批发	77.5	78.0	8.1	7.9	348.4	368.6	6.5	6.4
中药批发	77.7	78.6	10.8	10.4	262.0	275.6	8.1	8.0
矿产品、建材及化工产品批发	76.7	74.8	2.9	2.8	1685.1	1697.4	2.2	2.2
煤炭及制品批发	74.6	73.7	4.0	3.7	1342.1	1434.6	3.0	2.9
石油及制品批发	71.2	68.8	2.6	2.6	1499.5	1408.2	1.8	1.9
金属及金属矿批发	81.8	80.5	2.0	1.8	3259.2	3549.3	1.8	1.7
建材批发	75.4	75.0	4.8	4.4	759.0	816.0	3.2	3.0
化肥批发	70.4	69.6	5.1	4.9	847.2	1039.0	3.3	3.3
农药批发	73.7	73.7	8.2	8.2	393.7	439.4	5.7	5.7
机械设备、五金产品及电子产品批发	73.9	74.3	8.6	8.4	685.7	762.7	6.2	6.4
汽车批发	76.8	77.8	9.9	9.2	1819.5	1972.1	5.8	5.8
计算机、软件及辅助设备批发	74.4	76.7	4.9	4.9	630.7	694.1	4.0	4.0
通讯及广播电视设备批发	73.9	73.7	6.1	6.2	777.7	784.4	6.0	6.3
贸易经纪与代理	86.0	87.0	4.9	5.2	1180.3	1164.5	3.9	4.3
其他批发业	78.3	79.2	5.9	6.1	689.3	731.6	4.1	4.4
(三)按控股情况分								
国有控股	69.3	68.6	5.0	5.2	1292.8	1267.7	2.8	2.9
集体控股	81.2	81.3	4.3	4.3	717.6	784.4	3.1	3.1
私人控股	78.8	78.1	5.8	6.8	573.8	479.7	4.2	4.9
港澳台控股	69.9	70.1	12.3	14.4	407.4	347.2	10.0	11.8
外商控股	65.8	65.7	13.4	13.4	750.0	701.5	10.4	10.9

1-7 续表 2

项目	负债比率(%)		主营业务毛利率(%)		人均主营业务收入(万元)		费用率(%)	
	限额以上	大中型企业	限额以上	大中型企业	限额以上	大中型企业	限额以上	大中型企业
二、零售业	**71.6**	**74.0**	**11.6**	**11.4**	**142.1**	**135.4**	**9.7**	**10.3**
(一)按登记注册类型分								
1.内资企业	**71.7**	**74.5**	**10.9**	**10.4**	**145.2**	**138.4**	**8.7**	**9.2**
国有企业	61.7	61.7	10.9	9.9	146.4	142.6	7.8	7.6
集体企业	62.1	67.1	12.5	12.7	138.0	110.2	6.4	6.9
股份合作企业	63.4	61.3	12.0	14.8	92.7	59.6	8.3	10.3
联营企业	55.0	70.7	10.8	14.3	165.0	70.1	5.7	9.9
国有联营企业	74.4	106.8	9.9	12.0	100.1	30.9	5.6	10.8
集体联营企业	54.8	58.0	9.5	10.8	144.4	77.8	5.3	6.4
国有与集体联营企业	34.0	44.2	10.7	12.9	320.6	156.0	3.7	6.7
其他联营企业	66.7	79.4	14.1	25.5	217.6	131.5	9.2	20.0
有限责任公司	73.3	76.8	10.6	10.4	146.9	140.1	9.2	9.6
国有独资公司	55.1	55.0	10.2	9.9	230.0	238.9	7.2	7.0
其他有限责任公司	74.0	77.6	10.6	10.4	144.5	137.3	9.3	9.7
股份有限公司	64.8	65.0	9.4	9.3	211.8	211.9	7.8	7.8
私营企业	74.2	79.2	11.7	11.1	127.0	112.5	8.8	9.8
私营独资企业	45.7	59.5	17.5	15.3	109.8	67.8	7.0	8.2
私营合伙企业	56.9	68.1	17.3	18.9	101.4	74.5	9.0	11.7
私营有限责任公司	75.3	80.0	11.4	10.9	129.0	115.0	8.8	9.7
私营股份有限公司	67.9	70.0	12.8	12.3	111.7	99.2	9.5	10.3
其他企业	55.4	62.2	16.8	14.9	90.0	65.7	9.0	10.2
2.港、澳、台商投资企业	**67.9**	**68.2**	**18.4**	**18.6**	**118.1**	**115.3**	**18.2**	**18.4**
合资经营企业	63.6	63.7	17.9	18.0	139.9	140.0	14.5	14.6
合作经营企业	41.9	42.8	15.3	15.5	140.1	137.1	14.0	14.4
独资经营企业	71.4	72.0	18.5	18.7	112.6	109.2	19.5	19.6
投资股份有限公司	63.7	63.6	29.1	29.4	121.1	119.7	27.6	27.9
其他港澳台商投资企业	48.5	45.9	12.2	13.3	76.4	69.0	16.8	18.1
3.外商投资企业	**74.8**	**75.0**	**16.7**	**16.7**	**123.4**	**121.9**	**16.3**	**16.4**
中外合资经营企业	73.7	73.6	13.8	13.8	131.1	130.1	13.2	13.3
中外合作经营企业	75.2	76.0	11.8	11.7	158.6	156.2	11.8	11.9
外资企业	75.2	75.5	19.5	19.5	114.9	113.2	19.2	19.3
外商投资股份有限公司	78.2	78.0	15.7	15.4	137.8	137.4	15.7	15.8
其他外商投资企业	82.3	82.7	15.4	17.6	176.7	153.0	14.1	16.2

1-7 续表 3

项　　目	负债比率(%)		主营业务毛利率(%)		人均主营业务收入(万元)		费用率(%)	
	限额以上	大中型企业	限额以上	大中型企业	限额以上	大中型企业	限额以上	大中型企业
(二)按国民经济行业分								
综合零售	73.0	73.6	15.1	15.0	81.2	79.4	14.6	15.1
百货零售	68.7	69.1	15.5	15.5	99.7	98.0	13.6	14.0
超级市场零售	80.9	81.6	14.4	14.3	55.1	64.9	16.1	16.3
食品、饮料及烟草制品专门零售	47.1	57.0	18.9	21.3	91.1	64.9	12.0	15.9
粮油零售	62.0	67.3	13.3	10.9	121.6	79.5	9.7	10.5
肉、禽、蛋、奶及水产品零售	54.5	59.1	16.6	17.6	84.8	60.0	9.4	12.1
酒、饮料及茶叶零售	53.1	60.6	20.5	25.1	105.6	74.3	12.9	19.6
烟草制品零售	41.7	38.5	18.9	20.1	120.0	111.7	10.3	10.8
纺织、服装及日用品专门零售	70.3	71.6	27.6	30.5	73.0	63.2	23.5	27.2
服装零售	71.9	72.8	29.7	31.9	68.7	62.0	25.8	28.6
文化、体育用品及器材专门零售	59.9	60.7	18.1	18.2	121.6	111.4	13.2	14.8
体育用品及器材零售	61.3	59.4	20.6	21.7	93.7	87.7	17.5	18.9
图书、报刊零售	55.5	57.1	22.9	23.0	81.6	77.5	16.9	17.5
医药及医疗器材专门零售	77.3	79.0	13.1	12.6	105.5	100.6	10.1	10.2
药品零售	77.7	79.2	12.6	12.3	103.0	100.1	9.7	10.0
汽车、摩托车、燃料及零配件专门零售	74.1	75.5	6.9	6.4	276.5	291.5	5.6	5.6
汽车零售	78.7	80.7	6.7	6.4	250.4	257.1	6.0	6.1
机动车燃料零售	58.9	59.0	7.0	6.2	393.1	434.9	4.5	4.4
家用电器及电子产品专门零售	68.9	71.9	11.5	10.9	158.2	162.1	8.9	9.8
日用家电设备零售	71.1	73.1	12.9	12.8	145.9	149.1	10.7	12.1
计算机、软件及辅助设备零售	60.1	66.1	9.1	8.1	264.5	361.2	5.7	5.0
通信设备零售	75.1	79.1	10.6	9.1	108.5	100.6	10.8	11.7
五金、家具及室内装饰材料专门零售	66.1	70.2	20.1	23.5	130.9	108.6	10.6	13.6
货摊、无店铺及其他零售业	82.0	89.9	11.7	10.9	221.1	234.8	10.1	10.9
互联网零售	110.2	112.9	8.1	7.9	320.5	331.4	9.6	9.7
(三)按控股情况分								
国有控股	64.3	64.8	9.4	9.2	216.9	216.7	7.5	7.5
集体控股	71.0	73.5	11.5	11.4	131.9	118.5	9.0	9.9
私人控股	73.4	78.3	11.4	10.9	129.9	117.8	9.0	9.9
港澳台控股	70.1	70.5	17.8	17.9	122.1	119.2	18.1	18.2
外商控股	76.5	76.9	15.9	15.8	134.6	133.7	15.7	15.7

1-8 大中型住宿和餐饮业企业基本情况

项目	住宿业					
	大中型		大型		中型	
	2014年	2013年	2014年	2013年	2014年	2013年
一、法人单位数(个)	**3762**	**3924**	**389**	**422**	**3373**	**3502**
二、年末从业人数(万人)	**109.1**	**118.1**	**24.4**	**26.9**	**84.7**	**91.2**
三、经营情况(亿元)						
营业额	2246.4	2277.0	744.3	752.3	1502.1	1524.7
客房收入	1005.0	1002.5	329.8	335.9	675.3	666.6
餐费收入	903.9	948.8	266.7	283.4	637.2	665.3
商品销售额	54.0	58.3	18.6	21.8	35.4	36.5
其他收入	283.5	267.4	129.2	111.1	154.3	156.3
四、实收资本及构成(亿元)						
实收资本	2188.0	2066.6	730.0	699.2	1458.0	1367.4
国家资本	644.4	621.8	244.7	246.7	399.7	375.0
集体资本	37.6	46.5	6.6	3.8	31.0	42.7
法人资本	801.2	746.8	233.4	228.5	567.8	518.3
个人资本	234.2	233.9	18.2	24.6	216.0	209.4
港澳台资本	314.4	260.5	169.1	133.5	145.3	127.0
外商资本	156.2	157.2	58.0	62.2	98.2	95.0
五、主要财务指标(亿元)						
(一)年末资产负债						
流动资产合计	2645.1	2375.6	893.1	804.5	1752.0	1571.1
固定资产原价	5068.0	4853.3	1764.3	1738.2	3303.7	3115.1
累计折旧	2023.5	1898.9	728.7	712.3	1294.8	1186.7
资产总计	7612.2	7135.3	2691.4	2491.6	4920.9	4643.7
负债合计	5607.7	5104.5	1764.9	1544.6	3842.8	3559.9
所有者权益	2004.5	2030.7	926.4	946.9	1078.1	1083.8
(二)损益及分配						
主营业务收入	2220.2	2262.0	742.7	754.6	1477.6	1507.4
主营业务成本	764.4	779.8	238.6	227.2	525.9	552.7
主营业务税金及附加	123.2	122.4	43.1	40.2	80.1	82.2
主营业务利润	1332.6	1359.8	461.0	487.3	871.6	872.6
其他业务利润	47.6	50.9	12.5	15.8	35.1	35.1
销售费用	649.1	643.0	181.2	185.1	467.9	457.8
管理费用	677.0	671.7	220.8	226.4	456.3	445.4
财务费用	142.9	114.0	53.6	38.9	89.3	75.2
营业利润	-94.6	-28.5	24.1	57.8	-118.7	-86.2
利润总额	-81.2	-10.8	29.5	63.3	-110.7	-74.2
应交所得税	21.2	22.0	13.2	13.0	8.0	9.0
应付职工薪酬	535.4	528.9	166.7	167.5	368.8	361.4

1-8 续表

项目	餐饮业					
	大中型		大型		中型	
	2014年	2013年	2014年	2013年	2014年	2013年
一、法人单位数（个）	**2770**	**2956**	**362**	**326**	**2408**	**2630**
二、年末从业人数（万人）	**122.8**	**128.7**	**70.0**	**69.3**	**52.8**	**59.3**
三、经营情况（亿元）						
营业额	2585.1	2542.9	1555.4	1430.4	1029.7	1112.5
客房收入	115.5	118.9	21.2	19.9	94.3	99.0
餐费收入	2353.4	2312.7	1488.0	1366.3	865.5	946.4
商品销售额	55.9	53.2	24.0	23.9	31.8	29.3
其他收入	60.2	58.1	22.1	20.3	38.1	37.8
四、实收资本及构成（亿元）						
实收资本	676.8	508.1	189.6	162.6	487.2	345.6
国家资本	32.6	36.1	11.0	11.8	21.7	24.2
集体资本	9.0	9.3	1.5	3.5	7.5	5.8
法人资本	312.6	209.1	64.3	55.4	248.4	153.8
个人资本	188.0	133.9	29.1	21.2	158.9	112.6
港澳台资本	54.5	58.0	28.2	22.5	26.4	35.5
外商资本	80.0	61.8	55.7	48.1	24.4	13.7
五、主要财务指标（亿元）						
（一）年末资产负债						
流动资产合计	1127.6	1082.6	446.5	391.0	681.1	691.6
固定资产原价	1075.7	1077.8	416.4	420.8	659.3	657.0
累计折旧	382.0	361.4	169.4	155.1	212.6	206.3
资产总计	2617.5	2487.5	1103.8	982.5	1513.7	1505.0
负债合计	1925.9	1764.7	745.6	640.3	1180.3	1124.4
所有者权益	691.5	722.9	358.2	342.2	333.3	380.6
（二）损益及分配						
主营业务收入	2551.5	2528.4	1534.5	1430.6	1016.9	1097.8
主营业务成本	1163.8	1184.9	669.2	637.9	494.6	547.1
主营业务税金及附加	129.5	132.3	78.7	75.8	50.8	56.4
主营业务利润	1258.2	1211.2	786.7	716.9	471.5	494.3
其他业务利润	28.8	22.3	11.6	8.9	17.2	13.4
销售费用	896.1	833.6	575.4	502.1	320.8	331.5
管理费用	287.6	286.9	138.8	134.6	148.9	152.4
财务费用	40.0	36.5	12.5	11.5	27.5	25.0
营业利润	47.7	74.3	65.5	82.4	-17.8	-8.1
利润总额	49.9	70.8	65.4	78.6	-15.5	-7.9
应交所得税	26.5	30.1	18.4	21.1	8.1	9.1
应付职工薪酬	466.7	468.9	267.6	253.7	199.2	215.2

1-9 大中型住宿和餐饮业企业单位数和从业人数

项 目	法人单位数(个)		年末从业人数(人)	
	限额以上	大中型企业	限额以上	大中型企业
总 计	**45508**	**6532**	**4323996**	**2319744**
一、住宿业	**18874**	**3762**	**1978522**	**1091299**
(一)按登记注册类型分				
1.内资企业	**17947**	**3252**	**1761990**	**905576**
国有企业	2089	500	262287	145509
集体企业	434	54	33352	12923
股份合作企业	81	8	6088	2285
联营企业	27	8	2925	1694
国有联营企业	10	4	1541	1165
集体联营企业	8	NA	598	100
国有与集体联营企业	7	NA	643	321
其他联营企业	NA	NA	143	108
有限责任公司	6288	1587	771331	468423
国有独资公司	322	142	59185	45310
其他有限责任公司	5966	1445	712146	423113
股份有限公司	575	132	71531	40872
私营企业	8183	943	596034	229086
私营独资企业	1122	45	55531	9817
私营合伙企业	291	14	15631	2907
私营有限责任公司	6374	825	492492	203771
私营股份有限公司	396	59	32380	12591
其他企业	270	20	18442	4784
2.港、澳、台商投资企业	**523**	**303**	**130654**	**113770**
合资经营企业	222	146	60904	54368
合作经营企业	58	37	16070	14636
独资经营企业	214	105	48145	40016
投资股份有限公司	27	14	5205	4429
其他港澳台商投资企业	NA	NA	330	321
3.外商投资企业	**404**	**207**	**85878**	**71953**
中外合资经营企业	176	100	38127	32622
中外合作经营企业	50	31	12465	10973
外资企业	157	67	31289	25090
外商投资股份有限公司	15	6	2422	1897
其他外商投资企业	6	3	1575	1371
(二)按国民经济行业分				
旅游饭店	12077	3317	1589571	979955
一般旅馆	6206	381	346298	96434
其他住宿业	591	64	42653	14910
(三)按控股情况分				
国有控股	3518	1141	526940	349124
集体控股	837	155	81105	39629
私人控股	11831	1546	945775	398964
港澳台控股	423	237	99285	84586
外商控股	291	136	57177	47054

注：NA为小于或等于2(下表同)。

1-9 续表

项目	法人单位数(个)		年末从业人数(人)	
	限额以上	大中型企业	限额以上	大中型企业
二、餐饮业	**26634**	**2770**	**2345474**	**1228445**
(一)按登记注册类型分				
1.内资企业	**25414**	**2326**	**1787563**	**711310**
国有企业	449	66	40290	16276
集体企业	228	8	11261	2073
股份合作企业	130	10	8284	3612
联营企业	8	NA	578	238
国有联营企业				
集体联营企业	8	NA	578	238
国有与集体联营企业				
其他联营企业				
有限责任公司	6519	829	566412	266659
国有独资公司	120	33	19111	11510
其他有限责任公司	6399	796	547301	255149
股份有限公司	455	57	59740	36422
私营企业	17076	1334	1072654	381301
私营独资企业	3964	86	146986	16095
私营合伙企业	457	26	22169	4007
私营有限责任公司	12078	1172	858037	341814
私营股份有限公司	577	50	45462	19385
其他企业	549	21	28344	4729
2.港、澳、台商投资企业	**679**	**264**	**190079**	**164791**
合资经营企业	131	43	43931	38933
合作经营企业	34	15	7384	6209
独资经营企业	498	203	137394	118865
投资股份有限公司	11	3	1153	784
其他港澳台商投资企业	5		217	
3.外商投资企业	**541**	**180**	**367832**	**352344**
中外合资经营企业	139	32	81626	77242
中外合作经营企业	22	7	5215	4462
外资企业	352	133	278025	268630
外商投资股份有限公司	20	4	2276	1499
其他外商投资企业	8	4	690	511
(二)按国民经济行业分				
正餐服务	24892	2370	1783495	723127
快餐服务	938	254	437370	407574
饮料及冷饮服务	227	33	43579	37085
其他餐饮业	577	113	81030	60659
(三)按控股情况分				
国有控股	895	209	121499	74937
集体控股	498	54	42094	19169
私人控股	22291	1843	1481161	558986
港澳台控股	652	254	185317	160968
外商控股	468	165	340688	327684

1-10 大中型住宿和餐饮业

项目	营业额		客房收入	
	限额以上	大中型企业	限额以上	大中型企业
总 计	**81505732**	**48314837**	**20115505**	**11205892**
一、住宿业	**35352496**	**22463964**	**17391883**	**10050451**
(一)按登记注册类型分				
1.内资企业	**29847170**	**17463489**	**14682884**	**7629863**
国有企业	4175590	2664870	1833371	1109005
集体企业	537234	227851	242955	90082
股份合作企业	102051	51587	45607	15761
联营企业	53240	36603	24538	16229
国有联营企业	27900	20155	13838	9880
集体联营企业	8542	3611	3141	1340
国有与集体联营企业	11789	8853	5638	3565
其他联营企业	5009	3985	1921	1444
有限责任公司	13291515	9219941	6524993	4152625
国有独资公司	1089403	893652	491683	397330
其他有限责任公司	12202112	8326289	6033310	3755296
股份有限公司	1255268	829946	547261	319450
私营企业	10120242	4321634	5312132	1873138
私营独资企业	1063904	198241	550943	86820
私营合伙企业	251106	48144	115533	13708
私营有限责任公司	8244841	3803644	4367061	1658169
私营股份有限公司	560390	271604	278595	114441
其他企业	312030	111056	152028	53574
2.港、澳、台商投资企业	**3449995**	**3162971**	**1680621**	**1530271**
合资经营企业	1491190	1405521	697518	656888
合作经营企业	518343	463217	240539	226064
独资经营企业	1325179	1195269	679420	593922
投资股份有限公司	111786	95633	60746	51121
其他港澳台商投资企业	3497	3332	2397	2276
3.外商投资企业	**2055331**	**1837504**	**1028378**	**890316**
中外合资经营企业	991727	899492	478863	423128
中外合作经营企业	238072	215531	108711	94924
外资企业	724581	629404	390073	327018
外商投资股份有限公司	48919	42664	26776	22172
其他外商投资企业	52032	50412	23956	23074
(二)按国民经济行业分				
旅游饭店	28368580	20246688	13146849	8895312
一般旅馆	6250568	1925908	3847615	1011308
其他住宿业	733348	291368	397420	143831
(三)按控股情况分				
国有控股	9523782	7142276	4308934	3127733
集体控股	1422919	805242	607813	304363
私人控股	15722123	7500766	8136121	3237847
港澳台控股	2584110	2324045	1281886	1147096
外商控股	1355256	1191936	724468	613187

企业经营情况

单位：万元

餐费收入		商品销售额		其他收入	
限额以上	大中型企业	限额以上	大中型企业	限额以上	大中型企业
54537142	**32573255**	**2244561**	**1098418**	**4608524**	**3437271**
13334728	**9038794**	**950467**	**539829**	**3675417**	**2834890**
11471902	**7311915**	**834584**	**433102**	**2857800**	**2088608**
1695761	1089058	108011	59451	538448	407357
209444	94511	16100	6763	68735	36496
34276	19036	7155	6419	15014	10371
19860	14438	2787	2337	6055	3600
9463	7179	386	323	4213	2773
4758	2238	320	8	323	24
2667	2521	2005	2005	1478	762
2972	2500	76	1	41	41
4989168	3724627	326392	200086	1450962	1142603
392202	327869	23496	14919	182022	153534
4596966	3396758	302896	185166	1268939	989069
477044	318699	54836	41890	176127	149907
3917509	2009194	306043	109819	584559	329484
424975	81385	44730	10251	43257	19785
110051	32040	13701	313	11822	2083
3143688	1760816	232658	94569	501434	290090
238795	134953	14954	4685	28046	17525
128841	42354	13260	6338	17901	8791
1150684	**1066558**	**86809**	**82582**	**531881**	**483560**
543779	507768	31482	29725	218410	211141
171535	158522	4316	3829	101952	74802
392429	363068	50401	48806	202929	189472
41891	36197	610	222	8539	8094
1049	1004			51	51
712143	**660321**	**29074**	**24145**	**285736**	**262722**
343518	320875	10062	7637	159284	147853
98408	91588	7312	7280	23641	21739
228375	207751	11058	8679	95075	85957
15219	14125	631	549	6293	5818
26621	25983	13		1443	1356
11291977	8273720	753042	496317	3176712	2581338
1808779	659057	168566	38690	425609	216853
233973	106018	28860	4822	73096	36698
3579938	2707886	238187	164480	1396723	1142178
603020	378735	45505	22576	166581	99567
5995275	3316866	453890	185763	1136837	760291
850572	774354	69310	66209	382342	336386
447626	411674	18561	15317	164602	151757

1-10 续表

项　目	营业额		客房收入	
	限额以上	大中型企业	限额以上	大中型企业
二、餐饮业	**46153236**	**25850873**	**2723622**	**1155442**
(一)按登记注册类型分				
1.内资企业	**33612837**	**14130609**	**2641618**	**1099736**
国有企业	695219	305823	151306	72441
集体企业	250329	56058	27472	3020
股份合作企业	160459	80632	7111	1792
联营企业	57597	52399	380	
国有联营企业				
集体联营企业	57597	52399	380	
国有与集体联营企业				
其他联营企业				
有限责任公司	9853612	5171430	926056	476951
国有独资公司	376629	266044	41368	22983
其他有限责任公司	9476983	4905386	884688	453968
股份有限公司	1291451	889477	109249	61941
私营企业	20781866	7477285	1383399	475590
私营独资企业	3467489	343427	187727	26801
私营合伙企业	417457	88978	32994	6829
私营有限责任公司	16047802	6695597	1101744	424683
私营股份有限公司	849119	349285	60933	17277
其他企业	522304	97505	36646	8001
2.港、澳、台商投资企业	**4095708**	**3620907**	**55207**	**40903**
合资经营企业	740354	656537	13790	10905
合作经营企业	200768	181455	4407	3425
独资经营企业	3124873	2767404	36936	26573
投资股份有限公司	23946	15511		
其他港澳台商投资企业	5766		73	
3.外商投资企业	**8444690**	**8099357**	**26798**	**14803**
中外合资经营企业	1923138	1836033	18171	12671
中外合作经营企业	123408	107898	1790	1065
外资企业	6327962	6106004	6118	1067
外商投资股份有限公司	46523	31048	473	
其他外商投资企业	23658	18374	245	
(二)按国民经济行业分				
正餐服务	33936409	14990903	2686171	1141451
快餐服务	9297266	8590174	9365	2893
饮料及冷饮服务	1261601	1126303	1299	254
其他餐饮业	1657960	1143493	26787	10845
(三)按控股情况分				
国有控股	2271157	1512420	279829	153278
集体控股	944960	506497	105791	60112
私人控股	27790910	10791954	1979058	731820
港澳台控股	4023728	3565857	51902	37967
外商控股	7887949	7591442	18113	11086

单位：万元

餐费收入		商品销售额		其他收入	
限额以上	大中型企业	限额以上	大中型企业	陈额以上	大中型企业
41202414	**23534461**	**1294093**	**558589**	**933107**	**602381**
28971008	**12065324**	**1199412**	**478286**	**800799**	**487264**
484976	206994	20119	6606	38818	19783
192689	42410	13955	5076	16214	5552
136546	66064	9809	6526	6993	6249
37245	32646	19953	19753	19	
37245	32646	19953	19753	19	
8168247	4202835	406034	237722	353275	253922
259550	186902	23421	13092	52291	43067
7908697	4015933	382613	224630	300984	210855
1071062	759834	77646	44168	33493	23534
18420185	6666537	631133	157540	347150	177619
3099195	300461	145396	10737	35171	5429
367277	79679	12680	1973	4505	497
14210206	5962805	450969	138357	284883	169751
743507	323592	22088	6473	22591	1943
460058	88004	20762	895	4838	606
3938096	**3491016**	**59895**	**55939**	**42511**	**33049**
705858	628414	6004	4567	14702	12651
184489	169761	8760	7572	3111	696
3018668	2677330	44969	43799	24301	19702
23557	15511			390	
5524		162		7	
8293309	**7978122**	**34787**	**24364**	**89797**	**82068**
1866902	1793296	13316	8881	24750	21185
102290	89235	203	203	19125	17396
6264074	6055025	12845	7092	44925	42820
44637	30137	477	242	936	669
15407	10428	7946	7946	60	
29383042	12956998	1109417	435742	757780	456712
9112287	8451015	78769	54117	96845	82150
1205470	1087761	43053	35161	11779	3128
1501614	1038687	62855	33570	66703	60391
1678288	1139861	135348	83233	177692	136047
701460	344744	75010	58006	62700	43635
24463943	9552575	860937	250299	486972	257261
3874383	3443843	56959	54039	40484	30009
7770089	7494363	24695	16205	75053	69789

1-11 大中型住宿和餐饮业

项　　目	流动资产合计		固定资产原价	
	限额以上	大中型企业	限额以上	大中型企业
总　计	**59840768**	**37726588**	**93305400**	**61436715**
一、住宿业	**39033379**	**26450516**	**71812037**	**50679640**
(一)按登记注册类型分				
1.内资企业	**31857642**	**20115206**	**56302459**	**36868984**
国有企业	3384010	2389630	10338308	7138071
集体企业	416612	209326	1040671	553802
股份合作企业	94385	58232	165678	70462
联营企业	51673	35849	121713	80602
国有联营企业	23486	20546	80442	64842
集体联营企业	5829	1929	18810	1027
国有与集体联营企业	21775	12844	20913	13464
其他联营企业	583	530	1547	1269
有限责任公司	15961224	11002927	28931867	20954407
国有独资公司	1026651	839081	3130925	2506085
其他有限责任公司	14934573	10163847	25800942	18448322
股份有限公司	1548523	1121811	2516055	1668933
私营企业	10240398	5225496	12859172	6284444
私营独资企业	494022	144843	1068310	279169
私营合伙企业	88510	20180	228405	47378
私营有限责任公司	8959081	4704341	10780866	5540649
私营股份有限公司	698784	356131	781591	417248
其他企业	160817	71935	328997	118263
2.港、澳、台商投资企业	**4587043**	**4102159**	**9731254**	**8721470**
合资经营企业	2150058	2027615	4404048	4121335
合作经营企业	608030	460061	1453859	1251531
独资经营企业	1748598	1551025	3588028	3091769
投资股份有限公司	76696	59797	252657	224575
其他港澳台商投资企业	3661	3661	32662	32261
3.外商投资企业	**2588694**	**2233151**	**5778324**	**5089186**
中外合资经营企业	1159786	1036276	2622022	2357892
中外合作经营企业	246743	205443	627639	541915
外资企业	1128982	945653	2079202	1772575
外商投资股份有限公司	25819	19858	345932	328862
其他外商投资企业	27364	25921	103529	87943
(二)按国民经济行业分				
旅游饭店	32929520	23962407	64226907	47879782
一般旅馆	5277402	2051462	6410160	2301670
其他住宿业	826458	436647	1174970	498188
(三)按控股情况分				
国有控股	8407028	6555305	25067676	19154460
集体控股	1099807	716458	2885321	1769291
私人控股	18283511	10337420	23416437	12953673
港澳台控股	3545522	3100665	7281254	6368700
外商控股	1988169	1704503	4045749	3556438

企业年末资产负债

单位：万元

累计折旧		资产总计		负债合计		所有者权益合计	
限额以上	大中型企业	限额以上	大中型企业	限额以上	大中型企业	限额以上	大中型企业
34898925	**24054391**	**159040511**	**102296963**	**115548895**	**75336418**	**43490825**	**26959529**
27810017	**20234555**	**110562249**	**76122359**	**80708259**	**56077404**	**29853990**	**20044955**
20683503	**13842546**	**89666305**	**57715555**	**65381667**	**42751695**	**24284639**	**14963860**
4525368	3158079	11876484	8460950	6835024	4776689	5041460	3684261
478810	250331	1216572	655554	866191	471752	350381	183802
79857	35593	238689	131533	191879	108877	46810	22656
67221	43000	123515	82645	77994	47328	45521	35317
45716	34733	63813	54989	34839	24932	28974	30057
7315	801	19900	3054	4783	1080	15117	1975
12873	6271	38482	23489	33404	16376	5077	7113
1317	1194	1320	1113	4968	4940	-3648	-3828
10011935	7320082	46596695	32888668	34326468	24504891	12270228	8383777
1297620	1091408	3890228	3170988	2295230	1857521	1594998	1313467
8714315	6228673	42706468	29717681	32031238	22647371	10675230	7070310
1020857	711708	4113239	2854985	2803664	1942999	1309576	911986
4376059	2284062	25058804	12472879	19998903	10770736	5059901	1702143
292147	98927	1492729	379258	726424	220777	766305	158481
71692	17099	319498	64748	153541	44426	165957	20323
3760127	2036104	21621731	11095668	17855119	9763682	3766612	1331987
252093	131933	1624845	933205	1263819	741852	361027	191353
123397	39692	442308	168340	281544	128422	160764	39918
4483175	**4057518**	**13767234**	**12198753**	**10068445**	**8843887**	**3698788**	**3354866**
2241297	2091482	6095260	5656993	4631339	4299912	1463921	1357081
816706	703954	1484870	1191052	1143232	816927	341638	374125
1339691	1188442	5795611	5001266	3992469	3466445	1803142	1534822
78424	66583	353995	312312	285823	245345	68173	66968
7057	7057	37498	37129	15583	15259	21915	21871
2643339	**2334492**	**7128710**	**6208051**	**5258147**	**4481821**	**1870563**	**1726229**
1325695	1183855	3037054	2715943	2190913	1978214	846141	737730
364956	301806	641872	564978	772023	614503	-130151	-49525
856365	759615	2960145	2472945	1871034	1485063	1089111	987882
72774	68260	379010	358006	412637	396773	-33627	-38767
23550	20956	110630	96178	11541	7269	99089	88909
25313076	19274288	95102694	69749941	70241947	51451564	24860747	18298377
2105273	757536	13333724	5330390	8879699	3780700	4454025	1549691
391668	202731	2125831	1042028	1586613	845141	539218	196888
10564940	8204734	30784553	23940330	17872039	13685451	12912514	10254879
1252602	757149	3491928	2226231	2653557	1761688	838371	464542
7558206	4298156	45381177	25143902	36995634	22084340	8385543	3059562
3150926	2771653	10623043	9164354	7909207	6775782	2713835	2388572
1719057	1530654	5357105	4643592	4016336	3433524	1340769	1210068

1-11 续表

项目	流动资产合计		固定资产原价	
	限额以上	大中型企业	限额以上	大中型企业
二、餐饮业	**20807389**	**11276072**	**21493363**	**10757076**
(一)按登记注册类型分				
1.内资企业	**17831340**	**8855787**	**18066642**	**7845825**
国有企业	308560	164740	875087	436102
集体企业	179875	39441	98070	15505
股份合作企业	247337	221130	90539	66925
联营企业	5344	4219	11133	8067
国有联营企业				
集体联营企业	5344	4219	11133	8067
国有与集体联营企业				
其他联营企业				
有限责任公司	6500789	3564154	6504248	3278473
国有独资公司	302202	196713	368543	149409
其他有限责任公司	6198586	3367441	6135704	3129065
股份有限公司	1071971	812611	809984	532953
私营企业	9377553	4022676	9456158	3466755
私营独资企业	778493	112580	1306100	152366
私营合伙企业	87592	18808	142754	24958
私营有限责任公司	8036864	3704606	7637749	3164920
私营股份有限公司	474604	186682	369555	124511
其他企业	139912	26818	221423	41045
2.港、澳、台商投资企业	**1625489**	**1244166**	**1525786**	**1193862**
合资经营企业	367143	272923	345700	273082
合作经营企业	114578	67994	111371	79479
独资经营企业	1080000	900824	1054069	839483
投资股份有限公司	62306	2425	13867	1818
其他港澳台商投资企业	1462		779	
3.外商投资企业	**1350560**	**1176119**	**1900935**	**1717389**
中外合资经营企业	272153	197498	654538	582263
中外合作经营企业	27308	22223	28750	23468
外资企业	1027904	942185	1187263	1090237
外商投资股份有限公司	16034	8288	17392	8965
其他外商投资企业	7161	5927	12992	12457
(二)按国民经济行业分				
正餐服务	17691451	8630117	18827457	8406198
快餐服务	1999508	1781670	2034744	1893301
饮料及冷饮服务	465466	408648	247497	205196
其他餐饮业	650963	455638	383665	252381
(三)按控股情况分				
国有控股	1739787	1078900	2253014	1286169
集体控股	497317	255578	607677	294660
私人控股	13561220	6251189	13091856	5117117
港澳台控股	1584669	1214410	1437731	1126060
外商控股	1248651	1105007	1753198	1616186

单位：万元

累计折旧		资产总计		负债合计		所有者权益合计	
限额以上	大中型企业	限额以上	大中型企业	限额以上	大中型企业	限额以上	大中型企业
7088909	**3819836**	**48478263**	**26174604**	**34840635**	**19259014**	**13636836**	**6914574**
5603188	**2568765**	**40171164**	**19012933**	**29013250**	**14320613**	**11156940**	**4691303**
292739	138434	1113904	613641	643663	360169	470240	253473
38730	8382	283022	50408	215026	32164	67996	18244
41757	29799	404795	355653	325501	289090	79294	66563
1579	1179	16586	11108	5112	2141	11474	8967
1579	1179	16586	11108	5112	2141	11474	8967
2063326	1072483	14585869	7676090	11341316	6024812	3244595	1651278
114795	45571	698967	329808	530086	282776	168881	47033
1948531	1026913	13886902	7346282	10811230	5742036	3075714	1604246
285139	199257	2504851	1817674	1570386	1080507	934464	737167
2817931	1105666	20902062	8421858	14702637	6478098	6198409	1942743
343406	67642	2064696	250224	881304	155477	1183392	94747
43284	10126	231348	38140	104743	17494	126605	20646
2309674	979266	17590606	7746415	13013736	6041925	4575853	1703473
121567	48633	1015412	387079	702854	263201	312558	123878
61986	13564	360076	66502	209609	53634	150467	12867
648023	**500301**	**3436207**	**2703111**	**2321152**	**1736059**	**1115238**	**967052**
139361	109306	775376	605830	499951	380082	275425	225748
64462	50401	199120	123955	205352	127548	-6232	-3593
439101	339316	2384500	1968936	1570156	1225072	814527	743864
4633	1279	75238	4391	44054	3356	31184	1035
466		1974		1640		334	
837698	**750770**	**4870891**	**4458560**	**3506233**	**3202341**	**1364658**	**1256218**
292780	256624	1054862	907507	692996	576610	361866	330897
15461	13072	58059	48288	53369	45282	4690	3006
518242	473931	3665136	3459506	2709622	2562950	955514	896557
7760	4046	69148	21449	39275	7398	29872	14051
3455	3097	23687	21809	10971	10101	12715	11708
5931642	2786272	40842198	19360670	29533012	14509998	11308394	4849655
912425	853227	5498259	5130300	3969327	3717636	1528933	1412664
96998	83470	1010507	908927	688053	519979	322454	288948
147844	96866	1127298	774708	650243	411400	477055	363308
723281	406053	4306379	2598499	2899729	1570253	1406651	928246
245567	120139	1257776	662396	1035545	573659	222231	88736
3961910	1691112	30083511	13129119	21714060	10299404	8368477	2828698
617273	477146	3311789	2623919	2230997	1687153	1080974	936766
762374	697877	4578855	4237358	3310464	3057810	1268391	1179548

1-12 大中型住宿和餐饮业

项目	实收资本		国家资本		集体资本	
	限额以上	大中型企业	限额以上	大中型企业	限额以上	大中型企业
总计	**54809299**	**28648144**	**9624005**	**6770757**	**1062574**	**465986**
一、住宿业	**34700616**	**21879765**	**8859634**	**6444318**	**801875**	**376132**
(一)按登记注册类型分						
1.内资企业	**26874630**	**15445745**	**8266222**	**5923158**	**753978**	**336297**
国有企业	4263878	2741050	3707848	2380767	42883	39405
集体企业	281013	85527	7228	1562	245794	77072
股份合作企业	46381	15782	8545	8290	12441	3516
联营企业	51027	35844	24521	17200	5659	762
国有联营企业	35259	31761	17411	15000	400	400
集体联营企业	5322	362			4284	362
国有与集体联营企业	8745	2200	7110	2200	975	
其他联营企业	1701	1522				
有限责任公司	13927209	9284824	4112336	3206528	374539	186691
国有独资公司	1470217	1135093	1023427	735723	135	135
其他有限责任公司	12456992	8149732	3088909	2470804	374404	186556
股份有限公司	1144774	697861	373582	294720	31120	6702
私营企业	7019966	2555717	11351	4321	25823	9815
私营独资企业	870825	140639	2422		493	
私营合伙企业	138861	13826			1836	
私营有限责任公司	5612218	2220039	8433	4320	23114	9814
私营股份有限公司	398062	181213	496	1	379	1
其他企业	140382	29141	20812	9770	15719	12334
2.港、澳、台商投资企业	**4992140**	**4149408**	**421021**	**366616**	**13507**	**11469**
合资经营企业	1939454	1667744	318468	279297	12415	11233
合作经营企业	581980	527440	90743	75939	973	116
独资经营企业	2296636	1798212			120	120
投资股份有限公司	148691	130678	11810	11380		
其他港澳台商投资企业	25379	25335				
3.外商投资企业	**2833845**	**2284612**	**172390**	**154544**	**34390**	**28366**
中外合资经营企业	1172665	967878	149519	133946	19301	15005
中外合作经营企业	256958	193320	17871	15598	1728	
外资企业	1247864	988299	5000	5000		
外商投资股份有限公司	62257	50792				
其他外商投资企业	94101	84325			13361	13361
(二)按国民经济行业分						
旅游饭店	29862986	20275249	8131926	6177679	687367	350432
一般旅馆	4235151	1418021	505771	189123	97741	20233
其他住宿业	602479	186495	221937	77516	16768	5468
(三)按控股情况分						
国有控股	11931564	8977753	8097385	5836955	81908	64379
集体控股	939443	492125	16395	1362	484631	192720
私人控股	11656927	4902230	55645	16175	61705	14064
港澳台控股	4154486	3377065	139424	109419	14186	10419
外商控股	2029850	1628812	33085	28226	14899	12305

企业实收资本及构成

单位：万元

法人资本		个人资本		港澳台资本		外商资本	
限额以上	大中型企业	限额以上	大中型企业	限额以上	大中型企业	限额以上	大中型企业
19093022	**11138329**	**17353883**	**4222472**	**4738516**	**3688711**	**2937368**	**2361890**
12540646	**8011876**	**6631794**	**2342390**	**3936797**	**3143503**	**1929870**	**1561545**
11215227	**6913393**	**6495902**	**2251244**	**129424**	**9728**	**13878**	**11925**
505237	319675	6019	387	1891	816		
22853	6883	5137	9				
14602	528	10593	3448			200	
20847	17883						
17449	16361						
1038							
660							
1701	1522						
7375063	5133255	1929841	742323	125963	7828	9468	8200
436982	389591	6873	6843			2800	2800
6938081	4743664	1922968	735480	125963	7828	6668	5400
446129	263448	291808	131566	445		1691	1425
2785559	1168658	4194044	1369973	681	651	2509	2300
181432	33699	686466	106940	6		6	
38905	7694	98120	6133				
2415680	1059571	3161813	1143385	675	650	2503	2300
149542	67694	247644	113516	1	1		
44938	3064	58459	3538	444	434	10	
767171	**667284**	**73001**	**51014**	**3678984**	**3029125**	**38456**	**23901**
559985	507610	69046	48491	958755	810625	20785	10488
108430	96570	2657	1325	365264	340078	13913	13413
88561	54847	100		2204097	1743245	3758	
10149	8258	1198	1198	125533	109842		
44				25335	25335		
558248	**431200**	**62891**	**40133**	**128390**	**104650**	**1877536**	**1525719**
328810	264563	61776	39583	46346	36883	566913	477898
74904	42884	954	550	78641	66865	82860	67423
142468	112855	16		3403	903	1096977	869540
12066	10897					50191	39895
		144				80596	70963
10587752	7159671	5019519	2076105	3619141	2997037	1817282	1514325
1802095	795025	1426083	238846	296224	128815	107237	45980
150799	57181	186193	27440	21431	17652	5351	1240
3490079	2849268	75186	51884	110279	105667	76729	69600
418820	291867	18812	5427	780	750	5	
5626147	2799564	5879281	2050582	16526	6817	17623	15028
448558	370282	40462	27660	3499750	2855023	12108	4262
288567	232651	21972	14377	18624	13992	1652703	1327261

1-12 续表

项目	实收资本		国家资本		集体资本	
	限额以上	大中型企业	限额以上	大中型企业	限额以上	大中型企业
二、餐饮业	**20108683**	**6768379**	**764372**	**326439**	**260699**	**89854**
(一)按登记注册类型分						
1.内资企业	**17663372**	**4976929**	**746956**	**313442**	**228179**	**65412**
国有企业	346269	138522	312729	130471	287	
集体企业	49997	4745			41044	4389
股份合作企业	52586	41382	101		3950	1231
联营企业	10401	8000			2071	
国有联营企业						
集体联营企业	10401	8000			2071	
国有与集体联营企业						
其他联营企业						
有限责任公司	3641162	1341384	340033	124162	143225	48638
国有独资公司	166563	62980	125922	43964		
其他有限责任公司	3474598	1278404	214111	80199	143225	48638
股份有限公司	611860	327649	77419	58588	17623	5555
私营企业	12837127	3100245	14282	221	18213	4912
私营独资企业	879890	63991	286		2527	100
私营合伙企业	280570	13229	5		568	
私营有限责任公司	6375605	2899716	10627	221	14470	4812
私营股份有限公司	5301061	123309	3364		648	
其他企业	113971	15002	2393		1766	686
2.港、澳、台商投资企业	**1112359**	**764447**	**9114**	**9056**	**4265**	
合资经营企业	243506	148501	7325	7267	3565	
合作经营企业	74725	46152	1788	1788	700	
独资经营企业	769950	568541	1		0	
投资股份有限公司	23014	1252				
其他港澳台商投资企业	1164					
3.外商投资企业	**1332952**	**1027003**	**8301**	**3941**	**28254**	**24442**
中外合资经营企业	310536	227246	8289	3941	28243	24442
中外合作经营企业	28016	16678				
外资企业	943264	758187	12		11	
外商投资股份有限公司	31373	5648				
其他外商投资企业	19764	19243				
(二)按国民经济行业分						
正餐服务	18544474	5538401	735609	302839	231890	82744
快餐服务	1098332	939944	17588	16114	7777	5692
饮料及冷饮服务	189742	158705	162	25	18	
其他餐饮业	276135	131329	11012	7461	21015	1418
(三)按控股情况分						
国有控股	1064513	544902	677893	284715	19869	18210
集体控股	256218	92869	4036	1376	142125	31522
私人控股	15408936	3970976	27732	690	28345	5982
港澳台控股	1080580	747568	735	676	1752	
外商控股	1219983	952336	214	90	22528	22442

单位：万元

法人资本		个人资本		港澳台资本		外商资本	
限额以上	大中型企业	限额以上	大中型企业	限额以上	大中型企业	限额以上	大中型企业
6552375	**3126452**	**10722089**	**1880081**	**801719**	**545208**	**1007498**	**800345**
5982066	**2730256**	**10684350**	**1863540**	**15076**	**1206**	**6813**	**3073**
31635	7561	1568	490	25		25	
7361	356	1592					
42864	38240	5671	1911				
8330	8000						
8330	8000						
1925102	830644	1217496	337372	13843	567	1630	
39091	19016	1550					
1886011	811628	1215946	337372	13843	567	1630	
311652	135499	200733	125573			4433	2433
3616869	1706538	9186227	1387790	712	143	725	640
270103	14003	606924	49888	138		12	
24494	5363	255504	7867				
3227285	1659343	3121817	1234556	523	143	684	640
94987	27830	5201983	95479	51		29	
38253	3417	71063	10404	495	495		
255751	**162105**	**26331**	**15909**	**764136**	**525471**	**52762**	**51906**
88748	57245	22353	14889	120765	68611	749	489
35554	20614	2932		32467	22615	1284	1135
112751	84039	1025	1000	605464	433219	50709	50283
18547	207	20	20	4427	1026	20	
151				1013			
314558	**234091**	**11409**	**632**	**22507**	**18531**	**947922**	**745366**
134886	105486	10346	632	18773	16348	109998	76397
2714	823	205		1020		24077	15856
135331	107370	538		2394	2183	804979	648635
23704	2590	320				7348	3058
17924	17824			320		1520	1420
6039215	2723940	10504542	1799686	552170	316381	481117	312811
332410	289182	114121	47548	175673	164030	450764	417378
69937	57016	15063	671	54791	51469	49771	49526
110814	56314	88363	32177	19086	13328	25846	20631
299980	180121	56517	52855	3621	3540	6635	5462
98956	55049	9127	4922	1076		898	
5024706	2202000	10311452	1750343	1891	143	14879	11817
237320	152936	16929	12304	768944	530234	54900	51418
265355	197838	5770		4629	3791	921487	728174

1-13 大中型住宿和餐饮业

项目	主营业务收入		主营业务成本	
	限额以上	大中型企业	限额以上	大中型企业
总　计	**80298872**	**47717169**	**36607189**	**19282360**
一、住宿业	**34863077**	**22202386**	**13439710**	**7644231**
(一)按登记注册类型分				
1.内资企业	**29443238**	**17272710**	**11756252**	**6153547**
国有企业	4121714	2654169	1573758	876347
集体企业	530112	227979	215284	70497
股份合作企业	100106	50816	39857	17960
联营企业	54773	38449	17944	11779
国有联营企业	29733	22000	8131	5325
集体联营企业	8262	3611	3925	1937
国有与集体联营企业	11770	8853	3949	3265
其他联营企业	5009	3985	1938	1253
有限责任公司	13163097	9107860	4856986	3130978
国有独资公司	1082868	891238	395431	308655
其他有限责任公司	12080229	8216623	4461554	2822323
股份有限公司	1211052	798267	537089	348270
私营企业	9964772	4286491	4368456	1650290
私营独资企业	1039217	196082	585555	87570
私营合伙企业	242751	47775	135450	27414
私营有限责任公司	8138754	3780952	3390343	1420389
私营股份有限公司	544050	261682	257107	114918
其他企业	297612	108679	146879	47426
2.港、澳、台商投资企业	**3399159**	**3116762**	**1078467**	**959114**
合资经营企业	1481246	1396762	411148	370882
合作经营企业	513225	458059	179764	158206
独资经营企业	1289935	1163684	441944	392020
投资股份有限公司	111254	94926	45021	37570
其他港澳台商投资企业	3500	3332	591	436
3.外商投资企业	**2020680**	**1812914**	**604991**	**531570**
中外合资经营企业	967662	878776	229174	196813
中外合作经营企业	234034	211724	82254	75786
外资企业	718435	629372	260626	227544
外商投资股份有限公司	48518	42629	7821	7003
其他外商投资企业	52032	50412	25116	24423
(二)按国民经济行业分				
旅游饭店	27993237	19994027	10308101	6747079
一般旅馆	6151422	1926020	2815229	803093
其他住宿业	718419	282339	316380	94059
(三)按控股情况分				
国有控股	9390676	7072668	3344130	2284602
集体控股	1399787	798656	553785	269922
私人控股	15534061	7418725	6654336	2854864
港澳台控股	2543598	2289285	837729	733692
外商控股	1327158	1172642	423020	372325

企业损益及分配

单位：万元

主营业务税金及附加		主营业务利润		其他业务利润		销售费用	
限额以上	大中型企业	限额以上	大中型企业	限额以上	大中型企业	限额以上	大中型企业
4176240	**2526319**	**39515444**	**25908490**	**1237275**	**764124**	**22976403**	**15452132**
1900908	**1231774**	**19522459**	**13326381**	**752955**	**475801**	**9969086**	**6490932**
1569440	**929369**	**16117546**	**10189793**	**658540**	**387789**	**8587231**	**5263851**
222528	145187	2325428	1632635	154026	114117	1313626	878298
28975	12414	285853	145069	11194	4093	154303	83801
4929	1955	55320	30901	1981	1954	29922	13713
2847	2026	33982	24644	10	10	17745	12913
1647	1214	19954	15462	10	10	11454	8995
273	77	4064	1597			1708	326
676	509	7144	5080			3682	2740
251	227	2820	2506			901	853
722902	496488	7583209	5480394	299355	188468	3978733	2737018
56517	46286	630920	536297	19352	15237	311727	255336
666385	450203	6952290	4944097	280003	173230	3667006	2481682
60962	39526	613000	410471	18896	8138	320221	200866
511571	226368	5084745	2409833	162125	64502	2715542	1321617
47993	9555	405668	98958	5881	60	142914	47968
11292	1660	96008	18701	2245	-25	43306	10528
424329	201295	4324082	2159269	145367	63032	2405128	1202062
27957	13858	258986	132906	8633	1435	124194	61059
14725	5405	136008	55847	10954	6509	57138	15626
216358	**199452**	**2104334**	**1958196**	**56936**	**52635**	**822905**	**746453**
83429	79010	986669	946870	38960	36929	388017	364554
30086	25296	303375	274558	5022	4647	101551	91432
95250	88216	752741	683448	12401	10755	299301	260391
7376	6726	58857	50630	553	305	32022	28064
217	204	2692	2691			2015	2013
115110	**102953**	**1300579**	**1178392**	**37479**	**35377**	**558950**	**480628**
56495	51387	681993	630576	20834	22304	282492	252229
13185	11957	138595	123981	1709	721	81226	70605
40209	34772	417600	367056	13643	12250	167756	134234
2227	1914	38469	33712	1193	1	21770	18380
2995	2922	23922	23067	101	101	5707	5181
1551737	1115955	16133399	12130993	623589	423112	8278755	5910047
311614	100545	3024579	1022382	124565	51371	1527000	510027
37558	15275	364481	173005	4801	1317	163330	70858
505020	380876	5541526	4407191	263730	205449	2903619	2192341
74734	42831	771268	485903	30574	16952	430135	277050
818854	395732	8060872	4168129	290955	128496	4282793	2211005
166424	151194	1539445	1404399	37860	34309	642041	567278
76527	67037	827612	733281	31805	31497	347936	286917

1-13 续表 1

项　　目	主营业务收入		主营业务成本	
	限额以上	大中型企业	限额以上	大中型企业
二、餐饮业	**45435795**	**25514783**	**23167479**	**11638129**
(一)按登记注册类型分				
1.内资企业	**33094934**	**13984103**	**17820235**	**6658857**
国有企业	655108	280088	339217	125639
集体企业	245861	55832	146441	28706
股份合作企业	159097	80263	82008	37995
联营企业	57552	52399	47658	44402
国有联营企业				
集体联营企业	57552	52399	47658	44402
国有与集体联营企业				
其他联营企业				
有限责任公司	9718482	5145221	4895566	2326594
国有独资公司	410860	275671	225775	135922
其他有限责任公司	9307622	4869550	4669791	2190672
股份有限公司	1240489	845317	629718	400652
私营企业	20505584	7428025	11365317	3645302
私营独资企业	3405062	341521	2142155	196564
私营合伙企业	406440	83482	243149	47360
私营有限责任公司	15855174	6652454	8520467	3230370
私营股份有限公司	838908	350568	459545	171009
其他企业	512761	96959	314311	49567
2.港、澳、台商投资企业	**4079970**	**3607986**	**1551434**	**1344163**
合资经营企业	737325	653630	355758	313474
合作经营企业	198890	179967	75127	67475
独资经营企业	3114167	2758994	1109321	957606
投资股份有限公司	23830	15394	8899	5608
其他港澳台商投资企业	5759		2329	
3.外商投资企业	**8260891**	**7922694**	**3795810**	**3635110**
中外合资经营企业	1906440	1819462	868995	825551
中外合作经营企业	118542	103085	68193	63390
外资企业	6165923	5951271	2827912	2725601
外商投资股份有限公司	46328	30502	19023	11305
其他外商投资企业	23658	18374	11687	9263
(二)按国民经济行业分				
正餐服务	33477911	14889838	17651952	6978540
快餐服务	9127990	8432421	4211980	3771469
饮料及冷饮服务	1193796	1065352	391389	322230
其他餐饮业	1636098	1127172	912158	565890
(三)按控股情况分				
国有控股	2244825	1484107	1147524	704236
集体控股	885185	497826	471544	247821
私人控股	27382575	10682146	14950125	5160707
港澳台控股	4007450	3551830	1507541	1311881
外商控股	7715820	7425669	3521151	3384514

单位：万元

主营业务税金及附加		主营业务利润		其他业务利润		销售费用	
限额以上	大中型企业	限额以上	大中型企业	限额以上	大中型企业	限额以上	大中型企业
2275331	**1294545**	**19992985**	**12582109**	**484319**	**288323**	**13007317**	**8961200**
1633036	**696585**	**13641663**	**6628661**	**386448**	**197697**	**8211721**	**4449934**
31147	13849	284744	140599	10714	3816	165352	87527
10922	2920	88499	24206	1297	-66	42106	11830
8730	4478	68359	37790	431		43912	23102
412	230	9482	7766			2490	1600
412	230	9482	7766			2490	1600
490984	263768	4331932	2554859	145482	38033	2875904	1772233
19119	13887	165966	125862	14991	14538	108011	80746
471865	249881	4165966	2428997	130491	73495	2767893	1691487
56821	38527	553949	406138	10203	6632	336177	257210
1007443	367603	8132824	3415120	212672	96770	4668531	2269361
159343	17028	1103564	127929	20751	5753	344598	63924
17970	3490	145320	32633	1105	15	69417	20064
789938	330500	6544769	3091583	181707	37552	4042398	2068243
40192	16585	339171	162975	9109	3450	212117	117130
26576	5209	171874	42182	5649	2513	77248	27070
213229	**187189**	**2315307**	**2076634**	**23455**	**19821**	**1759047**	**1580873**
38512	33851	343055	306305	4752	4223	230454	200546
9487	8521	114276	103971	705	150	88042	77710
163654	143949	1841192	1657439	17967	15448	1426915	1294744
1310	867	13621	8919	31		11387	7874
266		3163				2250	
429066	**410771**	**4036015**	**3876814**	**74417**	**70806**	**3036550**	**2930393**
99895	95429	937550	898483	9511	8382	742877	714539
6498	5596	43852	34099	184	[illegible]	32968	27220
318904	307165	3019107	2918504	61357	50286	2230704	2166531
2522	1606	24782	17592	3365	2106	21269	15324
1247	975	10724	8136			8732	6780
1685550	763253	14140409	7148046	388751	205406	8700762	4872955
458686	428752	4457324	4232199	80857	70920	3391965	3267339
62229	55000	740178	688122	1743	524	534804	507693
68866	47541	655074	513741	12969	11473	379786	313214
105301	70644	992000	709228	43526	30869	620161	450532
40412	23069	373229	226936	14591	9992	223080	137777
1356574	535210	11075876	4986229	291399	131646	6590306	3392047
210939	185730	2288970	2054220	19596	15567	1762603	1585311
399306	383452	3795363	3657704	73594	70333	2871640	2780415

1-13 续表 2

项　　目	管理费用		财务费用	
	限额以上	大中型企业	限额以上	大中型企业
总　计	**15157722**	**9646849**	**2654122**	**1829296**
一、住宿业	**9793542**	**6770377**	**1917015**	**1429038**
(一)按登记注册类型分				
1.内资企业	**7986168**	**5142460**	**1565371**	**1117914**
国有企业	1260634	873849	69381	54726
集体企业	128634	66881	13420	9732
股份合作企业	22712	13349	3717	2277
联营企业	18675	9984	1083	979
国有联营企业	7335	5545	997	971
集体联营企业	1675	399	38	31
国有与集体联营企业	7679	2092	-1	-71
其他联营企业	1986	1949	50	48
有限责任公司	4003786	2877938	834272	667522
国有独资公司	368025	300490	20337	15351
其他有限责任公司	3635762	2577447	813935	652172
股份有限公司	300047	210472	62107	42986
私营企业	2198161	1064071	572950	335279
私营独资企业	126646	43520	25131	6773
私营合伙企业	32216	6789	6303	1504
私营有限责任公司	1930207	958911	501174	301587
私营股份有限公司	109092	54851	40343	25416
其他企业	53520	25917	8441	4413
2.港、澳、台商投资企业	**1150144**	**1039060**	**249934**	**224328**
合资经营企业	516862	485467	111454	104215
合作经营企业	151685	135204	21202	13432
独资经营企业	452911	392945	108912	98386
投资股份有限公司	26550	23311	8373	8296
其他港澳台商投资企业	2136	2134	-6	-1
3.外商投资企业	**657230**	**588857**	**101710**	**86796**
中外合资经营企业	354537	324942	56434	52273
中外合作经营企业	56746	51539	21226	13792
外资企业	214043	183940	21919	18660
外商投资股份有限公司	19585	17586	954	891
其他外商投资企业	12320	10850	1176	1180
(二)按国民经济行业分				
旅游饭店	8344462	6222632	1702260	1321923
一般旅馆	1261321	453646	181860	86599
其他住宿业	187760	94099	32896	20516
(三)按控股情况分				
国有控股	3033414	2354678	271166	228442
集体控股	353488	211516	33558	23746
私人控股	3708921	2008141	1066486	709866
港澳台控股	875535	773839	215143	191999
外商控股	445675	391504	66522	60527

单位：万元

营业利润		利润总额		应交所得税		应付职工薪酬	
限额以上	大中型企业	限额以上	大中型企业	限额以上	大中型企业	限额以上	大中型企业
-442260	**-469385**	**-712461**	**-313088**	**781547**	**476773**	**17290685**	**10021986**
-1506494	**-946140**	**-1659285**	**-812131**	**313626**	**212227**	**8442744**	**5354487**
-1547149	**-1083898**	**-1696149**	**-939920**	**223102**	**125981**	**7240002**	**4264873**
-235561	-120106	-147075	-73827	25296	16701	1336867	787084
-392	-7345	701	-5954	5489	1237	127950	60611
-403	1677	566	2510	1117	911	25327	11778
-3269	927	-2654	1161	638	451	18280	11350
292	75	834	313	408	363	10594	8151
720	842	794	842	17		1983	462
-4163	354	-4166	350	205	88	4742	1852
-117	-344	-117	-344	9		961	884
-958947	-686442	-971882	-600752	102319	70786	3424355	2294055
-52664	-21880	-87361	-12348	16904	15882	326430	266350
-906283	-664562	-884521	-588404	85415	54904	3097925	2027704
-33531	-10433	-28858	-6623	9786	6782	311637	223576
-334836	-272625	-566710	-268035	76577	28982	1933048	851303
98236	362	88475	1080	10201	1999	151646	33335
16971	-140	14079	-217	1764	181	39522	7842
-441662	-269559	-459250	-235982	60770	25116	1642188	765161
-8381	-3288	-210013	-32916	3843	1685	99692	44965
19790	10449	19761	11600	1881	132	62538	25118
19146	**81983**	**15912**	**72798**	**54111**	**51647**	**739710**	**674773**
526	22171	10021	27896	19950	19481	356504	334505
31003	36531	30032	36366	13945	13822	91407	81427
-3653	32990	23949	57704	19542	17957	267730	237640
-7274	-8254	-46634	-47713	675	387	23046	20214
-1456	-1456	-1456	-1455			1022	987
21509	**55775**	**20953**	**54991**	**36413**	**34600**	**463033**	**414842**
6493	17210	8264	18839	17957	17065	224461	206677
-14129	-5691	-16496	-8952	1882	1815	63293	57987
27393	41439	27141	41515	15395	14636	152125	129206
-3072	-3146	-2740	-2333	849	770	15069	13564
4825	5962	4784	5922	331	313	8085	7408
-1609893	-935038	-1734747	-835023	236585	181570	7082530	4890293
117375	-2678	137716	30471	70763	27869	1204371	399291
-13976	-8424	-62255	-7579	6279	2789	155843	64904
-467792	-225965	-403115	-172986	90811	73565	2845443	2028647
-28221	-12548	-14883	-4140	16019	10031	318251	178019
-884774	-684568	-1151452	-639767	106289	42682	3329052	1580014
-72026	-12097	-83207	-27177	32857	30748	543152	485750
-8323	15194	-7998	16422	22998	21572	296052	260506

1-13 续表 3

项目	管理费用		财务费用	
	限额以上	大中型企业	限额以上	大中型企业
二、餐饮业	**5364180**	**2876472**	**737107**	**400258**
(一)按登记注册类型分				
1.内资企业	**4146919**	**1825771**	**657594**	**332476**
国有企业	113969	56985	7791	3781
集体企业	25338	6192	1593	442
股份合作企业	17509	10379	1711	1423
联营企业	1951	1686	1427	1401
国有联营企业				
集体联营企业	1951	1686	1427	1401
国有与集体联营企业				
其他联营企业				
有限责任公司	1404596	738622	211193	118629
国有独资公司	70768	45125	5778	3910
其他有限责任公司	1333828	693497	205415	114719
股份有限公司	172816	122485	36726	23607
私营企业	2362390	880548	390037	180423
私营独资企业	262961	33768	43567	6015
私营合伙企业	41267	8212	5061	970
私营有限责任公司	1962161	797201	324051	166784
私营股份有限公司	96001	41368	17358	6655
其他企业	48351	8875	7116	2771
2.港、澳、台商投资企业	**433520**	**338675**	**41924**	**34640**
合资经营企业	91766	77328	12677	10946
合作经营企业	30910	25876	1936	1416
独资经营企业	307238	234302	26975	22227
投资股份有限公司	3187	1170	324	50
其他港澳台商投资企业	419		13	
3.外商投资企业	**783740**	**712026**	**37589**	**33141**
中外合资经营企业	166664	149852	11976	9715
中外合作经营企业	16448	10924	1627	1498
外资企业	593382	546608	23699	21866
外商投资股份有限公司	5039	2566	210	5
其他外商投资企业	2208	2076	77	58
(二)按国民经济行业分				
正餐服务	4293447	1962029	672201	347794
快餐服务	811345	734920	48399	43405
饮料及冷饮服务	84218	64568	4856	2745
其他餐饮业	175170	114955	11651	6314
(三)按控股情况分				
国有控股	386441	250384	29384	16720
集体控股	137246	81982	11103	7335
私人控股	3231635	1288061	563216	280521
港澳台控股	412788	320522	41280	34665
外商控股	730512	666557	33552	30159

单位：万元

营业利润		利润总额		应交所得税		应付职工薪酬	
限额以上	大中型企业	限额以上	大中型企业	限额以上	大中型企业	限额以上	大中型企业
1064234	**476755**	**946824**	**499044**	**467920**	**264545**	**8847941**	**4667499**
813495	**166823**	**717162**	**209628**	**332585**	**134062**	**6816449**	**2798610**
6211	-3404	12206	489	5053	1871	229411	71582
19466	6024	18542	6021	3356	1680	41778	12453
5343	2988	5442	3093	2059	1273	30219	15562
3614	3079	3611	3079	785	770	1303	510
3614	3079	3611	3079	785	770	1303	510
-93334	-2082	-84932	19233	91584	53835	2274000	1079960
-13708	-1696	-7161	2890	3533	3010	90823	59768
-79626	-386	-77771	16343	88051	50825	2183177	1020192
65216	53731	62702	52508	9346	5173	235917	163525
768258	102782	668102	121726	216399	67348	3923379	1440368
455961	24184	397498	20897	44359	2981	426154	51926
30079	3434	25102	3199	3586	609	63616	12535
262522	77277	227771	97470	160857	61398	3283122	1303272
19697	-2113	17731	160	7598	2359	150487	72635
38722	3704	31490	3478	4002	1112	80442	14650
77682	**114688**	**49853**	**88843**	**48164**	**45617**	**746763**	**648620**
11344	20085	-12473	-3492	3738	3284	149417	130994
-5997	-947	-7657	-2859	2566	2541	39487	34188
74066	95725	71483	95320	41690	39701	551943	480112
-1927	-175	-1552	-126	122	92	4987	3326
196		53		49		929	
173056	**195244**	**179809**	**200572**	**87172**	**84866**	**1284728**	**1220269**
19814	27359	11077	18798	14240	13369	377685	359861
-4816	-3245	-4405	-2866	553	490	34612	31379
157518	169760	170798	181522	71704	70370	860030	820864
412	1803	2594	3513	534	509	8831	5560
129	-433	-254	-395	141	127	3570	2605
628158	79536	533099	118226	329021	135462	6825185	2830461
219770	195961	221605	204114	81247	76396	1471403	1372043
118270	114075	100762	94766	32706	30855	186230	166094
98036	87183	91358	81938	24946	21832	365122	298902
34108	54972	57392	76713	22338	17248	645470	395176
9267	5063	16544	8232	7683	4907	408066	88275
793019	73811	663093	85984	276235	96058	5248113	2076378
69191	105596	41574	79922	46795	44361	731042	634472
154549	175501	162027	180066	78617	76841	1164222	1108437

1-14 大中型住宿和餐饮业企业经济效益分析指标

项目	负债比率(%)		主营业务毛利率(%)		人均主营业务收入(万元)		费用率(%)	
	限额以上	大中型企业	限额以上	大中型企业	限额以上	大中型企业	限额以上	大中型企业
总计	**72.7**	**73.6**	**54.4**	**59.6**	**18.6**	**20.6**	**50.8**	**56.4**
一、住宿业	**73.0**	**73.7**	**61.5**	**65.6**	**17.6**	**20.3**	**62.2**	**66.2**
(一)按登记注册类型分								
1.内资企业	**72.9**	**74.1**	**60.1**	**64.4**	**16.7**	**19.1**	**61.6**	**66.7**
国有企业	57.6	56.5	61.8	67.0	15.7	18.2	64.1	68.1
集体企业	71.2	72.0	59.4	69.1	15.9	17.6	55.9	70.4
股份合作企业	80.4	82.8	60.2	64.7	16.4	22.2	56.3	57.7
联营企业	63.1	57.3	67.2	69.4	18.7	22.7	68.5	62.1
国有联营企业	54.6	45.3	72.7	75.8	19.3	18.9	66.5	70.5
集体联营企业	24.0	35.4	52.5	46.4	13.8	36.1	41.4	20.9
国有与集体联营企业	86.8	69.7	66.4	63.1	18.3	27.6	96.5	53.8
其他联营企业	376.5	444.0	61.3	68.6	35.0	36.9	58.6	71.5
有限责任公司	73.7	74.5	63.1	65.6	17.1	19.4	67.0	69.0
国有独资公司	59.0	58.6	63.5	65.4	18.3	19.7	64.7	64.1
其他有限责任公司	75.0	76.2	63.1	65.7	17.0	19.4	67.2	69.5
股份有限公司	68.2	68.1	55.7	56.4	16.9	19.5	56.3	56.9
私营企业	79.8	86.4	56.2	61.5	16.7	18.7	55.1	63.5
私营独资企业	48.7	58.2	43.7	55.3	18.7	20.0	28.4	50.1
私营合伙企业	48.1	68.6	44.2	42.6	15.5	16.4	33.7	39.4
私营有限责任公司	82.6	88.0	58.3	62.4	16.5	18.6	59.4	65.1
私营股份有限公司	77.8	79.5	52.7	56.1	16.8	20.8	50.3	54.0
其他企业	63.7	76.3	50.6	56.4	16.1	22.7	40.0	42.3
2.港、澳、台商投资企业	**73.1**	**72.5**	**68.3**	**69.2**	**26.0**	**27.4**	**65.4**	**64.5**
合资经营企业	76.0	76.0	72.2	73.4	24.3	25.7	68.6	68.3
合作经营企业	77.0	68.6	65.0	65.5	31.9	31.3	53.5	52.4
独资经营企业	68.9	69.3	65.7	66.3	26.8	29.1	66.8	64.6
投资股份有限公司	80.7	78.6	59.5	60.4	21.4	21.4	60.2	62.9
其他港澳台商投资企业	41.6	41.1	83.1	86.9	10.6	10.4	118.4	124.5
3.外商投资企业	**73.8**	**72.2**	**70.1**	**70.7**	**23.5**	**25.2**	**65.2**	**63.8**
中外合资经营企业	72.1	72.8	76.3	77.6	25.4	26.9	71.7	71.6
中外合作经营企业	120.3	108.8	64.9	64.2	18.8	19.3	68.0	64.2
外资企业	63.2	60.1	63.7	63.8	23.0	25.1	56.2	53.5
外商投资股份有限公司	108.9	110.8	83.9	83.6	20.0	22.5	87.2	86.5
其他外商投资企业	10.4	7.6	51.7	51.6	33.0	36.8	36.9	34.1
(二)按国民经济行业分								
旅游饭店	73.9	73.8	63.2	66.3	17.6	20.4	65.5	67.3
一般旅馆	66.6	70.9	54.2	58.3	17.8	20.0	48.3	54.5
其他住宿业	74.6	81.1	56.0	66.7	16.8	18.9	53.4	65.7
(三)按控股情况分								
国有控股	58.1	57.2	64.4	67.7	17.8	20.3	66.1	67.5
集体控股	76.0	79.1	60.4	66.2	17.3	20.2	58.4	64.1
私人控股	81.5	87.8	57.2	61.5	16.4	18.6	58.3	66.4
港澳台控股	74.5	73.9	67.1	68.0	25.6	27.1	68.1	67.0
外商控股	75.0	73.9	68.1	68.2	23.2	24.9	64.8	63.0

注：费用率等于销售费用、管理费用、财务费用三项之和除以主营业务收入合计（下表同）。

1-14 续表

项目	负债比率(%)		主营业务毛利率(%)		人均主营业务收入(万元)		费用率(%)	
	限额以上	大中型企业	限额以上	大中型企业	限额以上	大中型企业	限额以上	大中型企业
二、餐饮业	**71.9**	**73.6**	**49.0**	**54.4**	**19.4**	**20.8**	**42.1**	**48.0**
(一)按登记注册类型分								
1.内资企业	**72.2**	**75.3**	**46.2**	**52.4**	**18.5**	**19.7**	**39.3**	**47.3**
国有企业	57.8	58.7	48.2	55.1	16.3	17.2	43.8	52.9
集体企业	76.0	63.8	40.4	48.6	21.3	26.9	28.1	33.1
股份合作企业	80.4	81.3	48.5	52.7	19.2	22.2	39.7	43.5
联营企业	30.8	19.3	17.2	15.3	99.5	220.2	10.2	8.9
国有联营企业								
集体联营企业	30.8	19.3	17.2	15.3	99.5	220.2	10.2	8.9
国有与集体联营企业								
其他联营企业								
有限责任公司	77.8	78.5	49.6	54.8	17.2	19.3	46.2	51.1
国有独资公司	75.8	85.7	45.0	50.7	21.5	24.0	44.9	47.1
其他有限责任公司	77.9	78.2	49.8	55.0	17.0	19.1	46.3	51.3
股份有限公司	62.7	59.4	49.2	52.6	20.8	23.2	44.0	47.7
私营企业	70.3	76.9	44.6	50.9	19.1	19.5	36.2	44.8
私营独资企业	42.7	62.1	37.1	42.4	23.2	21.2	19.1	30.4
私营合伙企业	45.3	45.9	40.2	43.3	18.3	20.8	28.5	35.0
私营有限责任公司	74.0	78.0	46.3	51.4	18.5	19.5	39.9	45.6
私营股份有限公司	69.2	68.0	45.2	51.2	18.5	18.1	38.8	47.1
其他企业	58.2	80.7	38.7	48.9	18.1	20.5	25.9	39.9
2.港、澳、台商投资企业	**67.5**	**64.2**	**62.0**	**62.7**	**21.5**	**21.9**	**54.8**	**54.2**
合资经营企业	64.5	62.7	51.8	52.0	16.8	16.8	45.4	44.2
合作经营企业	103.1	102.9	62.2	62.5	26.9	29.0	60.8	58.3
独资经营企业	65.8	62.2	64.4	65.3	22.7	23.2	56.6	56.2
投资股份有限公司	58.6	76.4	62.7	63.6	20.7	19.6	62.5	59.1
其他港澳台商投资企业	83.1		59.6		26.5		46.6	
3.外商投资企业	**72.0**	**71.8**	**54.1**	**54.1**	**22.5**	**22.5**	**46.7**	**46.4**
中外合资经营企业	65.7	63.5	54.4	54.6	23.4	23.6	48.3	48.0
中外合作经营企业	91.9	93.8	42.5	38.5	22.7	23.1	43.1	38.5
外资企业	73.9	74.1	54.1	54.2	22.2	22.2	46.2	46.0
外商投资股份有限公司	56.8	34.5	58.9	62.9	20.4	20.3	57.2	58.7
其他外商投资企业	46.3	46.3	50.6	49.6	34.3	36.0	46.6	48.5
(二)按国民经济行业分								
正餐服务	72.3	74.9	47.3	53.1	18.8	20.6	40.8	48.2
快餐服务	72.2	72.5	53.9	55.3	20.9	20.7	46.6	48.0
饮料及冷饮服务	68.1	68.2	67.2	69.8	27.4	28.7	52.3	54.0
其他餐饮业	57.7	53.1	44.2	49.8	20.2	18.6	34.6	38.5
(三)按控股情况分								
国有控股	67.3	64.3	48.9	52.5	18.5	19.8	46.1	48.4
集体控股	82.3	86.6	46.7	50.2	21.0	26.0	42.0	45.6
私人控股	72.2	78.4	45.4	51.7	18.5	19.1	37.9	46.4
港澳台控股	67.4	64.3	62.4	63.1	21.6	22.1	55.3	54.6
外商控股	72.3	72.2	54.4	54.4	22.6	22.7	47.1	46.8

地区篇

简要说明：

一、本篇资料主要内容为分地区大中型批发和零售业、住宿和餐饮业企业单位数和从业人数情况；分地区大中型批发和零售业企业商品购、销、存情况；分地区大中型住宿和餐饮业企业经营情况；分地区大中型批发和零售业、住宿和餐饮业企业主要财务及经济效益分析指标等。

二、批发和零售业、住宿和餐饮业统计采用“法人在地统计”原则，即按法人企业主要经营活动所在地确定法人企业所在地区。

2-1 各地区大中型批发和零售业企业基本情况

地区	大中型		大型		中型	
	法人单位数（个）	年末从业人数（人）	法人单位数（个）	年末从业人数（人）	法人单位数（个）	年末从业人数（人）
全国	**56047**	**9537916**	**4732**	**4616066**	**51315**	**4921850**
北京	3266	674647	349	390472	2917	284175
天津	1236	170810	83	80404	1153	90406
河北	1615	314167	155	149827	1460	164340
山西	1228	212577	126	96926	1102	115651
内蒙古	670	113869	61	50751	609	63118
辽宁	1565	300490	166	171139	1399	129351
吉林	521	101450	57	53547	464	47903
黑龙江	680	120995	75	50863	605	70132
上海	3325	786050	494	506121	2831	279929
江苏	4790	765421	368	377671	4422	387750
浙江	4571	587974	294	246443	4277	341531
安徽	1753	291420	182	130409	1571	161011
福建	2326	299838	132	110818	2194	189020
江西	778	170184	73	87924	705	82260
山东	4885	765543	323	357110	4562	408433
河南	2920	434871	169	145744	2751	289127
湖北	2238	430986	163	231113	2075	199873
湖南	1678	278198	126	124460	1552	153738
广东	6628	1105227	518	518508	6110	586719
广西	966	138231	85	50808	881	87423
海南	252	41316	21	17767	231	23549
重庆	1449	261923	121	135870	1328	126053
四川	2112	393526	194	188512	1918	205014
贵州	661	106939	47	42317	614	64622
云南	1047	184544	89	87877	958	96667
西藏	43	8605	4	3307	39	5298
陕西	1235	242005	111	118173	1124	123832
甘肃	512	77623	44	26707	468	50916
青海	139	22846	16	10182	123	12664
宁夏	209	34208	17	12989	192	21219
新疆	749	101433	69	41307	680	60126

2-2 各地区大中型批发和零售业企业商品购、销、存情况

单位：万元

地区	商品购进额	进口	商品销售额	出口	期末商品库存额
全国	**3763087525**	**330057832**	**4152901527**	**170493953**	**310284343**
北京	499916289	84059748	521445845	25266604	46471989
天津	207987706	14301866	221160342	4044537	11855597
河北	85714740	1149710	93983147	587524	5500222
山西	96943318	964510	106618772	465409	4262075
内蒙古	31521917	714952	37096594	523579	3299434
辽宁	119933884	4850986	131202423	2057146	6061434
吉林	26581037	335511	29989669	72431	3580605
黑龙江	39552054	8612096	45876448	1110816	4049346
上海	511481617	82476757	568071707	20820677	42546974
江苏	263607935	18032676	296416951	15902823	19471209
浙江	270276450	16883415	297095124	31916852	17114917
安徽	68741756	1589429	76746702	1721288	11062557
福建	112389316	12208527	127108427	9084210	8709455
江西	25564843	265048	32409065	583559	2512470
山东	203468534	9687858	226256404	7303555	12580134
河南	80778454	1906560	95764512	549391	7387415
湖北	127220363	3314763	133622951	1426187	13580672
湖南	60400992	1064919	65929989	463444	6839167
广东	468058825	37887604	519708899	38513981	37569481
广西	29782798	467770	39002761	261788	2787075
海南	17628650	2479189	19179382	13498	1174070
重庆	64423800	2811011	73660084	1630544	12008031
四川	94110889	4306452	101550177	1669262	7371152
贵州	26090438	1375722	35233283	1031155	3017231
云南	55284892	2990799	65677863	2031619	6970334
西藏	1435596	3571	1989072		163294
陕西	68358262	3776681	73726793	777495	3869233
甘肃	32567251	187763	38120815	112299	2162756
青海	6076413	8900	7122565	75378	402052
宁夏	9495753	176819	10118857	23061	650546
新疆	57692751	11166220	61015906	453843	5253417

2-3 各地区大型批发和零售业企业商品购、销、存情况

单位：万元

地区	商品购进额	进口	商品销售额	出口	期末商品库存额
全国	**1591171386**	**138016391**	**1830012511**	**49127194**	**124792623**
北京	285381988	39573380	301554637	11180162	20662765
天津	57832214	3152221	63718711	179099	1749884
河北	40879810	144819	45897653	409	1944942
山西	33793805	48369	38958901	44775	1346024
内蒙古	9410044	67599	11788264		403762
辽宁	29242582	2162339	34422917	181942	1747908
吉林	12439126	68486	15467506		924748
黑龙江	14156147	88946	17480953	251121	1134140
上海	244661439	51891883	284298795	3841127	21188821
江苏	89994165	7653276	109616475	5759739	9105332
浙江	84095963	2032813	98889493	5789023	4373337
安徽	30196826	678510	34707069	911298	7370665
福建	42413846	5748928	49495536	1411067	2560168
江西	9589025	13050	16206726	274215	890101
山东	70479816	650100	83031962	1878065	4342748
河南	27625209	81244	36616909		1992276
湖北	77082081	2496165	81602605	448263	4691268
湖南	20962239	95211	29378203	42747	2337009
广东	230978228	14859772	257483993	15558180	13584113
广西	8429621	8103	15641313		812366
海南	4256251	313430	5065502		376646
重庆	22366137	356042	28116913		9500598
四川	44977430	549476	48435118	462446	2607771
贵州	11841626	1928	19532132	4038	1470995
云南	18665295	76179	26101981	146375	3823709
西藏	211025		370972		5201
陕西	33201100	321313	36457822	540575	1524860
甘肃	8909134		10327940		243097
青海	1596130		2234616		35872
宁夏	3807045		3977998		178957
新疆	21696039	4882809	23132897	222530	1862539

2-4 各地区中型批发和零售业企业商品购、销、存情况

单位：万元

地 区	商品购进额	进 口	商品销售额	出 口	期末商品库存额
全 国	**2171916139**	**192041440**	**2322889016**	**121366759**	**185491720**
北 京	214534301	44486368	219891208	14086443	25809224
天 津	150155492	11149645	157441631	3865438	10105714
河 北	44834930	1004891	48085494	587115	3555280
山 西	63149513	916141	67659871	420634	2916051
内蒙古	22111873	647353	25308330	523579	2895671
辽 宁	90691302	2688647	96779505	1875203	4313526
吉 林	14141911	267025	14522163	72431	2655858
黑龙江	25395907	8523150	28395495	859694	2915207
上 海	266820178	30584874	283772911	16979550	21358154
江 苏	173613770	10379400	186800475	10143084	10365876
浙 江	186180487	14850602	198205631	26127829	12741581
安 徽	38544930	910919	42039632	809990	3691891
福 建	69975470	6459599	77612892	7673142	6149287
江 西	15975818	251998	16202338	309344	1622369
山 东	132988719	9037758	143224441	5425490	8237386
河 南	53153245	1825317	59147603	549391	5395139
湖 北	50138281	818598	52020346	977924	8889404
湖 南	39438754	969708	36551787	420696	4502157
广 东	237080597	23027832	262224906	22955801	23985367
广 西	21353176	459667	23361448	261788	1974709
海 南	13372399	2165759	14113881	13498	797424
重 庆	42057663	2454969	45543171	1630544	2507433
四 川	49133459	3756977	53115059	1206816	4763381
贵 州	14248812	1373794	15701151	1027117	1546236
云 南	36619597	2914621	39575883	1885244	3146625
西 藏	1224571	3571	1618101		158093
陕 西	35157162	3455368	37268972	236920	2344373
甘 肃	23658118	187763	27792875	112299	1919659
青 海	4480282	8900	4887949	75378	366180
宁 夏	5688709	176819	6140859	23061	471589
新 疆	35996713	6283411	37883009	231314	3390877

2-5 各地区大中型批发业企业商品购、销、存情况

单位：万元

地 区	商品购进额	进 口	商品销售额	出 口	期末商品库存额
全 国	**3001670574**	**302955941**	**3272099528**	**169954734**	**213024062**
北 京	427752831	82459333	442571485	24992675	40477228
天 津	192340163	13920161	203269021	4044537	10535204
河 北	65025746	517818	71170298	587031	3008315
山 西	83002004	666158	89197056	465409	2558739
内蒙古	20924053	326944	23728665	519598	2216332
辽 宁	94719974	3888512	101164798	2055378	4069038
吉 林	15915454	195757	16793490	72431	2581946
黑龙江	30208291	8405444	33864858	1110734	3001334
上 海	466301368	79567603	514866849	20804325	34949918
江 苏	191627759	15624311	213325381	15897514	13015391
浙 江	219676041	13810689	239559946	31893427	10881035
安 徽	45315322	1153601	50244047	1709447	3853174
福 建	89438548	10825759	97365319	9067584	6374418
江 西	15571047	142480	20881452	583559	1334699
山 东	143518243	8670731	157932180	7286134	7141168
河 南	53745206	1174675	64204680	502508	4132731
湖 北	86815861	2741253	91677980	1425265	5016515
湖 南	37880906	344841	35798943	462860	3643389
广 东	390607861	33578607	429161813	38418979	21615888
广 西	20154662	229983	27840221	261788	1398766
海 南	13177618	2074614	14094243	13486	579204
重 庆	46666204	2113780	50742680	1629742	10325256
四 川	54721492	3176980	60154293	1668175	4341219
贵 州	16995284	898215	23765797	1030806	1993976
云 南	42047069	2531591	50069824	2024432	5252834
西 藏	711934		1101527		83464
陕 西	47639177	2937030	50376666	772631	2083865
甘 肃	26677600	21347	31049580	108497	1634505
青 海	4644654	7529	5551990	75378	200848
宁 夏	6825934	25403	7204571	22372	304122
新 疆	51022270	10924795	53369878	448033	4419542

2-6 各地区大中型零售业企业商品购、销、存情况

单位：万元

地 区	商品购进额	进 口	商品销售额	出 口	期末商品库存额
全 国	**761416951**	**27101891**	**880801999**	**539219**	**97260281**
北 京	72163458	1600415	78874359	273930	5994762
天 津	15647543	381705	17891322		1320393
河 北	20688994	631892	22812849	493	2491908
山 西	13941314	298352	17421716		1703336
内蒙古	10597864	388008	13367929	3980	1083102
辽 宁	25213911	962474	30037625	1767	1992396
吉 林	10665583	139755	13196179		998659
黑龙江	9343763	206651	12011589	82	1048012
上 海	45180249	2909154	53204858	16352	7597056
江 苏	71980176	2408365	83091570	5310	6455818
浙 江	50600409	3072726	57535178	23425	6233883
安 徽	23426434	435828	26502655	11841	7209383
福 建	22950768	1382768	29743108	16625	2335037
江 西	9993796	122568	11527613		1177771
山 东	59950292	1017127	68324224	17421	5438966
河 南	27033249	731885	31559833	46882	3254684
湖 北	40404501	573511	41944971	922	8564157
湖 南	22520087	720078	30131046	583	3195778
广 东	77450964	4308997	90547086	95002	15953593
广 西	9628136	237787	11162539		1388309
海 南	4451032	404576	5085139	12	594866
重 庆	17757597	697232	22917404	803	1682775
四 川	39389398	1129472	41395884	1087	3029933
贵 州	9095154	477507	11467486	349	1023255
云 南	13237823	459209	15608039	7187	1717501
西 藏	723662	3571	887545		79830
陕 西	20719086	839651	23350128	4864	1785368
甘 肃	5889651	166417	7071235	3802	528251
青 海	1431758	1371	1570575		201204
宁 夏	2669820	151416	2914287	689	346424
新 疆	6670482	241425	7646028	5810	833875

2-7 各地区大中型批发和零售业企业年末资产负债

单位：万元

地 区	流动资产合计	固定资产原价	累计折旧	资产总计	负债合计	所有者权益合计
全 国	**1313418301**	**190067566**	**63320241**	**1769445332**	**1287037725**	**485116996**
北 京	231920395	13682180	5149827	320903163	230493506	90409656
天 津	59530951	4719628	1480329	78343406	60069342	18293856
河 北	30488662	5492349	1724597	40879545	31781976	9102225
山 西	31864324	5530812	1689025	42824256	34392996	8431260
内蒙古	13978491	3073214	867653	19664527	14693887	4970641
辽 宁	34325391	7817068	2296568	48156759	35768513	12256662
吉 林	9515222	3162054	863852	13645900	9866821	3779079
黑龙江	17232747	3128851	1040754	21662472	17384789	4277684
上 海	146249653	14333840	6168730	187562704	135359993	52202711
江 苏	93944480	15554974	5153728	125050558	91484142	34901168
浙 江	91783604	12170332	4484555	124288616	93863745	30428122
安 徽	25977992	4820062	1471897	34723030	25598220	10155463
福 建	44874050	5226292	1701456	61483080	41141181	20341899
江 西	9362107	2951996	997191	13880156	8924607	4955548
山 东	64267076	15426350	4556463	88706313	65848910	22853114
河 南	25763666	5686291	1647884	34135965	24344700	9912614
湖 北	32706155	10417454	3040476	47316286	33853947	13462339
湖 南	18157870	5358276	1667137	27625171	17889254	9735917
广 东	161598296	19976887	7486076	201487465	152444136	49039749
广 西	12251778	2147775	745230	17101699	11116132	5985567
海 南	6037571	850567	317453	8288491	4661131	3627360
重 庆	21225545	3813769	1272656	27761964	19718447	8043517
四 川	31090219	5669656	1818020	41463688	28910533	12531444
贵 州	14592921	1868925	673923	21173549	14423303	6750246
云 南	31150377	4287783	1622744	42856725	28819295	14037430
西 藏	716718	222401	77318	967003	581644	385359
陕 西	18697928	3631612	1145672	26689442	19364282	7343696
甘 肃	10566740	4154618	660675	16529327	7368606	9153784
青 海	1766967	724924	210860	2701155	1731520	969636
宁 夏	3049112	681887	197232	4632604	3393788	1238816
新 疆	18731296	3484743	1090260	26940314	21744378	5540436

2-8 各地区大型批发和零售业企业年末资产负债

单位：万元

地区	流动资产合计	固定资产原价	累计折旧	资产总计	负债合计	所有者权益合计
全国	**549875266**	**97638994**	**35347865**	**769291353**	**525045643**	**246151259**
北京	128854952	7515194	3334492	180395892	126491764	53904128
天津	8652598	2111666	760749	11691403	8882872	2808531
河北	14953045	3125742	1035682	21371630	15798752	5572878
山西	13987840	2604595	784227	19038634	15244725	3793910
内蒙古	3004336	1161485	400194	4614842	3050706	1564136
辽宁	10465759	4232160	1195277	16490625	10762367	5596675
吉林	3163131	1928201	514835	5899954	3426063	2473891
黑龙江	6816838	1310541	580126	8121371	6190046	1931325
上海	75350549	8807360	4163529	95874237	68264527	27609710
江苏	43718291	7574072	2641947	59025557	39095908	20458681
浙江	25097421	4490439	1716922	34431998	22374996	12057002
安徽	10824796	2602773	796714	14490028	10485737	5034944
福建	13934958	2237559	748609	20793917	11967814	8826103
江西	4723123	1826586	665454	7400139	3974517	3425621
山东	26108974	7092822	2243337	36973354	25960672	11012682
河南	7703367	2073339	762327	10616255	7097546	3640058
湖北	15568907	6906168	2034372	25294814	17033761	8261053
湖南	7966207	2962872	1005696	13152967	7394356	5758611
广东	71966153	11931713	4556983	94540618	66379881	28160737
广西	3296112	1378559	487811	5581710	2460411	3121299
海南	1128171	433010	146468	1625792	900712	725080
重庆	7581449	1952637	698013	10924497	6942803	3981695
四川	12312223	3081285	1031543	18257184	10940497	7316687
贵州	5727776	1129180	436827	9430539	5169154	4261385
云南	9622078	2541319	1062286	15158481	7152285	8006197
西藏	167301	1663	268	169084	138148	30936
陕西	8020087	1797295	604566	12038945	8217406	3840076
甘肃	1061383	582686	235535	1819209	893682	918589
青海	460428	389216	135830	951755	640108	311647
宁夏	1348209	320470	90688	2291658	1687914	603744
新疆	6288803	1536393	476561	10824265	10025516	1143250

2-9 各地区中型批发和零售业企业年末资产负债

单位：万元

地　区	流动资产合计	固定资产原价	累计折旧	资产总计	负债合计	所有者权益合计
全　国	**763543036**	**92428572**	**27972376**	**1000153980**	**761992082**	**238965737**
北　京	103065443	6166986	1815335	140507270	104001742	36505528
天　津	50878353	2607962	719580	66652003	51186470	15485324
河　北	15535617	2366607	688915	19507915	15983225	3529347
山　西	17876484	2926217	904798	23785622	19148271	4637350
内蒙古	10974155	1911729	467459	15049685	11643181	3406504
辽　宁	23859632	3584909	1101291	31666133	25006146	6659987
吉　林	6352091	1233853	349017	7745946	6440758	1305188
黑龙江	10415910	1818310	460628	13541101	11194743	2346359
上　海	70899104	5526481	2005201	91688467	67095466	24593001
江　苏	50226189	7980902	2511781	66025002	52388234	14442488
浙　江	66686183	7679893	2767633	89856619	71488749	18371120
安　徽	15153196	2217289	675182	20233002	15112483	5120519
福　建	30939092	2988732	952847	40689163	29173367	11515796
江　西	4638984	1125410	331737	6480017	4950090	1529927
山　东	38158102	8333529	2313126	51732959	39888238	11840432
河　南	18060299	3612952	885557	23519711	17247154	6272556
湖　北	17137248	3511286	1006104	22021472	16820186	5201286
湖　南	10191664	2395403	661441	14472204	10494898	3977307
广　东	89632144	8045174	2929093	106946847	86064255	20879012
广　西	8955665	769216	257420	11519989	8655721	2864268
海　南	4909400	417558	170985	6662700	3760419	2902280
重　庆	13644095	1861132	574643	16837467	12775645	4061822
四　川	18777996	2588371	786478	23206504	17970036	5214757
贵　州	8865145	739746	237097	11743010	9254150	2488861
云　南	21528299	1746464	560458	27698244	21667011	6031233
西　藏	549417	220738	77050	797920	443496	354424
陕　西	10677841	1834317	541105	14650496	11146876	3503620
甘　肃	9505357	3571932	425140	14710118	6474924	8235194
青　海	1306540	335708	75030	1749401	1091412	657989
宁　夏	1700902	361417	106545	2340946	1705874	635072
新　疆	12442493	1948350	613699	16116048	11718862	4397186

2-10 各地区大中型批发业企业年末资产负债

单位：万元

地 区	流动资产合计	固定资产原价	累计折旧	资产总计	负债合计	所有者权益合计
全 国	**1041569880**	**102995670**	**35150575**	**1359515506**	**983611657**	**377284637**
北 京	204443958	9135099	3261834	284101178	202044838	82056339
天 津	54296752	2404187	790856	68606663	53228995	15377668
河 北	22915297	2977355	961161	29697706	22740492	6961871
山 西	26280300	3260453	1037145	34387998	27601015	6786983
内蒙古	9381476	1557754	418754	12809754	9353402	3456353
辽 宁	25759611	3831489	1020833	33288513	24593686	8579181
吉 林	6414340	1049730	326314	7630726	5579197	2051529
黑龙江	13690765	1319495	525064	15770313	12921944	2848369
上 海	125597474	7774961	3452627	159155590	113519660	45635930
江 苏	70399660	6721213	2290794	85859412	61545803	24310467
浙 江	72638994	6715363	2796761	96218887	72232970	23985917
安 徽	17433197	2067917	618326	22297908	16392138	6936422
福 建	37019315	3271542	1057796	50254494	33796207	16458287
江 西	5645939	1588788	600945	8112343	5103430	3008913
山 东	43691028	7946478	2243956	57205223	41671078	15534145
河 南	16335238	3022947	887652	20909011	14027445	7002915
湖 北	21818398	4893675	1520460	29210856	20626645	8584211
湖 南	10950639	2002968	629083	14840636	9587298	5253337
广 东	129870347	14170923	5186681	158843591	122369324	36475857
广 西	8415970	1159497	427835	11948307	7374927	4573380
海 南	4475840	238267	111368	5976032	3144031	2832002
重 庆	15305822	1741015	595944	18703381	13412560	5290821
四 川	21125305	2078778	702147	25417932	18374356	7021866
贵 州	12013896	1166968	445418	16121000	10459045	5661955
云 南	25395251	2660282	1147898	34621259	23180337	11440921
西 藏	591624	92381	34790	686027	413180	272846
陕 西	11721137	1412791	517652	15722663	11456830	4284370
甘 肃	8930495	3424495	442058	13892867	5510020	8382847
青 海	1234741	447832	146578	1871946	1104061	767885
宁 夏	1975169	393808	107651	3057190	2273620	783570
新 疆	15801901	2467222	844194	22296104	17973124	4667480

2-11 各地区大中型零售业企业年末资产负债

单位：万元

地 区	流动资产合计	固定资产原价	累计折旧	资产总计	负债合计	所有者权益合计
全 国	**271848421**	**87071896**	**28169666**	**409929827**	**303426068**	**107832359**
北 京	27476437	4547081	1887993	36801985	28448668	8353317
天 津	5234199	2315440	689472	9736744	6840347	2916188
河 北	7573364	2514994	763436	11181839	9041485	2140354
山 西	5584024	2270359	651881	8436258	6791981	1644277
内蒙古	4597015	1515460	448899	6854773	5340485	1514288
辽 宁	8565780	3985579	1275735	14868246	11174827	3677481
吉 林	3100882	2112324	537538	6015175	4287624	1727550
黑龙江	3541983	1809356	515690	5892159	4462845	1429314
上 海	20652179	6558879	2716103	28407114	21840333	6566781
江 苏	23544820	8833762	2862934	39191146	29938339	10590701
浙 江	19144610	5454970	1687794	28069729	21630775	6442205
安 徽	8544794	2752145	853571	12425122	9206081	3219041
福 建	7854735	1954750	643660	11228586	7344974	3883612
江 西	3716168	1363208	396246	5767813	3821177	1946636
山 东	20576047	7479873	2312508	31501091	24177832	7318970
河 南	9428427	2663344	760232	13226955	10317255	2909700
湖 北	10887757	5523779	1520017	18105430	13227303	4878127
湖 南	7207232	3355308	1038054	12784536	8301956	4482580
广 东	31727949	5805963	2299395	42643875	30074813	12563892
广 西	3835807	988279	317396	5153392	3741206	1412187
海 南	1561730	612301	206085	2312459	1517100	795358
重 庆	5919722	2072754	676712	9058583	6305887	2752696
四 川	9964913	3590878	1115873	16045756	10536177	5509578
贵 州	2579025	701957	228505	5052549	3964258	1088290
云 南	5755126	1627501	474846	8235466	5638958	2596508
西 藏	125094	130020	42528	280976	168464	112513
陕 西	6976791	2218820	628020	10966779	7907453	3059326
甘 肃	1636245	730122	218617	2636460	1858586	770937
青 海	532226	277092	64282	829210	627459	201751
宁 夏	1073943	288079	89581	1575414	1120168	455246
新 疆	2929395	1017521	246066	4644210	3771254	872956

2-12 各地区大中型批发和零售业企业实收资本及构成

单位：万元

地 区	实收资本						
		国家资本	集体资本	法人资本	个人资本	港澳台资本	外商资本
全 国	**297112098**	**60621286**	**6385696**	**140494654**	**53603762**	**14893002**	**21108593**
北 京	45585141	8565615	161479	24904953	2848065	1681337	7423694
天 津	11332883	4140375	120280	4614419	1238985	731497	487328
河 北	5955127	833476	138328	2867437	2051635	16064	48187
山 西	3981585	998415	187167	2011252	736292	40670	7789
内蒙古	2510096	870866	62063	1002510	560628	8579	5450
辽 宁	7288108	1929407	64137	2863418	941692	835346	654109
吉 林	2422372	252048	16897	1395573	712998	20196	24660
黑龙江	2382875	858850	45673	982816	448278	25972	21287
上 海	25860433	5366400	355278	7508157	1688278	4191662	6750658
江 苏	17870400	3799982	251816	3844717	6659218	1776890	1537777
浙 江	23299093	2881269	1410188	9733225	8066952	827450	378500
安 徽	7496732	1549288	140453	2629543	3044241	89908	43299
福 建	12132026	2573212	192982	5276819	3372938	393353	322723
江 西	3037842	994829	21597	580264	1388798	22499	29854
山 东	46338155	1517175	436508	39115835	4524069	323470	420599
河 南	5061567	973614	211568	1817052	1383298	150686	25349
湖 北	7395872	2601813	149593	3091875	1184179	226714	141697
湖 南	5016423	2152425	144681	1532623	1023287	92380	71028
广 东	26127740	6846152	224289	9920670	5075512	2377213	1683904
广 西	3323718	1597781	32824	1166689	465975	44292	16157
海 南	1735663	371986	36662	1094042	205283	3048	24643
重 庆	3331218	447034	128307	1646079	838048	148518	123232
四 川	5893308	1549154	153520	2394299	1124955	256768	411466
贵 州	2120819	785425	42946	817983	350945	16191	107331
云 南	4226310	1944762	93977	1328318	605770	171144	82338
西 藏	73739	44536		21212	7030	961	
陕 西	5262105	1574784	339229	2297061	740318	78687	232026
甘 肃	5171619	1770294	1093493	1511589	787972	6271	2000
青 海	245070	39985	20483	99495	77738	2100	5270
宁 夏	1590725	58768	12192	1409291	100537	3889	6048
新 疆	3043336	731566	97089	1015441	849800	329249	20192

2-13 各地区大型批发和零售业企业实收资本及构成

单位：万元

地 区	实收资本	国家资本	集体资本	法人资本	个人资本	港澳台资本	外商资本
全 国	**120962807**	**31345179**	**1190427**	**59689702**	**8357774**	**6697380**	**13682346**
北 京	20204971	3146800	55725	9370035	665755	846722	6119934
天 津	1789368	617034	2229	762107	89093	89087	229819
河 北	2079801	520482	48157	583979	881279	2143	43762
山 西	1182948	468776	61490	500891	139741	7050	5000
内蒙古	434333	107949	925	185061	139026	1372	
辽 宁	3043566	679389	36619	1558691	210146	105497	453224
吉 林	1402879	99701	4500	928862	345228	18001	6588
黑龙江	788077	347225	5230	258286	141738	20743	14855
上 海	12010238	3344017	24252	2166516	230923	2334502	3910027
江 苏	6808903	2551619	77574	1089292	1314540	922104	853774
浙 江	3721133	1636493	121897	1138848	549787	163887	110222
安 徽	1444607	698551	67065	454877	153135	47475	23504
福 建	3945803	1101013		2321161	265116	42149	216364
江 西	1001580	755309	7262	156769	70108	1351	10781
山 东	33094257	1133778	120980	30909103	660445	188415	81536
河 南	1050702	444120	31127	276176	216819	66219	16242
湖 北	3382072	2004328	33864	1048628	180298	41910	73045
湖 南	2000958	1339895	23200	374653	184244	17793	61174
广 东	11408184	5287917	84901	2717359	1100951	1258640	958416
广 西	1320963	991679	5768	214090	96162	6219	7045
海 南	471461	351674	80	108288	1500		9919
重 庆	989866	213404	28824	462976	200067	31089	53508
四 川	2584966	1174474	1001	852861	214624	123067	218939
贵 州	413852	273093	20403	101078	14841		4437
云 南	1441399	995405	3476	295050	75128	31409	40931
西 藏	3911			1700	1250	961	
陕 西	1621673	676506	266631	474120	55707	9130	139579
甘 肃	184497	81974	3175	70880	28468		
青 海	63508	21206	15316	16620	5095		5270
宁 夏	239711	25578	9200	201333	3600		
新 疆	832621	255789	29558	89416	122960	320446	14453

2-14 各地区中型批发和零售业企业实收资本及构成

单位：万元

地　区	实收资本	国家资本	集体资本	法人资本	个人资本	港澳台资本	外商资本
全　国	**176149291**	**29276107**	**5195268**	**80804952**	**45245989**	**8195623**	**7426248**
北　京	25380170	5418814	105754	15534918	2182309	834615	1303760
天　津	9543515	3523341	118051	3852312	1149892	642410	257508
河　北	3875326	312995	90171	2283458	1170355	13921	4425
山　西	2798637	529639	125677	1510361	596551	33620	2789
内蒙古	2075762	762917	61138	817449	421602	7207	5450
辽　宁	4244542	1250018	27518	1304727	731546	729849	200885
吉　林	1019492	152347	12397	466711	357771	2195	18072
黑龙江	1594798	511624	40443	724530	306540	5229	6432
上　海	13850195	2022383	331025	5341641	1457355	1857160	2840631
江　苏	11061497	1248363	174242	2755426	5344678	854786	684003
浙　江	19577960	1244776	1288291	8594377	7517176	663563	268278
安　徽	6052125	850737	73388	2174667	2891106	42433	19794
福　建	8186223	1472199	192982	2955657	3107822	351203	106360
江　西	2036261	239520	14335	423495	1318690	21148	19073
山　东	13243899	383397	315528	8206732	3863624	135055	339063
河　南	4010865	529494	180441	1540877	1666479	84467	9107
湖　北	4013800	597485	115730	2043247	1003881	184805	68653
湖　南	3015466	812529	121482	1157970	839043	74587	9854
广　东	14719556	1558235	139388	7203311	3974560	1118573	725489
广　西	2002755	606102	27056	952599	369813	38072	9113
海　南	1264202	20312	36582	985754	203783	3048	14724
重　庆	2341351	233631	99483	1183103	637981	117429	69725
四　川	3308342	374681	152520	1541438	910371	133701	192527
贵　州	1706967	512332	22543	716905	336104	16191	102894
云　南	2784910	949357	90501	1033268	530642	139736	41407
西　藏	69828	44536		19512	5780		
陕　西	3640432	898278	72598	1822941	684610	69557	92447
甘　肃	4987122	1688320	1090318	1440710	759504	6271	2000
青　海	181562	18779	5166	82874	72643	2100	
宁　夏	1351014	33190	2992	1207958	95937	3889	6048
新　疆	2210715	475777	67531	926025	725840	8803	5739

2-15 各地区大中型批发业企业实收资本及构成

单位：万元

地区	实收资本	国家资本	集体资本	法人资本	个人资本	港澳台资本	外商资本
全国	**213531247**	**49391651**	**3797460**	**105117159**	**31037040**	**8764633**	**15420199**
北京	40681603	8371369	87053	22246361	2150205	1279655	6546960
天津	8699346	3842353	98600	3229122	1003086	254445	271741
河北	3350900	745039	55118	1171423	1338019	10879	30423
山西	2653891	688680	155095	1476003	309322	24792	
内蒙古	1664911	799952	50922	520132	293617	287	
辽宁	4631098	1445220	14348	2017867	517460	260242	375961
吉林	1282733	205116	3861	677198	391058	500	5000
黑龙江	1440804	669315	21746	528557	221153	5	28
上海	19952181	4671830	302965	5600312	1303479	2921147	5152448
江苏	10152407	3117325	165720	2331967	2727031	976681	833683
浙江	13938841	2488034	274023	3855378	6846983	384930	89493
安徽	3747477	1149611	104720	1876653	610149	2906	3438
福建	8768745	2060064	171060	4238854	1806431	250281	242055
江西	977687	629248	3511	213074	128065	1808	1981
山东	39651667	1359143	203982	35353705	2400253	151660	182925
河南	2933581	727591	121485	1029501	982990	70868	1146
湖北	4358106	1991215	57088	1558398	584880	154551	11974
湖南	2005582	735753	58290	726437	463701	19003	2398
广东	17958346	5604766	94258	5950960	3123653	1873737	1310972
广西	2552667	1464348	16541	819367	242641	657	9113
海南	1102390	15417	27520	887486	168503	1101	2364
重庆	1967031	359528	109304	964958	430387	50009	52844
四川	2721807	517786	117883	1384565	530903	23076	144490
贵州	1474131	547267	20394	597435	225128		83907
云南	3173752	1763275	74088	932569	350645	49428	3747
西藏	31244	16829		10434	3020	961	
陕西	3063926	953407	228720	1473151	358568	974	49106
甘肃	4800929	1736974	1088992	1317279	657634	50	
青海	148916	33197	618	57002	52830		5270
宁夏	1370001	38648	2688	1275072	53293		300
新疆	2274550	643354	66868	795941	761955		6433

2-16 各地区大中型零售业企业实收资本及构成

单位：万元

地区	实收资本	国家资本	集体资本	法人资本	个人资本	港澳台资本	外商资本
全国	**83580851**	**11229634**	**2588235**	**35377494**	**22566723**	**6128369**	**5688394**
北京	4903538	194246	74426	2658591	697860	401682	876734
天津	2633538	298022	21680	1385297	235900	477052	215586
河北	2604227	88438	83210	1696014	713616	5185	17764
山西	1327694	309736	32072	535249	426970	15878	7789
内蒙古	845185	70913	11141	482378	267011	8293	5450
辽宁	2657010	484186	49789	845551	424233	575105	278147
吉林	1139639	46932	13036	718375	321940	19696	19660
黑龙江	942071	189534	23926	454259	227125	25967	21259
上海	5908252	694571	52313	1907845	384799	1270515	1598210
江苏	7717994	682657	86097	1512750	3932187	800209	704094
浙江	9360253	393234	1136165	5877847	1219979	442520	289007
安徽	3749255	399677	35733	752890	2434092	87003	39861
福建	3363281	513148	21922	1037965	1566506	143072	80669
江西	2060155	365581	18086	367190	1260733	20692	27873
山东	6686489	158032	232526	3762131	2123815	171810	237674
河南	2127986	246023	90083	787551	900303	79818	24203
湖北	3037766	610599	92505	1533477	599300	72163	129723
湖南	3010841	1416672	86392	806186	559585	73377	68630
广东	8169394	1241386	130031	3969710	1951859	503476	372933
广西	771051	133434	16283	347322	223335	43634	7045
海南	633273	356569	9143	206556	36780	1947	22279
重庆	1364187	87506	19003	681121	407661	98508	70389
四川	3171500	1031369	35637	1009735	594092	233692	266976
贵州	646688	238157	22552	220548	125817	16191	23424
云南	1052558	181487	19889	395749	255125	121716	78592
西藏	42496	27708		10778	4010		
陕西	2198179	621377	110509	823910	381750	77714	182920
甘肃	370690	33320	4501	194310	130338	6221	2000
青海	96153	6788	19865	42492	24908	2100	
宁夏	220724	20121	9504	134219	47244	3889	5748
新疆	768787	88212	30221	219500	87846	329249	13759

2-17 各地区大中型批发和

地　区	主营业务收入	主营业务成本	主营业务税金及附加	主营业务利润	其他业务利润	销售费用
全　国	**3701210329**	**3414909424**	**16605725**	**269695180**	**21749729**	**130282121**
北　京	444482458	415310603	767330	28404525	3088055	17805309
天　津	190090038	181459905	1518275	7111858	419735	3339431
河　北	87284971	82098276	425556	4761139	280058	2145661
山　西	95068946	91128573	291827	3648546	329880	1850720
内蒙古	34103643	30865416	278872	2959355	150458	1167004
辽　宁	114411144	108418845	447274	5545025	264798	2662603
吉　林	26732031	24300525	188922	2242584	178285	1076184
黑龙江	41914242	38102076	344958	3467208	135840	1057693
上　海	511371932	465689146	899563	44783223	1959360	27066948
江　苏	261970267	238641611	977765	22350891	2774922	9670563
浙　江	261019025	245094943	874605	15049477	784717	7720826
安　徽	67876323	61601126	469354	5805843	291777	3147477
福　建	107012572	99326728	453381	7232463	319484	3571628
江　西	29181889	26056394	294814	2830681	136339	1185138
山　东	212427201	193049166	1404383	17973652	873489	6126512
河　南	85963341	77305322	869182	7788837	408150	2542608
湖　北	112421651	101932609	720888	9768154	1422034	4423312
湖　南	60020364	53330640	669332	6020392	218765	2592319
广　东	466537457	433610597	1417368	31509492	5851947	14759460
广　西	34689740	31846784	249690	2593266	164941	1197058
海　南	16357432	14954385	86420	1316627	48093	554254
重　庆	67057517	60112937	602600	6341980	325907	2515213
四　川	92031219	83280021	740044	8011154	448457	3885913
贵　州	29661821	24880424	344157	4437240	108208	1235487
云　南	60211408	53231563	380121	6599724	153627	2105280
西　藏	1892580	1436784	36301	419495	13399	326587
陕　西	66573441	60930825	448180	5194436	344236	2146931
甘　肃	43823614	41441941	132286	2249387	71500	686956
青　海	7774301	7244360	41600	488341	40898	188755
宁　夏	9127135	8614241	47759	465135	41837	298564
新　疆	62120629	59612660	182920	2325049	100534	1229731

零售业企业损益及分配

单位：万元

管理费用	财务费用	营业利润	利润总额	应交所得税	应付职工薪酬	应交增值税
64054222	**17805658**	**80405818**	**82597088**	**18757223**	**62005557**	**46325830**
7639407	1863160	7041332	8211622	1868614	8254435	3124972
1417590	1028691	1939297	2116633	444179	1232456	1969891
1300660	587027	1174563	1209629	794073	1411456	923308
1201704	513046	726702	657787	199783	999682	829326
645458	273180	851871	705353	144651	556841	797861
1942770	695159	839412	826950	320232	1519758	1073112
661741	225348	523497	645996	153770	516062	403184
782245	259713	1576084	1243521	185716	681553	614157
9984320	1200440	9603699	9648652	2777815	8312361	4298004
5157584	1387419	7696403	7599523	1518825	4306523	3826167
3952432	1363845	4115887	4597852	1136254	4234888	2260555
1295295	302306	1499177	1520217	338708	1337485	1219870
1809606	596653	2146234	2262266	532271	1805968	1299561
639561	119519	948971	1087522	245815	835683	587375
3876770	1349543	7223535	6993503	1294922	3699952	2993647
1886873	502284	3277271	3349906	468981	1751743	1178097
2182717	590344	3053642	3049793	620335	2313342	1691934
1542717	335239	1794229	1946229	379083	1616908	903943
7802281	1899726	9337282	9777802	2228238	7258466	6282570
678622	196864	747648	834905	182709	721352	608158
254678	88469	515501	555081	119022	255612	1035102
1270285	351593	2412874	2440731	341216	1491037	1022772
1895221	590975	2139909	2396362	534960	1977198	1392990
721744	194846	2441870	2460589	580084	834268	1026762
1067206	418895	3168206	2767783	657291	1345106	1315026
64736	1115	49927	91275	10413	83513	82477
1075966	295112	2051846	1786184	309590	1079399	1868450
427675	257669	796250	794339	93555	483385	331910
129450	16854	196273	175100	33379	222707	118957
126384	45774	104386	126386	37347	173777	272014
620524	254852	412042	717599	205330	692642	973681

2-18 各地区大型批发和

地　区	主营业务收入	主营业务成本	主营业务税金及附加	主营业务利润	其他业务利润	销售费用
全　国	**1602262220**	**1438461629**	**10701434**	**153099157**	**8400878**	**79369256**
北　京	250104529	231142592	419357	18542580	2289505	12942374
天　津	53291041	49803785	1127230	2360026	110400	1429698
河　北	42235821	39222997	310666	2702158	129981	1142162
山　西	35155606	32913128	231479	2010999	232800	894828
内蒙古	10252797	8891941	157302	1203554	41584	504200
辽　宁	28784016	25058704	320680	3404632	132537	1414856
吉　林	12712813	11118999	134263	1459551	49480	720156
黑龙江	14678524	13134506	135362	1408656	64236	583509
上　海	260483792	227105885	647108	32730799	1022474	20432925
江　苏	96107534	82964365	665760	12477409	1538052	5637505
浙　江	85447450	77341069	634907	7471474	338894	3693792
安　徽	30346740	26397981	350249	3598510	136894	2026585
福　建	40364965	36801424	273829	3289712	165870	1621020
江　西	14604527	12530947	241667	1831913	75102	700949
山　东	81707577	73387378	662500	7657699	563137	3200986
河　南	31698294	27451376	527532	3719386	206839	1167364
湖　北	66991130	61191078	370686	5429366	543483	2843093
湖　南	26672323	23235371	420171	3016781	128613	1336042
广　东	226285190	209063501	868916	16352773	-302675	8100954
广　西	13670783	11917295	216765	1536723	61724	597103
海　南	4361655	3669670	71165	620820	1753	331544
重　庆	24891166	21358338	323051	3209777	232260	1440880
四　川	43239929	38411430	432478	4396021	232567	2087479
贵　州	15544115	11849252	299083	3395780	17151	682932
云　南	23273254	19025566	290779	3956909	36962	1239000
西　藏	370972	193263	3603	174106	3379	168087
陕　西	31983556	28691704	310738	2981114	254095	1235128
甘　肃	9174367	8293483	70128	810756	19692	254817
青　海	2971739	2753744	25574	192421	12264	103065
宁　夏	3215008	2920413	32871	261724	14997	163012
新　疆	21641012	20620445	125537	895030	46832	673212

零售业企业损益及分配

单位：万元

管理费用	财务费用	营业利润	利润总额	应交所得税	应付职工薪酬	应交增值税
31802282	**4181214**	**51152543**	**52693823**	**12141913**	**35033464**	**24227831**
4495128	580082	4629210	5408735	1070373	5403109	2159014
452850	95589	620125	628668	149657	569212	952900
662111	208520	933862	913453	716614	808895	404830
592345	220867	626674	624770	158195	524392	327937
216811	30932	611379	398061	91196	280801	452112
1017100	169441	1111640	1102153	209732	907744	553479
365628	71619	480287	481865	90904	321639	199321
332752	86656	529030	474483	118241	333639	378126
6121517	337362	7516882	7356552	1835340	5556779	3397459
2734721	219896	4924030	5028928	1013077	2377677	1919584
1390329	69217	3122868	3244233	716211	1951507	1015785
660958	39041	1018017	999763	259135	742611	511253
668718	131381	1317377	1364739	302442	748351	594131
384190	21424	805049	902070	204470	531244	309031
1810496	389006	2654935	2663705	566563	1954783	1220762
912958	101007	1775533	1768759	317971	800622	575133
1206244	198244	1658505	1761936	397210	1463395	903555
786007	41577	1096968	1296958	294219	724038	564970
3092651	650856	5844941	6160639	1380322	3834139	2897736
354617	20204	694080	693292	139705	376680	319509
89340	8920	187442	186896	45502	127693	72478
611992	43022	1232793	1317492	224876	857835	501737
846980	190848	1573170	1707469	372791	1086658	748585
426513	5972	2310394	2268692	533328	572289	677537
547069	17130	2231527	2499752	562619	849368	722744
4928	-64	4686	20854	3138	26315	28449
556642	76136	1302955	1097773	220544	618292	742997
121136	-2500	269405	231704	53745	266158	194951
49579	4543	52183	26597	7832	37234	59222
38945	16508	80810	84734	24180	87941	144473
251026	137782	-64213	-21899	61781	292424	678034

2-19 各地区中型批发和

地　区	主营业务收入	主营业务成本	主营业务税金及附加	主营业务利润	其他业务利润	销售费用
全　国	**2098948109**	**1976447795**	**5904292**	**116596022**	**13348850**	**50912865**
北　京	194377929	184168011	347972	9861946	798551	4862935
天　津	136798997	131656120	391045	4751832	309335	1909733
河　北	45049150	42875279	114891	2058980	150077	1003499
山　西	59913340	58215445	60348	1637547	97080	955892
内蒙古	23850847	21973475	121570	1755802	108874	662804
辽　宁	85627128	83360142	126594	2140392	132261	1247748
吉　林	14019218	13181526	54659	783033	128805	356028
黑龙江	27235718	24967570	209596	2058552	71604	474184
上　海	250888140	238583260	252456	12052424	936886	6634023
江　苏	165862733	155677246	312004	9873483	1236870	4033058
浙　江	175571575	167753875	239698	7578002	445823	4027033
安　徽	37529583	35203145	119105	2207333	154883	1120892
福　建	66647607	62525305	179552	3942750	153615	1950608
江　西	14577362	13525447	53147	998768	61237	484189
山　东	130719624	119661788	741883	10315953	310352	2925527
河　南	54265047	49853946	341651	4069450	201311	1375244
湖　北	45430521	40741531	350202	4338788	878551	1580219
湖　南	33348041	30095269	249162	3003610	90152	1256277
广　东	240252267	224547096	548452	15156719	6154623	6658505
广　西	21018958	19929489	32925	1056544	103217	599955
海　南	11995778	11284715	15255	695808	46340	222710
重　庆	42166352	38754600	279549	3132203	93647	1074333
四　川	48791290	44868591	307566	3615133	215890	1798434
贵　州	14117706	13031172	45074	1041460	91058	552555
云　南	36938154	34205996	89342	2642816	116666	866279
西　藏	1521608	1243521	32699	245388	10020	158500
陕　西	34589885	32239120	137442	2213323	90141	911803
甘　肃	34649247	33148457	62158	1438632	51808	432138
青　海	4802562	4490616	16026	295920	28634	85691
宁　夏	5912127	5693829	14888	203410	26841	135552
新　疆	40479618	38992215	57383	1430020	53702	556519

零售业企业损益及分配

单位：万元

管理费用	财务费用	营业利润	利润总额	应交所得税	应付职工薪酬	应交增值税
32251940	**13624444**	**29253275**	**29903265**	**6615310**	**26972093**	**22097999**
3144280	1283077	2412122	2802887	798241	2851326	965958
964740	933103	1319172	1487966	294522	663244	1016991
638548	378507	240700	296176	77459	602561	518478
609359	292180	100028	33018	41583	475289	501389
428647	242249	240492	307292	53466	276040	345749
925670	525718	-272228	-275203	110549	612014	519633
296112	153728	43210	164131	62866	194423	203863
449493	173057	1047054	769038	67476	347914	236031
3862803	863078	2086817	2292100	942474	2755582	900545
2422863	1167524	2772373	2570595	505748	1928846	1906583
2562102	1294628	993019	1353619	420043	2283381	1244769
634337	263265	481159	520454	79572	594874	708617
1140888	465272	828857	897528	229829	1057617	705430
255371	98095	143922	185452	41345	304438	278344
2066275	960537	4568600	4329798	728359	1745170	1772885
973915	401278	1501739	1581146	151010	951121	602963
976472	392100	1395137	1287857	223125	849947	788379
756710	293662	697261	649271	84864	892870	338973
4709631	1248870	3492341	3617163	847917	3424327	3384834
324004	176660	53569	141613	43004	344672	288650
165338	79549	328059	368185	73520	127919	962624
658293	308571	1180081	1123240	116340	633202	521034
1048242	400127	566739	688893	162169	890540	644405
295230	188874	131476	191898	46757	261980	349225
520137	401766	936679	268031	94671	495738	592283
59808	1178	45241	70421	7280	57198	54028
519324	218976	748891	688411	89046	461107	1125453
306538	260169	526846	562635	39810	217227	136960
79871	12310	144090	148503	25547	185473	59735
87440	29266	23575	41652	13168	85835	127541
369498	117070	476255	739498	143549	400218	295647

2-20 各地区大中型批发业

地　区	主营业务收入	主营业务成本	主营业务税金及附加	主营业务利润	其他业务利润	销售费用
全　国	**2936013799**	**2736659084**	**13033762**	**186320953**	**11522753**	**80485086**
北　京	376297662	354243850	526921	21526891	1622490	12486639
天　津	175489183	168290545	1463089	5735549	218832	2264874
河　北	67787829	64401205	336072	3050552	45343	1128580
山　西	79373304	76701176	249773	2422355	195893	1086851
内蒙古	22351750	20524820	217109	1609821	54491	496148
辽　宁	89546714	86265986	311276	2969452	51952	1194068
吉　林	16112849	14897720	135897	1079232	81181	566194
黑龙江	32107282	29562006	269156	2276120	14422	583678
上　海	463135326	426083553	662109	36389664	1177116	20885000
江　苏	190228455	174746067	718042	14764346	1410489	5536668
浙　江	211947693	200639699	705367	10602627	286627	4811357
安　徽	44675746	40564122	382266	3729358	146777	1898728
福　建	85046939	79811886	370686	4864367	122949	2019348
江　西	18848381	16834712	242440	1771229	27138	621877
山　东	151342638	138605982	1035790	11700866	208900	3164575
河　南	58238780	52576488	674796	4987496	100198	1291625
湖　北	77935684	71730271	501334	5704079	231277	2315609
湖　南	32028648	28393166	489333	3146149	31428	932013
广　东	386127815	362344933	1153996	22628886	4986283	8966500
广　西	24816287	22985737	214960	1615590	43570	600086
海　南	11950208	11120720	64521	764967	13224	284289
重　庆	46628165	42652551	429894	3545720	73579	1104918
四　川	54842038	50076823	601808	4163407	134576	1550841
贵　州	20251285	16469913	317403	3463969	37794	755947
云　南	46178760	40799346	332754	5046660	68117	1238849
西　藏	1060960	662881	32565	365514	455	291631
陕　西	46115522	43085691	286718	2743113	45862	1041174
甘　肃	37531829	35799775	102739	1629315	41765	391479
青　海	6325238	5956235	37371	331632	7488	107285
宁　夏	6606279	6372564	37345	196370	7593	114108
新　疆	55084550	53458663	130235	1495652	34946	754151

企业损益及分配

单位：万元

管理费用	财务费用	营业利润	利润总额	应交所得税	应付职工薪酬	应交增值税
40756621	**12168711**	**64909617**	**66874461**	**14855595**	**35840240**	**33121141**
5708268	1569895	5813622	6922959	1514922	5748022	2181461
906401	905948	1970013	2131873	400968	679463	1734456
659317	391024	980057	844820	212900	604031	675661
790395	368835	692618	663090	172685	606108	697752
338010	149311	405029	402816	114925	233175	374673
907223	403278	592687	637856	250550	650630	600866
198063	115409	243569	356211	100716	203554	211670
409545	175638	1133008	950409	133106	392801	467287
7413990	971580	9432646	9316507	2506175	6245509	3654530
2990376	795607	6162942	6257517	1174061	2207510	2394385
2483324	937012	3767237	4173975	935065	2472239	1648733
709383	151282	1207479	1249687	279656	650495	947927
1148687	447811	1796371	1912979	456113	994788	875475
361192	33366	718929	809716	192876	478818	375233
2232839	827204	5504123	5244426	947033	1873313	1947993
1037425	255903	2467568	2582064	380358	817418	812529
1128337	304107	2021843	2077096	439762	1070787	1092536
850921	171356	1159302	1316179	272208	643795	544287
5662637	1455389	7662115	8036343	1847026	4321664	4743642
395693	137197	572594	641699	140128	371497	394524
120788	54873	372920	402448	79545	120205	944284
757073	204703	1554455	1493387	224040	721080	636125
954426	339545	1414379	1636263	407501	829134	756713
537764	128269	2091895	2057789	549441	608329	631945
705897	301954	2874250	2329031	604717	856162	950879
44255	649	28823	65586	9823	60141	78569
496744	134522	1225923	1019856	231934	478261	1487769
305709	215315	570110	600861	71719	311077	169933
80080	138	172339	149806	24757	65032	47543
59296	22723	53981	58076	22212	84432	215799
362563	198867	246791	533136	158674	440773	825961

2-21 各地区大中型零售业

地 区	主营业务收入	主营业务成本	主营业务税金及附加	主营业务利润	其他业务利润	销售费用
全 国	**765196530**	**678250340**	**3571963**	**83374227**	**10226976**	**49797034**
北 京	68184796	61066752	240409	6877635	1465565	5318670
天 津	14600855	13169360	55186	1376309	200903	1074558
河 北	19497143	17697071	89484	1710588	234715	1017081
山 西	15695642	14427397	42054	1226191	133987	763869
内蒙古	11751893	10340596	61763	1349534	95967	670857
辽 宁	24864430	22152859	135999	2575572	212846	1468535
吉 林	10619182	9402804	53025	1163353	97104	509990
黑龙江	9806960	8540070	75802	1191088	121418	474015
上 海	48236606	39605592	237454	8393560	782244	6181948
江 苏	71741812	63895544	259723	7586545	1364433	4133895
浙 江	49071332	44455244	169238	4446850	498090	2909468
安 徽	23200577	21037003	87089	2076485	145000	1248749
福 建	21965633	19514842	82695	2368096	196535	1552280
江 西	10333509	9221683	52374	1059452	109201	563261
山 东	61084563	54443184	368593	6272786	664589	2961937
河 南	27724561	24728834	194386	2801341	307952	1250983
湖 北	34485966	30202338	219553	4064075	1190757	2107703
湖 南	27991716	24937474	180000	2874242	187338	1660306
广 东	80409642	71265664	263372	8880606	865664	5792960
广 西	9873454	8861047	34730	977677	121370	596972
海 南	4407224	3833665	21899	551660	34869	269965
重 庆	20429352	17460387	172706	2796259	252328	1410295
四 川	37189181	33203198	138237	3847746	313881	2335072
贵 州	9410536	8410511	26754	973271	70414	479540
云 南	14032648	12432217	47367	1553064	85510	866431
西 藏	831620	773903	3737	53980	12944	34957
陕 西	20457918	17845134	161462	2451322	298374	1105757
甘 肃	6291785	5642166	29547	620072	29736	295477
青 海	1449062	1288125	4228	156709	33410	81470
宁 夏	2520856	2241678	10414	268764	34244	184456
新 疆	7036080	6153998	52685	829397	65589	475580

企业损益及分配

单位：万元

管理费用	财务费用	营业利润	利润总额	应交所得税	应付职工薪酬	应交增值税
23297601	**5636947**	**15496201**	**15722627**	**3901628**	**26165317**	**13204689**
1931140	293265	1227711	1288662	353692	2506414	943511
511189	122743	-30716	-15239	43212	552993	235435
641343	196003	194505	364809	581173	807425	247646
411309	144212	34084	-5303	27097	393574	131574
307448	123869	446842	302537	29737	323666	423189
1035547	291881	246725	189094	69732	869128	472246
463677	109939	279928	289785	53054	312508	191514
372701	84076	443076	293112	52611	288753	146871
2570330	228860	171053	332145	271639	2066852	643474
2167209	591812	1533461	1342007	344764	2099013	1431781
1469108	426833	348650	423877	201189	1762649	611822
585912	151024	291698	270530	59051	686990	271943
660919	148842	349862	349287	76158	811180	424087
278369	86153	230041	277807	52938	356865	212142
1643932	522339	1719412	1749077	347889	1826640	1045654
849448	246381	809703	767842	88623	934325	365567
1054379	286237	1031800	972697	180573	1242555	599398
691796	163883	634926	630050	106874	973113	359656
2139644	444337	1675167	1741459	381213	2936802	1538928
282928	59667	175054	193206	42580	349855	213634
133891	33596	142581	152633	39477	135408	90818
513213	146890	858419	947344	117176	769957	386647
940795	251430	725530	760098	127459	1148064	636276
183980	66577	349975	402800	30644	225939	394816
361310	116941	293956	438752	52574	488944	364148
20481	465	21103	25688	595	23372	3908
579222	160590	825922	766328	77656	601138	380681
121965	42354	226141	193478	21836	172308	161977
49370	16716	23934	25294	8622	157675	71414
67089	23051	50404	68310	15136	89345	56215
257961	55984	165252	184463	46656	251869	147720

2-22 各地区大中型批发和零售业企业经济效益分析指标

地区	负债比率(%)	主营业务毛利率(%)	人均主营业务收入(万元)	费用率(%)
全国	**72.7**	**7.7**	**388.1**	**5.7**
北京	71.8	6.6	658.8	6.1
天津	76.7	4.5	1112.9	3.0
河北	77.7	5.9	277.8	4.6
山西	80.3	4.1	447.2	3.8
内蒙古	74.7	9.5	299.5	6.1
辽宁	74.3	5.2	380.7	4.6
吉林	72.3	9.1	263.5	7.3
黑龙江	80.3	9.1	346.4	5.0
上海	72.2	8.9	650.6	7.5
江苏	73.2	8.9	342.3	6.2
浙江	75.5	6.1	443.9	5.0
安徽	73.7	9.2	232.9	7.0
福建	66.9	7.2	356.9	5.6
江西	64.3	10.7	171.5	6.7
山东	74.2	9.1	277.5	5.3
河南	71.3	10.1	197.7	5.7
湖北	71.5	9.3	260.8	6.4
湖南	64.8	11.1	215.7	7.4
广东	75.7	7.1	422.1	5.2
广西	65.0	8.2	251.0	6.0
海南	56.2	8.6	395.9	5.5
重庆	71.0	10.4	256.0	6.2
四川	69.7	9.5	233.9	6.9
贵州	68.1	16.1	277.4	7.3
云南	67.2	11.6	326.3	6.0
西藏	60.1	24.1	219.9	20.7
陕西	72.6	8.5	275.1	5.3
甘肃	44.6	5.4	564.6	3.1
青海	64.1	6.8	340.3	4.3
宁夏	73.3	5.6	266.8	5.2
新疆	80.7	4.0	612.4	3.4

注：费用率等于销售费用、管理费用、财务费用三项之和除以主营业务收入合计(下表同)。

2-23 各地区大型批发和零售业企业经济效益分析指标

地　区	负债比率 (%)	主营业务毛利率 (%)	人均主营业务收入 (万元)	费用率 (%)
全　国	**68.3**	**10.2**	**347.1**	**7.2**
北　京	70.1	7.6	640.5	7.2
天　津	76.0	6.5	662.8	3.7
河　北	73.9	7.1	281.9	4.8
山　西	80.1	6.4	362.7	4.9
内蒙古	66.1	13.3	202.0	7.3
辽　宁	65.3	12.9	168.2	9.0
吉　林	58.1	12.5	237.4	9.1
黑龙江	76.2	10.5	288.6	6.8
上　海	71.2	12.8	514.7	10.3
江　苏	66.2	13.7	254.5	8.9
浙　江	65.0	9.5	346.7	6.0
安　徽	72.4	13.0	232.7	9.0
福　建	57.6	8.8	364.2	6.0
江　西	53.7	14.2	166.1	7.6
山　东	70.2	10.2	228.8	6.6
河　南	66.9	13.4	217.5	6.9
湖　北	67.3	8.7	289.9	6.3
湖　南	56.2	12.9	214.3	8.1
广　东	70.2	7.6	436.4	5.2
广　西	44.1	12.8	269.1	7.1
海　南	55.4	15.9	245.5	9.9
重　庆	63.6	14.2	183.2	8.4
四　川	59.9	11.2	229.4	7.2
贵　州	54.8	23.8	367.3	7.2
云　南	47.2	18.3	264.8	7.7
西　藏	81.7	47.9	112.2	46.6
陕　西	68.3	10.3	270.7	5.8
甘　肃	49.1	9.6	343.5	4.1
青　海	67.3	7.3	291.9	5.3
宁　夏	73.7	9.2	247.5	6.8
新　疆	92.6	4.7	523.9	4.9

2-24 各地区中型批发和零售业企业经济效益分析指标

地　区	负债比率 (%)	主营业务毛利率 (%)	人均主营业务收入 (万元)	费用率 (%)
全　国	**76.2**	**5.8**	**426.5**	**4.6**
北　京	74.0	5.3	684.0	4.8
天　津	76.8	3.8	1513.2	2.8
河　北	81.9	4.8	274.1	4.5
山　西	80.5	2.8	518.1	3.1
内 蒙 古	77.4	7.9	377.9	5.6
辽　宁	79.0	2.6	662.0	3.2
吉　林	83.2	6.0	292.7	5.7
黑 龙 江	82.7	8.3	388.3	4.0
上　海	73.2	4.9	896.3	4.5
江　苏	79.3	6.1	427.8	4.6
浙　江	79.6	4.5	514.1	4.5
安　徽	74.7	6.2	233.1	5.4
福　建	71.7	6.2	352.6	5.3
江　西	76.4	7.2	177.2	5.7
山　东	77.1	8.5	320.1	4.6
河　南	73.3	8.1	187.7	5.1
湖　北	76.4	10.3	227.3	6.5
湖　南	72.5	9.8	216.9	6.9
广　东	80.5	6.5	409.5	5.3
广　西	75.1	5.2	240.4	5.2
海　南	56.4	5.9	509.4	3.9
重　庆	75.9	8.1	334.5	4.8
四　川	77.4	8.0	238.0	6.7
贵　州	78.8	7.7	218.5	7.3
云　南	78.2	7.4	382.1	4.8
西　藏	55.6	18.3	287.2	14.4
陕　西	76.1	6.8	279.3	4.8
甘　肃	44.0	4.3	680.5	2.9
青　海	62.4	6.5	379.2	3.7
宁　夏	72.9	3.7	278.6	4.3
新　疆	72.7	3.7	673.2	2.6

2-25 各地区大中型批发业企业经济效益分析指标

地　区	负债比率 (%)	主营业务毛利率 (%)	人均主营业务收入 (万元)	费用率 (%)
全　国	**72.4**	**6.8**	**755.1**	**4.5**
北　京	71.1	5.9	1074.8	5.3
天　津	77.6	4.1	2208.5	2.3
河　北	76.6	5.0	647.8	3.2
山　西	80.3	3.4	955.6	2.8
内蒙古	73.0	8.2	789.1	4.4
辽　宁	73.9	3.7	934.5	2.8
吉　林	73.1	7.5	623.8	5.5
黑龙江	81.9	7.9	856.3	3.6
上　海	71.3	8.0	1066.8	6.3
江　苏	71.7	8.1	647.6	4.9
浙　江	75.1	5.3	749.8	3.9
安　徽	73.5	9.2	486.3	6.2
福　建	67.3	6.2	729.9	4.3
江　西	62.9	10.7	254.5	5.4
山　东	72.8	8.4	513.8	4.1
河　南	67.1	9.7	426.0	4.4
湖　北	70.6	8.0	502.1	4.8
湖　南	64.6	11.4	398.4	6.1
广　东	77.0	6.2	697.4	4.2
广　西	61.7	7.4	507.6	4.6
海　南	52.6	6.9	797.3	3.8
重　庆	71.7	8.5	474.8	4.4
四　川	72.3	8.7	443.9	5.2
贵　州	64.9	18.7	435.4	7.0
云　南	67.0	11.6	683.7	4.9
西　藏	60.2	37.5	239.3	31.7
陕　西	72.9	6.6	645.4	3.6
甘　肃	39.7	4.6	1604.4	2.4
青　海	59.0	5.8	626.7	3.0
宁　夏	74.4	3.5	782.8	3.0
新　疆	80.6	3.0	1053.0	2.4

2-26 各地区大中型零售业企业经济效益分析指标

地　区	负债比率 (%)	主营业务毛利率 (%)	人均主营业务收入 (万元)	费用率 (%)
全　国	**74.0**	**11.4**	**135.4**	**10.3**
北　京	77.3	10.4	210.1	11.1
天　津	70.3	9.8	159.8	11.7
河　北	80.9	9.2	93.1	9.5
山　西	80.5	8.1	121.2	8.4
内蒙古	77.9	12.0	137.4	9.4
辽　宁	75.2	10.9	121.5	11.2
吉　林	71.3	11.5	140.4	10.2
黑龙江	75.7	12.9	117.4	9.5
上　海	76.9	17.9	137.1	18.6
江　苏	76.4	10.9	152.1	9.6
浙　江	77.1	9.4	160.7	9.8
安　徽	74.1	9.3	116.3	8.6
福　建	65.4	11.2	119.8	10.8
江　西	66.3	10.8	107.5	9.0
山　东	76.8	10.9	129.7	8.4
河　南	78.0	10.8	93.0	8.5
湖　北	73.1	12.4	125.0	10.0
湖　南	64.9	10.9	141.5	9.0
广　东	70.5	11.4	145.8	10.4
广　西	72.6	10.3	110.5	9.5
海　南	65.6	13.0	167.4	9.9
重　庆	69.6	14.5	124.8	10.1
四　川	65.7	10.7	137.8	9.5
贵　州	78.5	10.6	155.7	7.8
云　南	68.5	11.4	119.9	9.6
西　藏	60.0	6.9	199.3	6.7
陕　西	72.1	12.8	120.0	9.0
甘　肃	70.5	10.3	116.0	7.3
青　海	75.7	11.1	113.6	10.2
宁　夏	71.1	11.1	97.8	10.9
新　疆	81.2	12.5	143.2	11.2

2-27 各地区大中型住宿和餐饮业企业基本情况

地区	大中型		大型		中型	
	法人单位数（个）	年末从业人数（人）	法人单位数（个）	年末从业人数（人）	法人单位数（个）	年末从业人数（人）
全国	**6532**	**2319744**	**751**	**944001**	**5781**	**1375743**
北京	639	267737	121	152050	518	115687
天津	113	51326	7	25574	106	25752
河北	111	31994	4	2537	107	29457
山西	89	34962	5	10159	84	24803
内蒙古	75	20225	3	1862	72	18363
辽宁	151	46455	16	15673	135	30777
吉林	42	12224	4	2152	38	10072
黑龙江	36	11679	5	4028	31	7651
上海	552	239604	126	156730	426	82874
江苏	529	205239	44	91351	485	113888
浙江	561	169428	53	55210	508	114218
安徽	149	49391	10	16151	139	33240
福建	253	85656	31	27573	222	58083
江西	87	24620	3	2583	84	22037
山东	347	104991	27	30203	320	74788
河南	196	51932	7	8704	189	43228
湖北	222	70480	17	21197	205	49283
湖南	235	68854	17	16994	218	51860
广东	976	374071	148	168648	828	205423
广西	88	30647	6	8004	82	22643
海南	112	41439	27	16997	85	24442
重庆	194	69352	16	27778	178	41574
四川	277	96109	21	41442	256	54667
贵州	63	16481	4	2387	59	14094
云南	109	39344	8	10036	101	29308
西藏	6	1566			6	1566
陕西	190	67748	15	22201	175	45547
甘肃	50	14359	NA	2801	48	11558
青海	15	4384			15	4384
宁夏	17	3631			17	3631
新疆	48	13816	4	2971	44	10845

注：NA为小于或等于2(下表同)。

2-28 各地区大中型住宿和餐饮业企业经营情况

单位：万元

地 区	营业额				
		客房收入	餐费收入	商品销售额	其他收入
全 国	**48314837**	**11205892**	**32573255**	**1098418**	**3437270**
北 京	6521328	1255701	4478586	98945	688097
天 津	921918	131500	705240	5669	79509
河 北	436447	141475	251332	8265	35374
山 西	450186	98428	313204	20224	18330
内蒙古	436307	89192	319345	4546	23224
辽 宁	1351837	256788	996103	26310	72636
吉 林	201820	81349	103218	1775	15478
黑龙江	210963	83000	103390	10277	14297
上 海	6300108	921363	4869152	45022	464571
江 苏	3538420	704002	2582373	71772	180274
浙 江	3726372	936034	2517506	42626	230206
安 徽	770534	179417	515812	41668	33637
福 建	1667713	415996	1085923	78762	87032
江 西	421402	134276	254161	9532	23433
山 东	2240296	617177	1415666	81755	125698
河 南	939027	311949	506021	35087	85969
湖 北	1509833	333466	1075726	44864	55777
湖 南	1329778	401445	799690	60118	68526
广 东	7951347	1932700	5223875	159384	635387
广 西	466610	152329	263609	10927	39746
海 南	861111	517114	272244	8057	63696
重 庆	1441233	265086	1064796	48636	62716
四 川	1952655	422668	1328287	67815	133885
贵 州	263417	106301	130944	9535	16637
云 南	650552	220178	343280	29950	57144
西 藏	25650	14906	6831	278	3635
陕 西	1142965	272963	734137	68595	67271
甘 肃	243705	93047	128551	4158	17949
青 海	59019	27730	26059	1174	4056
宁 夏	52327	18017	29149	1051	4110
新 疆	229959	70295	129045	1644	28975

2-29　各地区大型住宿和餐饮业企业经营情况

单位：万元

地　区	营业额	客房收入	餐费收入	商品销售额	其他收入
全　国	**22996700**	**3509878**	**17546698**	**426715**	**1513408**
北　京	4103966	588969	3045097	57446	412453
天　津	457457	2184	432292	739	22242
河　北	54509	12499	38102	342	3566
山　西	106661	15340	90395	154	773
内蒙古	107855	4026	101854		1975
辽　宁	732728	61840	648629	4520	17738
吉　林	50760	21856	25510	236	3159
黑龙江	72895	21007	46546	2295	3048
上　海	4325094	512611	3475474	27880	309130
江　苏	1489377	139648	1253269	32510	63951
浙　江	1401825	224526	1084431	18418	74451
安　徽	270273	21270	218316	23320	7367
福　建	704618	118151	522751	35234	28481
江　西	78389	3975	70787	315	3312
山　东	761083	176986	504793	28201	51104
河　南	150885	21065	123916	3326	2578
湖　北	564356	66510	489850	3340	4656
湖　南	383501	60966	291031	9285	22218
广　东	4373688	874097	3079758	82548	337284
广　西	119153	10460	103048	3800	1845
海　南	482838	300956	140766	6393	34722
重　庆	557129	26900	504173	13497	12559
四　川	923117	105232	731165	25539	61181
贵　州	55187	20174	30091	1611	3312
云　南	189015	22569	150721	11328	4398
西　藏					
陕　西	375753	58417	269620	33589	14128
甘　肃	39260	8473	29696	834	258
青　海					
宁　夏					
新　疆	65329	9173	44617	18	11521

2-30 各地区中型住宿和餐饮业企业经营情况

单位：万元

地区	营业额	客房收入	餐费收入	商品销售额	其他收入
全　国	**25318137**	**7696014**	**15026557**	**671703**	**1923863**
北　京	2417363	666732	1433489	41499	275643
天　津	464461	129316	272948	4930	57267
河　北	381938	128976	213230	7923	31808
山　西	343525	83088	222809	20070	17557
内蒙古	328452	85167	217490	4546	21249
辽　宁	619109	194948	347474	21790	54898
吉　林	151061	59494	77709	1539	12320
黑龙江	138068	61993	56844	7982	11249
上　海	1975013	408752	1393678	17142	155441
江　苏	2049043	564354	1329104	39262	116323
浙　江	2324547	711509	1433075	24209	155755
安　徽	500261	158147	297496	18347	26270
福　建	963095	297845	563172	43528	58551
江　西	343014	130301	183374	9218	20121
山　东	1479212	440190	910873	53555	74594
河　南	788142	290885	382105	31761	83391
湖　北	945477	266956	585876	41524	51121
湖　南	946277	340478	508659	50833	46308
广　东	3577659	1058603	2144117	76836	298104
广　西	347457	141869	160561	7127	37900
海　南	378273	216158	131478	1664	28974
重　庆	884105	238186	560624	35139	50156
四　川	1029539	317436	597122	42276	72704
贵　州	208230	86127	100853	7925	13325
云　南	461537	197609	192559	18622	52746
西　藏	25650	14906	6831	278	3635
陕　西	767212	214547	464517	35006	53143
甘　肃	204444	84574	98855	3325	17691
青　海	59019	27730	26059	1174	4056
宁　夏	52327	18017	29149	1051	4110
新　疆	164629	61122	84428	1626	17454

2-31 各地区大中型住宿业企业经营情况

单位：万元

地区	营业额	客房收入	餐费收入	商品销售额	其他收入
全国	**22463964**	**10050451**	**9038794**	**539829**	**2834890**
北京	2595483	1238170	739418	28607	589288
天津	244485	108334	80646	2199	53306
河北	323615	123334	161414	6173	32694
山西	166377	64090	82900	4401	14986
内蒙古	181022	68178	92157	165	20522
辽宁	607464	239823	293459	14650	59533
吉林	144778	63615	65404	1770	13989
黑龙江	160531	79724	60967	8696	11144
上海	1966414	888465	633690	21298	422961
江苏	1447862	530927	741326	50693	124916
浙江	2057587	803701	1043233	20063	190590
安徽	334948	140039	163495	7071	24344
福建	996356	389740	474566	58087	73964
江西	254985	121350	105403	5488	22744
山东	1171467	449158	587480	41591	93239
河南	582026	266081	237947	24958	53041
湖北	559453	270619	222994	16779	49062
湖南	854388	366444	391436	39211	57297
广东	3773504	1802942	1344879	77983	547700
广西	322895	150812	126600	7254	38229
海南	839863	517114	253953	7877	60919
重庆	501360	231368	202426	21848	45719
四川	793665	372785	317979	24396	78505
贵州	196251	101204	74082	7818	13147
云南	393318	214427	117986	15715	45190
西藏	25650	14906	6831	278	3635
陕西	556420	242289	254441	17812	41878
甘肃	170074	88183	60743	3521	17628
青海	42626	22023	15472	1171	3960
宁夏	31815	13254	14370	764	3427
新疆	167282	67354	71099	1494	27336

2-32 各地区大中型餐饮业企业经营情况

单位：万元

地区	营业额				
		客房收入	餐费收入	商品销售额	其他收入
全国	**25850873**	**1155442**	**23534461**	**558589**	**602381**
北京	3925846	17532	3739169	70337	98808
天津	677433	23166	624594	3470	26203
河北	112832	18141	89919	2092	2680
山西	283809	34338	230304	15823	3344
内蒙古	255284	21014	227187	4381	2703
辽宁	744373	16965	702645	11660	13103
吉林	57042	17734	37814	5	1489
黑龙江	50432	3275	42423	1580	3153
上海	4333694	32898	4235462	23724	41610
江苏	2090559	173075	1841047	21079	55358
浙江	1668785	132333	1474273	22563	39616
安徽	435586	39378	352317	34597	9293
福建	671357	26256	611357	20675	13068
江西	166417	12926	148758	4044	689
山东	1068828	168019	828186	40164	32459
河南	357000	45868	268075	10129	32928
湖北	950380	62847	852732	28086	6714
湖南	475390	35000	408254	20907	11229
广东	4177843	129758	3878996	81402	87687
广西	143716	1518	137009	3673	1516
海南	21248		18291	180	2777
重庆	939873	33718	862371	26788	16997
四川	1158991	49884	1010308	43419	55380
贵州	67166	5097	56861	1717	3490
云南	257234	5751	225294	14236	11954
西藏					
陕西	586545	30674	479696	50782	25393
甘肃	73631	4864	67808	637	321
青海	16394	5707	10587	3	96
宁夏	20512	4763	14779	287	683
新疆	62677	2942	57946	150	1639

2-33 各地区大中型住宿和餐饮业企业年末资产负债

单位：万元

地　区	流动资产合计	固定资产原价	累计折旧	资产总计	负债合计	所有者权益合计
全　国	**37726588**	**61436715**	**24054391**	**102296963**	**75336418**	**26959529**
北　京	5087203	7997816	3662062	13733889	10371119	3362770
天　津	567159	767152	266472	1466353	1235223	231130
河　北	818566	1037226	384760	1727062	1415890	311172
山　西	347289	719257	246994	1059067	786379	272688
内蒙古	355610	733136	248314	1135368	762156	373212
辽　宁	1013595	1936947	816650	2592871	1827116	765755
吉　林	217742	618229	222749	708013	459276	248736
黑龙江	126984	425124	172283	473527	337675	135852
上　海	3740770	5534245	2526116	9449520	5805552	3643968
江　苏	2451022	4781718	1710527	7803194	5836214	1966980
浙　江	3166142	5698996	2099982	8936629	6997380	1939249
安　徽	657786	956877	312776	2081928	1565420	516509
福　建	1122763	1863544	608025	3222791	2133955	1088836
江　西	408075	575411	186553	1093809	790781	303028
山　东	1836565	3265196	1105811	5141793	3794044	1347750
河　南	1100347	1211854	458043	2369344	1796322	573022
湖　北	755067	1772580	654072	2584255	1857997	726258
湖　南	891768	2016318	723748	2855703	2048309	807393
广　东	6056871	8611314	3708618	15576663	12370708	3204939
广　西	301218	932931	393084	1139153	844116	295037
海　南	1205069	1674638	553713	2918539	2098016	820523
重　庆	1154341	1118204	425744	2439411	1837829	601581
四　川	1856729	2342049	891158	4373979	3291499	1082480
贵　州	197121	438679	109477	643551	529788	113763
云　南	1032559	1253593	514183	2424260	1549189	875071
西　藏	21138	179663	40582	170735	69792	100942
陕　西	797190	1905292	625056	2636243	1962497	673746
甘　肃	119575	293237	127170	387330	239905	147425
青　海	88504	138437	43175	221958	92980	128978
宁　夏	72142	174012	37098	224730	206788	17942
新　疆	159680	463042	179396	705298	422505	282793

2-34 各地区大型住宿和餐饮业企业年末资产负债

单位：万元

地　区	流动资产合计	固定资产原价	累计折旧	资产总计	负债合计	所有者权益合计
全　国	**13395743**	**21806872**	**8980594**	**37951429**	**25105411**	**12846018**
北　京	2652306	4074913	2010548	6973196	4400886	2572310
天　津	56388	114516	53340	208846	134248	74598
河　北	53892	118033	27554	168286	168968	-682
山　西	27653	56205	31597	77283	55891	21391
内蒙古	42147	90448	26238	140555	70578	69977
辽　宁	218205	580658	220203	784214	448216	335997
吉　林	51936	159681	67706	160988	74166	86822
黑龙江	25566	70230	32060	103621	46765	56856
上　海	2272231	3722973	1760768	6374626	3372582	3002045
江　苏	548539	1267065	429145	1990774	1443981	546793
浙　江	938661	1944932	677863	2895730	2144383	751347
安　徽	78437	163592	76039	387433	359141	28292
福　建	342556	521566	219426	941610	652903	288707
江　西	10947	10237	781	42788	24702	18087
山　东	608877	987418	303336	1698578	1119049	579529
河　南	228325	120825	49566	367096	297631	69466
湖　北	144268	355677	166795	620449	495608	124841
湖　南	371209	511346	237870	917122	640888	276234
广　东	2772926	4260314	1728002	8180295	6124850	2055446
广　西	36263	179058	67736	177221	110658	66563
海　南	642395	799948	199602	1665803	1095559	570244
重　庆	271178	242094	114021	556762	349049	207712
四　川	424502	522103	209480	1000420	554372	446048
贵　州	28811	54660	16363	73931	54454	19478
云　南	260477	176619	76691	399025	245430	153595
西　藏						
陕　西	239416	669281	162466	960847	580027	380820
甘　肃	16123	6916	4465	23624	15788	7836
青　海						
宁　夏						
新　疆	31511	25565	10934	60306	24638	35668

2-35 各地区中型住宿和餐饮业企业年末资产负债

单位：万元

地　区	流动资产合计	固定资产原价	累计折旧	资产总计	负债合计	所有者权益合计
全　国	**24330845**	**39629844**	**15073797**	**64345534**	**50231007**	**14113511**
北　京	2434897	3922904	1651514	6760694	5970234	790460
天　津	510772	652636	213132	1257508	1100976	156532
河　北	764673	919192	357206	1558776	1246922	311854
山　西	319636	663052	215397	981785	730488	251297
内蒙古	313463	642688	222076	994813	691578	303235
辽　宁	795390	1356289	596447	1808657	1378899	429758
吉　林	165806	458548	155043	547025	385110	161915
黑龙江	101419	354894	140223	369906	290909	78996
上　海	1468539	1811272	765348	3074893	2432970	641924
江　苏	1902484	3514653	1281381	5812420	4392233	1420187
浙　江	2227481	3754064	1422118	6040899	4852997	1187902
安　徽	579349	793285	236738	1694495	1206279	488217
福　建	780207	1341978	388599	2281181	1481052	800129
江　西	397128	565175	185772	1051021	766079	284942
山　东	1227689	2277779	802474	3443215	2674995	768220
河　南	872022	1091029	408478	2002247	1498691	503556
湖　北	610799	1416903	487277	1963806	1362388	601417
湖　南	520560	1504973	485877	1938581	1407421	531159
广　东	3283945	4351000	1980616	7396368	6245858	1149493
广　西	264955	753872	325348	961931	733458	228474
海　南	562674	874690	354111	1252736	1002458	250279
重　庆	883164	876110	311723	1882649	1488780	393869
四　川	1432228	1819946	681678	3373559	2737126	636432
贵　州	168310	384019	93114	569620	475334	94286
云　南	772082	1076974	437492	2025235	1303759	721476
西　藏	21138	179663	40582	170735	69792	100942
陕　西	557773	1236010	462591	1675397	1382470	292926
甘　肃	103452	286321	122705	363705	224117	139589
青　海	88504	138437	43175	221953	92980	128978
宁　夏	72142	174012	37098	224730	206788	17942
新　疆	128169	437476	168462	644992	397867	247125

2-36 各地区大中型住宿业企业年末资产负债

单位：万元

地　区	流动资产合计	固定资产原价	累计折旧	资产总计	负债合计	所有者权益合计
全　国	**26450516**	**50679640**	**20234555**	**76122359**	**56077404**	**20044955**
北　京	3500731	7130230	3250293	10585848	7998213	2587635
天　津	313615	524006	180006	882940	808334	74606
河　北	746972	955049	349744	1568210	1281646	286564
山　西	212170	385953	152990	588667	442639	146028
内蒙古	174864	505660	194815	647935	432554	215381
辽　宁	755186	1562998	671806	1876232	1231602	644630
吉　林	182420	523491	195889	570459	399864	170595
黑龙江	110081	389092	165044	406537	297915	108623
上　海	2291397	4658799	2178091	6815776	3982278	2833498
江　苏	1502883	3641455	1361741	5297323	3784287	1513036
浙　江	2409835	4547258	1744128	6910331	5346412	1563919
安　徽	366602	726088	233589	1388860	1043192	345669
福　建	834352	1666035	525136	2620472	1667554	952918
江　西	349350	526862	175204	946949	692890	254059
山　东	1241174	2250227	839326	3238178	2389681	848497
河　南	875775	1024653	402228	1922339	1464112	458227
湖　北	438532	1323590	486432	1668484	1103985	564499
湖　南	731020	1771194	645810	2397440	1730661	666779
广　东	4368990	7241144	3110721	11620869	9461763	2159106
广　西	263426	905781	379110	1060473	784962	275511
海　南	1200571	1667292	549215	2900439	2088807	811633
重　庆	894168	827917	315899	1818458	1523290	295168
四　川	992082	1707979	652484	2576387	2051734	524653
贵　州	141165	406254	94402	558069	449593	108476
云　南	667785	1111580	475048	1908042	1191055	716987
西　藏	21138	179663	40582	170735	69792	100942
陕　西	497896	1581348	507690	1935600	1522924	412676
甘　肃	100967	263870	119726	334818	214615	120203
青　海	79513	110651	35932	182838	75079	107759
宁　夏	49286	150490	30754	174768	159891	14877
新　疆	136574	413033	170723	547886	386081	161805

2-37 各地区大中型餐饮业企业年末资产负债

单位：万元

地 区	流动资产合计	固定资产原价	累计折旧	资产总计	负债合计	所有者权益合计
全 国	**11276072**	**10757076**	**3819836**	**26174604**	**19259014**	**6914574**
北 京	1586472	867586	411769	3148042	2372907	775135
天 津	253544	243146	86466	583414	426890	156524
河 北	71593	82177	35016	158852	134244	24608
山 西	135119	333304	94004	470400	343740	126661
内 蒙 古	180746	227476	53499	487433	329601	157831
辽 宁	258408	373949	144844	716639	595513	121126
吉 林	35323	94738	26860	137554	59413	78141
黑 龙 江	16904	36032	7239	66990	39760	27230
上 海	1449373	875446	348025	2633744	1823274	810470
江 苏	948139	1140263	348785	2505871	2051927	453944
浙 江	756308	1151738	355854	2026298	1650969	375330
安 徽	291184	230789	79187	693068	522228	170840
福 建	288410	197510	82889	602319	466400	135918
江 西	58726	48550	11350	146360	97890	48969
山 东	595391	1014970	266485	1903615	1404363	499253
河 南	224573	187201	55815	447005	332210	114795
湖 北	316535	448991	167641	915771	754012	161759
湖 南	160748	245124	77937	458263	317649	140614
广 东	1687881	1370170	597897	3955795	2908945	1045833
广 西	37793	27150	13974	78680	59154	19526
海 南	4498	7346	4498	18100	9210	8890
重 庆	260174	290288	109845	620953	314540	306414
四 川	864647	634070	238674	1797592	1239765	557828
贵 州	55956	32426	15076	85482	80195	5287
云 南	364774	142013	39136	516218	358134	158084
西 藏						
陕 西	299293	323944	117366	700643	439573	261070
甘 肃	18608	29367	7443	52512	25290	27222
青 海	8991	27786	7244	39120	17901	21219
宁 夏	22856	23522	6345	49962	46898	3065
新 疆	23106	50009	8674	157412	36424	120988

2-38 各地区大中型住宿和餐饮业企业实收资本及构成

单位：万元

地区	实收资本	国家资本	集体资本	法人资本	个人资本	港澳台资本	外商资本
全国	**28648144**	**6770757**	**465986**	**11138329**	**4222472**	**3688711**	**2361890**
北京	3566509	790323	28595	1716918	196970	595885	237818
天津	369344	69561	3476	205891	55498	9933	24986
河北	544501	164268	813	214826	149096	15498	
山西	291301	77716	1830	112797	97220		1739
内蒙古	341402	87510	7992	72598	45550	30734	97018
辽宁	1810658	127660	3796	1214290	192214	211566	61132
吉林	185183	99662	50	41721	18191	1800	23759
黑龙江	213961	58750		121904	10239	23068	
上海	3209233	1086462	74535	716588	168327	698159	465164
江苏	2971036	795929	69708	671260	912196	215718	306225
浙江	2284130	423263	52552	1007431	424954	285773	90157
安徽	470502	51404	10206	296669	80149	28074	4000
福建	1083678	209950	22015	361482	209532	177681	103019
江西	275149	100426	360	108393	41567	9337	15067
山东	965699	329491	38716	369704	120000	85637	22153
河南	485116	117291	4108	222377	91864	47022	2455
湖北	680218	187634	13581	236591	122737	89117	30559
湖南	746486	207533	18377	334085	162108	6563	17821
广东	3486836	587545	38054	1222183	382422	840507	416124
广西	404760	104012		108993	34244	153986	3525
海南	646347	149185	20534	398688	26515	29415	22011
重庆	497317	66075	8244	277531	69051	5168	71248
四川	927451	148380	20532	383181	197515	9712	168132
贵州	142162	62479		50970	20933	6800	980
云南	616279	231333	13942	133100	154278	27104	56523
西藏	94107	46243			5000		42864
陕西	787680	161830	8316	315640	175722	80454	45719
甘肃	152623	72592	2282	54341	11135	2000	10272
青海	104846	44026		10347	29049		21424
宁夏	38176	6011	1875	22091	8199		
新疆	255453	106213	1502	135741	9997	2000	

2-39 各地区大型住宿和餐饮业企业实收资本及构成

单位：万元

地区	实收资本	国家资本	集体资本	法人资本	个人资本	港澳台资本	外商资本
全国	**9196348**	**2556580**	**80862**	**2976970**	**473366**	**1972257**	**1136312**
北京	1793796	295493	2000	835841	62522	449020	148920
天津	22262		1268	3310	3356		14328
河北	53975			7765	46210		
山西	21619	7881		1000	11000		1739
内蒙古	42824			731	9125		32968
辽宁	276826	60704		20636	2566	174589	18331
吉林	50919	27620		6600			16700
黑龙江	26644	1097		25547			
上海	2192696	842309	56866	306755	55554	581295	349917
江苏	500781	240823	5432	130946	27468	50622	45490
浙江	697859	158398	6817	275896	55121	164228	37400
安徽	44018	5000		9792	6508	22718	
福建	210962	27665		77875	18410	58108	28904
江西	11559			3350	6100		2109
山东	219963	147930	950	39403	22566	2483	6630
河南	90169	24572		22452	10050	31356	1738
湖北	147176	77966		8511	12616	26792	21292
湖南	193478	83672	3500	95966	7210	1390	1741
广东	1561970	305775	2800	601050	61317	328490	262538
广西	76106	9660		3759		61037	1650
海南	272745	50000		215128	657	6961	
重庆	76028			19192	4640		52195
四川	186028	26155	1231	86411	10908	2490	58833
贵州	10026	6026		1000	3000		
云南	90826	55455		32434	1880	477	579
西藏							
陕西	307024	90900		139030	34583	10200	32311
甘肃	3654	2244		1410			
青海							
宁夏							
新疆	14416	9238		5178			

2-40 各地区中型住宿和餐饮业企业实收资本及构成

单位：万元

地区	实收资本	国家资本	集体资本	法人资本	个人资本	港澳台资本	外商资本
全国	**19451796**	**4214177**	**385124**	**8161358**	**3749106**	**1716454**	**1225578**
北京	1772713	494831	26595	881077	134448	146865	88898
天津	347082	69561	2208	202580	52142	9933	10658
河北	490526	164268	813	207061	102886	15498	
山西	269682	69835	1830	111797	86220		
内蒙古	298578	87510	7992	71867	36425	30734	64050
辽宁	1533832	66956	3796	1193654	189649	36977	42801
吉林	134264	72042	50	35121	18191	1800	7059
黑龙江	187317	57653		96357	10239	23068	
上海	1016537	244153	17669	409832	112773	116863	115246
江苏	2470255	555106	64276	540314	884729	165096	260735
浙江	1586272	264865	45736	731535	369833	121545	52758
安徽	426484	46404	10206	286877	73642	5356	4000
福建	872716	182285	22015	283607	191122	119573	74114
江西	263591	100426	360	105043	35467	9337	12958
山东	745737	181561	37766	330301	97433	83153	15522
河南	394948	92720	4108	199925	81814	15666	716
湖北	533042	109668	13581	228080	110122	62326	9267
湖南	553009	123862	14877	238119	154899	5172	16080
广东	1924866	281771	35254	621133	321105	512017	153586
广西	328655	94352		105234	34244	92950	1875
海南	373602	99185	20534	183560	25858	22454	22011
重庆	421289	66075	8244	258339	64411	5168	19053
四川	741423	122225	19301	296770	186607	7222	109299
贵州	132136	56453		49970	17933	6800	980
云南	525453	175878	13942	100666	152398	26627	55944
西藏	94107	46243			5000		42864
陕西	480656	70930	8316	176609	141139	70254	13408
甘肃	148969	70348	2282	52932	11135	2000	10272
青海	104846	44026		10347	29049		21424
宁夏	38176	6011	1875	22091	8199		
新疆	241036	96975	1502	130563	9997	2000	

2-41 各地区大中型住宿业企业实收资本及构成

单位：万元

地区	实收资本	国家资本	集体资本	法人资本	个人资本	港澳台资本	外商资本
全国	**21879765**	**6444318**	**376132**	**8011876**	**2342390**	**3143503**	**1561545**
北京	3045627	764081	25087	1520378	79732	524767	131581
天津	281827	66632	3468	172679	21641	9555	7853
河北	497774	159275	813	201168	121020	15498	
山西	202193	72216	1830	55604	72544		
内蒙古	221520	74886	3992	39457	29578	30684	42923
辽宁	687384	123595	3796	157943	155340	205276	41436
吉林	150273	70042	50	37705	16917	1800	23759
黑龙江	189083	58650		105317	2049	23068	
上海	2312843	1043283	71965	370376	77618	526484	223118
江苏	1928505	760008	55213	515607	219636	166042	211999
浙江	1859856	420558	25170	807825	299971	243551	62782
安徽	342136	45354	8206	221691	38661	24225	4000
福建	929803	198636	21426	312636	174316	137260	85530
江西	248762	99894	360	101350	25691	8524	12943
山东	703357	295990	32232	233007	50046	76559	15522
河南	404433	117259	3348	181924	56896	44952	53
湖北	490745	181531	13581	143072	66564	80248	5750
湖南	601055	205212	18087	256498	98616	6563	16080
广东	2863504	561810	31816	994492	261688	718592	295106
广西	392991	104012		102193	32385	152526	1875
海南	635601	149185	20534	390388	25715	27768	22011
重庆	377650	57811	7730	236341	40062	3100	32607
四川	655880	135909	7040	265026	94379	5061	148465
贵州	130776	62429		43934	16633	6800	980
云南	578967	225878	13942	106600	150083	26521	55944
西藏	94107	46243			5000		42864
陕西	583459	147739	2675	234196	80101	74079	44669
甘肃	136704	72592	433	47802	3605	2000	10272
青海	90250	44026		9300	15500		21424
宁夏	29894	6011	1875	21091	917		
新疆	212807	73573	1467	126278	9490	2000	

2-42 各地区大中型餐饮业企业实收资本及构成

单位：万元

地区	实收资本	国家资本	集体资本	法人资本	个人资本	港澳台资本	外商资本
全国	**6768379**	**326439**	**89854**	**3126452**	**1880081**	**545208**	**800345**
北京	520882	26242	3508	196540	117238	71118	106238
天津	87517	2929	8	33212	33857	378	17132
河北	46727	4993		13658	28076		
山西	89108	5500		57194	24676		1739
内蒙古	119883	12624	4000	33141	15972	50	54096
辽宁	1123274	4066		1056347	36875	6290	19696
吉林	34910	29620		4016	1274		
黑龙江	24878	100		16588	8190		
上海	896390	43179	2570	346212	90710	171674	242045
江苏	1042531	35920	14495	155653	692561	49676	94226
浙江	424274	2706	27383	199606	124983	42222	27375
安徽	128366	6050	2000	74978	41489	3849	
福建	153875	11314	589	48846	35216	40421	17489
江西	26387	532		7043	15876	813	2124
山东	262343	33501	6484	136696	69954	9077	6630
河南	80684	32	760	40453	34968	2070	2402
湖北	189473	6103		93519	56173	8870	24809
湖南	145431	2322	290	77586	63492		1741
广东	623332	25735	6238	227691	120735	121915	121018
广西	11770			6800	1859	1460	1650
海南	10747			8300	800	1647	
重庆	119666	8264	514	41190	28989	2068	38642
四川	271571	12471	13492	118155	103136	4651	19667
贵州	11387	50		7037	4300		
云南	37313	5455		26500	4195	583	579
西藏							
陕西	204221	14091	5640	81443	95621	6375	1050
甘肃	15919		1849	6540	7530		
青海	14596			1047	13549		
宁夏	8282			1000	7282		
新疆	42645	32640	35	9463	507		

2-43 各地区大中型住宿和餐饮业企业损益及分配

单位：万元

地 区	主营业务收入	主营业务成本	主营业务税金及附加	主营业务利润	其他业务利润	销售费用
全 国	**47717169**	**19282360**	**2526319**	**25908490**	**764124**	**15452132**
北 京	6526494	2245762	351942	3928790	57031	2461452
天 津	902292	405414	46690	450188	3087	315733
河 北	435531	189423	24209	221899	6833	169982
山 西	451374	214786	22659	213929	31051	152528
内 蒙 古	429489	224897	18355	186237	3786	117191
辽 宁	1348232	599378	69007	679847	37513	405353
吉 林	201271	68727	11090	121454	3067	71357
黑 龙 江	209761	67293	16163	126305	9764	64165
上 海	6246432	2398520	354578	3493334	109019	2143529
江 苏	3493922	1476882	180306	1836734	20504	1094386
浙 江	3688396	1401248	201697	2085451	86044	1196300
安 徽	760323	343907	38046	378370	14982	239423
福 建	1640681	670558	87558	882565	13875	521882
江 西	419787	176127	20610	223050	4690	127756
山 东	2211354	963121	115690	1132543	43311	630568
河 南	892679	392330	44750	455599	18495	231955
湖 北	1505900	690113	77550	738237	26478	458748
湖 南	1240649	534591	64944	641114	48211	310452
广 东	7841602	3210859	410560	4220183	108288	2725254
广 西	460023	160496	24268	275259	9062	159333
海 南	847300	197334	48148	601818	17274	223055
重 庆	1430269	718270	62774	649225	18427	320952
四 川	1923026	761216	100582	1061228	26648	551590
贵 州	260780	105748	14290	140742	6955	73158
云 南	619958	292800	30929	296229	7016	166523
西 藏	24812	6988	1387	16437		13537
陕 西	1121943	511348	57494	553101	19604	334118
甘 肃	243234	102442	12079	128713	11879	61530
青 海	58717	16805	2952	38960	57	24894
宁 夏	52424	21125	2627	28672	184	22295
新 疆	228513	113853	12387	102273	991	63135

2-43 续表

单位：万元

地区	管理费用	财务费用	营业利润	利润总额	应交所得税	应付职工薪酬
全　国	**9646849**	**1829296**	**-469385**	**-313088**	**476772**	**10021986**
北　京	1391966	221943	-60954	-41252	79682	1715336
天　津	150523	18625	-6134	-10680	8454	189316
河　北	129866	33546	-103187	-91893	926	117467
山　西	103306	18160	-53759	-54263	2592	92244
内蒙古	105004	12052	-60805	-57715	1981	68616
辽　宁	270302	32417	-29992	-21223	11865	165849
吉　林	64872	12027	-19473	-13212	672	48996
黑龙江	57291	7782	-3086	-5382	2782	42573
上　海	1066706	142648	213319	275902	98447	1060767
江　苏	766523	141506	-125745	-94394	26605	699122
浙　江	829427	207704	-82632	-80333	29998	780257
安　徽	147006	45831	-45812	-58497	7203	157343
福　建	338576	58994	-7112	-618	16915	355031
江　西	90238	23197	-15630	-12879	3018	72650
山　东	460820	84617	-31208	-23578	21267	438946
河　南	187215	44711	7689	9455	5381	170697
湖　北	245317	50310	6658	18920	16517	265298
湖　南	292325	70985	-39623	-38083	5546	253906
广　东	1363598	304728	-60977	-64269	65450	1669025
广　西	126146	25686	-32729	-27757	3393	99560
海　南	322015	39260	32818	29918	7020	261287
重　庆	200217	51945	79890	73199	11443	298560
四　川	348501	85811	75604	76074	30870	406618
贵　州	71976	20904	-24304	-23272	1243	62100
云　南	149438	26568	-33292	-25142	4938	143679
西　藏	14855	1548	-11708	-11484	67	9947
陕　西	222022	30303	-18949	-19899	6275	235850
甘　肃	41063	3502	22261	9982	4186	42282
青　海	15145	2277	-4706	-2340	31	18122
宁　夏	15092	4148	-12726	-12210	77	13975
新　疆	59501	5563	-23079	-16164	1928	66571

2-44 各地区大型住宿和餐饮业企业损益及分配

单位：万元

地区	主营业务收入	主营业务成本	主营业务税金及附加	主营业务利润	其他业务利润	销售费用
全国	**22772037**	**9077502**	**1217882**	**12476653**	**241079**	**7565743**
北京	4119687	1455262	220177	2444248	25735	1532752
天津	433308	199788	21777	211743	-1	159280
河北	52027	29362	2981	19684	16	20887
山西	106661	45168	5676	55817	22675	34634
内蒙古	101114	73383	2386	25345		8018
辽宁	729919	329434	37377	363108	16130	240444
吉林	50760	16877	2747	31136		16254
黑龙江	72452	16655	9209	46588	327	22166
上海	4293186	1572315	253332	2467539	72817	1477171
江苏	1482397	667735	75002	739660	2795	463111
浙江	1419146	556833	80237	782076	15734	450351
安徽	262611	117909	12261	132441	681	103010
福建	702875	299785	35434	367656	2086	195658
江西	77590	36158	4071	37361		25199
山东	751497	284588	40391	426518	1542	254501
河南	149387	59267	8389	81731	670	50806
湖北	584742	275161	30142	279439	619	207627
湖南	326983	111228	17141	198614	1599	106437
广东	4287868	1783546	216096	2288226	53644	1499031
广西	119098	45768	6595	66735	139	38504
海南	471887	113588	27202	331097	363	98140
重庆	551136	302365	25493	223278	8617	115083
四川	913356	348428	47684	517244	12165	227206
贵州	54284	13723	3017	37544	775	18604
云南	180799	102221	8684	69894	1889	39633
西藏						
陕西	373693	166402	19016	188275		136829
甘肃	39260	17217	1758	20285		11369
青海						
宁夏						
新疆	64316	37336	3608	23372	62	13041

2-44 续表

单位：万元

地 区	管理费用	财务费用	营业利润	利润总额	应交所得税	应付职工薪酬
全 国	**3595696**	**661302**	**895452**	**948237**	**316191**	**4342449**
北 京	723573	113311	127239	131220	62239	1046613
天 津	41165	986	20439	19174	6783	68744
河 北	6118	6855	-14160	-13797	133	6975
山 西	16040	988	4154	4040	1420	15596
内蒙古	8305	2714	6544	3855		5039
辽 宁	98690	6760	14690	21252	8374	55053
吉 林	15726	2186	-3030	3634	599	6626
黑龙江	16237	861	7385	7281	1217	15496
上 海	670713	84703	292453	323287	82568	671069
江 苏	213014	37283	41251	46086	17121	241761
浙 江	242388	81741	30779	16481	18447	273793
安 徽	27604	11950	-5536	-4750	3753	50460
福 建	117315	19377	47857	49218	8626	111409
江 西	8008	641	3103	3309	7	3629
山 东	162675	18982	-8082	-2051	5276	142004
河 南	33061	9451	-10920	-12857	517	27282
湖 北	54035	11142	9184	13413	5779	86586
湖 南	70905	29370	-8345	-10849	1570	76275
广 东	635084	160398	76815	86176	42220	829978
广 西	20114	3957	4104	3982	2254	19387
海 南	155146	21457	62400	63284	6083	144270
重 庆	34665	13459	50295	48610	6614	88685
四 川	126424	14946	128017	124059	25103	209572
贵 州	16958	2377	400	426	763	13195
云 南	24217	1831	5861	6530	2706	33862
西 藏						
陕 西	44493	4064	5149	9324	3769	78133
甘 肃	4635	-221	4503	4444	1150	4546
青 海						
宁 夏						
新 疆	8387	-266	2903	3459	1103	16412

2-45 各地区中型住宿和餐饮业企业损益及分配

单位：万元

地 区	主营业务收入	主营业务成本	主营业务税金及附加	主营业务利润	其他业务利润	销售费用
全 国	**24945132**	**10204858**	**1308437**	**13431837**	**523045**	**7886389**
北 京	2406808	790500	131765	1484543	31295	928700
天 津	468984	205625	24913	238446	3088	156454
河 北	383504	160061	21228	202215	6817	149095
山 西	344713	169618	16983	158112	8376	117894
内蒙古	328375	151515	15969	160891	3786	109173
辽 宁	618313	269944	31631	316738	21383	164909
吉 林	150512	51849	8344	90319	3067	55104
黑龙江	137309	50638	6954	79717	9437	42000
上 海	1953246	826205	101247	1025794	36202	666359
江 苏	2011526	809147	105303	1097076	17708	631275
浙 江	2269250	844415	121460	1303375	70310	745949
安 徽	497712	225998	25784	245930	14301	136414
福 建	937806	370773	52124	514909	11789	326224
江 西	342197	139969	16539	185689	4690	102557
山 东	1459857	678533	75299	706025	41769	376067
河 南	743292	333063	36361	373858	17825	181149
湖 北	921158	414952	47408	458798	25859	251122
湖 南	913666	423363	47802	442501	46612	204014
广 东	3553735	1427314	194463	1931958	54644	1226223
广 西	340925	114727	17674	208524	8924	120830
海 南	375413	83746	20946	270721	16912	124916
重 庆	879134	415905	37281	425948	9811	205869
四 川	1009670	412788	52898	543984	14483	324384
贵 州	206496	92025	11273	103198	6179	54554
云 南	439160	190579	22245	226336	5127	126889
西 藏	24812	6988	1387	16437		13537
陕 西	748250	344946	38479	364825	19604	197289
甘 肃	203974	85225	10322	108427	11879	50161
青 海	58717	16805	2952	38960	57	24894
宁 夏	52424	21125	2627	28672	184	22295
新 疆	164197	76517	8779	78901	928	50094

2-45 续表

单位：万元

地　区	管理费用	财务费用	营业利润	利润总额	应交所得税	应付职工薪酬
全　国	**6051153**	**1167993**	**-1364837**	**-1261325**	**160582**	**5679537**
北　京	668393	108632	-188193	-172472	17443	668723
天　津	109358	17639	-26573	-29854	1671	120572
河　北	123749	26691	-89027	-78096	792	110492
山　西	87266	17172	-57914	-58302	1172	76648
内蒙古	96699	9338	-67350	-61570	1981	63577
辽　宁	171612	25658	-44683	-42475	3491	110796
吉　林	49146	9840	-16443	-16846	73	42370
黑龙江	41054	6921	-10471	-12663	1565	27078
上　海	395993	57944	-79134	-47385	15879	389697
江　苏	553509	104223	-166996	-140480	9485	457361
浙　江	587039	125963	-113410	-96814	11551	506463
安　徽	119402	33881	-40276	-53747	3450	106883
福　建	221261	39617	-54970	-49836	8289	243622
江　西	82230	22556	-18733	-16188	3011	69021
山　东	298146	65635	-23127	-21527	15992	296942
河　南	154154	35260	18609	22312	4864	143415
湖　北	191282	39168	-2527	5506	10738	178712
湖　南	221420	41614	-31278	-27234	3976	177631
广　东	728514	144330	-137792	-150445	23230	839047
广　西	106033	21729	-36832	-31739	1139	80173
海　南	166869	17804	-29582	-33366	937	117017
重　庆	165552	38486	29595	24588	4829	209876
四　川	222076	70865	-52414	-47985	5768	197046
贵　州	55018	18528	-24704	-23698	480	48906
云　南	125221	24737	-39153	-31672	2232	109817
西　藏	14855	1548	-11708	-11484	67	9947
陕　西	177529	26239	-24098	-29223	2506	157717
甘　肃	36428	3723	17758	5538	3036	37735
青　海	15145	2277	-4706	-2340	31	18122
宁　夏	15092	4148	-12726	-12210	77	13975
新　疆	51114	5829	-25982	-19623	826	50160

2-46　各地区大中型住宿业企业损益及分配

单位：万元

地　区	主营业务收入	主营业务成本	主营业务税金及附加	主营业务利润	其他业务利润	销售费用
全　国	**22202386**	**7644231**	**1231774**	**13326381**	**475801**	**6490932**
北　京	2605836	665087	145959	1794790	24602	789005
天　津	244339	103045	12132	129162	330	78529
河　北	325049	137033	18379	169637	5446	126332
山　西	166350	57897	9294	99159	20515	66788
内蒙古	182272	78799	10319	93154	2762	55741
辽　宁	608661	256880	30594	321187	32036	157893
吉　林	144543	49904	7909	86730	3067	51133
黑龙江	159978	46632	13404	99942	4283	44805
上　海	2009008	613826	127140	1268042	71194	469793
江　苏	1414603	510640	73709	830254	6693	425939
浙　江	2054548	639261	117422	1297865	66483	648217
安　徽	333201	133158	18585	181458	12845	95612
福　建	971755	339155	54267	578333	13029	310775
江　西	253567	91157	13176	149234	1552	77161
山　东	1155225	450196	60652	644377	36753	347031
河　南	564598	233239	29135	302224	4296	141465
湖　北	565347	235299	27926	302122	15056	147396
湖　南	819642	315291	43600	460751	41118	192224
广　东	3660851	1359923	204152	2096776	50284	1123803
广　西	315005	91112	16518	207375	7967	112697
海　南	826059	190532	47023	588504	13558	215021
重　庆	493886	182696	26674	284516	9669	134967
四　川	779408	244538	42576	492294	7629	236567
贵　州	194973	74020	10840	110113	6904	55371
云　南	370717	148249	19695	202773	5644	104700
西　藏	24812	6988	1387	16437		13537
陕　西	547554	212878	27996	306630	3784	151109
甘　肃	169609	67316	8549	93744	7721	41360
青　海	42277	10668	2188	29421	54	17623
宁　夏	31987	13128	1651	17208	41	15338
新　疆	166728	85685	8922	72121	486	42999

2-46 续表

单位：万元

地区	管理费用	财务费用	营业利润	利润总额	应交所得税	应付职工薪酬
全国	**6770377**	**1429038**	**-946140**	**-812131**	**212227**	**5354487**
北京	961697	183453	-81857	-58667	43400	797302
天津	78073	12582	-31434	-31580	306	71617
河北	111990	27325	-81798	-78088	479	93236
山西	57052	12294	-34587	-37711	307	47518
内蒙古	65247	5842	-33031	-31939	263	44786
辽宁	187208	21596	-44385	-34299	2620	91145
吉林	48858	10349	-16482	-10331	601	39028
黑龙江	51043	6864	-2984	-4754	2146	32906
上海	645010	106200	87558	117329	43782	413503
江苏	470080	95211	-127590	-98943	5827	328817
浙江	618278	167570	-93580	-100586	13794	462827
安徽	102114	30487	-42627	-56148	1331	75401
福建	259911	50846	-25286	-19850	11204	238821
江西	72149	19439	-17448	-15532	1012	54673
山东	295024	52361	-45041	-28785	10226	234360
河南	147126	38041	-17474	-13026	2519	114219
湖北	148194	36221	-5997	-1250	4858	119894
湖南	247619	59839	-48260	-42274	3326	169685
广东	961046	260126	-144680	-133245	35257	865298
广西	113641	23438	-37763	-33294	645	76542
海南	316716	39169	32939	29925	6838	255812
重庆	131921	42437	-14003	-19361	4453	159411
四川	218180	57644	-12494	-3528	6773	166422
贵州	60135	19178	-23605	-22416	1155	47754
云南	121465	16449	-32510	-25474	2569	100336
西藏	14855	1548	-11708	-11484	67	9947
陕西	161280	20185	-20877	-22539	2866	133412
甘肃	36560	2496	13590	3549	2917	32157
青海	11819	2019	-2244	-1070		13608
宁夏	7193	2896	-8147	-7823	48	10609
新疆	48895	4933	-22337	-18939	640	53445

2-47 各地区大中型餐饮业企业损益及分配

单位：万元

地　　区	主营业务收入	主营业务成本	主营业务税金及附加	主营业务利润	其他业务利润	销售费用
全　　国	**25514783**	**11638129**	**1294545**	**12582109**	**288323**	**8961200**
北　　京	3920659	1580675	205984	2134000	32428	1672447
天　　津	657953	302368	34559	321026	2757	237204
河　　北	110482	52391	5830	52251	1386	43650
山　　西	285025	156889	13365	114771	10536	85740
内 蒙 古	247217	146098	8035	93034	1024	61450
辽　　宁	739570	342498	38413	358659	5477	247460
吉　　林	56729	18822	3181	34726		20224
黑 龙 江	49783	20662	2759	26362	5482	19360
上　　海	4237424	1784694	227438	2225292	37825	1673736
江　　苏	2079319	966243	106597	1006479	13811	668446
浙　　江	1633849	761988	84276	787585	19561	548082
安　　徽	427122	210749	19461	196912	2137	143811
福　　建	668927	331403	33291	304233	846	211106
江　　西	166220	84970	7434	73816	3138	50595
山　　东	1056129	512925	55037	488167	6558	283537
河　　南	328081	159091	15615	153375	14199	90490
湖　　北	940553	454814	49624	436115	11422	311352
湖　　南	421007	219300	21343	180364	7093	118228
广　　东	4180751	1850936	206407	2123408	58004	1601451
广　　西	145017	69383	7750	67884	1095	46636
海　　南	21241	6802	1125	13314	3717	8034
重　　庆	936383	535574	36100	364709	8759	185985
四　　川	1143618	516678	58006	568934	19019	315023
贵　　州	65807	31728	3450	30629	50	17787
云　　南	249241	144552	11234	93455	1372	61822
西　　藏						
陕　　西	574388	298470	29498	246420	15820	183009
甘　　肃	73626	35125	3530	34971	4158	20169
青　　海	16441	6137	764	9540	3	7271
宁　　夏	20438	7997	976	11465	143	6958
新　　疆	61785	28168	3465	30152	505	20136

2-47 续表

单位：万元

地区	管理费用	财务费用	营业利润	利润总额	应交所得税	应付职工薪酬
全国	**2876472**	**400257**	**476755**	**499044**	**264545**	**4667499**
北京	430269	38490	20903	17414	36282	918034
天津	72450	6042	25300	20900	8148	117699
河北	17877	6221	-21389	-13805	447	24230
山西	46253	5866	-19173	-16551	2285	44726
内蒙古	39757	6210	-27774	-25776	1718	23830
辽宁	83094	10821	14392	13075	9245	74704
吉林	16014	1677	-2991	-2881	71	9968
黑龙江	6248	918	-102	-628	635	9668
上海	421696	36448	125761	158573	54666	647263
江苏	296443	46295	1844	4549	20778	370306
浙江	211149	40134	10948	20254	16204	317430
安徽	44892	15344	-3186	-2349	5872	81942
福建	78665	8148	18174	19232	5711	116210
江西	18089	3758	1818	2653	2006	17977
山东	165796	32256	13832	5207	11042	204586
河南	40089	6670	25163	22481	2862	56479
湖北	97123	14090	12654	20170	11659	145405
湖南	44706	11145	8638	4191	2220	84221
广东	402552	44602	83703	68975	30194	803727
广西	12505	2248	5034	5537	2748	23018
海南	5300	91	-120	-7	183	5475
重庆	68296	9508	93893	92559	6990	139149
四川	130321	28167	88097	79602	24098	240195
贵州	11841	1726	-699	-856	89	14347
云南	27973	10119	-783	332	2369	43343
西藏						
陕西	60742	10118	1929	2640	3409	102438
甘肃	4503	1006	8671	6433	1269	10125
青海	3326	258	-2462	-1271	31	4514
宁夏	7899	1251	-4579	-4386	30	3366
新疆	10606	630	-742	2775	1288	13126

2-48 各地区大中型住宿和餐饮业企业经济效益分析指标

地 区	负债比率 (%)	主营业务毛利率 (%)	人均主营业务收入 (万元)	费用率 (%)
全 国	**73.6**	**59.6**	**20.6**	**56.4**
北 京	75.5	65.6	24.4	62.4
天 津	84.2	55.1	17.6	53.7
河 北	82.0	56.5	13.6	76.5
山 西	74.3	52.4	12.9	60.7
内蒙古	67.1	47.6	21.2	54.5
辽 宁	70.5	55.5	29.0	52.5
吉 林	64.9	65.9	16.5	73.7
黑龙江	71.3	67.9	18.0	61.6
上 海	61.4	61.6	26.1	53.7
江 苏	74.8	57.7	17.0	57.3
浙 江	78.3	62.0	21.8	60.6
安 徽	75.2	54.8	15.4	56.9
福 建	66.2	59.1	19.2	56.0
江 西	72.3	58.0	17.1	57.5
山 东	73.8	56.4	21.1	53.2
河 南	75.8	56.1	17.2	52.0
湖 北	71.9	54.2	21.4	50.1
湖 南	71.7	56.9	18.0	54.3
广 东	79.4	59.1	21.0	56.0
广 西	74.1	65.1	15.0	67.6
海 南	71.9	76.7	20.4	69.0
重 庆	75.3	49.8	20.6	40.1
四 川	75.3	60.4	20.0	51.3
贵 州	82.3	59.4	15.8	63.7
云 南	63.9	52.8	15.8	55.3
西 藏	40.9	71.8	15.8	120.7
陕 西	74.4	54.4	16.6	52.3
甘 肃	61.9	57.9	16.9	43.6
青 海	41.9	71.4	13.4	72.1
宁 夏	92.0	59.7	14.4	79.2
新 疆	59.9	50.2	16.5	56.1

注：费用率等于销售费用、管理费用、财务费用三项之和除以主营业务收入合计(下表同)。

2-49 各地区大型住宿和餐饮业企业经济效益分析指标

地　区	负债比率 (%)	主营业务毛利率 (%)	人均主营业务收入 (万元)	费用率 (%)
全　国	**66.2**	**60.1**	**24.1**	**51.9**
北　京	63.1	64.7	27.1	57.5
天　津	64.3	53.9	16.9	46.5
河　北	100.4	43.6	20.5	65.1
山　西	72.3	57.7	10.5	48.4
内蒙古	50.2	27.4	54.3	18.8
辽　宁	57.2	54.9	46.6	47.4
吉　林	46.1	66.8	23.6	67.3
黑龙江	45.1	77.0	18.0	54.2
上　海	52.9	63.4	27.4	52.0
江　苏	72.5	55.0	16.2	48.1
浙　江	74.1	60.8	25.7	54.6
安　徽	92.7	55.1	16.3	54.3
福　建	69.3	57.3	25.5	47.3
江　西	57.7	53.4	30.0	43.6
山　东	65.9	62.1	24.9	58.0
河　南	81.1	60.3	17.2	62.5
湖　北	79.9	52.9	27.6	46.7
湖　南	69.9	66.0	19.2	63.2
广　东	74.9	58.4	25.4	53.5
广　西	62.4	61.6	14.9	52.5
海　南	65.8	75.9	27.8	58.2
重　庆	62.7	45.1	19.8	29.6
四　川	55.4	61.9	22.0	40.4
贵　州	73.7	74.7	22.7	69.9
云　南	61.5	43.5	18.0	36.3
西　藏				
陕　西	60.4	55.5	16.8	49.6
甘　肃	66.8	56.1	14.0	40.2
青　海				
宁　夏				
新　疆	40.9	41.9	21.6	32.9

2-50 各地区中型住宿和餐饮业企业经济效益分析指标

地　区	负债比率 (%)	主营业务毛利率 (%)	人均主营业务收入 (万元)	费用率 (%)
全　国	**78.1**	**59.1**	**18.1**	**60.6**
北　京	88.3	67.2	20.8	70.9
天　津	87.6	56.2	18.2	60.4
河　北	80.0	58.3	13.0	78.1
山　西	74.4	50.8	13.9	64.5
内蒙古	69.5	53.9	17.9	65.5
辽　宁	76.2	56.3	20.1	58.6
吉　林	70.4	65.6	14.9	75.8
黑龙江	78.6	63.1	17.9	65.5
上　海	79.1	57.7	23.6	57.4
江　苏	75.6	59.8	17.7	64.1
浙　江	80.3	62.8	19.9	64.3
安　徽	71.2	54.6	15.0	58.2
福　建	64.9	60.5	16.1	62.6
江　西	72.9	59.1	15.5	60.6
山　东	77.7	53.5	19.5	50.7
河　南	74.9	55.2	17.2	49.9
湖　北	69.4	55.0	18.7	52.3
湖　南	72.6	53.7	17.6	51.1
广　东	84.4	59.8	17.3	59.1
广　西	76.2	66.3	15.1	72.9
海　南	80.0	77.7	15.4	82.5
重　庆	79.1	52.7	21.1	46.6
四　川	81.1	59.1	18.5	61.1
贵　州	83.4	55.4	14.7	62.0
云　南	64.4	56.6	15.0	63.0
西　藏	40.9	71.8	15.8	120.7
陕　西	82.5	53.9	16.4	53.6
甘　肃	61.6	58.2	17.6	44.3
青　海	41.9	71.4	13.4	72.1
宁　夏	92.0	59.7	14.4	79.2
新　疆	61.7	53.4	15.1	65.2

2-51 各地区大中型住宿业企业经济效益分析指标

地　区	负债比率 (%)	主营业务毛利率 (%)	人均主营业务收入 (万元)	费用率 (%)
全　国	**73.7**	**65.6**	**20.3**	**66.2**
北　京	75.6	74.5	25.6	74.2
天　津	91.6	57.8	18.1	69.2
河　北	81.7	57.8	13.2	81.7
山　西	75.2	65.2	12.0	81.8
内蒙古	66.8	56.8	14.5	69.6
辽　宁	65.6	57.8	21.3	60.2
吉　林	70.1	65.5	15.4	76.3
黑龙江	73.3	70.9	20.2	64.2
上　海	58.4	69.4	34.8	60.8
江　苏	71.4	63.9	20.0	70.1
浙　江	77.4	68.9	22.1	69.8
安　徽	75.1	60.0	15.8	68.5
福　建	63.6	65.1	19.2	64.0
江　西	73.2	64.1	15.1	66.6
山　东	73.8	61.0	20.0	60.1
河　南	76.2	58.7	17.1	57.9
湖　北	66.2	58.4	18.7	58.7
湖　南	72.2	61.5	17.9	61.0
广　东	81.4	62.9	20.4	64.1
广　西	74.0	71.1	15.6	79.3
海　南	72.0	76.9	20.6	69.1
重　庆	83.8	63.0	20.4	62.6
四　川	79.6	68.6	19.3	65.7
贵　州	80.6	62.0	16.4	69.1
云　南	62.4	60.0	14.2	65.4
西　藏	40.9	71.8	15.8	120.7
陕　西	78.7	61.1	16.7	60.7
甘　肃	64.1	60.3	18.4	47.4
青　海	41.1	74.8	13.8	74.4
宁　夏	91.5	59.0	13.8	79.5
新　疆	70.5	48.6	16.1	58.1

2-52 各地区大中型餐饮业企业经济效益分析指标

地　　区	负债比率 (%)	主营业务毛利率 (%)	人均主营业务收入 (万元)	费用率 (%)
全　国	**73.6**	**54.4**	**20.8**	**48.0**
北　京	75.4	59.7	23.6	54.6
天　津	73.2	54.0	17.4	48.0
河　北	84.5	52.6	15.0	61.3
山　西	73.1	45.0	13.5	48.4
内蒙古	67.6	40.9	32.4	43.5
辽　宁	83.1	53.7	41.4	46.2
吉　林	43.2	66.8	20.1	66.8
黑龙江	59.4	58.5	13.2	53.3
上　海	69.2	57.9	23.3	50.3
江　苏	81.9	53.5	15.5	48.6
浙　江	81.5	53.4	21.4	48.9
安　徽	75.4	50.7	15.1	47.8
福　建	77.4	50.5	19.1	44.5
江　西	66.7	48.9	21.1	43.6
山　东	73.8	51.4	22.4	45.6
河　南	74.3	51.5	17.3	41.8
湖　北	82.3	51.6	23.4	44.9
湖　南	69.3	47.9	18.3	41.3
广　东	73.5	55.7	21.5	49.0
广　西	75.2	52.2	13.9	42.3
海　南	50.9	68.0	16.3	63.2
重　庆	50.7	42.8	20.7	28.2
四　川	69.0	54.8	20.6	41.4
贵　州	93.8	51.8	14.4	47.6
云　南	69.4	42.0	18.9	40.1
西　藏				
陕　西	62.7	48.0	16.4	44.2
甘　肃	48.2	52.3	14.4	34.9
青　海	45.8	62.7	12.5	66.0
宁　夏	93.9	60.9	15.6	78.8
新　疆	23.1	54.4	17.9	50.8

行业篇

简要说明：

一、本篇资料主要内容为分行业分地区大中型批发和零售业、住宿和餐饮业企业单位数和从业人数情况；分行业分地区大中型批发和零售业企业商品购、销、存情况；分行业分地区大中型住宿和餐饮业企业经营情况；分行业分地区大中型批发和零售业、住宿和餐饮业企业主要财务及经济效益分析指标等。

二、行业分类按照《国民经济行业分类》（GB/T 4754-2011）列示，包括批发和零售业、住宿和餐饮业两个门类，批发业、零售业、住宿业、餐饮业四个大类和25个行业中类。

3-1 大中型批发业企业分行业基本情况

地区	批发业		农、林、牧产品批发		食品、饮料及烟草制品批发	
	法人单位数(个)	年末从业人数(人)	法人单位数(个)	年末从业人数(人)	法人单位数(个)	年末从业人数(人)
全国	**28987**	**3888114**	**1477**	**125730**	**3718**	**819406**
北京	2127	350106	37	4864	197	44441
天津	856	79462	17	965	72	8122
河北	677	104648	56	3371	64	14715
山西	507	83065	6	671	53	14933
内蒙古	252	28325	35	2653	47	8310
辽宁	758	95826	42	2320	102	15585
吉林	178	25830	47	7356	18	5814
黑龙江	277	37495	66	7539	46	8425
上海	2319	434129	23	2221	194	50538
江苏	2474	293757	152	13100	238	48189
浙江	2751	282668	33	2904	248	51785
安徽	691	91878	48	4572	116	30105
福建	1292	116515	37	2127	178	33449
江西	285	74059	18	3544	51	18890
山东	2572	294575	241	14391	376	68509
河南	1017	136700	134	12313	158	50004
湖北	973	155205	108	8066	207	43271
湖南	653	80401	44	3778	104	35022
广东	4231	553654	70	6893	499	96766
广西	348	48892	17	1265	43	13281
海南	114	14989	NA	51	16	2168
重庆	836	98205	22	1396	157	24854
四川	876	123553	30	2540	195	36963
贵州	264	46510	NA	65	52	27189
云南	451	67538	13	861	89	27944
西藏	18	4433	NA	90	7	753
陕西	357	71457	14	799	53	20134
甘肃	218	23393	11	585	54	8044
青海	64	10093			14	1765
宁夏	68	8439	NA	50	13	2229
新疆	483	52314	150	14380	57	7209

注：NA为小于或等于2(下表同)。

3-1 续表 1

地区	纺织、服装及家庭用品批发		文化、体育用品及器材批发		医药及医疗器材批发	
	法人单位数（个）	年末从业人数（人）	法人单位数（个）	年末从业人数（人）	法人单位数（个）	年末从业人数（人）
全国	**3894**	**737704**	**950**	**143556**	**3463**	**443202**
北京	259	80048	113	23186	224	33959
天津	61	19832	27	2250	61	6813
河北	24	3080	8	858	126	13044
山西	15	2654	10	1277	48	6525
内蒙古	7	1151	NA	310	21	2067
辽宁	76	33323	17	1822	93	8340
吉林	6	712	4	587	50	3677
黑龙江	19	1537	3	246	47	3755
上海	442	145945	76	9933	151	45631
江苏	432	83982	86	14073	147	33295
浙江	825	84071	132	8305	197	23573
安徽	58	10153	18	1439	173	15947
福建	339	30583	45	3637	93	7550
江西	18	1428	4	232	86	19689
山东	195	30253	42	14795	197	23425
河南	66	6838	22	2345	137	18569
湖北	69	9506	14	6641	182	27805
湖南	43	6389	30	2389	127	13727
广东	703	144415	231	37080	513	50920
广西	36	4496	6	814	60	7174
海南	7	852	NA	582	48	8156
重庆	48	7895	13	5513	146	14635
四川	63	9479	13	1416	242	21508
贵州	14	1333	5	333	46	4464
云南	18	2252	6	492	80	10741
西藏			NA	81	6	3411
陕西	19	11638	11	799	61	5867
甘肃	6	810	4	1076	42	3913
青海	NA	77	NA	248	10	763
宁夏	NA	86	NA	133	4	531
新疆	22	2886	3	664	45	3728

3-1 续表 2

地区	矿产品、建材及化工产品批发		机械设备、五金产品及电子产品批发	
	法人单位数(个)	年末从业人数(人)	法人单位数(个)	年末从业人数(人)
全国	**9320**	**958585**	**4949**	**548582**
北京	479	53814	737	102046
天津	377	19273	163	14340
河北	316	41571	79	27722
山西	326	52191	39	4207
内蒙古	121	12537	18	1250
辽宁	284	23351	129	8358
吉林	31	6146	21	1517
黑龙江	59	13402	32	2191
上海	591	58193	641	98473
江苏	895	58929	402	35979
浙江	814	74491	440	34030
安徽	147	19403	94	6896
福建	395	24464	149	10432
江西	73	27377	29	2550
山东	1109	101168	317	35758
河南	377	36148	98	8600
湖北	239	48607	121	8438
湖南	206	13331	76	4379
广东	1112	101583	844	91425
广西	135	17157	47	4527
海南	22	1938	12	924
重庆	291	26210	117	11668
四川	201	31681	117	15611
贵州	108	10147	35	2778
云南	186	20646	48	3269
西藏			3	98
陕西	144	26807	48	4912
甘肃	79	7590	20	1308
青海	31	6604	6	636
宁夏	30	4565	13	630
新疆	142	19261	54	3630

3-1 续表 3

地 区	贸易经纪与代理		其他批发业	
	法人单位数(个)	年末从业人数(人)	法人单位数(个)	年末从业人数(人)
全 国	**345**	**31879**	**871**	**79470**
北 京	42	4303	39	3445
天 津	20	4727	58	3140
河 北	NA	122	NA	165
山 西	NA	114	9	493
内蒙古			NA	47
辽 宁	4	1515	11	1212
吉 林			NA	21
黑龙江			5	400
上 海	96	8561	105	14634
江 苏	21	955	101	5255
浙 江	14	521	48	2988
安 徽	NA	40	36	3323
福 建	14	1835	42	2438
江 西			6	349
山 东	21	1807	74	4469
河 南			25	1883
湖 北	3	1282	30	1589
湖 南	NA	23	22	1363
广 东	96	5633	163	18939
广 西	NA	23	3	155
海 南			5	318
重 庆			42	6034
四 川	NA	110	13	4245
贵 州			3	201
云 南	NA	131	9	1202
西 藏				
陕 西	NA	116	5	385
甘 肃			NA	67
青 海				
宁 夏			3	215
新 疆	NA	61	8	495

3-2 大中型批发业企业分行业商品购、销、存情况

农、林、牧产品批发

单位：万元

地区	商品购进额	进口	商品销售额	出口	期末商品库存额
全国	**55696421**	**7051914**	**58453188**	**786688**	**12765364**
北京	9396794	3861419	9941481	36317	707278
天津	462854	10192	457326	51263	326181
河北	1922886	21484	1980795	26907	231071
山西	117811	1200	118328	850	98390
内蒙古	1709731		1831554	7527	550476
辽宁	2567759	149259	2602935	136180	392567
吉林	2967742	46827	2561864	6236	1990925
黑龙江	2718923	11316	2594477	3169	1384830
上海	2787971	331026	2770084	27325	207564
江苏	2838318		3598958	11626	446755
浙江	680779	24754	690324	1258	120796
安徽	1252778	3620	1332968	1125	323862
福建	874304	106438	945895	1457	321925
江西	220386		253485	8115	266976
山东	5269392	206379	5478184	90728	584086
河南	3153933	383864	3115379	62312	1099922
湖北	2561224	185	2373627	16880	936480
湖南	885118	6241	1055115	24220	141104
广东	2812998	494287	3263057	182848	299773
广西	302936	1251	293453		94713
海南	15817		15696		1739
重庆	471243	2751	480475	23821	54897
四川	1044827	12706	1027472	34743	409264
贵州	5193		5141		287
云南	1256495	1187829	2013383	4504	35195
西藏	9973		8096		1184
陕西	136620		196745	15533	38994
甘肃	163913		168982		18077
青海					
宁夏	10242		10573		7930
新疆	7077466	188887	7267336	11748	1672125

3-2 续表 1

食品、饮料及烟草制品批发　　单位：万元

地　区	商品购进额	进　口	商品销售额	出　口	期末商品库存额
全　国	**269040760**	**7602142**	**334631075**	**4035512**	**26407536**
北　京	16090535	2284199	18613500	195606	2887107
天　津	6128994	53330	6840298	27361	396434
河　北	5033376	5860	6729965	13892	364444
山　西	3671341	2250	4818252	2230	335853
内蒙古	3534027	177	4402010		276664
辽　宁	5321097	189330	6820751	29579	595311
吉　林	1509951	68486	2072305		154123
黑龙江	4694455	22795	6742868	32620	736652
上　海	22632067	1672236	25978355	311701	1986132
江　苏	13337260	87857	17323478	322572	1149163
浙　江	18665433	242946	23750867	321132	1188485
安　徽	7889138	339581	10170323	263109	677771
福　建	13454453	560670	15772073	626204	812119
江　西	3454459	5834	5097333	48008	495491
山　东	21667248	624725	25791703	411772	1266484
河　南	12290566	31290	15919912	14987	1122812
湖　北	13526414	22293	16394718	64461	750849
湖　南	9205403	17807	11092958	65891	1818499
广　东	32717459	1059890	38923857	781836	1902263
广　西	3250628	560	4654643	31345	199374
海　南	2189925		2518563		109972
重　庆	9372258	245900	10590435		586568
四　川	11793095	14500	13931310	2072	1414750
贵　州	5817366		10643936	35363	1268004
云　南	8712679	49325	12795149	387666	3057521
西　藏	407763		565718		64218
陕　西	4447693		5657588		283676
甘　肃	2901712	64	3829249	27341	191046
青　海	958486		1140866		18386
宁　夏	770733		951168		35555
新　疆	3594747	239	4096928	18766	261813

3-2 续表 2

纺织、服装及家庭用品批发

单位：万元

地 区	商品购进额	进 口	商品销售额	出 口	期末商品库存额
全 国	**235162447**	**23778890**	**271603900**	**50520194**	**25923436**
北 京	25977253	3521772	27969529	592081	3419049
天 津	4210069	115397	5591735	469232	238367
河 北	1108844	2370	1194942	76357	115521
山 西	360640	44775	387960	44775	47324
内蒙古	182090		246208		1305
辽 宁	4558606	106559	4792901	487354	264758
吉 林	157000		165042		4471
黑龙江	987058	2357	1191420	535083	17030
上 海	37396557	12680415	48874039	5549237	5635975
江 苏	37959380	2205178	46130684	8472148	4636303
浙 江	30797030	1967134	34652047	15839773	2391671
安 徽	6136779	265437	6504054	716106	972433
福 建	13366946	792016	14396412	5109437	1070192
江 西	789352		801459	165098	45507
山 东	10473477	631619	12276317	2622015	736416
河 南	3859609	26822	3890389	92242	418344
湖 北	3292733	15442	3226263	203512	439340
湖 南	1680696	18004	1598200	75612	411181
广 东	40607899	1351936	45834395	8838320	3551648
广 西	1350555	3497	1388895	55783	392217
海 南	229568		210042		52254
重 庆	3484082	9460	3642794	24241	453452
四 川	1845498	973	2022818	426616	176363
贵 州	316194		317856		53578
云 南	573296		744754	62831	36870
西 藏					
陕 西	2941057		3011866	48572	215413
甘 肃	145038		150852		20763
青 海	27911		29312	1585	9050
宁 夏	28774	4494	20656	2754	20325
新 疆	318457	13233	340061	9432	76316

3-2 续表 3

文化、体育用品及器材批发　　　　单位：万元

地区	商品购进额	进口	商品销售额	出口	期末商品库存额
全国	**52161492**	**2773363**	**57093218**	**3831747**	**8659725**
北京	12566698	241985	13213301	148753	1636597
天津	926848	11733	998723	57060	172801
河北	645200		618506	5821	100470
山西	625721		652219	21216	87876
内蒙古	67434	150	66273	3	2142
辽宁	307174		339185	28033	89543
吉林	60642		58484		17459
黑龙江	56644		114399		1358
上海	6520544	707521	6842267	103241	672643
江苏	2948154	25450	3610770	200107	557531
浙江	4361966	287329	4604769	1085171	643497
安徽	1291030	286569	1400564	346170	132682
福建	1086771	44914	1177986	175507	93902
江西	68052		70568	6256	3464
山东	2671411	1254	3447436	52581	386823
河南	1180920	3677	1277922	50575	119071
湖北	1029649	9028	1102650	203	225198
湖南	854151		940483	54759	111924
广东	12411332	935989	13825723	1255629	3101677
广西	218170		223577	13556	26288
海南	79650		75121		17696
重庆	286594		432694		215241
四川	739404	217543	755444	227106	64690
贵州	174567		178648		16278
云南	327467		362178		47184
西藏	12075		11891		5659
陕西	325273		350139		22472
甘肃	55425		75804		43388
青海	19800		22434		8013
宁夏	22559		18273		4977
新疆	220173		224791		31184

3-2 续表 4

医药及医疗器材批发　　　　单位：万元

地　区	商品购进额	进　口	商品销售额	出　口	期末商品库存额
全　国	**148057475**	**11080215**	**166368350**	**2261576**	**27518038**
北　京	13022667	2212558	14430925	238456	2111284
天　津	3865156	47165	4295136	115538	243188
河　北	3742653	2	4215906	2771	411339
山　西	1581226	35281	1654254		131241
内蒙古	468455	66333	494287		60088
辽　宁	3777042	97339	4266487	5353	273019
吉　林	1437383	2223	1666828		112181
黑龙江	1949461		2578229		63426
上　海	15940624	5497397	19062310	589502	6673891
江　苏	8423117	587902	10144184	226594	959463
浙　江	10813590	462098	11651657	555505	924141
安　徽	7501988	21168	8234372	125723	628459
福　建	2984582	45597	3267718	40403	298703
江　西	2568149		2860570	24400	151785
山　东	7822762	22095	8489488	3525	672431
河　南	7092918	123069	8749488	6032	510416
湖　北	9061217	47037	8864285	37082	964954
湖　南	3931181	5673	4467892	17	325218
广　东	18672344	1342579	21317372	137418	2280232
广　西	1357433	1452	1468590	50886	93269
海　南	1043130	102966	1236361	1132	170661
重　庆	5352608	86440	5659727	31265	8065684
四　川	6515839	128142	7078383	24702	516624
贵　州	943966		1165905		124064
云　南	3418009	836	3618367	22329	332009
西　藏	253703		484482		7067
陕　西	2246784	122568	2442217		181814
甘　肃	1092504	8	1190789	20	100767
青　海	99425	7322	110902	8244	10177
宁　夏	204144		221976		13416
新　疆	873417	14966	979263	14680	107030

3-2 续表 5

矿产品、建材及化工产品批发 单位：万元

地区	商品购进额	进口	商品销售额	出口	期末商品库存额
全国	**1718064726**	**137475064**	**1802700553**	**48808581**	**69944321**
北京	228767281	33834959	226552337	14104974	17255065
天津	145242118	9234655	150046856	2019753	5250800
河北	42653737	450825	46172664	214866	1385038
山西	71384134	331267	76199763	362664	1693074
内蒙古	14676368	260284	16391015	505710	1306370
辽宁	73413451	2618462	76619217	865020	1894606
吉林	8067823	46624	8566617	41840	246894
黑龙江	18380894	7919594	19088405	248487	634075
上海	242932049	16033626	249682678	4504674	8252652
江苏	100261863	9407940	105021322	3326530	3411212
浙江	129548736	9911665	137802126	7841408	4571018
安徽	15579102	209595	16566344	139328	721855
福建	47637076	7957071	50856861	2002096	2872533
江西	7201997	123818	10419776	33687	306400
山东	77437256	5318209	81558183	1914931	2523662
河南	22081239	564442	26587850	121935	627774
湖北	47793266	251455	49616498	62711	1299356
湖南	19254908	237762	14214846	194390	712405
广东	207067430	11943153	222048769	7383972	6611915
广西	12932455	211093	18869005	41076	475152
海南	8189860	1971647	8483362	1990	139468
重庆	19012366	1147524	20627163	836482	531446
四川	24728301	2718250	26213086	535715	1049918
贵州	8866692	895507	10483524	953474	446830
云南	22995579	501529	25605279	134597	1283720
西藏					
陕西	35172316	2732998	36096389	74812	1160912
甘肃	21409487	812	24717872	8914	1223214
青海	3458164	207	4162672	65549	136376
宁夏	5655649	20095	5814262	13064	169453
新疆	36263130	10619997	37615813	253932	1751132

3-2 续表 6

机械设备、五金产品及电子产品批发

单位：万元

地区	商品购进额	进口	商品销售额	出口	期末商品库存额
全国	**429830503**	**89753965**	**477699388**	**37222043**	**35081211**
北京	112678220	34280985	122251287	8253144	11069883
天津	23482208	4176213	25536916	411612	3442774
河北	9827191	36876	10167098	203281	392838
山西	4832651	741	4910390	4843	101745
内蒙古	280871		290959		19288
辽宁	4255581	713489	5150087	493107	454382
吉林	1690488	31597	1677660	24355	55747
黑龙江	1166896	377832	1245107	291375	151627
上海	121202968	37462767	141468883	6289993	9268990
江苏	20575338	3231183	21877806	2854435	1723028
浙江	21799754	502716	23154439	5685888	913637
安徽	3790227	19899	3954236	111712	325519
福建	3983385	277979	4523804	291233	577997
江西	1103355	12829	1198754	282243	60538
山东	12399205	456097	14744139	1482930	633416
河南	3578560	5656	4101512	128452	201356
湖北	4437626	695955	4876079	579456	336560
湖南	1744529	59355	1940364	40836	114372
广东	52676774	6707755	57899862	7565147	2986028
广西	716389	12082	901154	52601	115910
海南	815731		935410	10365	38898
重庆	7468736	361271	7961700	713934	397268
四川	7609782	84018	8552929	397464	638143
贵州	825307	2708	920539	41969	83987
云南	998960	55571	1130439	218613	182853
西藏	28422		31340		5336
陕西	2282973	80461	2526524	612974	176725
甘肃	897354	20462	900570	72222	37171
青海	80868		85805		18846
宁夏	86986		117061	6554	49133
新疆	2513167	87468	2666537	101307	507215

3-2 续表 7

贸易经纪与代理

单位：万元

地　区	商品购进额	进　口	商品销售额	出　口	期末商品库存额
全　国	**35903954**	**8633758**	**40642617**	**8592566**	**2521996**
北　京	3961576	905079	4418791	849915	240658
天　津	2689023	87200	4107151	780459	159653
河　北	40742	402	43367	43137	405
山　西	278154	250644	284570	28830	23245
内蒙古					
辽　宁	344660	150	347890	10752	99988
吉　林					
黑龙江					
上　海	6887578	2766677	8388768	1452721	1039704
江　苏	1840053	37470	1956102	404265	21497
浙　江	312165	73846	357175	191960	13141
安　徽	5791		5807	5807	16
福　建	1295738	89557	1344719	425392	88539
江　西					
山　东	1786335	841379	1853422	27148	159369
河　南					
湖　北	4762814	1699857	4852128	460961	52710
湖　南	12812		18185		64
广　东	9715708	1146185	10714332	2888170	547458
广　西	7925	49	9596		6
海　南					
重　庆					
四　川	21568	731	21414	19758	743
贵　州					
云　南	1878323	733529	1853844	952491	67710
西　藏					
陕　西	27461	1003	30630	20739	2297
甘　肃					
青　海					
宁　夏					
新　疆	35529		34727	30063	4793

3-2 续表 8

其他批发业

单位：万元

地区	商品购进额	进口	商品销售额	出口	期末商品库存额
全国	**57752796**	**14806629**	**62907240**	**13895828**	**4202435**
北京	5291807	1316378	5180335	573430	1150307
天津	5332894	184275	5394880	112259	305007
河北	51117		47056		7189
山西	150326		171321		39992
内蒙古	5078		6359	6359	
辽宁	174604	13700	225345		4864
吉林	24425		24690		146
黑龙江	253961	71550	309953		12336
上海	10001011	2415938	11799465	1975932	1212367
江苏	3444278	41331	3662077	79237	110441
浙江	2696588	338201	2896542	371334	114650
安徽	1868491	7731	2075379	368	70577
福建	4755293	951518	5079850	395856	238509
江西	165298		179507	15753	4538
山东	3991157	568975	4293309	680504	178481
河南	507459	35856	562227	25973	33037
湖北	350917		371733		11070
湖南	312109		470901	7136	8623
广东	13925918	8596834	15334447	9385639	334894
广西	18172		31310	16542	1839
海南	613938		619688		48515
重庆	1218317	260434	1347693		20700
四川	423178	117	551439		70724
贵州	45999		50248		949
云南	1886262	2972	1946432	241401	209773
西藏					
陕西	59000		64567		1561
甘肃	12169		15462		79
青海					
宁夏	46848	814	50602		3333
新疆	126184	4	144422	8106	7934

3-3 大中型批发业企业分行业年末资产负债

农、林、牧产品批发　　　　单位：万元

地　区	流动资产合计	固定资产原价	累计折旧	资产总计	负债合计	所有者权益合计
全　国	**36729228**	**5159883**	**1461460**	**52475608**	**38046289**	**14429318**
北　京	8434671	354327	93143	16898862	11141457	5757405
天　津	466505	22739	4752	498127	377304	120822
河　北	702811	151098	41494	881951	640044	241907
山　西	126132	30576	8054	163639	113257	50382
内蒙古	1283295	248392	57370	1557433	1248412	309021
辽　宁	1691294	110155	31181	2066401	1871193	195207
吉　林	2896291	339960	69562	3267222	2387711	879511
黑龙江	3036245	197815	51370	3389527	2734925	654603
上　海	879970	223887	53095	1478004	831839	646165
江　苏	1758524	396227	119379	2282329	1777580	504750
浙　江	335502	92028	27485	451619	335361	116258
安　徽	611766	126248	31394	848464	506950	341514
福　建	603873	170810	32167	802742	623314	179429
江　西	111154	76624	31143	189971	162204	27767
山　东	2306738	588418	142998	3233125	2122478	1110646
河　南	2012990	444716	96523	2727257	1913807	813450
湖　北	1508743	279068	65003	1850198	1429466	420733
湖　南	304442	107096	39404	531675	337503	194172
广　东	1153840	171877	58114	1520392	1109634	410758
广　西	199606	31564	11603	283770	170602	113168
海　南	3312	1452	145	4699	2800	1899
重　庆	100192	33047	13808	172325	96511	75813
四　川	574558	69265	28337	670680	543543	127136
贵　州	3946	382	108	4220	1193	3027
云　南	593208	17939	4709	635160	603332	31828
西　藏	33665	6483	2275	45975	26802	19173
陕　西	67470	25412	4878	92691	70491	22200
甘　肃	93682	18517	5634	109344	94915	14428
青　海						
宁　夏	10582	3042	588	13322	9535	3787
新　疆	4824223	820719	335745	5804487	4762129	1042359

3-3 续表 1

食品、饮料及烟草制品批发 单位：万元

地　区	流动资产合计	固定资产原价	累计折旧	资产总计	负债合计	所有者权益合计
全　国	**111554840**	**20856159**	**8201409**	**144163881**	**71480660**	**72683221**
北　京	9855204	771019	282299	12609701	9186881	3422819
天　津	2691635	183879	64721	3357132	2453433	903699
河　北	1866460	369572	157287	2215709	672233	1543476
山　西	1087837	463188	172495	1475413	465173	1010244
内蒙古	1027809	307711	122254	1322959	446632	876328
辽　宁	3015142	398872	179231	3382293	1437377	1944921
吉　林	672156	250571	90660	880413	219183	661236
黑龙江	2551731	365405	161746	3099604	1807716	1291888
上　海	9128972	943665	447057	12677767	8683113	3994655
江　苏	8395435	1079743	413552	9682822	3792386	5890436
浙　江	8865358	1447325	720874	11270039	5751840	5518200
安　徽	4144530	517207	197202	4919998	2247972	2672026
福　建	4945623	983656	347438	7079594	3075535	4004059
江　西	1798415	495981	195744	2395697	917836	1477861
山　东	4526332	2013259	604240	7167870	3149983	4017888
河　南	2993625	980592	352859	3845910	1026195	2819716
湖　北	5692759	1246769	427140	7083730	4164252	2919478
湖　南	3684610	977837	361852	5234285	2381362	2852923
广　东	11140859	1654581	637814	14471386	8631752	5839635
广　西	1507668	336152	149060	1954548	873679	1080868
海　南	518503	95498	50663	631581	103419	528162
重　庆	2064486	683919	253568	3144832	1388227	1756605
四　川	4831054	941403	355015	5681079	2443052	3238027
贵　州	4140988	769518	316229	4961921	1452081	3509840
云　南	6535308	1455006	733317	8332381	3251694	5080686
西　藏	215356	75319	28682	289866	75382	214484
陕　西	1133463	358808	142583	1532192	367190	1165002
甘　肃	786561	226035	81536	1065563	236611	828952
青　海	342485	46482	22024	396104	47402	348703
宁　夏	308317	71370	26254	449758	64257	385501
新　疆	1086159	345818	106015	1551721	666815	884906

3-3 续表 2

纺织、服装及家庭用品批发　　　　单位：万元

地区	流动资产合计	固定资产原价	累计折旧	资产总计	负债合计	所有者权益合计
全国	**104881232**	**8976449**	**2938358**	**127510001**	**94758148**	**32751853**
北京	10453195	453603	175482	13858068	8677002	5181066
天津	2823533	70025	31140	2984210	2538845	445366
河北	448432	14969	5434	500550	432560	67990
山西	272954	8838	4007	420591	224701	195890
内蒙古	13902	22629	394	36738	31257	5481
辽宁	1305141	808978	49411	2382047	1135917	1246130
吉林	14241	2806	587	16463	14923	1540
黑龙江	89000	49716	7161	209043	140930	68113
上海	18935722	1606007	746243	23656743	15584955	8071788
江苏	19058145	1178775	436641	22574157	17480631	5093526
浙江	14511661	887408	355688	17228946	14109949	3118997
安徽	1686539	96172	36410	2007805	2074692	-66887
福建	8380336	370058	105350	9693035	7179512	2513524
江西	416110	4106	1482	430926	416974	13952
山东	5159396	271312	107963	5908319	4953420	954899
河南	1573893	246895	13595	1877438	1474086	403352
湖北	1128418	83911	23544	1266234	1136779	129455
湖南	860519	28455	14900	940135	857174	82961
广东	13731007	2516182	742792	17163535	12655481	4508054
广西	917903	24610	4626	959193	868022	91171
海南	113960	1285	891	114356	108141	6215
重庆	1202212	50645	14050	1283518	1066178	217340
四川	524949	61024	16031	611565	496691	114874
贵州	99753	1906	868	104718	97200	7519
云南	411406	5818	3215	416867	267545	149322
西藏						
陕西	519015	59309	30607	572050	495443	76607
甘肃	29288	5101	1951	35723	29056	6667
青海	13181	98	61	13227	11650	1577
宁夏	34898	10597	930	45440	22609	22832
新疆	152525	35213	6907	198362	175827	22535

3-3 续表 3

文化、体育用品及器材批发　　　　单位：万元

地　区	流动资产合计	固定资产原价	累计折旧	资产总计	负债合计	所有者权益合计
全　国	**27483369**	**2316168**	**814870**	**35946170**	**24969045**	**10955415**
北　京	5760440	440607	157019	8269991	6276809	1993182
天　津	516373	18847	5542	917511	501334	416177
河　北	322526	43131	5596	504182	330547	173634
山　西	420862	27920	8992	521279	410299	110980
内蒙古	58895	27764	9133	87011	48057	38954
辽　宁	206611	22512	10356	253255	157398	95857
吉　林	50561	21909	6304	87483	59662	27821
黑龙江	49306	8677	3943	62474	52269	10205
上　海	2812064	153924	63255	3300589	2216895	1083695
江　苏	2016966	270470	95278	3032348	1664165	1368183
浙　江	1852482	118908	52461	2231808	1644844	586964
安　徽	990995	22294	9998	1338732	820793	517938
福　建	461140	76838	34411	581787	357318	224469
江　西	40405	717	534	41156	39896	1260
山　东	1830924	240864	79882	2163501	1748221	415281
河　南	477433	37403	12882	846396	391619	454777
湖　北	576630	119615	31529	717477	476028	241449
湖　南	429916	39949	17302	865475	443484	421991
广　东	6757566	412058	139375	7652076	5571225	2080852
广　西	158056	19269	5266	290444	151645	138800
海　南	50763	21586	4492	102073	36939	65134
重　庆	353345	22514	9159	380831	309825	71005
四　川	467153	34486	4394	566287	499707	44869
贵　州	296772	8344	3880	329144	264650	64494
云　南	139762	15714	8046	210382	106831	103551
西　藏	7382	3760	1283	9919	6189	3729
陕　西	123382	28094	7234	205191	125181	80010
甘　肃	127482	14266	8775	167452	127696	39756
青　海	23848	9800	4669	30836	23634	7202
宁　夏	13942	3330	1685	24219	10330	13890
新　疆	89387	30601	12199	154863	95557	59306

3-3 续表 4

医药及医疗器材批发　　　　单位：万元

地　区	流动资产合计	固定资产原价	累计折旧	资产总计	负债合计	所有者权益合计
全　国	**69257571**	**5106157**	**1912778**	**81156684**	**62267202**	**18889482**
北　京	7185810	386986	183006	9223907	6454107	2769800
天　津	1876424	89222	28686	2057912	1576885	481027
河　北	1750902	94115	30717	1943739	1714037	229702
山　西	858864	52901	14398	954948	844677	110271
内 蒙 古	286652	12301	3626	305438	256189	49249
辽　宁	1588760	99361	34355	1742879	1332480	410399
吉　林	866753	66318	13107	999698	837769	161928
黑 龙 江	354360	22132	7235	524653	334185	190469
上　海	7859451	1302650	652656	9132475	6602643	2529832
江　苏	4626637	286999	99223	5319887	4352566	967321
浙　江	3921431	326014	117676	4862649	3484276	1378373
安　徽	2512445	234120	64731	2880757	2409448	471309
福　建	1269666	62500	21115	1457935	1139834	318101
江　西	1047783	83485	18922	1199716	960376	239340
山　东	3605941	292132	65561	4147972	3511524	636448
河　南	3839301	110676	31398	4107076	3524698	582378
湖　北	3623004	434375	105963	4648579	3394370	1254209
湖　南	1575480	148362	33073	1830743	1461308	369435
广　东	8407012	366814	160726	9799372	7389619	2409753
广　西	607576	39599	13540	683623	551456	132167
海　南	936714	18394	7097	1215314	797942	417372
重　庆	2176407	130234	45038	2647874	1853177	794698
四　川	3817179	169327	56090	4275374	3268189	1007185
贵　州	730590	51199	21762	831735	665769	165966
云　南	1469015	92591	36328	1695682	1260942	434740
西　藏	325017	2564	503	327622	298024	29598
陕　西	987196	28194	12193	1050596	947159	103437
甘　肃	499574	32788	10580	550772	452411	98362
青　海	94497	3179	1134	99286	76127	23159
宁　夏	104474	4460	1607	115249	95552	19697
新　疆	452656	62166	20734	523222	419466	103756

3-3 续表 5

矿产品、建材及化工产品批发　　　　单位：万元

地　区	流动资产合计	固定资产原价	累计折旧	资产总计	负债合计	所有者权益合计
全　国	**445479615**	**49952571**	**15803997**	**621908040**	**465065322**	**158243627**
北　京	82377222	3993155	1143843	121682359	87238029	34444330
天　津	33065714	1439341	486627	43915199	33267938	10647261
河　北	12246242	2078258	660359	16083431	12871781	3216307
山　西	22527806	2600600	801999	29733919	24581302	5152617
内蒙古	6514469	918852	218330	9254557	7123926	2130631
辽　宁	13524322	2235051	660074	18022008	14071843	3834519
吉　林	1716937	334305	130424	2143562	1893612	249951
黑龙江	7040942	633706	278058	7744647	7241927	502720
上　海	40664085	1985005	789503	55505072	41029448	14475624
江　苏	23621845	2499950	807813	29918480	22698481	7216858
浙　江	34518399	3287762	1301118	49223327	38450317	10773010
安　徽	4650555	922680	227511	7254458	5682686	2602425
福　建	16695300	1369678	433085	24883482	17169070	7714411
江　西	1820337	892322	342217	3390999	2178989	1212010
山　东	19660309	3675513	1021477	26632184	19746197	6885987
河　南	3997727	1082292	347194	5854413	4380248	1595515
湖　北	5593690	2511185	775203	9092689	6302507	2790183
湖　南	3525640	611184	141401	4686782	3518294	1168488
广　东	46415320	7788793	3007179	61475992	46635597	14840395
广　西	4372532	673841	230074	7041093	4129826	2911267
海　南	2644876	89642	43592	2867567	1944186	923382
重　庆	6056502	653540	211126	7215793	5767953	1447840
四　川	7489108	660070	190305	9826237	7984057	1842179
贵　州	6248194	318612	93544	9351486	7517105	1834381
云　南	13586936	983868	313160	20424955	15525680	4899275
西　藏						
陕　西	7823287	856631	297493	11117639	8421634	2714542
甘　肃	7168291	3116695	329197	11712540	4347287	7365253
青　海	694318	376468	115639	1231209	857884	373325
宁　夏	1290635	289371	73495	2132519	1843593	288925
新　疆	7928078	1074204	332959	12489443	10643925	2190019

3-3 续表 6

机械设备、五金产品及电子产品批发　　单位：万元

地　区	流动资产合计	固定资产原价	累计折旧	资产总计	负债合计	所有者权益合计
全　国	**184323879**	**8530982**	**3330063**	**222859078**	**165590260**	**57270408**
北　京	55455885	2461068	1142899	71585108	46406591	25178517
天　津	10324288	460536	135115	12057033	10103970	1953063
河　北	5527828	224551	59027	7517317	6036156	1481161
山　西	777479	47715	17922	876079	772672	103408
内蒙古	158022	20076	7635	204985	161684	43301
辽　宁	4098111	135621	49524	5077836	4340990	736846
吉　林	197332	33690	15666	235645	166187	69458
黑龙江	539948	39172	14074	664179	532605	131575
上　海	37824799	1118663	522991	44739058	32546634	12192424
江　苏	9429511	891579	287001	11359362	8497149	2862214
浙　江	7778455	452026	177397	9948856	7685628	2263228
安　徽	1738975	77486	31864	1861801	1640120	221681
福　建	2215199	156192	55633	2597087	1778674	818413
江　西	386324	28831	8200	433457	414460	18998
山　东	5101899	716522	189886	6022770	4829701	1193070
河　南	1295257	79443	27031	1463720	1184809	278911
湖　北	1949782	142341	68139	2176770	1823565	353205
湖　南	501743	68782	15606	664522	541511	123011
广　东	27540282	876198	327010	30605698	25579929	5027359
广　西	630833	33443	13241	706884	609202	97683
海　南	132556	6131	3298	147904	94729	53175
重　庆	3077954	106613	31855	3362945	2680450	682495
四　川	3310820	131318	48792	3646932	3042070	604862
贵　州	459428	14927	8181	483391	423530	59861
云　南	1212709	44742	21184	1346824	1139939	206885
西　藏	10204	4254	2048	12646	6784	5862
陕　西	1048217	52540	21413	1128587	1016628	111959
甘　肃	222613	10733	4359	247778	219275	28504
青　海	66412	11806	3052	101284	87365	13919
宁　夏	114015	6652	1940	121322	112766	8556
新　疆	1197003	77333	18082	1461300	1114491	346808

3-3 续表 7

贸易经纪与代理 单位：万元

地　区	流动资产合计	固定资产原价	累计折旧	资产总计	负债合计	所有者权益合计
全　国	**37477964**	**698478**	**242719**	**41749667**	**36306489**	**5443179**
北　京	21607676	208453	61450	23636856	20783226	2853630
天　津	935493	39362	11893	1057041	1082508	-25468
河　北	15512	125	79	15709	15380	329
山　西	138203	17184	5208	161664	126755	34909
内蒙古						
辽　宁	206487	7615	3693	211483	138460	73023
吉　林						
黑龙江						
上　海	3173032	164431	76949	3550246	2570920	979326
江　苏	379739	25420	7386	436825	406798	30027
浙　江	129789	11199	2393	146179	116272	29907
安　徽	2069	581	154	2888	1400	1488
福　建	496768	40352	11092	665597	480444	185153
江　西						
山　东	654260	33215	10018	827827	782482	45345
河　南						
湖　北	1685680	33212	12560	2261486	1840050	421436
湖　南		300	65	360	160	200
广　东	7492558	107132	35482	8198540	7415032	783507
广　西	2202	215	13	2443	1036	1407
海　南						
重　庆						
四　川	15282	4627	1780	20519	7083	13436
贵　州						
云　南	501749	1181	522	509533	498366	11167
西　藏						
陕　西	9658	426	75	10010	8810	1199
甘　肃						
青　海						
宁　夏						
新　疆	31809	3449	1910	34465	31306	3159

3-3 续表 8

其他批发业

单位：万元

地　　区	流动资产合计	固定资产原价	累计折旧	资产总计	负债合计	所有者权益合计
全　　国	**24382181**	**1398824**	**444922**	**31746377**	**25128242**	**6618135**
北　　京	3313856	65882	22694	6336326	5880736	455590
天　　津	1596787	80237	22381	1762498	1326778	435721
河　　北	34584	1535	1170	35121	27755	7365
山　　西	70163	11531	4070	80462	62179	18283
内 蒙 古	38432	29	14	40634	37247	3387
辽　　宁	123744	13325	3008	150307	108027	42281
吉　　林	70	170	4	236	150	86
黑 龙 江	29234	2873	1477	76186	77388	-1202
上　　海	4319380	276730	100878	5115635	3453214	1662422
江　　苏	1112858	92051	24522	1253201	876048	377153
浙　　江	725917	92694	41670	855466	654484	200982
安　　徽	1095323	71131	19064	1183004	1008078	174927
福　　建	1951411	41457	17507	2493236	1992507	500728
江　　西	25410	6722	2703	30422	12696	17726
山　　东	845228	115242	21932	1101654	827073	274581
河　　南	145014	40931	6170	186800	131984	54816
湖　　北	59692	43199	11380	113693	59629	54064
湖　　南	68289	21005	5481	86659	46503	40156
广　　东	7231904	277288	78189	7956599	7381056	575544
广　　西	19595	804	411	26309	19460	6849
海　　南	75157	4278	1191	892538	55875	836663
重　　庆	274725	60504	17340	495264	250239	245025
四　　川	95203	7259	1403	119261	89963	29297
贵　　州	34226	2080	847	54386	37517	16869
云　　南	945157	43424	27418	1049475	526009	523467
西　　藏						
陕　　西	9449	3379	1176	13709	4294	9415
甘　　肃	3005	360	27	3696	2769	927
青　　海						
宁　　夏	98307	4987	1153	155360	114978	40382
新　　疆	40062	17719	9643	78240	63609	14632

3-4 大中型批发业企业分行业实收资本及构成

农、林、牧产品批发　　　　单位：万元

地　区	实收资本						
		国家资本	集体资本	法人资本	个人资本	港澳台资本	外商资本
全　国	**8135697**	**3890942**	**201990**	**1921143**	**1586126**	**295878**	**239619**
北　京	2990014	2210604		338579	42813	216370	181649
天　津	113528	92236		5630	5730		9932
河　北	138805	23189	3753	42918	68945		
山　西	16950	4191		12358	400		
内蒙古	113904	30424		40747	42733		
辽　宁	135539	24726	14	42812	67937		
吉　林	874287	60615		500837	312835		
黑龙江	552468	417283	3455	34541	97139		
上　海	243840	191199	1800	14673	3198	455	32516
江　苏	281719	137608	19787	43817	80507	1	1
浙　江	53007	15960	5858	20872	10317		
安　徽	151047	49251	2498	39547	59751		
福　建	97934	15263		35376	22950	18129	6216
江　西	25251	20649	1164	151	1720	1568	
山　东	488827	34613	33866	198468	205833	12575	3471
河　南	573333	115429	65689	93663	263552	35000	
湖　北	228964	43120	14838	104878	63848	2280	
湖　南	99490	62639	806	13078	22957		
广　东	194079	69232	16	76457	38439	9502	434
广　西	43703	14401		24204	5098		
海　南	1675	1175		245	255		
重　庆	22592	4680	533	12104	5276		
四　川	64128	8652	1682	19707	28686		5400
贵　州	3000				3000		
云　南	29520	280	2381	2122	24736		
西　藏	4329	4329					
陕　西	15289	4404		10350	535		
甘　肃	13265	3609	6917	5	2734		
青　海							
宁　夏	1407	407			1000		
新　疆	563805	230775	36933	193006	103091		

3-4 续表 1

食品、饮料及烟草制品批发　　　　单位：万元

地　区	实收资本	国家资本	集体资本	法人资本	个人资本	港澳台资本	外商资本
全　国	**12099801**	**2990662**	**356014**	**4846467**	**2311486**	**849833**	**745339**
北　京	1511335	311734	8150	864216	72968	196399	57868
天　津	167613	36052	3666	47527	59923	15038	5407
河　北	88312	5228	6064	45194	31825		
山　西	71956	12367	14463	27706	17420		
内蒙古	76999	37473		25996	13530		
辽　宁	303847	56176	1118	62903	31650		152000
吉　林	21637	19455		1392	790		
黑龙江	275476	52288	107	210952	12129		
上　海	1295605	174200	37292	415679	98499	335068	234867
江　苏	423265	145644	5670	88041	123214	51995	8701
浙　江	625287	136078	19706	251152	203149	4774	10428
安　徽	287880	107846	36665	82210	60975	92	93
福　建	1219303	119683	393	945441	101774	24618	27395
江　西	128130	107465	277	13855	5140		1393
山　东	677700	28440	31331	322999	222731	69395	2804
河　南	493891	212038	29797	188491	62938		628
湖　北	540295	250574	14954	135413	99149	35000	5205
湖　南	343355	141419	6388	157379	37168	603	398
广　东	1261286	241964	21195	420111	268639	72764	236614
广　西	70617	34054	50	15772	20740		
海　南	28759	5581		21798	1330	50	
重　庆	293890	133834	37164	101284	21607		
四　川	264791	119674	1083	86904	57130		
贵　州	238596	108696	3495	74762	51644		
云　南	355248	181592	2263	90623	35546	43987	1238
西　藏	18706	9302		8934	470		
陕　西	108755	22368	5700	35897	44790		
甘　肃	657701	29960	62905	27230	537556	50	
青　海	27580	5959		20621	1000		
宁　夏	26120	14472		10298	1050		300
新　疆	195866	129048	6119	45686	15013		

3-4 续表 2

纺织、服装及家庭用品批发　　单位：万元

地区	实收资本	国家资本	集体资本	法人资本	个人资本	港澳台资本	外商资本
全　国	**13733104**	**1100884**	**152499**	**4944667**	**2460607**	**1880565**	**3193882**
北　京	2747468	179541	6991	465971	86521	161688	1846755
天　津	124590	6500	879	67836	34015	8358	7002
河　北	32302	4214	2314	9148	16566	60	
山　西	28999	500	78	6633	20385	1403	
内蒙古	1487			1049	151	287	
辽　宁	1161950	2385		1103129	48929	6276	1230
吉　林	2036			626	910	500	
黑龙江	30535	100		1003	29433		
上　海	3028705	189877	40163	762292	150242	840958	1045173
江　苏	1479487	309640	10755	277874	403014	428416	49789
浙　江	1299946	30158	50267	548579	578199	61527	31217
安　徽	94819	11948	1212	27317	52842	500	1000
福　建	1047132	61456	1604	501942	362445	96260	23426
江　西	7540	359	530	3009	3642		
山　东	427707	4098	5558	336928	77419	133	3571
河　南	164826	12984	55	97577	54211		
湖　北	135030	3000	464	33061	57268	41237	
湖　南	53135	5317	1451	38616	7751		
广　东	1583949	249340	22921	562513	341124	232446	175606
广　西	36374		843	17981	8437		9113
海　南	2878			648	2231		
重　庆	68706	13138	2130	19915	33523		
四　川	57026	8066	4084	20857	24020		
贵　州	6183		200	3403	2581		
云　南	12427	3000		3319	5589	519	
西　藏							
陕　西	51204	5164		23512	22523		
甘　肃	4731			1050	3681		
青　海	1500				1500		
宁　夏	20542			100	20442		
新　疆	19890	100		8780	11010		

3-4 续表 3

文化、体育用品及器材批发　　　　单位：万元

地　区	实收资本	国家资本	集体资本	法人资本	个人资本	港澳台资本	外商资本
全　国	**5268434**	**1745089**	**62924**	**1440107**	**1140336**	**606069**	**270804**
北　京	1154030	693056	35155	270936	74789	66189	13905
天　津	305016	3001	1020	30148	263723	3012	4112
河　北	18214	6149	3053	5192	3820		
山　西	29621	15121		10460	4040		
内蒙古	27455	26412			1043		
辽　宁	58527	2957		46650	8920		
吉　林	23265	21851		1188	226		
黑龙江	1030	820	100	100	10		
上　海	435703	11128	50	127701	43303	77720	175802
江　苏	512293	268190		55002	77733	69923	41444
浙　江	381225	76894	8799	68715	224336		2481
安　徽	121430	94672		18213	8545		
福　建	138627	19000	2850	47647	68194		936
江　西	1310			100	1210		
山　东	133776	45005	1186	53965	33619	1	1
河　南	173799	28700		123658	20923		518
湖　北	114722	67773		2944	7518	36487	
湖　南	223922	167878	9612	28019	18374	40	
广　东	1055048	123024	1100	322763	251887	329638	26636
广　西	121120			120345	775		
海　南	57958			57958			
重　庆	48399	5200		15000	5138	23061	
四　川	20426	800		7055	9466		
贵　州	7030	6630			400		
云　南	17977	449		16699			828
西　藏	2310	2310					
陕　西	46011	26020		6421	9430		4140
甘　肃	15644	10000		3078	2566		
青　海	3070	3070					
宁　夏	7009	7009					
新　疆	12469	11969		150	350		

3-4 续表 4

医药及医疗器材批发　　　　单位：万元

地　区	实收资本	国家资本	集体资本	法人资本	个人资本	港澳台资本	外商资本
全　国	**10899415**	**1780838**	**203260**	**5741785**	**2524299**	**224139**	**425094**
北　京	1182447	113146	3789	782975	162381	39997	80159
天　津	256245	126605	1010	71948	43801	3500	9381
河　北	188841	12716	7187	94125	74813		
山　西	87727	5152	1942	44059	34190	2385	
内蒙古	41016	420	1687	23032	15877		
辽　宁	257704	121020	1373	91015	38600	505	5192
吉　林	91758	24320	2012	25038	40388		
黑龙江	159953	4512	15	140193	15200	5	28
上　海	1295176	849003	5199	231872	33591	59108	116403
江　苏	629001	21660	6889	269933	172890	29686	127944
浙　江	563050	57148	5839	255129	230530		14404
安　徽	297629	12217	5492	166249	110871	1000	1800
福　建	263845	21879	3588	167271	65058	6000	50
江　西	187302	7868	900	110325	68209		
山　东	357237	28561	586	188267	133412	6401	10
河　南	392165	68990	10591	162645	149040	900	
湖　北	433658	27139	5483	293903	102183	4950	
湖　南	246881	16480	3186	98627	128583		
广　东	1073686	77182	618	576251	288119	63646	67870
广　西	106189	50	1000	40639	64500		
海　南	225838	3360	80	200485	20862	1051	
重　庆	367945	23268	59470	142629	142279		300
四　川	629477	45858	53554	382994	142984	2536	1552
贵　州	104543	2961	318	71029	30235		
云　南	210289	73250	1906	82113	51512	1508	
西　藏	5011			1500	2550	961	
陕　西	1086591	17717	5272	935667	127935		
甘　肃	68202	4292	13950	34160	15800		
青　海	17649			12049	5600		
宁　夏	9883			8546	1337		
新　疆	62480	14066	327	37117	10969		

3-4 续表 5

矿产品、建材及化工产品批发 单位：万元

地区	实收资本	国家资本	集体资本	法人资本	个人资本	港澳台资本	外商资本
全国	**102953546**	**33396645**	**2609176**	**44531692**	**16018139**	**2394516**	**4003379**
北京	20442802	2928995	26309	14735893	1174224	43557	1533824
天津	6468341	3428455	56167	2523578	428271	27030	4841
河北	2090146	690789	23015	939294	395807	10819	30423
山西	2309262	617126	138473	1348115	205547		
内蒙古	1377233	704253	48629	413634	210716		
辽宁	2042560	1164233	11034	562481	245761	56008	3044
吉林	234595	70375	1849	142337	20033		
黑龙江	362992	187261	15068	122534	38128		
上海	8432418	2781313	211318	3014981	616575	607566	1200666
江苏	5122907	2088442	104193	931321	1448195	336089	214667
浙江	9873479	2013307	157666	2237623	5176016	276870	11997
安徽	2611885	860310	55734	1440875	254966		
福建	5203016	1561713	148810	2363078	967680	69518	92217
江西	580445	478147	640	74435	27223		
山东	6827614	1198125	111889	3974529	1376083	1005	165984
河南	864400	243840	13524	251635	320433	34968	
湖北	2309719	1178723	15287	890359	188917	32348	4084
湖南	913357	330104	34738	344017	203138	360	1000
广东	9595699	4278555	34598	2930927	993046	898044	460530
广西	2119591	1414590	14478	575486	115037		
海南	738141	5300	1000	592092	137385		2364
重庆	670907	126726	9114	350371	169377		15320
四川	1398444	311953	57229	691281	206163		131817
贵州	1070815	416154	16381	433268	121105		83907
云南	2068429	1485701	65438	314031	202924	335	
西藏							
陕西	1676172	866274	205321	431222	132339		41016
甘肃	4015969	1678313	1005220	1246276	86161		
青海	90309	24168	518	16033	44321		5270
宁夏	250333	16760	2688	204267	26618		
新疆	1191567	246638	22850	435720	485950		409

3-4 续表 6

机械设备、五金产品及电子产品批发　　　　　　　　　　单位：万元

地　区	实收资本	国家资本	集体资本	法人资本	个人资本	港澳台资本	外商资本
全　国	**54368355**	**2599822**	**108869**	**39286980**	**4315371**	**2063413**	**5993900**
北　京	9116651	1426021	2860	3894762	506017	520481	2766511
天　津	874012	68113	13960	312166	119256	187342	173176
河　北	792359	2621	8732	35052	745954		
山　西	91339	33922	139	21675	14599	21004	
内蒙古	22818	970	606	11674	9568		
辽　宁	590268	25460	800	95762	58643	195108	214495
吉　林	35070	8500		5694	15876		5000
黑龙江	48532	7051	3001	19185	19296		
上　海	4087666	242235	3543	863095	316332	704946	1957515
江　苏	1478854	122269	5601	596280	311710	60071	382923
浙　江	1021294	152739	23359	426719	357859	41759	18859
安　徽	132107	2368	2000	90218	35663	1313	545
福　建	450758	76893	12210	89225	156079	24537	91815
江　西	43851	13960		8641	20421	240	588
山　东	30560080	13823	2813	30200000	277315	62150	3979
河　南	229374	44938	220	90229	93988		
湖　北	191952	40291	5986	82177	58563	2250	2685
湖　南	87675	10916		18218	40542	18000	
广　东	2338568	232215	8656	772790	819704	179793	325410
广　西	51402	1252		24439	25054	657	
海　南	6766		185	2240	4341		
重　庆	432169	19783	500	311488	44005	19170	37224
四　川	254473	14841	200	155040	58130	20540	5721
贵　州	33129	2574		14391	16164		
云　南	62841	9003	1300	21510	26268	3079	1681
西　藏	887	887					
陕　西	74002	10237	12100	30026	19415	974	1250
甘　肃	24356	10800		4930	8626		
青　海	8809		100	8300	409		
宁　夏	1011539			1008693	2847		
新　疆	214756	5141		72362	132729		4524

3-4 续表 7

贸易经纪与代理 单位：万元

地区	实收资本						
		国家资本	集体资本	法人资本	个人资本	港澳台资本	外商资本
全　国	**2976261**	**1348291**	**4332**	**1062285**	**154566**	**69509**	**337278**
北　京	1400819	462872		843808	9235	30520	54385
天　津	104744	39192	1196	22218	5015		37124
河　北	790			500	290		
山　西	5000				5000		
内蒙古							
辽　宁	44145	41800				2345	
吉　林							
黑龙江							
上　海	396435	74402	200	36785	13770	32032	239246
江　苏	44725	19473	15	2950	21788	500	
浙　江	23446	5000		718	17620		108
安　徽	1000			1000			
福　建	33670	10539		11334	11796		
江　西							
山　东	42639			9261	33378		
河　南							
湖　北	382200	380000		2200			
湖　南	200			200			
广　东	469918	299299	2594	125312	32186	4112	6414
广　西	1000				1000		
海　南							
重　庆							
四　川	11279	4792		6000	488		
贵　州							
云　南	11000	10000			1000		
西　藏							
陕　西	1251	924	327				
甘　肃							
青　海							
宁　夏							
新　疆	2001				2001		

3-4 续表 8

其他批发业

单位：万元

地　区	实收资本	国家资本	集体资本	法人资本	个人资本	港澳台资本	外商资本
全　国	**3096635**	**538479**	**98397**	**1342035**	**526109**	**380710**	**210905**
北　京	136039	45402	3800	49223	21256	4455	11903
天　津	285258	42200	20702	148072	43353	10166	20765
河　北	1133	133	1000				
山　西	13038	301		4997	7740		
内蒙古	4000			4000			
辽　宁	36559	6464	10	13115	16970		
吉　林	86			86			
黑龙江	9818			50	9758		
上　海	736633	158473	3400	133234	27971	263296	150260
江　苏	180155	4400	12810	66750	87981		8215
浙　江	98107	750	2528	45872	48957		
安　徽	49680	11000	1120	11024	26536		
福　建	314459	173638	1606	77540	50455	11220	
江　西	3858	800		2558	500		
山　东	136087	6477	16754	69288	40463		3105
河　南	41794	673	1610	21604	17907		
湖　北	21568	595	77	13463	7433		
湖　南	37567	1000	2109	28284	5174		1000
广　东	386114	33955	2561	163835	90510	83795	11458
广　西	2670		170	500	2000		
海　南	40375		26255	12020	2100		
重　庆	62423	32900	394	12168	9183	7779	
四　川	21764	3150	52	14727	3835		
贵　州	10836	10253		583			
云　南	406022		800	402152	3070		
西　藏							
陕　西	4650	300		55	1595		2700
甘　肃	1060			550	510		
青　海							
宁　夏	43168			43168			
新　疆	11716	5616	638	3120	842		1500

3-5 大中型批发业企业

农、林、牧产品批发

地　区	主营业务收入	主营业务成本	主营业务税金及附加	主营业务利润	其他业务利润	销售费用
全　国	**55192929**	**50849278**	**262309**	**4081343**	**129977**	**1021133**
北　京	9150654	8858823	9510	282321	42670	134664
天　津	470792	453555	198	17039	362	29387
河　北	1910562	1844497	1856	64209	4199	34291
山　西	118328	104276	37	14015	296	5678
内蒙古	1883666	1821974	2226	59466	3816	28137
辽　宁	2446325	2333143	3796	109386	6901	35108
吉　林	2548368	2410039	570	137759	4754	71414
黑龙江	2579587	2183496	28513	367578	6115	72609
上　海	2334083	2266323	1121	66639	3573	36378
江　苏	3384744	2937364	12643	434737	1060	60997
浙　江	686049	643421	1199	41429	3315	17013
安　徽	1231748	1135573	9074	87101	119	32062
福　建	911452	871628	674	39150	200	28937
江　西	245795	233815	345	11635	1602	8544
山　东	5272302	4716183	34496	521623	3687	93166
河　南	3038215	2695822	35033	307360	17909	60692
湖　北	2190672	1987589	13857	189226	3959	36384
湖　南	945548	802285	7025	136238	281	20329
广　东	3081096	2898993	1801	180302	10977	81471
广　西	276785	258270	373	18142	712	5969
海　南	15696	15250	1	445	24	167
重　庆	473537	449407	1551	22579	241	7424
四　川	1103556	1060072	91491	-48007	3883	16868
贵　州	5141	4977		164		
云　南	2025253	1322154	609	702490	35	15996
西　藏	8096	12306	3	-4213		2655
陕　西	196745	183140	2235	11370	202	2398
甘　肃	161355	157150	295	3910	823	1821
青　海						
宁　夏	21559	20535	2	1022		104
新　疆	6475220	6167219	1778	306223	8264	80470

分行业损益及分配

单位：万元

管理费用	财务费用	营业利润	利润总额	应交所得税	应付职工薪酬	应交增值税
881040	**923168**	**1827702**	**1853805**	**181147**	**639043**	**227097**
128390	200406	194621	283683	34249	115923	53269
5744	10230	-27706	2930	224	6819	1272
18633	23876	2258	17571	1995	10307	3869
2415	2297	3468	5055	52	1578	1
33841	63843	-61742	18580	1922	9490	-3873
30653	71029	-5587	8881	2417	11611	3544
29555	84647	-37318	76912	955	18838	5484
44450	75136	212448	270544	3459	31137	1564
31284	10385	1703	13798	4222	17873	742
68595	39600	259986	260543	50716	61775	14992
19308	8447	1507	18635	511	15448	942
25065	8895	20551	17629	1440	25648	846
18928	16085	-23142	17823	3061	11971	6638
9229	1553	-6271	6393	134	7499	2898
82502	46136	343420	355317	35511	57681	62457
65686	51362	129496	146416	8622	43669	20654
38053	53704	46527	80857	6876	30862	14502
31631	16568	11053	28674	2080	22766	5946
51345	24125	39464	70286	4534	41903	7328
6855	4883	2099	20799	1052	5025	1214
195	114	-11	235		159	
7465	2617	6328	14409	1196	6093	2664
15890	26320	-11772	14798	697	8711	894
211	46	-93	-93		214	
7623	9792	669378	-2797	29	2638	443
960	339	-8335	1596	243	1318	
2789	2187	3903	6155	485	2166	1701
2041	1706	-973	293	2	1712	78
146	209	563	640	6	75	1
101558	66632	61879	97246	14456	68134	17026

3-5 续表 1

食品、饮料及烟草制品批发

地 区	主营业务收入	主营业务成本	主营业务税金及附加	主营业务利润	其他业务利润	销售费用
全 国	**296065174**	**239166894**	**8025666**	**48872614**	**1425027**	**13979932**
北 京	15120774	12890686	160345	2069743	106198	1515410
天 津	6120052	5288653	146001	685398	4004	158425
河 北	5859458	4513173	283804	1062481	7606	210280
山 西	4256344	3321983	198390	735971	79030	97572
内蒙古	3967765	3017859	168314	781592	1840	78537
辽 宁	6144836	4974168	228304	942364	2929	135624
吉 林	1972182	1513841	110959	347382	-747	48142
黑龙江	6361028	5225670	198234	937124	382	141900
上 海	24634472	21171324	190298	3272850	90264	2229151
江 苏	15288580	12144163	463408	2681009	498138	646485
浙 江	20139261	16338966	535818	3264477	61057	1052066
安 徽	9100055	7171464	298150	1630441	86218	508415
福 建	13131269	11230823	267294	1633152	15545	416528
江 西	4594679	3481513	212218	900948	2767	140008
山 东	23396780	18782107	574321	4040352	91730	731257
河 南	14318498	11259223	517657	2541618	36729	429695
湖 北	12879967	9767905	367307	2744755	15742	1096973
湖 南	10362904	8241414	387693	1733797	7214	391776
广 东	35019318	30316161	633573	4069584	217752	1421877
广 西	4047833	3139462	197292	711079	3386	134583
海 南	2166643	1886662	56718	223263	979	19095
重 庆	9880038	8207192	335973	1336873	11443	252789
四 川	12520988	9788303	418149	2314536	40034	574846
贵 州	8265205	5060823	278958	2925424	17997	475485
云 南	11751641	8595202	282709	2873730	12937	560750
西 藏	494060	380497	27036	86527	455	11139
陕 西	5036796	3808459	221471	1006866	3295	272469
甘 肃	3605242	2837461	88372	679409	6422	133242
青 海	1154458	1006871	33399	114188	216	10073
宁 夏	858617	694686	33702	130229	347	15846
新 疆	3615434	3110180	109801	395453	3118	69497

单位：万元

管理费用	财务费用	营业利润	利润总额	应交所得税	应付职工薪酬	应交增值税
10029108	**16700**	**26413638**	**27491971**	**6180750**	**9041277**	**9330955**
332129	8937	653638	886759	164243	475413	308977
127302	8238	410410	415212	79993	89016	126874
258579	-23440	627680	605204	150374	193872	203375
185576	-596	452301	450841	115130	155211	190477
172328	-14063	378853	368378	91029	116298	161967
195339	-26684	644980	665734	144590	156147	211762
93727	286	233793	240798	62711	66852	104168
165516	25307	602101	516597	88091	202251	102046
755576	76627	690699	787739	181145	566125	263944
404163	-97607	1869573	1873241	433918	333158	881583
599723	-43522	1954527	2023331	462845	557699	571669
305916	-36758	915803	939626	225110	294590	291301
356350	53968	856919	876799	231130	326934	325679
193733	-21685	591607	635306	158675	186172	186768
805061	53564	2418035	2402154	446973	626381	610043
600090	9423	1506056	1519404	260119	438684	422014
531889	-5532	1128887	1164282	275333	408290	486333
490070	31325	823189	1002468	231990	386913	378670
945619	51809	1915016	2079780	449154	898695	822731
189455	8877	410541	430627	107835	170302	182191
49738	-10796	179736	181236	39927	47991	49153
381067	-4114	725850	710451	134971	363070	246224
529867	34051	1192406	1283201	318504	401757	456570
411925	1250	2047634	2076632	524392	499207	512235
404497	-45391	1962697	2095087	521210	499325	626848
34983	-72	40197	39531	6065	32549	25065
226616	8925	505929	513514	118661	196675	209679
123993	-3173	201556	232197	59775	169499	112193
32472	-9325	92721	90844	18767	38952	18116
34307	-5064	130236	132023	20043	43832	56255
91505	-8066	250071	252979	58049	99419	186047

3-5 续表 2

纺织、服装及家庭用品批发

地　区	主营业务收入	主营业务成本	主营业务税金及附加	主营业务利润	其他业务利润	销售费用
全　国	**244283144**	**211761009**	**711495**	**31810640**	**5945679**	**17110814**
北　京	21630024	18524633	53638	3051753	87027	2187592
天　津	4921669	4241972	6714	672983	4710	260796
河　北	1077492	1018379	1134	57979	13635	28122
山　西	374399	331585	942	41872	581	23678
内蒙古	243738	219966	5026	18746	378	4955
辽　宁	4407012	3547777	18689	840546	425	296814
吉　林	161687	151188	368	10131	-26	6603
黑龙江	1160815	1023330	6787	130698	1361	28296
上　海	46046078	35750880	167658	10127540	137092	6554571
江　苏	41330018	35940790	64956	5324272	47452	1907814
浙　江	32636461	30127237	43559	2465665	55914	1359710
安　徽	5826767	5050196	11757	764814	16662	763861
福　建	13068162	11992341	33064	1042757	27063	530931
江　西	725222	681919	977	42326	511	16229
山　东	11052599	10314391	40026	698182	24953	350523
河　南	3440613	3221845	13011	205757	2303	70942
湖　北	2928618	2700964	9995	217659	46908	149679
湖　南	1458579	1336576	3809	118194	1807	72473
广　东	41256136	36046910	204917	5004309	5451500	2005430
广　西	1279625	1187049	1671	90905	3729	45373
海　南	184045	170313	372	13360	1344	8653
重　庆	3149608	2803610	9063	336935	1860	141869
四　川	1893148	1717626	3572	171950	11262	111782
贵　州	273289	252459	519	20311	184	13851
云　南	677933	530037	2108	145788	1089	85250
西　藏						
陕　西	2555931	2404684	6141	145106	5117	53919
甘　肃	140874	130432	184	10258		5916
青　海	52592	50058	47	2487		458
宁　夏	19034	15641	6	3387		2489
新　疆	310977	276220	789	33968	839	22236

单位：万元

管理费用	财务费用	营业利润	利润总额	应交所得税	立付职工薪酬	应交增值税
6996826	**569999**	**8199203**	**8494205**	**1560796**	**8494205**	**1560796**
581877	-11593	446261	568536	127483	568536	127483
72118	9034	347374	361196	92777	361196	92777
10860	-3523	24463	24802	5617	24802	5617
12905	1119	4936	6794	898	6794	898
1852	238	12697	12716	100	12716	100
234425	23616	290717	269095	26470	269095	26470
2261	91	2139	2175	206	2175	206
73306	2710	29367	18735	5009	18735	5009
1850982	90912	1923098	2029951	455832	2029951	455832
1243429	105290	2367686	2420431	291800	2420431	291800
580326	211205	465900	580809	115793	580809	115793
90520	14439	-82785	-90463	3195	-90463	3195
294861	23066	266716	288543	43370	288543	43370
7517	-948	19884	21152	1030	21152	1030
131315	16322	231737	206609	34803	206609	34803
20851	2025	116928	114467	21315	114467	21315
54723	9642	-14453	-9517	2511	-9517	2511
24902	1449	19235	17368	4110	17368	4110
1555329	51107	1430088	1364468	258479	1364468	258479
28676	5373	16700	13658	3724	13658	3724
2103	573	2626	2709	667	2709	667
42101	5465	123570	130519	23541	130519	23541
32795	6043	27228	26887	6929	26887	6929
3908	957	1527	2054	730	2054	730
5229	944	53906	53510	8056	53510	8056
23780	519	69009	53470	25593	53470	25593
4058	761	-168	8	80	8	80
500	315	1449	1472		1472	
634	105	159	159	11	159	11
8684	2747	1211	1892	666	1892	666

3-5 续表 3

文化、体育用品及器材批发

地　区	主营业务收入	主营业务成本	主营业务税金及附加	主营业务利润	其他业务利润	销售费用
全　国	**52707826**	**48169136**	**104096**	**4434594**	**248772**	**2116932**
北　京	12178009	11402061	15112	760836	94393	510237
天　津	872595	799545	4067	68983	4176	25773
河　北	558194	423261	4087	130846	62	6627
山　西	666946	631934	345	34667	125	10707
内蒙古	46294	42409	43	3842	1783	2030
辽　宁	323255	302853	566	19836	2258	9939
吉　林	46105	38333	24	7748	57	3153
黑龙江	96101	86218	29	9854	33	1773
上　海	6530231	5850327	18860	661044	26737	346695
江　苏	2542639	2236129	7880	298630	3667	156737
浙　江	4267751	4038610	4580	224561	4021	104786
安　徽	1249090	1179583	523	68984	1619	37204
福　建	1072275	952007	2875	117393	1984	50738
江　西	62517	58431	220	3866		2025
山　东	3376783	3096917	5547	274319	2554	107861
河　南	1029153	970856	1966	56331	3033	25480
湖　北	1053007	913760	2784	136463	71137	70374
湖　南	873218	754758	3071	115389	747	36413
广　东	13396673	12182797	29463	1184413	22848	487434
广　西	195094	169697	77	25320	189	13520
海　南	60146	53452	42	6652	469	3302
重　庆	383889	317074	516	66299	1	45812
四　川	738270	708786	484	29000	2650	10697
贵　州	140161	112502	236	27423	201	2632
云　南	265851	243722	103	22026	1127	12120
西　藏	9724	7888		1836		796
陕　西	309756	278283	331	31142	1063	8478
甘　肃	156156	137398	81	18677		8121
青　海	22434	15343	69	7022	1189	4462
宁　夏	13918	12054	2	1862	184	665
新　疆	171594	152148	114	19332	468	10341

单位：万元

管理费用	财务费用	营业利润	利润总额	应交所得税	应付职工薪酬	应交增值税
1298880	**297259**	**1041442**	**1025949**	**210236**	**1157744**	**501980**
226191	116632	47480	69268	59382	242899	85821
21042	3989	24023	28930	6704	16861	6784
13487	2396	95227	11077	77	7397	-1783
11857	1244	11889	11858	2914	7476	802
3335	-671	1095	1616	11	2069	19
11072	1145	-2261	304	119	5631	821
8659	34	-3066	-1355	157	6259	58
2801	196	5118	1035	7	1326	85
197424	37065	137073	190148	36088	118191	56495
67496	20795	55628	56005	12651	95527	33300
63748	19287	57201	59091	9806	50237	12327
14706	-3046	37887	40790	522	7411	86271
33339	4694	33979	33156	3482	31762	11181
1178	159	504	489	10	779	667
95711	-2217	83510	78024	8334	99567	18390
15630	3700	14019	19086	1064	13034	7015
36325	3287	26977	29245	2734	51662	8172
32756	-5254	51010	43001	1479	27376	10040
371081	78452	292755	303354	59141	282053	146066
6025	864	4068	6437	386	4652	145
2341	32	1699	1716	25	3087	100
12474	3460	5377	6573	1230	37594	3188
12908	11126	-4642	-11152	69	8222	13791
2427	183	22506	3547	260	2353	297
5109	461	20648	20649	995	5148	579
509	-13	544	706	40	334	
9700	-166	13734	13717	602	6123	823
9254	-199	1500	1535	185	6370	
3539	-95	378	708	97	5304	53
1251	-6	138	370	35	984	
5505	-274	5446	6023	1634	10059	473

3-5 续表 4

医药及医疗器材批发

地　区	主营业务收入	主营业务成本	主营业务税金及附加	主营业务利润	其他业务利润	销售费用
全　国	**146977974**	**132025418**	**329328**	**14623229**	**693024**	**7885674**
北　京	12506478	10927794	27744	1550940	122370	880648
天　津	3749040	3465052	6151	277837	1967	117838
河　北	3905214	3745826	4017	155371	7688	59479
山　西	1547559	1428784	2521	116254	10591	66222
内蒙古	461814	425067	599	36148	769	13581
辽　宁	3753010	3437693	10285	305032	13038	118362
吉　林	1537098	1305474	5976	225648	73883	132179
黑龙江	2436274	2257315	8127	170832	1660	37769
上　海	16097768	12935238	35038	3127492	135525	1842262
江　苏	8816708	7433151	24265	1359292	126935	1115879
浙　江	10217095	9367694	16875	832526	9367	406986
安　徽	7346046	6991045	9242	345759	7381	167964
福　建	2878081	2704970	13409	159702	4557	55323
江　西	2710915	2369530	11799	329586	3353	214452
山　东	7691259	7115023	15410	560826	7912	256879
河　南	7825820	7378658	8299	438863	8173	104544
湖　北	7651537	7046319	25554	579664	3576	217737
湖　南	3938114	3642889	12215	283010	10707	121902
广　东	18619453	16834380	36795	1748278	44511	855610
广　西	1386237	1288001	2944	95292	8731	41290
海　南	1115607	865792	3768	246047	9470	166151
重　庆	5197965	4837643	9071	351251	33815	144527
四　川	6317329	5843010	18758	455561	9380	206718
贵　州	1004126	911177	2334	90615	3364	42996
云　南	3263795	3000053	6935	256807	12757	118311
西　藏	517649	234208	5512	277929		275747
陕　西	2229008	2124515	3181	101312	10457	44185
甘　肃	1094649	1034835	963	58851	7624	22657
青　海	94876	87581	133	7162		3578
宁　夏	189876	179980	209	9687	8	3655
新　疆	877574	806725	1200	69649	3457	30247

单位：万元

管理费用	财务费用	营业利润	利润总额	应交所得税	应付职工薪酬	应交增值税
323642	**855901**	**3532129**	**3635992**	**801887**	**3498282**	**2059835**
346852	40881	516162	518531	112745	498959	180502
59735	27391	77558	81231	18524	52420	47615
48041	17323	34406	25392	6515	44264	22219
27337	12344	11909	13238	2941	30088	19917
9822	2066	10981	11195	1514	6698	12250
72177	23413	95360	96807	21953	42359	106352
29978	14843	49164	51378	34363	24402	22734
25368	3365	105298	15559	2512	13682	9663
807788	40154	639873	716162	169264	882742	184315
203223	54505	147055	185978	60556	407507	195293
184764	61238	232934	249996	49185	171112	129792
84431	27411	74425	73699	14579	56792	70913
48653	22524	39718	41272	10657	40510	26642
40542	12880	65993	63489	9824	95706	48378
129614	51466	125346	125306	29653	109000	109096
93372	65704	180175	179347	29588	64497	52085
127934	78907	210090	208201	35701	135548	89328
74226	25943	59226	59449	10805	59292	43646
392923	111931	511011	507855	107958	357999	308622
34900	9699	10848	11373	2509	26667	17672
37910	8613	31128	32323	5763	44563	50377
94300	47767	91723	96353	13558	70243	55389
109293	40112	76555	114207	23172	91331	91320
24869	8230	15317	17671	4523	17831	12381
51376	19178	68292	64221	9974	61313	39919
7062	282	-4867	22310	3295	25642	53397
30852	16159	13995	13383	4429	27653	13753
14905	7671	15203	12113	2114	16091	7780
2523	237	3623	3844	603	1008	1046
2359	45	3345	3665	508	3760	1444
19354	3622	20287	20443	2605	18604	35998

3-5 续表 5

矿产品、建材及化工产品批发

地　区	主营业务收入	主营业务成本	主营业务税金及附加	主营业务利润	其他业务利润	销售费用
全　国	**1627096844**	**1581810417**	**1748349**	**43538078**	**913604**	**18170784**
北　京	195728787	191879177	92730	3756880	167211	1580967
天　津	129726029	126995315	258957	2471757	150037	877385
河　北	46128518	44802808	32572	1293138	9707	613014
山　西	67080750	65635596	45528	1399626	99970	839066
内蒙古	15448842	14726381	40106	682355	40999	352994
辽　宁	67045840	66591837	38388	415615	6725	478009
吉　林	8167598	7996574	14567	156457	853	127590
黑龙江	17992192	17560626	10111	421455	4566	259528
上　海	220155951	215254526	73676	4827749	192649	1991516
江　苏	94232935	90967417	97515	3168003	645712	1117131
浙　江	119947667	117339297	73717	2534653	123536	1131083
安　徽	14450921	13883731	22558	544632	22845	259286
福　建	44365207	42864670	42194	1458343	56442	742508
江　西	9216250	8813291	11931	391028	17108	177905
山　东	83221859	78592559	298645	4330655	27177	1212573
河　南	24393523	23236794	86908	1069821	25053	422700
湖　北	42396958	40914613	61070	1421275	17107	590573
湖　南	12235350	11603342	54774	577234	5541	180820
广　东	198623158	192293222	161922	6168014	-880973	2327123
广　西	16784512	16164439	10778	609295	22660	311832
海　南	7046389	6833838	2799	209752	240	35091
重　庆	18909968	17979040	40909	890019	8401	240235
四　川	24071789	23364529	29761	677499	39127	310575
贵　州	9721324	9351770	33845	335709	13234	183759
云　南	23558939	22723902	29583	805454	27718	356239
西　藏						
陕　西	33537042	32184601	49639	1302802	18221	600214
甘　肃	31579782	30735795	12245	831742	26412	201289
青　海	4892842	4698343	3596	190903	5776	83894
宁　夏	5317020	5276415	3102	37503	6311	82814
新　疆	41118903	40545970	14227	558706	13240	483071

单位：万元

管理费用	财务费用	营业利润	利润总额	应交所得税	应付职工薪酬	应交增值税
9553343	**7654660**	**11998896**	**12372474**	**2866730**	**8299302**	**11402193**
1158190	1093932	844323	954978	260815	996486	83714
283453	675921	854384	880504	78700	167911	509308
245421	303126	169919	126997	41255	233457	418239
516863	342031	211641	176930	48661	378246	477098
106019	96136	62633	-13349	19665	86164	199945
277776	232850	-480502	-457338	36177	211886	161656
18195	15559	-5098	-14426	712	68111	60336
53604	61047	36090	-8767	28440	126245	316018
1302164	598647	1219391	1344853	419125	1098991	1256474
634572	482431	1014620	1005167	243993	385550	504494
723043	578417	841930	962502	230718	710358	398615
102269	99119	198044	200327	19893	114418	102468
279612	238742	506350	531593	133562	248746	338773
92034	38484	38780	73289	19967	169320	100974
732074	499819	1796859	1590265	302048	579540	851670
188577	106592	429771	503316	51508	168227	223222
250527	107466	496263	492705	101080	336008	308459
148568	88325	174759	162084	16472	78481	75551
1341936	684832	2107063	2329268	480883	957067	1489422
109913	101343	126817	155946	23079	124419	162574
18250	55532	103464	129528	32423	13977	834354
125187	126854	409337	335563	27525	128336	154627
129101	171909	29826	103774	24224	137238	86473
74109	109322	3404	-44223	18300	68600	71855
182284	283896	-2250	-6345	41929	219721	224960
166354	102375	575406	400940	76861	171712	1215251
144034	206151	352330	353105	8937	108809	41630
37515	6059	74380	52342	5248	17594	27894
13938	26346	-78019	-76567	1152	30545	153957
97762	121398	-113018	127513	73378	163138	552183

3-5 续表 6

机械设备、五金产品及电子产品批发

地　区	主营业务收入	主营业务成本	主营业务税金及附加	主营业务利润	其他业务利润	销售费用
全　国	**418427521**	**383100720**	**1599717**	**33727085**	**1889581**	**18051833**
北　京	100141443	90704422	143841	9293180	938533	5457501
天　津	22366119	20103986	1012987	1249146	39672	543993
河　北	8254324	7965039	8587	280698	2206	172840
山　西	4881112	4819194	1634	60284	4756	35013
内蒙古	293273	266987	689	25597	4906	14646
辽　宁	4789862	4476758	7860	305244	19597	108615
吉　林	1659361	1462021	3429	193911	2408	177102
黑龙江	1226544	994341	9415	222788	791	36981
上　海	128905810	116227936	150114	12527760	520182	6991509
江　苏	19575423	18256633	29532	1289258	77717	458788
浙　江	20951353	19773528	23980	1153845	25050	707221
安　徽	3575254	3396355	4395	174504	11896	94979
福　建	3854446	3582483	6613	265350	11830	108302
江　西	1118489	1034738	4086	79665	1735	60408
山　东	11805123	10767372	47453	990298	38846	325206
河　南	3653340	3334186	7904	311250	6998	160644
湖　北	4315118	3992387	12991	309740	5250	135444
湖　南	1742268	1614244	8310	119714	5063	91513
广　东	51395485	47901294	65264	3428927	102035	1536072
广　西	811878	748765	1732	61381	3498	44852
海　南	755768	693547	609	61612	698	50793
重　庆	7344477	6882764	22193	439520	16280	252174
四　川	7620501	7164783	17102	438616	27469	269953
贵　州	796514	736098	1340	59076	1577	35172
云　南	1053217	945195	2387	105635	6917	42752
西　藏	31432	27983	14	3435		1295
陕　西	2153566	2017352	2399	133815	7507	54614
甘　肃	779512	753907	492	25113	484	17793
青　海	108036	98038	128	9870	307	4820
宁　夏	110070	99626	278	10166	743	7598
新　疆	2358406	2258759	1960	97687	4632	53245

单位：万元

管理费用	财务费用	营业利润	利润总额	应交所得税	应付职工薪酬	应交增值税
7429356	**1183383**	**10077110**	**10025266**	**2498303**	**6617936**	**4302997**
2746959	100782	2504662	3012119	612373	2415076	1009584
263545	150526	305366	321684	107851	176515	730796
62705	71123	25699	33279	6816	88107	20495
26335	7415	-5950	-4447	1496	18368	3709
9832	1865	618	3668	681	8467	4039
76672	69536	46859	52997	18238	53503	46128
15680	-53	3777	551	1611	16296	16933
33944	5497	144630	143039	5352	11164	3330
1966831	96652	4293856	3672123	1001623	1764457	971146
322322	151251	396529	396854	62202	258131	178545
289828	77391	200898	258418	59994	243424	110711
44914	21548	25912	27110	4149	41136	15144
77862	19626	88754	83947	19372	74429	46910
14360	2121	1969	3794	1712	11583	7986
214052	106636	397129	396566	68176	198843	137683
45125	12266	64579	73509	7217	52409	34259
53131	19791	110336	89907	11496	52173	80785
30689	5935	738	-13021	4180	30841	12278
795197	159173	1188713	1192374	439362	745131	623786
18995	6029	280	1598	1175	21978	16959
8397	-418	3649	3989	575	5389	4344
79710	15165	131157	142181	16493	73326	61035
108433	39608	55275	55101	22695	115403	72478
18841	7495	-266	219	866	12375	6183
23783	12744	35271	37545	9499	21593	29658
742	113	1285	1443	180	298	107
34280	4538	40374	15545	5083	31375	26470
6855	2361	609	1577	620	5163	6726
3533	2948	-212	596	42	1755	434
4325	2198	-3299	-2560	210	3182	1847
31482	11521	17913	23565	6967	66050	22511

3-5 续表 7

贸易经纪与代理

地区	主营业务收入	主营业务成本	主营业务税金及附加	主营业务利润	其他业务利润	销售费用
全国	**37124505**	**35212382**	**51819**	**1860304**	**196954**	**955926**
北京	4982728	4480431	18953	483344	56630	143114
天津	2523176	2339039	10047	174090	11106	214895
河北	43314	40037	1	3276	4	2956
山西	292892	286361	191	6340	134	2009
内蒙古						
辽宁	343029	324706	178	18145	1	6563
吉林						
黑龙江						
上海	7813901	7137414	6676	669811	43023	376610
江苏	1739571	1692972	319	46280	363	25975
浙江	331293	320073	131	11089	14	4771
安徽	5807	4977		830		451
福建	1268038	1217854	1222	48962	2062	34425
江西						
山东	1730105	1658173	3664	68268	3946	51956
河南						
湖北	4147823	4077247	1950	68626	67534	8841
湖南	18185	13282	1204	3699		890
广东	9936711	9710232	2779	223700	8314	67892
广西	9571	9241	6	324		149
海南						
重庆						
四川	21489	20223	69	1197	759	1053
贵州						
云南	1854470	1821558	4425	28487	3065	10752
西藏						
陕西	31845	28632	2	3211		2229
甘肃						
青海						
宁夏						
新疆	30557	29929	3	625		398

单位：万元

管理费用	财务费用	营业利润	利润总额	应交所得税	应付职工薪酬	应交增值税
493722	**162763**	**713388**	**728649**	**284258**	**457505**	**206212**
129918	-7115	480170	488663	106213	113663	9032
26858	8149	-52211	-45151	690	51676	32050
442	149	-266	-235		394	3
1838	2618	1234	1533	43	672	191
4921	5485	1370	1307	420	5876	1459
179638	-4815	217439	213692	150291	190027	27732
11428	10871	-691	-1134	1370	8121	3876
4779	-976	2583	3107	823	2501	844
273	69	37	58	15	120	
12160	2738	23367	25426	6187	8299	13531
9594	24843	-12647	-15153	5840	8381	10520
27970	33575	2004	7143	1452	11438	21244
927		1883	1883		70	663
78168	70502	50895	49268	10332	52077	95399
13	92	96	111	25	69	46
890		421	470	102	918	130
2721	16856	-2839	-2579	423	2423	-10712
456	-153	773	441	2	535	184
727	-127	-228	-202	31	246	23

3-5 续表 8

其他批发业

地 区	主营业务收入	主营业务成本	主营业务税金及附加	主营业务利润	其他业务利润	销售费用
全 国	**58137882**	**54563830**	**200985**	**3373067**	**80136**	**1192059**
北 京	4858765	4575824	5047	277895	7459	76507
天 津	4739711	4603428	17967	118316	2799	36381
河 北	50752	48185	15	2552	236	972
山 西	154975	141463	186	13326	411	6907
内蒙古	6359	4177	107	2075		1269
辽 宁	293545	277051	3209	13285	78	5035
吉 林	20450	20250	4	196		10
黑龙江	254741	231010	7942	15789	-485	4823
上 海	10617032	9489586	18668	1108778	28072	516309
江 苏	3317839	3137448	17525	162866	9447	46863
浙 江	2770766	2690872	5509	74385	4353	27722
安 徽	1890058	1751198	26568	112292	38	34506
福 建	4498010	4395111	3341	99558	3266	51656
江 西	174513	161475	865	12173	61	2305
山 东	3795828	3563258	16228	216342	8097	35156
河 南	539619	479104	4019	56496		16929
湖 北	371984	329487	5828	36669	64	9604
湖 南	454482	384376	11232	58874	68	15897
广 东	14799786	14160945	17483	621358	9319	183592
广 西	24752	20814	88	3850	666	2519
海 南	605914	601867	211	3836		1036
重 庆	1288683	1175820	10619	102244	1538	20088
四 川	554968	409493	22422	123053	13	48349
贵 州	45524	40106	172	5246	1236	2052
云 南	1727661	1617522	3897	106242	2473	36680
西 藏						
陕 西	64833	56024	1318	7491		2668
甘 肃	14260	12796	107	1357		640
青 海						
宁 夏	76187	73628	44	2515		937
新 疆	125885	111513	364	14008	928	4647

单位：万元

管理费用	财务费用	营业利润	利润总额	应交所得税	应付职工薪酬	应交增值税
837865	**504879**	**1106108**	**1246151**	**271485**	**618205**	**815744**
57763	27033	126305	140421	37414	52764	21772
46605	12470	30814	85337	15505	27259	161430
1150	-5	671	734	250	650	95
5269	363	1191	1289	552	2642	1189
980	-103	-107	13	3	700	
4187	2889	1751	69	166	2377	1159
8		178	178		50	
10556	2380	-2043	-6332	236	1878	-115
322304	25954	309515	348044	88585	214905	90840
35147	28472	52557	60433	16855	27676	84781
17806	25525	9759	18086	5390	14845	35146
41290	19605	17604	40912	10754	15972	79970
26923	66368	3712	14420	5292	28089	10736
2600	803	6465	5803	1524	1785	2125
32915	30633	120734	105339	15697	20923	51296
8092	4831	26544	26520	926	7299	10247
7786	3268	15211	14274	2582	5810	9975
17153	7067	18211	14274	1092	8659	1761
131040	223458	127110	139692	37183	114312	203014
862	36	1146	1151	343	585	103
1854	1223	50629	50712	167	1571	1982
14768	7489	61113	57339	5527	11004	15477
15250	10376	49083	48977	11109	16392	15901
1475	787	1866	1983	370	1650	385
23275	3475	69147	69740	12601	32502	8800
1917	138	2801	2689	219	1595	4798
570	37	54	33	8	71	63
2336	-1110	857	347	246	1407	119
5986	1413	3230	3677	891	2835	2698

3-6 大中型批发业企业分行业经济效益分析指标

农、林、牧产品批发

地　区	负债比率 (%)	主营业务毛利率 (%)	人均主营业务收入 (万元)	费用率 (%)
全　国	**72.5**	**7.9**	**439.0**	**5.1**
北　京	65.9	3.2	1881.3	5.1
天　津	75.7	3.7	487.9	9.6
河　北	72.6	3.5	566.8	4.0
山　西	69.2	11.9	176.3	8.8
内蒙古	80.2	3.3	710.0	6.7
辽　宁	90.6	4.6	1054.5	5.6
吉　林	73.1	5.4	346.4	7.3
黑龙江	80.7	15.4	342.2	7.5
上　海	56.3	2.9	1050.9	3.3
江　苏	77.9	13.2	258.4	5.0
浙　江	74.3	6.2	236.2	6.5
安　徽	59.7	7.8	269.4	5.4
福　建	77.6	4.4	428.5	7.0
江　西	85.4	4.9	69.4	7.9
山　东	65.6	10.5	366.4	4.2
河　南	70.2	11.3	246.7	5.9
湖　北	77.3	9.3	271.6	5.8
湖　南	63.5	15.2	250.3	7.2
广　东	73.0	5.9	447.0	5.1
广　西	60.1	6.7	218.8	6.4
海　南	59.6	2.8	307.8	3.0
重　庆	56.0	5.1	339.2	3.7
四　川	81.0	3.9	434.5	5.4
贵　州	28.3	3.2	79.1	5.0
云　南	95.0	34.7	2352.2	1.6
西　藏	58.3	-52.0	90.0	48.8
陕　西	76.0	6.9	246.2	3.7
甘　肃	86.8	2.6	275.8	3.5
青　海				
宁　夏	71.6	4.7	431.2	2.1
新　疆	82.0	4.8	450.3	3.8

注：费用率等于销售费用、管理费用、财务费用三项之和除以主营业务收入合计(下表同)。

3-6 续表 1

食品、饮料及烟草制品批发

地 区	负债比率 (%)	主营业务毛利率 (%)	人均主营业务收入 (万元)	费用率 (%)
全 国	**49.6**	**19.2**	**361.3**	**8.1**
北 京	72.9	14.7	340.2	12.3
天 津	73.1	13.6	753.5	4.8
河 北	30.3	23.0	398.2	7.6
山 西	31.5	22.0	285.0	6.6
内蒙古	33.8	23.9	477.5	6.0
辽 宁	42.5	19.1	394.3	5.0
吉 林	24.9	23.2	339.2	7.2
黑龙江	58.3	17.8	755.0	5.2
上 海	68.5	14.1	487.4	12.4
江 苏	39.2	20.6	317.3	6.2
浙 江	51.0	18.9	388.9	8.0
安 徽	45.7	21.2	302.3	8.5
福 建	43.4	14.5	392.6	6.3
江 西	38.3	24.2	243.2	6.8
山 东	43.9	19.7	341.5	6.8
河 南	26.7	21.4	286.3	7.3
湖 北	58.8	24.2	297.7	12.6
湖 南	45.5	20.5	295.9	8.8
广 东	59.6	13.4	361.9	6.9
广 西	44.7	22.4	304.8	8.2
海 南	16.4	12.9	999.4	2.7
重 庆	44.1	16.9	397.5	6.4
四 川	43.0	21.8	338.7	9.1
贵 州	29.3	38.8	304.0	10.8
云 南	39.0	26.9	420.5	7.8
西 藏	26.0	23.0	656.1	9.3
陕 西	24.0	24.4	250.2	10.1
甘 肃	22.2	21.3	448.2	7.0
青 海	12.0	12.8	654.1	2.9
宁 夏	14.3	19.1	385.2	5.3
新 疆	43.0	14.0	501.5	4.2

3-6 续表 2

纺织、服装及家庭用品批发

地 区	负债比率 (%)	主营业务毛利率 (%)	人均主营业务收入 (万元)	费用率 (%)
全 国	**74.3**	**13.3**	**331.1**	**10.1**
北 京	62.6	14.4	270.2	12.8
天 津	85.1	13.8	248.2	6.9
河 北	86.4	5.5	349.8	3.3
山 西	53.4	11.4	141.1	10.1
内蒙古	85.1	9.8	211.8	2.9
辽 宁	47.7	19.5	132.3	12.6
吉 林	90.6	6.5	227.1	5.5
黑龙江	67.4	11.8	755.2	9.0
上 海	65.9	22.4	315.5	18.5
江 苏	77.4	13.0	492.1	7.9
浙 江	81.9	7.7	388.2	6.6
安 徽	103.3	13.3	573.9	14.9
福 建	74.1	8.2	427.3	6.5
江 西	96.8	6.0	507.9	3.1
山 东	83.8	6.7	365.3	4.5
河 南	78.5	6.4	503.2	2.7
湖 北	89.8	7.8	308.1	7.3
湖 南	91.2	8.4	228.3	6.8
广 东	73.7	12.6	285.7	8.8
广 西	90.5	7.2	284.6	6.2
海 南	94.6	7.5	216.0	6.2
重 庆	83.1	11.0	398.9	6.0
四 川	81.2	9.3	199.7	8.0
贵 州	92.8	7.6	205.0	6.8
云 南	64.2	21.8	301.0	13.5
西 藏				
陕 西	86.6	5.9	219.6	3.1
甘 肃	81.3	7.4	173.9	7.6
青 海	88.1	4.8	683.0	2.4
宁 夏	49.8	17.8	221.3	17.0
新 疆	88.6	11.2	107.8	10.8

3-6 续表 3

文化、体育用品及器材批发

地　区	负债比率(%)	主营业务毛利率(%)	人均主营业务收入(万元)	费用率(%)
全　国	**69.5**	**8.6**	**367.2**	**7.0**
北　京	75.9	6.4	525.2	7.0
天　津	54.6	8.4	387.8	5.8
河　北	65.6	24.2	650.6	4.0
山　西	78.7	5.2	522.3	3.6
内蒙古	55.2	8.4	149.3	10.1
辽　宁	62.2	6.3	177.4	6.9
吉　林	68.2	16.9	78.5	25.7
黑龙江	83.7	10.3	390.7	5.0
上　海	67.2	10.4	657.4	8.9
江　苏	54.9	12.1	180.7	9.6
浙　江	73.7	5.4	513.9	4.4
安　徽	61.3	5.6	868.0	3.9
福　建	61.4	11.2	294.8	8.3
江　西	96.9	6.5	269.5	5.4
山　东	80.8	8.3	228.2	6.0
河　南	46.3	5.7	438.9	4.4
湖　北	66.3	13.2	158.6	10.4
湖　南	51.2	13.6	365.5	7.3
广　东	72.8	9.1	361.3	7.0
广　西	52.2	13.0	239.7	10.5
海　南	36.2	11.1	103.3	9.4
重　庆	81.4	17.4	69.6	16.1
四　川	88.2	4.0	521.4	4.7
贵　州	80.4	19.7	420.9	3.7
云　南	50.8	8.3	540.3	6.7
西　藏	62.4	18.9	120.0	13.3
陕　西	61.0	10.2	387.7	5.8
甘　肃	76.3	12.0	145.1	11.0
青　海	76.6	31.6	90.5	35.2
宁　夏	42.7	13.4	104.6	13.7
新　疆	61.7	11.3	258.4	9.1

3-6 续表 4

医药及医疗器材批发

地　区	负债比率 (%)	主营业务毛利率 (%)	人均主营业务收入 (万元)	费用率 (%)
全　国	**76.7**	**10.2**	**331.6**	**8.1**
北　京	70.0	12.6	368.3	10.1
天　津	76.6	7.6	550.3	5.5
河　北	88.2	4.1	299.4	3.2
山　西	88.5	7.7	237.2	6.8
内蒙古	83.9	8.0	223.4	5.5
辽　宁	76.5	8.4	450.0	5.7
吉　林	83.8	15.1	418.0	11.5
黑龙江	63.7	7.3	648.8	2.7
上　海	72.3	19.6	352.8	16.7
江　苏	81.8	15.7	264.8	15.6
浙　江	71.7	8.3	433.4	6.4
安　徽	83.6	4.8	460.7	3.8
福　建	78.2	6.0	381.2	4.4
江　西	80.1	12.6	137.7	9.9
山　东	84.7	7.5	328.3	5.7
河　南	85.8	5.7	421.4	3.4
湖　北	73.0	7.9	275.2	5.5
湖　南	79.8	7.5	286.9	5.6
广　东	75.4	9.6	365.7	7.3
广　西	80.7	7.1	193.2	6.2
海　南	65.7	22.4	136.8	19.1
重　庆	70.0	6.9	355.2	5.5
四　川	76.4	7.5	293.7	5.6
贵　州	80.0	9.3	224.9	7.6
云　南	74.4	8.1	303.9	5.8
西　藏	91.0	54.8	151.8	54.7
陕　西	90.2	4.7	379.9	4.1
甘　肃	82.1	5.5	279.7	4.1
青　海	76.7	7.7	124.3	6.7
宁　夏	82.9	5.2	357.6	3.2
新　疆	80.2	8.1	235.4	6.1

3-6 续表 5

矿产品、建材及化工产品批发

地区	负债比率(%)	主营业务毛利率(%)	人均主营业务收入(万元)	费用率(%)
全国	**74.8**	**2.8**	**1697.4**	**2.2**
北京	71.7	2.0	3637.1	2.0
天津	75.8	2.1	6731.0	1.4
河北	80.0	2.9	1109.6	2.5
山西	82.7	2.2	1285.3	2.5
内蒙古	77.0	4.7	1232.3	3.6
辽宁	78.1	0.7	2871.2	1.5
吉林	88.3	2.1	1328.9	2.0
黑龙江	93.5	2.4	1342.5	2.1
上海	73.9	2.2	3783.2	1.8
江苏	75.9	3.5	1599.1	2.4
浙江	78.1	2.2	1610.2	2.0
安徽	78.3	3.9	744.8	3.2
福建	69.0	3.4	1813.5	2.8
江西	64.3	4.4	336.6	3.3
山东	74.1	5.6	822.6	2.9
河南	74.8	4.7	674.8	2.9
湖北	69.3	3.5	872.2	2.2
湖南	75.1	5.2	917.8	3.4
广东	75.9	3.2	1955.3	2.2
广西	58.7	3.7	978.3	3.1
海南	67.8	3.0	3635.9	1.5
重庆	79.9	4.9	721.5	2.6
四川	81.3	2.9	759.8	2.5
贵州	80.4	3.8	958.0	3.8
云南	76.0	3.5	1141.1	3.5
西藏				
陕西	75.8	4.0	1251.1	2.6
甘肃	37.1	2.7	4160.7	1.7
青海	69.7	4.0	740.9	2.6
宁夏	86.5	0.8	1164.7	2.3
新疆	85.2	1.4	2134.8	1.7

3-6 续表 6

机械设备、五金产品及电子产品批发

地　区	负债比率 (%)	主营业务毛利率 (%)	人均主营业务收入 (万元)	费用率 (%)
全　国	**74.3**	**8.4**	**762.7**	**6.4**
北　京	64.8	9.4	981.3	8.3
天　津	83.8	10.1	1559.7	4.3
河　北	80.3	3.5	297.8	3.7
山　西	88.2	1.3	1160.2	1.4
内蒙古	78.9	9.0	234.6	9.0
辽　宁	85.5	6.5	573.1	5.3
吉　林	70.5	11.9	1093.8	11.6
黑龙江	80.2	18.9	559.8	6.2
上　海	72.7	9.8	1309.0	7.0
江　苏	74.8	6.7	544.1	4.8
浙　江	77.3	5.6	615.7	5.1
安　徽	88.1	5.0	518.5	4.5
福　建	68.5	7.1	369.5	5.3
江　西	95.6	7.5	438.6	6.9
山　东	80.2	8.8	330.1	5.5
河　南	80.9	8.7	424.8	6.0
湖　北	83.8	7.5	511.4	4.8
湖　南	81.5	7.3	397.9	7.4
广　东	83.6	6.8	562.2	4.8
广　西	86.2	7.8	179.3	8.6
海　南	64.0	8.2	817.9	7.8
重　庆	79.7	6.3	629.5	4.7
四　川	83.4	6.0	488.1	5.5
贵　州	87.6	7.6	286.7	7.7
云　南	84.6	10.3	322.2	7.5
西　藏	53.6	11.0	320.7	6.8
陕　西	90.1	6.3	438.4	4.3
甘　肃	88.5	3.3	596.0	3.5
青　海	86.3	9.3	169.9	10.5
宁　夏	92.9	9.5	174.7	12.8
新　疆	76.3	4.2	649.7	4.1

3-6 续表 7

贸易经纪与代理

地区	负债比率 (%)	主营业务毛利率 (%)	人均主营业务收入 (万元)	费用率 (%)
全国	**87.0**	**5.2**	**1164.5**	**4.3**
北京	87.9	10.1	1158.0	5.3
天津	102.4	7.3	533.8	9.9
河北	97.9	7.6	355.0	8.2
山西	78.4	2.2	2569.2	2.2
内蒙古				
辽宁	65.5	5.3	226.4	4.9
吉林				
黑龙江				
上海	72.4	8.7	912.7	7.1
江苏	93.1	2.7	1821.5	2.8
浙江	79.5	3.4	635.9	2.6
安徽	48.5	14.3	145.2	13.7
福建	72.2	4.0	691.0	3.9
江西				
山东	94.5	4.2	957.4	5.0
河南				
湖北	81.4	1.7	3235.4	1.7
湖南	44.4	27.0	790.7	10.0
广东	90.4	2.3	1764.0	2.2
广西	42.4	3.4	416.1	2.7
海南				
重庆				
四川	34.5	5.9	195.4	9.0
贵州				
云南	97.8	1.8	14156.3	1.6
西藏				
陕西	88.0	10.1	274.5	8.0
甘肃				
青海				
宁夏				
新疆	90.8	2.1	500.9	3.3

3-6 续表 8

其他批发业

地　区	负债比率 (%)	主营业务毛利率 (%)	人均主营业务收入 (万元)	费用率 (%)
全　国	**79.2**	**6.1**	**731.6**	**4.4**
北　京	92.8	5.8	1410.4	3.3
天　津	75.3	2.9	1509.5	2.0
河　北	79.0	5.1	307.6	4.2
山　西	77.3	8.7	314.4	8.1
内蒙古	91.7	34.3	135.3	33.7
辽　宁	71.9	5.6	242.2	4.1
吉　林	63.6	1.0	973.8	0.1
黑龙江	101.6	9.3	636.9	7.0
上　海	67.5	10.6	725.5	8.1
江　苏	69.9	5.4	631.4	3.3
浙　江	76.5	2.9	927.3	2.6
安　徽	85.2	7.3	568.8	5.0
福　建	79.9	2.3	1845.0	3.2
江　西	41.7	7.5	500.0	3.3
山　东	75.1	6.1	849.4	2.6
河　南	70.7	11.2	286.6	5.5
湖　北	52.4	11.4	234.1	5.6
湖　南	53.7	15.4	333.4	8.8
广　东	92.8	4.3	781.4	3.6
广　西	74.0	15.9	159.7	13.8
海　南	6.3	0.7	1905.4	0.7
重　庆	50.5	8.8	213.6	3.3
四　川	75.4	26.2	130.7	13.3
贵　州	69.0	11.9	226.5	9.5
云　南	50.1	6.4	1437.3	3.7
西　藏				
陕　西	31.3	13.6	168.4	7.3
甘　肃	74.9	10.3	212.8	8.7
青　海				
宁　夏	74.0	3.4	354.4	2.8
新　疆	81.3	11.4	254.3	9.6

3-7 大中型零售业企业分行业基本情况

地区	零售业		综合零售		食品、饮料及烟草制品专门零售	
	法人单位数(个)	年末从业人数(人)	法人单位数(个)	年末从业人数(人)	法人单位数(个)	年末从业人数(人)
全国	**27060**	**5649802**	**7312**	**2527824**	**1337**	**222198**
北京	1139	324541	178	132711	54	17752
天津	380	91348	88	37402	21	4326
河北	938	209519	318	131017	9	736
山西	721	129512	193	48318	32	4877
内蒙古	418	85544	95	31721	11	1077
辽宁	807	204664	247	114409	23	2837
吉林	343	75620	101	42095	11	1289
黑龙江	403	83500	140	40898	11	1653
上海	1006	351921	210	131893	60	22463
江苏	2316	471664	534	211044	169	24995
浙江	1820	305306	351	118321	58	9385
安徽	1062	199542	400	106145	64	10353
福建	1034	183323	254	71318	79	17089
江西	493	96125	155	44649	12	4390
山东	2313	470968	694	237725	115	14012
河南	1903	298171	596	141646	85	10823
湖北	1265	275781	378	152414	126	18045
湖南	1025	197797	315	92346	60	9423
广东	2397	551573	484	181895	79	11635
广西	618	89339	200	41221	13	1101
海南	138	26327	42	7612	3	195
重庆	613	163718	119	82337	45	6259
四川	1236	269973	378	119288	69	10711
贵州	397	60429	112	23861	15	1337
云南	596	117006	161	36329	46	7606
西藏	25	4172	7	1447	NA	109
陕西	878	170548	355	88967	41	4149
甘肃	294	54230	98	21528	19	3065
青海	75	12753	13	5321	NA	170
宁夏	141	25769	33	12967	NA	197
新疆	266	49119	63	18979	NA	139

注：NA为小于或等于2(下表同)。

3-7 续表 1

地区	纺织、服装及日用品专门零售		文化、体育用品及器材专门零售		医药及医疗器材专门零售	
	法人单位数（个）	年末从业人数（人）	法人单位数（个）	年末从业人数（人）	法人单位数（个）	年末从业人数（人）
全国	**1806**	**483877**	**1040**	**188159**	**1972**	**404083**
北京	125	35242	70	13725	92	14328
天津	37	7354	27	5759	10	2809
河北	44	8746	20	5838	51	13016
山西	70	11611	20	3051	43	9417
内蒙古	33	9373	11	1186	30	3966
辽宁	68	9945	31	5049	78	19268
吉林	31	4795	15	1319	24	4998
黑龙江	34	9788	17	3382	50	10847
上海	174	100460	55	13247	51	11447
江苏	99	28326	117	19299	177	32482
浙江	109	24703	73	9103	135	21019
安徽	48	8015	34	3672	91	15047
福建	75	15450	22	3015	68	9111
江西	19	3127	9	6187	42	9119
山东	107	27900	44	10468	155	31882
河南	109	14210	129	14363	137	21843
湖北	75	16342	39	4449	117	17486
湖南	58	8863	57	7978	65	19122
广东	193	72425	88	21982	154	40067
广西	11	1720	25	2114	60	11315
海南	6	3562	5	498	3	1409
重庆	67	14561	15	4735	59	11469
四川	77	21517	26	11676	75	14064
贵州	10	1590	12	1117	37	6798
云南	20	5262	24	6446	47	24479
西藏					NA	56
陕西	52	8760	22	3977	50	12125
甘肃	19	3645	12	1650	29	6524
青海	3	839	NA	261	5	1111
宁夏	10	1793	NA	328	18	1993
新疆	23	3953	17	2285	18	5466

3-7 续表 2

地区	汽车、摩托车、燃料及零配件专门零售		家用电器及电子产品专门零售	
	法人单位数（个）	年末从业人数（人）	法人单位数（个）	年末从业人数（人）
全国	**10364**	**1228224**	**1743**	**328243**
北京	437	59307	79	26432
天津	158	24703	16	5069
河北	395	36177	67	10108
山西	278	38788	39	4681
内蒙古	183	27830	28	4634
辽宁	274	35066	47	11538
吉林	127	16453	24	3523
黑龙江	107	10625	31	4851
上海	338	35307	27	12563
江苏	956	99943	152	36901
浙江	916	95912	104	15559
安徽	321	39299	62	8713
福建	397	46938	66	12755
江西	195	18003	47	8338
山东	837	88796	174	24649
河南	623	65066	126	16661
湖北	372	44593	76	12090
湖南	351	46377	72	8697
广东	1074	149271	174	44611
广西	246	23339	44	5776
海南	62	10357	12	2271
重庆	214	26586	57	11192
四川	470	65768	96	14897
贵州	179	21456	20	2663
云南	256	31227	22	3384
西藏	14	1891	NA	669
陕西	259	33223	45	9185
甘肃	92	11763	10	1577
青海	41	4174	5	548
宁夏	62	6278	10	1735
新疆	130	13708	9	1973

3-7 续表 3

地区	五金、家具及室内装饰材料专门零售		货摊、无店铺及其他零售业	
	法人单位数(个)	年末从业人数(人)	法人单位数(个)	年末从业人数(人)
全国	**801**	**128735**	**685**	**138459**
北京	39	6006	65	19038
天津	13	1503	10	2423
河北	24	2420	10	1461
山西	20	2067	26	6702
内蒙古	18	4132	9	1625
辽宁	24	4268	15	2284
吉林	5	440	5	708
黑龙江	10	992	3	464
上海	41	6066	50	18475
江苏	62	8826	50	9848
浙江	26	3955	48	7349
安徽	29	4935	13	3363
福建	27	2745	46	4902
江西	10	1310	4	1002
山东	121	25806	66	9730
河南	68	10356	30	3203
湖北	58	6275	24	4087
湖南	21	2413	26	2578
广东	55	7112	96	22575
广西	4	341	15	2412
海南	3	240	NA	183
重庆	21	4099	16	2480
四川	29	5543	16	6509
贵州	NA	176	11	1431
云南	14	1697	6	576
西藏				
陕西	45	8294	9	1868
甘肃	8	4037	7	441
青海	NA	51	3	278
宁夏	3	271	NA	207
新疆	NA	2359	3	257

3-8 大中型零售业企业分行业商品购、销、存情况

综合零售　　　　单位：万元

地区	商品购进额	进口	商品销售额	出口	期末商品库存额
全国	**197608957**	**1587167**	**242898959**	**29084**	**25950028**
北京	14259860	225084	17078766		1216643
天津	2741197		3573768		342904
河北	8654527	2409	9868903		863818
山西	2166685	801	2928166		296999
内蒙古	1364691	4583	2234129	221	172836
辽宁	7168706	26148	10733025	888	444083
吉林	3890289	74	6017554		420811
黑龙江	3319429	35	5091992		212505
上海	12550260	386270	14975187	2208	1555663
江苏	17995767	141445	23139385	4469	1750943
浙江	11741217	83944	14057752		1001520
安徽	8010979	24372	8870146	700	5814150
福建	4669900	94443	5480345	1356	348495
江西	2153120	304	2641246		275554
山东	23649690	90476	26918117	3263	1581263
河南	7310545	1743	9226594	567	837496
湖北	14770476	689	16674346		1758287
湖南	6619086	27574	7111541	154	1595972
广东	16412742	453625	19360570	9742	2629632
广西	2213096	4669	3103160		479105
海南	509029	2785	620608	12	76183
重庆	4717512	525	7547823		382170
四川	8368972	8416	10337449	215	585339
贵州	1321122	500	1523292		126620
云南	2489722	7	2989985	5290	408406
西藏	66578		77389		31187
陕西	4925720	463	6189727		397523
甘肃	1027193	2534	1420486		123006
青海	383400		466087		28248
宁夏	825236	3137	931779		84595
新疆	1312217	116	1709644		108074

3-8 续表 1

食品、饮料及烟草制品专门零售 单位：万元

地区	商品购进额	进口	商品销售额	出口	期末商品库存额
全国	**12857659**	**241432**	**15409548**	**39979**	**1442403**
北京	650974	68397	1046438		169215
天津	151963		210657		12861
河北	25172		25097		5369
山西	263770		306769		18056
内蒙古	83632	193	52017		49786
辽宁	137293	8344	164307		15718
吉林	103870		118062		22032
黑龙江	192526		200428		13381
上海	908040	6278	1104243	195	94156
江苏	1055876	6178	1336519		110183
浙江	601990	164	673974		49883
安徽	453736		668679		41311
福建	1106182	4723	1189395		60111
江西	188658		196972		12158
山东	977775	8791	1071505	1510	58634
河南	600017		676687	32741	57864
湖北	2110704	5096	2425182	1	108393
湖南	554731	21314	610997	4	61756
广东	736892	84543	1009125		151542
广西	41463		45063		32382
海南	12169		11155		2634
重庆	400248		498697	800	17259
四川	516817	16286	578019		83899
贵州	44526		57850		14331
云南	485072	11117	545404	928	62601
西藏	29893		41317		4542
陕西	274695	8	392708		82326
甘肃	139977		141602	3800	29511
青海	4148		5459		89
宁夏	2367		2719		251
新疆	2485		2504		171

3-8 续表 2

纺织、服装及日用品专门零售 单位：万元

地区	商品购进额	进口	商品销售额	出口	期末商品库存额
全国	**25124285**	**1406410**	**34528366**	**18192**	**6426126**
北京	1602751	155275	2720216	4420	492828
天津	359149		570373		105694
河北	311720	624	448238	450	65068
山西	584122		836777		77378
内蒙古	407615	27184	430923		64333
辽宁	700413	67012	888097		133856
吉林	417503		472703		35017
黑龙江	326808	364	442840		23142
上海	5465174	774173	8356617	9650	1801358
江苏	1595553	24809	1981281	250	327309
浙江	1678122	28144	2522201	1327	549951
安徽	383378		515083		83202
福建	891454	298	1089171		209826
江西	114390	850	167144		34297
山东	1424688	14642	1686204		254737
河南	563910		623795		66009
湖北	835368	6383	1030319	145	203810
湖南	601972	1235	725767	14	88065
广东	2621725	46018	3666460	1936	1070026
广西	41642	351	73223		17756
海南	340120	240416	500713		109066
重庆	616380		770524		112958
四川	887788	8234	1207740		271366
贵州	84561		113277		18538
云南	288579	5785	388228		75311
西藏					
陕西	1595114		1725405		68901
甘肃	57649		84053		24000
青海	29912		36014		5381
宁夏	36783	4613	44545		14094
新疆	259945		410437		22851

3-8 续表 3

文化、体育用品及器材专门零售　　单位：万元

地　区	商品购进额	进　口	商品销售额	出　口	期末商品库存额
全　国	**20205565**	**393102**	**22753049**	**8184**	**4211971**
北　京	2902912	272089	3181413	5545	709203
天　津	714820		877230		79514
河　北	351616		412075		86280
山　西	230052		252667		78743
内蒙古	50532	125	60953	57	19922
辽　宁	306302		379177		73021
吉　林	67639		69062		21112
黑龙江	158678	5	256658		62282
上　海	3674525	109278	4296857	2188	889286
江　苏	2261239		2296346		393730
浙　江	937019		1034200		316173
安　徽	318743		359835		70112
福　建	867003	37	1019167		103685
江　西	709271		755250		31186
山　东	725091	293	766309		131649
河　南	626979	4651	830229	208	127844
湖　北	320790	1	339735		92045
湖　南	865658	6405	954940	10	81460
广　东	1680581	18	1920029	30	294133
广　西	108703		130200		22513
海　南	7033		14237		3061
重　庆	467064		495480		41295
四　川	478029		582517		93455
贵　州	91118		99608		12216
云　南	570703		645081	143	174659
西　藏					
陕　西	343054	200	364074		95070
甘　肃	147749	2	142036	2	19972
青　海	4300		4526		400
宁　夏	19214		16989		6352
新　疆	199148		196170		81599

3-8 续表 4

医药及医疗器材专门零售　　　　单位：万元

地　区	商品购进额	进　口	商品销售额	出　口	期末商品库存额
全　国	**41248912**	**252146**	**46490280**	**12524**	**10950867**
北　京	4113569	97520	4432132	279	420623
天　津	516965		546109		43670
河　北	1695056	112461	1814636		188063
山　西	815364		866493		133987
内蒙古	157967		192322		26996
辽　宁	1422514		1635503	174	156359
吉　林	447128		493244		50763
黑龙江	1191158	112	1413801		185541
上　海	1566202	111	1853304		143828
江　苏	6187782	9874	7075079		551753
浙　江	2268925	2370	2671939		338556
安　徽	1951884	21	2228723	10956	186237
福　建	1040161	658	1150629		109951
江　西	1071750		1152173		193737
山　东	3320947	126	3694667	336	273337
河　南	1117135	681	1267624		120265
湖　北	2008391	8195	2246051	775	221754
湖　南	1879722	90	2042648	1	150807
广　东	2249510	4887	2629769		6584206
广　西	1727352	2799	1841851		142509
海　南	50154		38206		24106
重　庆	803281	219	941828	3	123740
四　川	528652	13	678877		84689
贵　州	554373	537	578292		68494
云　南	608177	8408	835526		101086
西　藏	6942		9917		247
陕　西	535476	73	591544		87915
甘　肃	188905		237787		35267
青　海	29747		32496		10348
宁　夏	242453	2990	255643		30485
新　疆	951273		1041470		161547

3-8 续表 5

汽车、摩托车、燃料及零配件专门零售　　单位：万元

地　区	商品购进额	进　口	商品销售额	出　口	期末商品库存额
全　国	**359234297**	**22798483**	**404250609**	**115687**	**40599725**
北　京	24310280	698293	24673667		2280176
天　津	8328140	356012	9412363		554935
河　北	8577427	516399	9046104	43	1184359
山　西	8983613	297326	11124533		1025741
内蒙古	7535712	355925	8971904	3703	654268
辽　宁	12109708	836132	12800213	630	933806
吉　林	5258966	139680	5481570		397344
黑龙江	3061425	206062	3357926		406311
上　海	12265472	1614661	12645376	2112	1652398
江　苏	35296783	2212302	38523581	28	2890583
浙　江	30131884	2958105	32817166	22098	3600361
安　徽	10258526	411435	11618462		837234
福　建	11241987	1267136	16393683		1174113
江　西	4500515	121414	5243048		533047
山　东	22912810	901456	26143893	9471	2572351
河　南	14636425	715421	16444379	13366	1781419
湖　北	15278694	552958	14948040		5877698
湖　南	10183657	651006	16581871		1106309
广　东	41281025	3539813	47848948	51006	4111402
广　西	4752471	229968	5078694		607598
海　南	3320634	152778	3612836		344194
重　庆	8686105	667601	9168984		817572
四　川	22261045	1096523	23281727	769	1705181
贵　州	6497829	476470	8485762	349	750280
云　南	8156979	433892	9326058	827	836995
西　藏	585742	3571	724347		37952
陕　西	9045657	838907	9648087	4788	885544
甘　肃	3993139	163881	4664624		284701
青　海	885391	1371	910803		149459
宁　夏	1287939	140676	1409452	689	179206
新　疆	3608319	241309	3862511	5810	427192

3-8 续表 6

家用电器及电子产品专门零售　　　　单位：万元

地　区	商品购进额	进　口	商品销售额	出　口	期末商品库存额
全　国	**56301146**	**102865**	**60615074**	**11628**	**5050517**
北　京	14834911	36723	15712004		425747
天　津	1428200		1139264		74048
河　北	896356		976663		84676
山　西	459481	225	497312		44534
内蒙古	507445		562459		67050
辽　宁	1591763		1596082		188733
吉　林	343083		400021		45088
黑龙江	832627	3	989948		80811
上　海	2380504	1717	2688307		1101663
江　苏	4621315	7497	5230454		319954
浙　江	1886824		2165904		222952
安　徽	1280609		1336055		114011
福　建	1617260		1764719		140095
江　西	835581		895866		80615
山　东	3778234	1293	3995827	2715	358320
河　南	1531843		1634563		196597
湖　北	2024174	189	2117447		156405
湖　南	1194208	11818	1301673		92512
广　东	6424407	5916	6634836	8837	637796
广　西	489280		615446		69178
海　南	191819	8597	263095		30454
重　庆	1467758	28887	1659498		135697
四　川	2308932		2475377		147513
贵　州	321753		370109		20349
云　南	321980		553644		25878
西　藏	34507		34576		5903
陕　西	1912854		2199265	76	117867
甘　肃	204077		207204		5437
青　海	76608		87170		2583
宁　夏	237859		232598		25621
新　疆	264893		277688		32431

3-8 续表 7

五金、家具及室内装饰材料专门零售　　　　单位：万元

地　区	商品购进额	进　口	商品销售额	出　口	期末商品库存额
全　国	**12612675**	**83996**	**16384154**	**1350**	**1000622**
北　京	711674	8025	911662		92756
天　津	251895	5607	319137		23567
河　北	139250		172863		13301
山　西	156118		267785		23416
内蒙古	223691		396164		12260
辽　宁	347277	24838	402361	76	36283
吉　林	7098		8215		2581
黑龙江	78239	70	97987	82	27537
上　海	554584	11694	751208		115957
江　苏	1434517	2919	1600144	563	82096
浙　江	289137		323450		29580
安　徽	487960		589862		22098
福　建	621345	3696	695351		38819
江　西	213846		222863		9180
山　东	1759400	50	2268572	125	146827
河　南	476694	9389	643364		43485
湖　北	869132		937010		35380
湖　南	254732	636	305414	400	4341
广　东	631707	17073	853058		93184
广　西	6687		8358		480
海　南	10776		12291		3811
重　庆	489220		1695747		26083
四　川	409892		469393	104	27562
贵　州	2500		3010		5000
云　南	299645		303574		28178
西　藏					
陕　西	1708775		1844279		46487
甘　肃	104168		127176		5502
青　海			8229		
宁　夏	13368		14551		4872
新　疆	59350		131078		

3-8 续表 8

货摊、无店铺及其他零售业

单位：万元

地区	商品购进额	进口	商品销售额	出口	期末商品库存额
全　国	**36223457**	**236291**	**37471962**	**302591**	**1628022**
北　京	8776526	39010	9118062	263686	187572
天　津	1155214	20086	1242423		83202
河　北	37870		48271		972
山　西	282111		341215		4482
内蒙古	266578		467059		15650
辽　宁	1429935		1438862		10538
吉　林	130008		135748		3912
黑龙江	182874		160011		36501
上　海	5815488	4972	6533759		242748
江　苏	1531344	3341	1908781		29268
浙　江	1065291		1268593		124907
安　徽	280621		315811	185	41029
福　建	895477	11778	960647	15269	149943
江　西	206666		253051		7997
山　东	1401658		1779131		61850
河　南	169700		212598		23705
湖　北	2186773		1226842		110383
湖　南	366322		496196		14557
广　东	5412377	157104	6624290	23451	381674
广　西	247441		266546		16786
海　南	9300		11999		1357
重　庆	110028		138824		26001
四　川	3629271		1784785		30930
贵　州	177374		236286		7428
云　南	16967		20540		4387
西　藏					
陕　西	377742		395040		3736
甘　肃	26795		46267		855
青　海	18253		19792		4695
宁　夏	4601		6010		949
新　疆	12852		14526		10

3-9 大中型零售业企业分行业年末资产负债

综合零售 单位：万元

地区	流动资产合计	固定资产原价	累计折旧	资产总计	负债合计	所有者权益合计
全国	**82291966**	**40247381**	**13410036**	**137002590**	**100874920**	**36143086**
北京	7431053	2138903	925711	11233046	7387075	3845971
天津	1059845	769605	266204	2704481	2000721	723551
河北	2927700	1577594	451857	5232285	4251272	981014
山西	1372595	495281	154087	2034072	1875417	158655
内蒙古	885355	311366	90543	1274460	1110566	163894
辽宁	3932507	2277613	731543	7495609	5894880	1600729
吉林	1246659	1458577	332023	3026946	2287902	739044
黑龙江	1302986	1159029	312255	2464979	1828382	636597
上海	5852963	3514156	1637060	9215409	6657478	2557931
江苏	7808339	4004759	1413896	12994937	9920220	3074717
浙江	6298276	2504882	827984	10298590	7436996	2861594
安徽	2352419	1485132	487786	4078877	3089863	989014
福建	1993428	654487	234856	3121174	2045777	1075397
江西	855299	618115	168428	1618065	1153279	464786
山东	8486222	4241740	1313327	13839608	10585674	3249559
河南	2876288	1057341	285425	4336568	3484646	851922
湖北	3211918	2888714	740903	6732628	4889844	1842784
湖南	2575623	1673850	501534	4885371	3264666	1620704
广东	8487962	1971309	828367	11740994	8618361	3122632
广西	908978	566295	173226	1476518	1050998	425520
海南	261422	107961	39847	390372	314887	75485
重庆	1705832	845703	357485	2681888	1853953	827936
四川	2534925	1301665	434644	4256018	2882149	1373869
贵州	469638	145334	58010	799986	590145	209841
云南	1312375	539789	160625	1935764	1397553	538211
西藏	21139	13563	2760	40089	29734	10355
陕西	2421989	967172	261915	3922865	2712926	1209939
甘肃	544850	258619	102483	872610	571160	301449
青海	112124	155332	25433	267740	205858	61882
宁夏	286005	105078	31028	513713	285824	227889
新疆	755251	438419	58790	1516929	1196715	320214

3-9 续表 1

食品、饮料及烟草制品专门零售　　单位：万元

地　区	流动资产合计	固定资产原价	累计折旧	资产总计	负债合计	所有者权益合计
全　国	**5670488**	**2357798**	**650080**	**9013927**	**5140843**	**3873083**
北　京	585034	194347	70183	778132	318536	459597
天　津	84985	19441	8630	148709	82974	65735
河　北	16857	2308	738	22183	12332	9851
山　西	68767	127517	16870	231622	187947	43675
内蒙古	72221	13189	3607	106248	81061	25186
辽　宁	42699	37145	10940	100823	46972	53851
吉　林	44965	11845	4515	64106	44827	19279
黑龙江	40668	12237	3583	52562	36372	16190
上　海	325817	116389	57363	452811	323666	129145
江　苏	426396	282908	70533	724231	408838	315394
浙　江	267391	74458	28968	376655	247693	128962
安　徽	156907	65033	17331	320050	163721	156330
福　建	301958	134176	37098	462767	234232	228535
江　西	142266	24455	8613	206506	32417	174089
山　东	281396	228394	53006	557591	374399	183192
河　南	141735	102227	21873	262935	146073	116861
湖　北	488945	190584	36752	708999	263917	445082
湖　南	216571	73802	12572	397683	231975	165708
广　东	548241	137424	38239	882599	404952	477647
广　西	21610	5865	1760	30851	17885	12966
海　南	8302	3530	432	12400	8830	3571
重　庆	100307	43052	14236	197869	97265	100604
四　川	539157	75522	18958	679320	427471	251849
贵　州	55924	14383	4156	91537	60162	31375
云　南	162172	82151	21659	263293	145574	117720
西　藏	5110	4281	1711	8196	500	7696
陕　西	447293	252628	79513	715886	616480	99405
甘　肃	64203	21744	4620	136321	108809	27512
青　海	9308	4761	1567	14144	6160	7983
宁　夏	2285	313	2	2776	5628	-2852
新　疆	1002	1690	53	4123	3177	947

3-9 续表 2

纺织、服装及日用品专门零售　　　　单位：万元

地　区	流动资产合计	固定资产原价	累计折旧	资产总计	负债合计	所有者权益合计
全　国	**15065657**	**4059376**	**1334485**	**22274342**	**15945501**	**6323670**
北　京	1268111	203231	90575	1625129	1415171	209957
天　津	214885	212770	27244	495041	390636	104405
河　北	203120	129629	42808	346507	280077	66430
山　西	252047	121880	38387	514520	385527	128994
内蒙古	183106	58028	18619	319180	287672	31508
辽　宁	353209	130279	44471	536457	433580	102877
吉　林	155522	161941	29254	620923	235188	385735
黑龙江	152292	140353	47968	286123	177268	108855
上　海	4060452	1170028	542338	5653671	4206176	1447495
江　苏	629506	143611	44575	1409064	989581	419483
浙　江	1325971	329285	59699	2164149	1710826	453324
安　徽	168210	32228	9262	207294	160533	46761
福　建	421287	48913	11441	493870	317467	176403
江　西	54405	6743	2921	66148	48464	17684
山　东	494599	141897	52316	625248	427954	197294
河　南	181736	67715	16834	266283	189817	76466
湖　北	524185	117527	21454	665886	473774	192113
湖　南	218515	66686	19668	318007	230261	87746
广　东	2186590	158635	68287	2559624	1623792	930662
广　西	37247	8222	1897	48194	38560	9634
海　南	482578	148894	27003	713607	353259	360347
重　庆	382485	122999	17472	620532	421855	198677
四　川	533529	90951	26124	714362	463048	251314
贵　州	42642	6620	4677	58283	43322	14961
云　南	165191	64742	13117	223947	174006	49940
西　藏						
陕　西	150278	61516	20785	364812	146210	218602
甘　肃	50924	19996	4249	78499	51979	26520
青　海	20182	7684	2631	28405	33020	-4615
宁　夏	41010	8548	2802	52691	55602	-2911
新　疆	111844	77827	25607	197887	180877	17010

3-9 续表 3

文化、体育用品及器材专门零售 单位：万元

地　区	流动资产合计	固定资产原价	累计折旧	资产总计	负债合计	所有者权益合计
全　国	**11215912**	**3451841**	**1276895**	**16149732**	**9803778**	**6345954**
北　京	1902854	188652	83467	2202640	1664759	537881
天　津	445621	273278	87262	838525	633951	204575
河　北	266213	70990	27264	415850	249326	166524
山　西	166185	73426	23468	248294	129899	118395
内蒙古	35184	10648	4196	56295	49067	7228
辽　宁	150784	85667	32386	232295	166145	66150
吉　林	34715	18928	8237	54696	49552	5144
黑龙江	171732	26761	12138	195353	102986	92367
上　海	1391064	230314	77758	1760029	1196376	563654
江　苏	852896	238279	113548	1151004	778975	372029
浙　江	714547	241410	62502	1050914	671830	379085
安　徽	177689	57475	26844	237678	103637	134041
福　建	505933	121578	52972	819726	403065	416661
江　西	511632	257498	88236	827138	255813	571324
山　东	316177	91019	28365	466603	345479	121124
河　南	268071	104479	37339	425842	247094	178747
湖　北	220388	73330	20433	293250	183905	109345
湖　南	365893	83065	35403	479097	186875	292222
广　东	636717	381134	180729	969429	625451	343978
广　西	48770	39883	15199	118722	47035	71687
海　南	22327	15504	6058	37040	48758	-11718
重　庆	386940	148070	58065	630467	407182	223284
四　川	548510	222721	76016	1096968	477260	619708
贵　州	131398	5959	3116	135015	105745	29269
云　南	503118	93705	38096	656653	316555	340098
西　藏						
陕　西	268707	78712	28256	341138	194092	147046
甘　肃	34420	115180	12584	150389	53996	96393
青　海	5170	5807	3626	8206	4831	3375
宁　夏	12323	7713	2320	18137	9769	8368
新　疆	119936	90656	31012	232343	94372	137971

3-9 续表 4

医药及医疗器材专门零售　　单位：万元

地　区	流动资产合计	固定资产原价	累计折旧	资产总计	负债合计	所有者权益合计
全　国	**20840786**	**1972345**	**698055**	**25568066**	**20201727**	**5366339**
北　京	2578876	125821	52314	4291073	3425039	866034
天　津	344735	14152	4033	382038	225285	156753
河　北	847309	53558	24628	926981	822518	104463
山　西	410670	23849	9135	461054	321127	139927
内蒙古	83075	15058	4813	99615	76920	22695
辽　宁	691139	66664	24446	786972	660666	126306
吉　林	263465	31678	7637	322055	245946	76110
黑龙江	479942	87656	23768	560584	423984	136601
上　海	582452	53423	25036	642586	538161	104425
江　苏	2662495	248633	87802	3039088	2434415	604673
浙　江	1016195	95695	38130	1153618	900728	252890
安　徽	976831	93447	31767	1104451	909299	195152
福　建	503841	69132	22181	630368	438222	192146
江　西	479150	51384	17105	611363	522215	89148
山　东	1813108	230655	81755	2177972	1740096	437876
河　南	440198	84349	37037	527019	413214	113805
湖　北	1385077	94212	28923	1577281	1346843	230438
湖　南	870275	67351	20203	1049878	836700	213178
广　东	1181405	126833	38557	1374406	1009155	365251
广　西	854714	39089	17735	990636	732968	257667
海　南	40289	1153	299	44755	33071	11684
重　庆	321460	53603	21729	457576	369138	88438
四　川	254191	40583	15184	312064	254425	57639
贵　州	273547	15795	6210	299886	254614	45272
云　南	366363	74591	23282	486317	242197	244120
西　藏	5110	109	87	5133	4677	455
陕　西	286596	32497	11922	323633	291475	32158
甘　肃	81270	14777	3922	105560	92663	12897
青　海	71839	4616	1165	75961	70216	5746
宁　夏	133091	14822	5512	153873	127361	26512
新　疆	542077	47163	11740	594270	438390	155881

3-9 续表 5

汽车、摩托车、燃料及零配件专门零售 单位：万元

地 区	流动资产合计	固定资产原价	累计折旧	资产总计	负债合计	所有者权益合计
全 国	**100666479**	**26981411**	**8855965**	**148709942**	**112231690**	**37796606**
北 京	6916538	1394769	537962	8838669	7074653	1764016
天 津	2102859	728989	244386	3725246	2166928	1558318
河 北	2880028	578372	182390	3665462	2982668	682794
山 西	2788892	781397	258339	3781992	2935198	846794
内蒙古	2204314	908310	283074	3434728	2683851	750878
辽 宁	2841711	1098186	364728	4785167	3271442	1497787
吉 林	1186217	409922	150510	1675512	1246198	429314
黑龙江	1114542	247304	87045	1698115	1536979	161136
上 海	3742046	609814	201010	4718329	3732352	985977
江 苏	7154542	2727958	863875	11928128	9827062	3438960
浙 江	8304469	1873378	583038	11349500	9360541	1992210
安 徽	3788834	820610	248180	5215496	3759025	1456471
福 建	2916409	722064	234475	4100564	2824030	1276534
江 西	1243198	339975	95491	1888806	1450283	438524
山 东	6797745	1792616	603961	10255740	8074062	2181763
河 南	4713628	922143	294270	6211971	4995554	1216417
湖 北	3977188	1715159	594886	6369408	4786914	1582494
湖 南	2612544	1275694	417957	4951833	3119333	1832501
广 东	14884212	2539405	967102	20348928	14055572	6293355
广 西	1557507	280316	90447	2001564	1507091	494473
海 南	623966	320696	127045	969229	637815	331414
重 庆	2120508	530971	156516	3114962	2382752	732210
四 川	4355047	1717800	491999	7483495	5005045	2478449
贵 州	1431117	483870	141062	3430518	2772504	658014
云 南	3038763	731053	203469	4379636	3209279	1170356
西 藏	79845	111350	37765	213155	121475	91680
陕 西	2556571	524760	135466	4107641	3302362	805279
甘 肃	720356	237704	79997	1080021	854619	218464
青 海	257861	73261	24220	347547	271051	76496
宁 夏	493242	135966	40968	695703	540412	155290
新 疆	1261783	347601	114333	1942878	1744642	198236

3-9 续表 6

家用电器及电子产品专门零售　　　　单位：万元

地　区	流动资产合计	固定资产原价	累计折旧	资产总计	负债合计	所有者权益合计
全　国	**20962054**	**2629598**	**678620**	**27034791**	**19447664**	**7587127**
北　京	5052147	113547	45696	5573611	4211710	1361902
天　津	429473	40370	15048	521749	432608	89141
河　北	359361	37950	12376	410680	335625	75055
山　西	205512	42879	8632	255737	215579	40158
内蒙古	290191	52590	7415	426766	322542	104224
辽　宁	368701	107997	27136	536889	369587	167302
吉　林	152248	13529	3871	228582	164996	63586
黑龙江	233915	114138	23088	360133	295063	65070
上　海	1356282	123425	30910	1607470	1044653	562816
江　苏	2108189	561904	137210	4309257	2940785	1368472
浙　江	762827	97221	36656	917339	687013	230326
安　徽	602166	88707	11354	787454	636858	150596
福　建	705311	123346	31802	914713	601123	313589
江　西	343791	41918	9813	420921	284862	136059
山　东	947836	197514	54103	1289363	989149	300214
河　南	587508	129322	33247	725194	583520	141674
湖　北	800456	252161	38326	1132834	821884	310950
湖　南	255679	57860	14560	389678	268287	121391
广　东	2468833	144687	50664	2774874	2171960	602914
广　西	286665	18527	4660	326713	246830	79883
海　南	110622	13172	4403	128635	112565	16070
重　庆	531605	41189	11597	593244	303719	289525
四　川	790253	55961	22518	944501	593134	351367
贵　州	81169	3822	2163	96357	61452	34905
云　南	147961	16547	6997	198830	97347	101483
西　藏	13890	718	204	14404	12078	2327
陕　西	628906	119994	27251	771661	379411	392250
甘　肃	90220	2653	1311	96380	67797	28584
青　海	25003	3948	845	28842	9703	19139
宁　夏	91878	8240	2465	110820	79062	31758
新　疆	133457	3763	2303	141161	106764	34397

3-9 续表 7

五金、家具及室内装饰材料专门零售　　　　单位：万元

地区	流动资产合计	固定资产原价	累计折旧	资产总计	负债合计	所有者权益合计
全　国	**4703674**	**3003127**	**603100**	**9933033**	**6969663**	**2963371**
北　京	396948	109438	41021	527324	402959	124365
天　津	52528	219749	31351	365295	329962	35334
河　北	55259	31183	10255	109593	74996	34597
山　西	84399	36018	6334	140794	58820	81974
内蒙古	140733	49227	13801	204101	75830	128271
辽　宁	106842	150120	35117	276347	265286	11061
吉　林	4699	1639	233	6205	3478	2726
黑龙江	30288	11188	3006	45317	37432	7884
上　海	351901	488090	65036	1051066	825178	225888
江　苏	1098292	497657	98285	2643487	1806656	836831
浙　江	128441	157075	23802	319615	249733	69882
安　徽	204455	95540	18009	329574	283699	45875
福　建	129426	21671	9223	184105	118667	65439
江　西	43565	14009	4208	60105	28651	31456
山　东	485184	286162	61823	833713	429684	404034
河　南	137559	78408	14070	251862	140746	111117
湖　北	200049	115660	18059	471309	344630	126679
湖　南	23510	21624	5415	48695	32236	16459
广　东	447123	89763	36840	774412	621490	152922
广　西	4143	294	171	5135	3309	1826
海　南	5493	380	184	5694	4597	1097
重　庆	226730	276748	36074	577276	359615	217662
四　川	116712	47938	18196	214730	166525	48205
贵　州	516	17	3	800	550	250
云　南	30145	13202	2733	47186	28132	19054
西　藏						
陕　西	170055	137882	40712	340148	227151	112997
甘　肃	16468	46319	6476	71595	30563	41032
青　海	814	3898	1722	4955	3955	1000
宁　夏	11396	2230	945	22588	15135	7454
新　疆						

3-9 续表 8

货摊、无店铺及其他零售业　　单位：万元

地　区	流动资产合计	固定资产原价	累计折旧	资产总计	负债合计	所有者权益合计
全　国	**10431405**	**2369019**	**662430**	**14243405**	**12810282**	**1433123**
北　京	1344877	78373	41065	1732363	2548767	-816404
天　津	499269	37086	5315	555659	577283	-21624
河　北	17518	33411	11119	52298	32672	19627
山　西	234959	568112	136629	768173	682469	85704
内蒙古	702838	97044	22831	933380	652976	280404
辽　宁	78187	31909	4971	117687	66269	51417
吉　林	12393	4265	1260	16150	9538	6612
黑龙江	15618	10689	2839	228995	24381	204614
上　海	2989203	253241	79591	3305743	3316292	-10550
江　苏	804165	128053	33211	991951	831808	160143
浙　江	326494	81568	27014	439348	365415	73933
安　徽	117284	13973	3039	144249	99448	44801
福　建	377141	59383	9614	501299	362391	138908
江　西	42862	9111	1431	68760	45193	23567
山　东	953780	269878	63852	1455248	1211335	243913
河　南	81705	117361	20137	219282	116591	102691
湖　北	79549	76432	20279	153835	115593	38242
湖　南	68622	35377	10743	264294	131623	132671
广　东	886866	256774	90609	1218610	944078	274532
广　西	116174	29788	12300	155059	96531	58529
海　南	6732	1011	814	10727	3318	7409
重　庆	143855	10419	3539	184769	110409	74361
四　川	292589	37737	12234	344298	267120	77179
贵　州	93075	26157	9108	140167	75764	64403
云　南	29038	11721	4869	43841	28315	15526
西　藏						
陕　西	46398	43659	22200	78995	37345	41651
甘　肃	33534	13132	2976	45086	27001	18085
青　海	29924	17786	3074	53410	22665	30745
宁　夏	2714	5169	3538	5113	1376	3737
新　疆	4046	10401	2229	14618	6318	8300

3-10 大中型零售业企业分行业实收资本及构成

综合零售　　　　　　　　　　　　　　　　　　　　　　　　单位：万元

地　区	实收资本						
		国家资本	集体资本	法人资本	个人资本	港澳台资本	外商资本
全　国	**23252337**	**1268071**	**876849**	**10128204**	**4955233**	**2829237**	**3194744**
北　京	1609678	84203	36241	790751	186496	125636	386351
天　津	922189	2721	14944	327959	22602	455391	98572
河　北	695853	37832	70822	332805	239111	1322	13961
山　西	221647	4902	12951	60034	141113		2648
内蒙古	130035	1500	2130	85749	39285	1372	
辽　宁	1253915	38003	40886	349989	192986	427570	204482
吉　林	285879	5673	9720	165573	81302	17501	6111
黑龙江	366804	29763	15854	154783	123679	23867	18859
上　海	2179338	438532	7607	534273	150203	286090	762633
江　苏	1972089	60160	58746	586755	432358	400284	433786
浙　江	1312702	38078	62540	554726	257789	230910	168659
安　徽	519919	39479	18010	203790	152423	68357	37861
福　建	522589	32987	10407	282536	93965	49807	52887
江　西	1235719	2600	12540	141341	1058223	5128	15887
山　东	1487254	46816	141551	642099	368062	78631	210097
河　南	599459	12023	64405	225113	213184	66587	18147
湖　北	1332169	110826	62962	856855	164391	42164	94971
湖　南	617924	21432	33918	286414	162440	47124	66595
广　东	3039042	95221	42529	2256344	226264	166152	252532
广　西	208642	20244	11701	73683	85444	10526	7045
海　南	65988	2550	2630	26883	12423	259	21244
重　庆	365220	7365	4913	211268	35331	82881	23463
四　川	948931	79576	27527	270385	235323	176387	159732
贵　州	118206	3363	14158	40871	33571	4580	21664
云　南	289348	1481	7628	157593	45982	6854	69810
西　藏	2731	851		1700	180		
陕　西	615157	7438	48481	348002	128558	47448	35230
甘　肃	126535	5042	2444	70615	45024	1411	2000
青　海	25476	3455	11116	5810	5095		
宁　夏	55435	807	9332	38099	7197		
新　疆	126466	33149	18159	45407	15231	5000	9520

3-10 续表 1

食品、饮料及烟草制品专门零售 单位：万元

地　区	实收资本	国家资本	集体资本	法人资本	个人资本	港澳台资本	外商资本
全　国	**1601122**	**175984**	**69099**	**604870**	**599727**	**117440**	**34003**
北　京	152412	5050	20491	84012	22716	3183	16960
天　津	29092	3732	50	19090	5163		1058
河　北	9537		62	3225	6250		
山　西	33566	9768	967	9207	13624		
内蒙古	6863	804		1233	4826		
辽　宁	41967	222	780	15694	25272		
吉　林	11151	6869		4282			
黑龙江	6076	1736	150	4136	54		
上　海	110880	12102	860	14722	6239	65357	11601
江　苏	130103	1837	3282	40814	79848	4322	
浙　江	64311	6386	998	32655	23766		505
安　徽	76567	4225	8645	37903	25794		
福　建	96244	6849	3287	32698	36677	16138	596
江　西	26158	585		2724	22850		
山　东	104773	6621	1280	52726	38613	4337	1196
河　南	56682	3772	2202	17303	32061	60	1284
湖　北	133273	21880	3011	36514	70562	652	655
湖　南	111766	9308	12630	29124	60704		
广　东	152286	44868	2500	77449	16566	10904	
广　西	7102	591	126	1800	4585		
海　南	867	267			600		
重　庆	28487	1595	2371	9694	14827		
四　川	70619	1854	1114	15693	51958		
贵　州	16694	10257	63	5651	724		
云　南	47607	12070	2508	12116	16629	4133	150
西　藏	2953			2953			
陕　西	58143	889	1515	36362	11022	8355	
甘　肃	12794	1848	207	4790	5949		
青　海	800			200	600		
宁　夏	250				250		
新　疆	1100			100	1000		

3-10 续表 2

纺织、服装及日用品专门零售　　　　单位：万元

地区	实收资本	国家资本	集体资本	法人资本	个人资本	港澳台资本	外商资本
全　国	**4922857**	**358944**	**46495**	**2088365**	**733654**	**968643**	**726757**
北　京	357635	567	2541	68780	18055	99393	168300
天　津	101845	123		59735	24468	235	17285
河　北	56812		1657	10825	42204	2127	
山　西	80446	396	1735	31364	40351	1600	5000
内蒙古	74484	9106	7718	46056	9608	1995	
辽　宁	128820	1621		32215	34909	59632	443
吉　林	405544			389511	15167	825	40
黑龙江	51293			45132	4960	1200	
上　海	1209191	28418	297	264302	33919	414665	467590
江　苏	322997	103432	2283	59008	51301	105574	1400
浙　江	347050	17950		195917	60602	62116	10465
安　徽	33178	266	1229	15394	8173	8116	
福　建	110501	2050		47874	34059	11693	14826
江　西	17962			13332	2310	2320	
山　东	111617	375	2601	47192	35502	25512	435
河　南	57357	303	5480	27855	23600	120	
湖　北	113543	17018	410	49106	38164	7722	1123
湖　南	83841	1753	1362	40439	37777	2510	
广　东	421135	495	8157	231758	75667	95415	9644
广　西	8414	576		3780	880	3178	
海　南	278526	170055		108421	50		
重　庆	144455		1040	74040	52241	5764	11371
四　川	133193	630		73986	25315	18026	15237
贵　州	12213			2107	1766	7090	1250
云　南	41111	1020		6380	6026	27685	
西　藏							
陕　西	139500	2690	4916	109259	20155	2330	150
甘　肃	21360			8403	11958	1000	
青　海	8200		5000	200	3000		
宁　夏	9609		72	916	8621		
新　疆	41026	100		25078	12848	800	2200

3-10 续表 3

文化、体育用品及器材专门零售　　　　单位：万元

地　区	实收资本	国家资本	集体资本	法人资本	个人资本	港澳台资本	外商资本
全　国	**2940916**	**1000116**	**23114**	**996586**	**540795**	**70903**	**309403**
北　京	231001	28018	3050	120482	45368	5882	28200
天　津	196010	18265	200	81141	69676		26728
河　北	22468	8350		7985	6133		
山　西	74166	4240	254	43875	24649	1148	
内蒙古	10050	150	50	1117	8533	150	50
辽　宁	40479	11283	695	8098	15461		4943
吉　林	9973	7650		1223	1100		
黑龙江	16447	5636	150	1303	9358		
上　海	638022	45320	2000	342358	12058	25870	210417
江　苏	143632	27980	750	39944	62835	8195	3929
浙　江	137436	35038		49912	51986		500
安　徽	56250	25264	959	22785	7241		
福　建	147326	112745	375	9991	24215		
江　西	302435	286420		12529	3486		
山　东	62279	4688	5744	17974	33374		500
河　南	78615	37959	132	11177	27989	1359	
湖　北	93103	54066	61	10913	23895	4169	
湖　南	213627	156620	176	40996	13810		2025
广　东	157645	43498	1529	60556	26162	23621	2279
广　西	80406	25722	523	49735	4426		
海　南	9188	1500		4188	3500		
重　庆	23371	14400	2795	2215	3451	510	
四　川	36509	6964	1367	13792	14385		
贵　州	8625	6389		1300	936		
云　南	57382	4909	2304	19584	28942		1643
西　藏							
陕　西	47013	3320		9904	5600		28189
甘　肃	5844	975		3644	1226		
青　海	1650			1628	22		
宁　夏	6837	4000		2837			
新　疆	33128	18749		3400	10979		

3-10 续表 4

医药及医疗器材专门零售　　　　单位：万元

地区	实收资本	国家资本	集体资本	法人资本	个人资本	港澳台资本	外商资本
全国	**2968013**	**628383**	**47789**	**1604435**	**620832**	**44713**	**21861**
北京	288098	4836	7708	223552	33658	1708	16637
天津	126318	3318		120550	2450		
河北	257420	21060	1209	223065	12087		
山西	128009	102199	40	14162	11609		
内蒙古	18111	1400	636	10426	5649		
辽宁	150678	50440	3	73766	23270		3200
吉林	39149	3500	91	8117	27441		
黑龙江	56842	37	3105	45755	7945		
上海	58138	21678	1036	21495	13929		
江苏	341042	171953	3752	95845	66898	2065	530
浙江	141386	26632	8848	63670	36464	5772	
安徽	140186	27931	1138	57209	53908		
福建	105111	10567	510	68882	23566	1586	
江西	53969	21573	30	11946	20420		
山东	129195	6093	4453	77744	40905		
河南	82306	7285	3552	45403	26067		
湖北	158587	14258	4004	110517	28825		984
湖南	105782	11259		52516	28922	13084	
广东	154259	10627	3748	109461	30424		
广西	115973	50462	1850	29690	19373	14599	
海南	8160			6280	1880		
重庆	72609	39358	223	26654	6373		
四川	46752	3400	336	21778	21238		
贵州	26491	100		15293	10589		510
云南	63795	4000	136	18468	35290	5900	
西藏	455				455		
陕西	39065	3230	1242	23199	11395		
甘肃	15145	210	41	6099	8794		
青海	6410			2400	4010		
宁夏	17578	180	100	14441	2858		
新疆	20996	10800		6056	4140		

3-10 续表 5

汽车、摩托车、燃料及零配件专门零售

单位：万元

地　区	实收资本						
		国家资本	集体资本	法人资本	个人资本	港澳台资本	外商资本
全　国	**39912064**	**7378093**	**1367167**	**16901135**	**12336119**	**1352708**	**574842**
北　京	1521070	58672	4395	1086260	228302	83121	60320
天　津	1107374	269356	6441	697948	61266	21426	50937
河　北	1457298	8455	4365	1069620	369317	1737	3803
山　西	637007	160335	12716	319486	138468	6002	1
内蒙古	377344	56953	543	217603	92070	4776	5400
辽　宁	830554	382468	5220	257262	89059	84702	11843
吉　林	362920	23195	3180	141162	180544	1350	13489
黑龙江	185464	32881	3408	85707	60168	900	2400
上　海	710694	102942	31182	367865	101288	85825	21594
江　苏	3370871	290785	15645	559981	2267472	138674	98314
浙　江	7000217	227482	1059559	4780897	716578	135736	78465
安　徽	2788841	298640	2780	329849	2149527	8046	
福　建	2057809	332801	6338	410012	1275891	28294	4474
江　西	330262	49139	3967	140663	116496	8016	11981
山　东	4303881	80289	61125	2659374	1439556	56610	6427
河　南	1016787	174977	4643	368678	460040	4265	4184
湖　北	939000	376894	17645	334955	195991	5432	8083
湖　南	1656017	1212539	8045	298204	129907	7312	10
广　东	3622533	1044178	68865	922813	1391293	175614	19771
广　西	289642	29806	2007	159687	82810	15332	
海　南	254840	182198	5900	51162	12857	1688	1035
重　庆	497182	24084	7110	312432	140745	8000	4811
四　川	1696866	901847	3703	497891	195081	39278	59067
贵　州	412388	212996	1090	131188	66514	600	
云　南	514666	157881	3110	162184	111494	77144	2854
西　藏	34856	26857		5424	2575		
陕　西	1104351	595634	16664	210466	164214	19581	97791
甘　肃	155879	24102	1800	85476	40691	3811	
青　海	45257	3333	3749	27794	8281	2100	
宁　夏	110308	10963		74643	15066	3889	5748
新　疆	519887	25414	1975	134450	32560	323449	2039

3-10 续表 6

家用电器及电子产品专门零售　　单位：万元

地区	实收资本	国家资本	集体资本	法人资本	个人资本	港澳台资本	外商资本
全国	**3914268**	**32202**	**78663**	**1688281**	**1690649**	**211154**	**213319**
北京	359697	8800		214634	65302	6000	64961
天津	48561			40431	8130		
河北	64099	155	50	34389	29505		
山西	33614	198	81	13786	19391	78	80
内蒙古	57117			36518	20599		
辽宁	106321	114	205	75962	25697		4344
吉林	21025	45	45	5799	15096	20	20
黑龙江	49457	1044	260	33867	14286		
上海	272511			189205	30911	35000	17395
江苏	1207400	3008	40	82233	880309	130825	110985
浙江	165473		1000	115238	49235		
安徽	80107	3372	180	57381	17173		2000
福建	147156	1000	885	72619	41113	28539	3000
江西	65341	60	1549	29893	28607	5228	5
山东	220540	3695	265	135314	75836	10	5419
河南	105649	7013	3496	46630	48010		500
湖北	112673	55	500	85349	24268	2500	
湖南	70096	641	25216	33081	10332	826	
广东	281533		966	189087	89655	775	1050
广西	44491		40	24946	19504		
海南	11495		613	6983	3900		
重庆	88249	705	51	10258	75883	1353	
四川	117156	2297	1590	70742	40527		2000
贵州	17094			8089	9005		
云南	23990			17670	6320		
西藏	1500			700	800		
陕西	96884		31545	41654	22126		1560
甘肃	9562			8921	641		
青海	4860			2460	2400		
宁夏	9435			2233	7202		
新疆	21185		10088	2210	8887		

3-10 续表 7

五金、家具及室内装饰材料专门零售

单位：万元

地区	实收资本	国家资本	集体资本	法人资本	个人资本	港澳台资本	外商资本
全国	**1695000**	**59599**	**40712**	**518605**	**592014**	**46033**	**438037**
北京	132353			29290	17376	205	85481
天津	84610		45	23443	41433		19690
河北	22563	838	5045	11430	5250		
山西	39353	3231	1073	12811	22179		60
内蒙古	93492			9115	84378		
辽宁	74806	37	2000	17094	8312		47363
吉林	2030			1300	730		
黑龙江	6253		1000	1823	3430		
上海	282195	40004	5196	102309	14880	12875	106932
江苏	126014			13915	58658	6622	46819
浙江	89503	1600	1320	41767	14460	937	29419
安徽	41738		2792	24684	14261		
福建	44583		120	18905	20673		4886
江西	11768			4950	6818		
山东	101996	420	2675	50373	48526	2	
河南	70427	1026	6113	18932	44139	128	89
湖北	104315		3914	31289	45455		23657
湖南	16443	3106	2415	6363	4560		
广东	105361			36641	18314	25264	25142
广西	1696			1450	246		
海南	610				610		
重庆	111297		500	6595	73961		30242
四川	39209	9337		10263	5485		14124
贵州	250				250		
云南	9101		350	1679	2938		4134
西藏							
陕西	59134		6147	34507	18480		
甘肃	15799		8	5628	10163		
青海	1000			1000			
宁夏	7100			1050	6050		
新疆							

3-10 续表 8

货摊、无店铺及其他零售业　　　　单位：万元

地　区	实收资本	国家资本	集体资本	法人资本	个人资本	港澳台资本	外商资本
全　国	**2374272**	**328241**	**38347**	**847015**	**497701**	**487539**	**175430**
北　京	251594	4100		40829	80588	76554	49523
天　津	17538	507		15000	713		1318
河　北	18178	11748		2670	3760		
山　西	79886	24468	2257	30524	15587	7050	
内蒙古	77689	1000	65	74561	2063		
辽　宁	29470			15471	9269	3200	1530
吉　林	1970			1410	560		
黑龙江	203436	118438		81753	3245		
上　海	447282	5576	4137	71317	21373	344832	49
江　苏	103848	23503	1600	34256	32508	3649	8332
浙　江	102175	40069	1900	43065	9099	7049	993
安　徽	12471	500		3895	5592	2484	
福　建	131962	14150		94447	16349	7016	
江　西	16541	5204		9813	1524		
山　东	164955	9035	12832	79335	43443	6709	13601
河　南	60704	1666	60	26460	25219	7300	
湖　北	51104	15602		17978	7750	9524	250
湖　南	135346	12	2630	19050	111133	2520	
广　东	235598	2500	1736	85601	77514	5732	62515
广　西	14685	6033	36	2550	6066		
海　南	3600			2640	960		
重　庆	33316			27965	4849		503
四　川	82266	25464		35205	4780		16817
贵　州	34728	5052	7242	16050	2464	3920	
云　南	5558	127	3853	75	1503		
西　藏							
陕　西	38933	8176		10557	200		20000
甘　肃	7773	1144		736	5893		
青　海	2500			1000	1500		
宁　夏	4171	4171					
新　疆	5000			2800	2200		

3-11 大中型零售业企业

综合零售

地　区	主营业务收入	主营业务成本	主营业务税金及附加	主营业务利润	其他业务利润	销售费用
全　国	**200831485**	**170642514**	**1620855**	**28568115**	**5802677**	**19845635**
北　京	14502835	12333916	119832	2049087	976864	1884993
天　津	2584307	2234922	19087	330298	153637	360614
河　北	7608432	6698287	69197	840948	163481	594836
山　西	2529602	2233400	13755	282447	80858	220843
内蒙古	1831495	1600904	21256	209335	44525	113075
辽　宁	8189216	6905491	94692	1189033	157130	693396
吉　林	3722390	3115602	30284	576504	71899	229428
黑龙江	3451632	2929475	34071	488086	89845	233442
上　海	13687122	11309696	93435	2283991	448752	1872960
江　苏	19082657	16288992	130024	2663641	543604	1682717
浙　江	11551050	9858983	83232	1608835	320203	1239102
安　徽	7398432	6475399	44585	878448	105790	638881
福　建	4659943	3974617	29715	655611	135530	608164
江　西	2347612	2009103	20908	317601	70875	235084
山　东	23088660	20159348	155010	2774302	487459	1414643
河　南	7546886	6342327	98602	1105957	210475	526191
湖　北	11078943	9258354	98586	1722003	378436	1116909
湖　南	7511302	6291655	82202	1137445	127198	769719
广　东	16668312	13838736	103273	2726303	442985	2093676
广　西	2558068	2165757	17692	374619	80591	294409
海　南	511554	387976	2993	120585	13006	80847
重　庆	6248030	5312844	49266	885920	192214	738546
四　川	9172620	7785955	61023	1325642	186126	947551
贵　州	1289102	1078853	9686	200563	49263	158600
云　南	2599532	2210879	15420	373233	36338	211888
西　藏	76649	66499	436	9714	1074	5347
陕　西	5322693	4450616	55731	816346	157323	503053
甘　肃	1219649	1022163	17159	180327	24036	104510
青　海	363643	307035	2026	54582	13898	37460
宁　夏	726448	605608	7080	113760	14854	92415
新　疆	1702669	1389126	40599	272944	24411	142336

分行业损益及分配

单位：万元

管理费用	财务费用	营业利润	利润总额	应交所得税	应付职工薪酬	应交增值税
9030648	**1370942**	**5763012**	**5963568**	**1941095**	**9947139**	**3543462**
643396	41238	495257	490415	143878	870262	296622
194688	33449	-71865	-64531	5717	218624	41431
352500	70415	94355	253269	552755	461778	102600
113178	41031	-7200	-147	6429	94779	55622
97152	36443	42323	50870	13321	85652	22848
625326	131910	146904	87766	45563	449413	229640
272110	57770	191502	192912	31268	166651	30319
185355	31524	185777	174829	37761	156009	55062
765779	31680	187185	222020	106106	638520	206261
905261	85546	549913	481573	147704	829381	364268
550459	68035	265543	281646	93333	701393	191057
292214	39751	65148	61271	31531	311281	98851
150000	22835	113168	112956	20953	265160	99912
79486	23234	66316	87971	7180	118974	37857
828376	203579	770157	843646	162998	865636	376147
391295	56071	369168	361412	46940	391252	120619
470335	79167	411711	402851	67248	605542	218835
293827	44106	259004	302829	59002	262670	117060
536985	63021	641904	637306	155757	873757	299050
106846	12451	57828	55401	11175	136080	71343
33527	7047	12409	12167	4850	28941	8205
186572	28630	177205	149677	27671	385568	112828
332042	62479	233408	232962	54682	385617	134029
41528	7081	54395	54183	13378	65490	32892
96517	15990	95879	103897	18844	130138	36552
5748	181	-2535	1954	28	3354	158
263724	37960	206877	207384	31707	259709	92413
41927	8064	52386	52765	12606	46627	15425
17018	7248	3351	5277	3491	18426	38506
20243	4302	32296	39357	9873	35460	17316
137235	18707	63242	67679	17344	84997	19738

3-11 续表 1

食品、饮料及烟草制品专门零售

地区	主营业务收入	主营业务成本	主营业务税金及附加	主营业务利润	其他业务利润	销售费用
全国	**14417050**	**11349258**	**159462**	**2908330**	**139138**	**1532451**
北京	1090352	633155	9424	447773	42930	339842
天津	183584	125897	1260	56427	317	26925
河北	23791	20703	108	2980	898	2732
山西	297420	259486	1499	36435	1014	19726
内蒙古	53929	45282	126	8521		5749
辽宁	166633	128221	762	37650	394	9840
吉林	111756	88115	666	22975	89	6353
黑龙江	184669	154497	1746	28426	888	7864
上海	1010224	765501	6609	238114	24751	214494
江苏	1218641	915644	9169	293828	4346	108633
浙江	583213	496965	1857	84391	10948	61153
安徽	621166	536023	8335	76808	1650	33996
福建	1063590	820873	19793	222924	1857	112404
江西	174435	127208	1819	45408	6136	15283
山东	1009182	837748	14625	156809	7497	61957
河南	637245	554052	6474	76719	1077	29870
湖北	2242786	1807393	42897	392496	5224	135297
湖南	566851	465598	5155	96098	5159	51710
广东	958061	709628	8786	239647	16603	107969
广西	34946	29558	210	5178	1163	2395
海南	10372	11086	12	-726		617
重庆	438688	364960	3639	70089	1342	36936
四川	580154	467468	4272	108414	2558	58179
贵州	55219	44463	350	10406	184	10545
云南	539596	467073	3212	69311	1683	29610
西藏	35313	29573	2059	3681	40	705
陕西	388041	332652	3186	52203	278	26698
甘肃	127588	102207	1345	24036	150	13467
青海	4694	3979	44	671	-37	101
宁夏	2409	1808	2	599		1011
新疆	2504	2443	22	39		390

单位：万元

管理费用	财务费用	营业利润	利润总额	应交所得税	应付职工薪酬	应交增值税
640969	**118086**	**770140**	**753694**	**142371**	**865699**	**362572**
71154	2961	79657	80758	26524	115794	72350
13132	225	17136	15498	4246	21372	9899
1516	373	-203	51	35	2030	299
11454	2902	2364	3044	362	12452	2791
2177	4977	-4175	2725	288	3285	672
8840	688	12085	9071	485	9580	3133
14276	433	1792	1675	106	5201	830
3724	694	16144	2458	179	4961	1521
57045	2849	-6259	3438	5983	101928	25992
64240	15840	113821	97914	18417	95978	37623
27325	3194	4694	17091	2759	39853	9448
17550	5045	21265	20700	1671	29857	4185
55296	4637	43740	46369	6003	61034	26120
12789	1340	17119	14942	1764	13183	3312
34747	11258	54097	36300	6447	53858	12528
19393	5820	22499	23661	1575	28066	7297
75786	15143	152357	137667	25344	64026	53418
23992	8534	35747	28334	2212	28687	5015
48152	-3368	122706	134287	28414	63237	16915
1911	637	222	602	107	2906	191
808	188	-2339	711	9	785	96
12527	4289	18358	16790	1235	22445	4558
15740	4500	23446	26585	3025	24350	50383
4081	562	-3967	-2664	829	5142	511
17831	4852	19708	22831	2688	27531	5344
2338	-1	680	636	117	2359	983
16983	18318	4981	8374	719	14353	3719
5948	1117	3416	4383	825	10430	3379
132	58	380	379	6	559	24
44	23	-941	-836		230	36
39		-390	-81		230	

3-11 续表 2

纺织、服装及日用品专门零售

地　区	主营业务收入	主营业务成本	主营业务税金及附加	主营业务利润	其他业务利润	销售费用
全　国	**30595102**	**21263951**	**322078**	**9009074**	**792031**	**5699323**
北　京	2322089	1509528	17881	794680	54875	661664
天　津	449580	298323	3163	148094	6774	87848
河　北	406690	328339	3544	74807	7618	38185
山　西	722408	571841	3407	147160	17535	65500
内蒙古	396971	335800	6756	54415	18062	22554
辽　宁	793259	633453	5095	154711	7965	82348
吉　林	454257	373665	13555	67037	10067	19668
黑龙江	393247	299348	8060	85839	8684	27844
上　海	7444370	4234140	63558	3146672	60851	2208706
江　苏	1751826	1332485	11858	407483	492632	263410
浙　江	2139040	1547525	15567	575948	12660	368933
安　徽	476828	384317	5205	87306	2692	53276
福　建	977867	768064	4552	205251	1450	110813
江　西	154258	107636	1833	44789	2593	35208
山　东	1514376	1218713	24513	271150	2489	123959
河　南	588707	470165	9556	108986	2861	39013
湖　北	882941	635600	7773	239568	15763	138324
湖　南	753754	628571	22650	102533	3558	56277
广　东	3220525	1967706	24378	1228441	18141	778563
广　西	63921	48773	452	14696	3548	9776
海　南	492908	322029	13230	157649	3299	46502
重　庆	672892	483550	10018	179324	6774	78864
四　川	1092200	798117	14899	279184	9340	173469
贵　州	92175	71918	679	19578	982	12825
云　南	343509	269820	3761	69928	4058	43271
西　藏						
陕　西	1494070	1217613	21336	255121	4449	85001
甘　肃	80897	62296	1044	17557	153	7794
青　海	30534	25778	61	4695	229	3878
宁　夏	41016	34472	255	6289	4775	7750
新　疆	347989	284366	3438	60185	7154	48103

单位：万元

管理费用	财务费用	营业利润	利润总额	应交所得税	应付职工薪酬	应交增值税
2357696	**270893**	**1057707**	**1002255**	**322710**	**2350073**	**970652**
183038	8390	-965	2694	11450	267800	105577
44490	5601	17283	19320	4259	35104	18960
36379	9851	3773	6618	2680	26620	7619
49749	7164	40854	-7580	1394	24509	5758
36434	4670	9731	12314	2421	22681	11917
65118	10807	6609	5352	2347	33311	15887
28828	4369	25500	12549	1780	16219	5121
21250	2783	34806	26664	1383	22034	3479
937920	41610	101711	127744	96339	624928	211184
71622	20878	104801	102688	29346	107637	51305
134751	34395	54388	58758	34288	162750	72638
20673	1947	12724	11217	952	26746	9621
39563	6916	51968	48924	8724	68584	26494
7172	1215	1138	4421	2842	11210	5321
54516	10734	84199	88868	24259	99769	50971
28110	5615	38936	38107	2817	37356	12275
42674	11092	50102	45777	7134	70487	32561
23568	7232	22214	14108	3332	36890	9652
273938	18616	154336	166481	40979	384638	179980
3487	1661	1047	2098	293	4158	1560
27985	10920	67759	74339	18515	22853	4070
65697	18773	25415	26052	4686	61472	22948
63691	6948	46227	48275	7240	80551	36548
4165	888	5345	5646	876	6192	10859
20798	4579	2833	3067	1620	25393	26524
37277	5610	102803	64469	7333	32149	18023
4328	1640	3903	3675	450	10787	1375
3385	813	-3152	-3499	20	3012	324
3838	524	-2668	-954	39	4677	61
23252	4653	-5914	-5936	2906	19560	12043

3-11 续表 3

文化、体育用品及器材专门零售

地 区	主营业务收入	主营业务成本	主营业务税金及附加	主营业务利润	其他业务利润	销售费用
全 国	**20959084**	**17148567**	**139707**	**3670811**	**216366**	**1817437**
北 京	2863647	2528049	7734	327864	30724	191511
天 津	687810	581860	5558	100392	15814	65480
河 北	384973	306280	306	78387	5122	16088
山 西	222167	187515	3346	31306	850	23704
内蒙古	53658	46075	1117	6466	1340	4822
辽 宁	329511	272740	3689	53082	2703	21902
吉 林	64355	50769	319	13267	1958	3728
黑龙江	253872	207836	1122	44914	2142	24083
上 海	3956501	3400100	31689	524712	26065	447482
江 苏	2150151	1787736	14205	348210	24908	159781
浙 江	925960	765561	11739	148660	8872	86468
安 徽	337527	270904	2109	64514	2854	25558
福 建	823804	567505	3422	252877	13315	97069
江 西	738564	581707	6635	150222	5821	31376
山 东	672336	539632	7119	125585	28726	51676
河 南	746123	597861	6279	141983	15051	54388
湖 北	320556	256192	3584	60780	1560	29965
湖 南	816945	638733	4149	174063	2395	96628
广 东	2015549	1735364	7426	272759	-3360	114716
广 西	117839	91591	560	25688	2298	11365
海 南	13809	9729	350	3730	3776	3177
重 庆	491535	333648	1545	156342	1979	23564
四 川	650607	421220	2708	226679	14458	82599
贵 州	91145	74582	176	16387	879	6247
云 南	543906	357490	6766	179650	3784	80387
西 藏						
陕 西	343257	275504	3510	64243	866	28496
甘 肃	137834	111697	1968	24169	330	4666
青 海	4264	3051	133	1080	134	450
宁 夏	14729	10969	15	3745	87	1931
新 疆	186155	136669	431	49055	915	28134

单位：万元

管理费用	财务费用	营业利润	利润总额	应交所得税	应付职工薪酬	应交增值税
1186566	**100904**	**671936**	**723386**	**100376**	**1203262**	**241336**
120170	9417	43660	59248	14388	151005	22780
52918	8877	7337	11912	3585	39796	14310
40381	331	26826	26233	52	27625	1024
9699	4034	-4106	-2552	657	12096	1996
4410	434	1170	-986	61	3167	308
25869	5624	4068	6692	579	15916	2690
9322	842	153	2342	13	5770	131
10946	1042	10780	9825	1026	8868	5181
123096	18084	-52234	-44910	18369	142671	7248
87548	5283	120014	127782	8487	98710	26311
44808	9395	13861	23709	2871	63693	11780
17120	1487	23913	23657	978	20728	3112
126248	1401	40605	44197	5661	45481	13183
45437	893	75432	73982	17543	39407	11544
26307	9162	26907	27126	4761	50429	9904
49557	4597	55455	42896	1206	55286	8141
19655	1443	12489	15612	1422	17750	2686
40286	75	39656	42974	513	51700	18441
102011	6411	53870	60882	2591	127933	24629
11253	393	6191	7849	767	11971	1006
3949	3799	-3328	-3964	20	1544	265
18377	-6259	25461	26721	477	25468	12657
97203	4531	56205	62424	1075	82903	8409
7562	310	3529	4322	113	6293	1100
52775	7197	43976	43755	8144	42449	26997
16785	962	21188	8145	1217	23346	2636
8523	715	11083	11389	184	6101	2011
583	129	-80	54		554	
1827	43	-57	475	75	1907	109
11943	253	7910	11601	3545	22695	748

3-11 续表 4

医药及医疗器材专门零售

地　区	主营业务收入	主营业务成本	主营业务税金及附加	主营业务利润	其他业务利润	销售费用
全　国	**40652749**	**35523366**	**139030**	**4990353**	**155595**	**2541739**
北　京	3854934	3455304	9331	390299	20291	184751
天　津	468263	424875	917	42471	1058	15159
河　北	1577836	1432316	2629	142891	3112	51061
山　西	767325	682555	1801	82969	1117	47466
内蒙古	171028	138690	721	31617	1842	18873
辽　宁	1512079	1307434	4134	200511	8538	140826
吉　林	493220	425498	1403	66319	304	32494
黑龙江	1262338	1102810	6923	152605	1281	37062
上　海	1568711	1375107	3772	189832	8339	109862
江　苏	6002074	5322871	12517	666686	19433	247573
浙　江	2301445	2051503	5232	244710	9038	126212
安　徽	2028625	1864928	4265	159432	3470	64787
福　建	1013826	921008	2405	90413	1842	42751
江　西	999881	909803	2137	87941	1332	51757
山　东	3235318	2691590	20607	523121	3606	273484
河　南	1118296	943749	12398	162149	4102	72564
湖　北	1949421	1749575	5916	193930	9886	87341
湖　南	1810551	1567028	9069	234454	9710	134609
广　东	2297332	1853724	10359	433249	22023	280014
广　西	1585385	1432727	2853	149805	3112	68380
海　南	33045	24877	64	8104		5433
重　庆	852173	727844	2803	121526	3597	71895
四　川	612046	493857	3675	114514	2902	76341
贵　州	505755	440610	1727	63418	360	30210
云　南	734076	525243	3494	205339	7067	147700
西　藏	9917	8383	36	1498		824
陕　西	514753	446599	3311	64843	2175	40185
甘　肃	221526	170117	2119	49290	157	36249
青　海	32496	26481	89	5926	2004	3192
宁　夏	223300	201597	419	21284	368	10153
新　疆	895774	804665	1910	89199	3530	32534

单位：万元

管理费用	财务费用	营业利润	利润总额	应交所得税	立付职工薪酬	应交增值税
1213079	**388747**	**1045909**	**1054103**	**195090**	**1593831**	**758108**
104214	83906	127252	136213	23875	135960	69821
8197	5694	15392	16014	4149	12066	5775
40297	24225	25302	28373	7273	58013	19541
21628	2244	13014	13610	4397	25720	8669
10796	1031	1041	318	412	12314	5303
40492	8692	16052	12910	3804	75547	19269
14741	4796	16537	16713	4275	16253	8234
56121	5955	53951	31962	7709	31570	26553
57035	599	44133	46983	5614	62354	16444
127245	49060	131444	132733	29186	140987	106375
70721	14612	44523	44479	11155	93372	34827
52142	19705	26655	26658	5411	47349	32506
27423	7406	25088	25785	3126	36077	11604
20556	11821	-2350	9979	2287	34592	6689
119595	27061	114046	124911	12824	101392	77358
36191	8630	49603	45735	4798	55613	21530
51804	27782	44504	40629	8386	59366	24839
49296	14883	56439	55541	9686	75181	29197
99692	16004	102488	105216	19906	181145	106463
34957	13294	38858	41236	8552	48209	25615
1956	699	15	304	78	3142	5319
30605	8820	19914	15268	1932	44364	12689
32514	5959	3791	4045	2108	39187	13835
18270	5730	8265	8679	1820	21815	7060
30337	3777	26617	26072	4313	90180	31950
75	4	597	527	71	307	390
16754	3461	6946	7192	462	40595	6923
10834	1935	1707	878	475	18919	6571
2340	678	-299	-309	28	2451	698
6320	2540	2536	2815	660	8690	3081
19932	7748	31851	32634	6318	21103	12983

3-11 续表 5

汽车、摩托车、燃料及零配件专门零售

地　区	主营业务收入	主营业务成本	主营业务税金及附加	主营业务利润	其他业务利润	销售费用
全　国	**358016033**	**335232064**	**595879**	**22188091**	**2381976**	**10979224**
北　京	21492827	20276480	30154	1186193	240736	729623
天　津	7876972	7357166	12726	507080	30622	332240
河　北	8408835	7947711	8399	452725	43592	224677
山　西	10081751	9555366	9189	517196	26382	319126
内蒙古	7869182	7139099	19708	710375	20411	294762
辽　宁	11474127	10749247	16863	708017	23390	365303
吉　林	5238551	4877867	5330	355354	11463	181755
黑龙江	3224395	2963632	11832	248931	9595	91383
上　海	11545020	10751006	12570	781444	53557	327194
江　苏	33799524	31632946	45706	2120872	185392	1017720
浙　江	28276279	26844829	38149	1393301	116682	747867
安　徽	10538546	9952177	12850	573519	17572	285865
福　建	10488579	9852020	14897	621662	34187	374518
江　西	4698552	4402968	12752	282832	14501	122797
山　东	24603061	23064431	72951	1465679	102988	697493
河　南	14895441	13957545	30673	907223	54769	396602
湖　北	14204585	13210997	31583	962005	757134	379126
湖　南	14581832	13691059	22137	868636	20602	429485
广　东	43242516	40619370	71030	2552116	282388	1399521
广　西	4719643	4403041	10098	306504	21295	148088
海　南	3098895	2861434	4510	232951	12058	107900
重　庆	8528236	7874446	17086	636704	21007	243528
四　川	20751751	19409566	33177	1309008	67849	677093
贵　州	6822451	6243998	10990	567463	14748	191262
云　南	8515577	7960841	12495	542241	27257	299110
西　藏	676528	638295	998	37235	8405	24368
陕　西	8550510	7870867	15713	663930	116593	265077
甘　肃	4153932	3866119	4141	283672	4525	104618
青　海	906351	837375	1094	67882	11502	25081
宁　夏	1278350	1184575	1641	92134	6052	44782
新　疆	3473233	3235595	4439	233199	24723	131262

单位：万元

管理费用	财务费用	营业利润	利润总额	应交所得税	应付职工薪酬	应交增值税
6054586	**2925304**	**3671089**	**3547426**	**741041**	**7365542**	**5869675**
435182	159254	58853	70130	46155	491380	166868
129093	56016	7891	11325	16223	179907	121566
134635	80651	47511	54194	16205	184876	99012
158166	71860	-18937	-10338	8660	171967	45345
112897	59004	251656	88479	8517	152051	356351
195738	112059	65697	70423	14030	212752	171812
102079	40428	39619	59144	15031	90537	139791
60563	38969	64417	26450	2125	47012	41869
279978	105433	79463	74636	26520	216373	72364
576210	320877	394402	299960	69118	546511	698800
539691	271619	-27011	-2042	50645	576680	252651
142316	71775	94488	82887	11063	189638	98674
174412	91183	41125	31293	22860	236933	167789
87158	43124	42203	44920	16982	108053	127766
395095	200471	249857	219341	82090	450137	359050
250780	139630	184367	171304	24182	277791	161266
272345	131294	204679	185923	41875	334930	210014
200720	72284	142298	127727	27019	463753	148032
735003	324058	442297	463831	91375	920227	731646
95637	30358	51631	63597	15576	115212	96240
57742	10079	69506	68532	15461	67264	68889
118098	66404	166869	189813	13912	167934	160998
291722	152724	283160	250040	41108	425314	346453
89987	49560	263620	312516	10559	104056	330702
122925	77591	45570	193566	15468	149565	227436
10931	224	22245	22344	345	14763	2333
148275	77946	181173	181301	17354	160441	175351
41326	25888	139066	104389	5861	63895	130940
19198	7661	17074	17245	3341	128056	29561
27339	13757	17388	19527	2878	27991	32588
49346	23124	48914	54969	8505	89546	97518

3-11 续表 6

家用电器及电子产品专门零售

地 区	主营业务收入	主营业务成本	主营业务税金及附加	主营业务利润	其他业务利润	销售费用
全 国	**53222785**	**47414962**	**211121**	**5596702**	**476124**	**3750960**
北 京	13517880	12526500	31548	959832	85930	668838
天 津	994112	931554	2010	60548	3371	107226
河 北	895851	806831	2952	86068	7851	74259
山 西	460926	411308	1242	48376	4049	38398
内蒙古	572641	515518	1346	55777	5995	35685
辽 宁	1411780	1282824	6242	122714	8955	88864
吉 林	390469	335236	1307	53926	1324	33027
黑龙江	846553	738945	5526	102082	8368	43105
上 海	2534190	2107170	8983	418037	25533	253347
江 苏	4571388	3969339	16334	585715	79489	423230
浙 江	1853846	1639390	6368	208088	17014	153404
安 徽	1158572	1044674	2985	110913	5585	83301
福 建	1524401	1358740	3920	161741	4860	115714
江 西	808298	733104	2532	72662	4351	40495
山 东	3553820	3147507	23406	382907	16084	185761
河 南	1460732	1286214	9534	164984	18531	108841
湖 北	1902099	1632075	9245	260779	19034	111867
湖 南	1176311	1021973	6445	147893	4222	78918
广 东	5690082	4965089	16902	708091	59949	517691
广 西	530917	470339	1759	58819	9068	44737
海 南	227090	201401	647	25042	2577	23074
重 庆	1485950	1330043	10819	145088	18282	94476
四 川	2242643	2013471	8459	220713	24359	165331
贵 州	324606	284123	1114	39369	2967	30154
云 南	427756	374335	1321	52100	4999	49361
西 藏	33212	31153	209	1850	3426	3713
陕 西	1889239	1611604	25227	252408	16013	106603
甘 肃	184301	159525	908	23868	5	18303
青 海	83341	70950	374	12017	969	6365
宁 夏	214733	187724	872	26137	8109	21275
新 疆	255046	226306	586	28154	4856	25596

单位：万元

管理费用	财务费用	营业利润	利润总额	应交所得税	应付职工薪酬	应交增值税
1248065	**198226**	**1147801**	**1294308**	**197374**	**1491788**	**722003**
189557	-10049	514349	536861	52774	236819	161972
15213	3200	-2885	-2817	1498	20305	9383
21937	9093	-8793	-10382	682	32176	13505
15977	2533	-3289	-1498	445	12836	3143
20325	6750	1417	3360	2716	21381	6842
37105	10824	-5586	-4327	1205	47171	10630
19098	777	4122	3772	532	9260	6216
28602	2676	36910	22037	2400	10103	8075
50317	1980	27006	30349	4312	62389	37370
170163	55447	14992	-1642	13524	188717	83757
51185	8519	-9383	-6414	2943	77475	24271
20881	3340	14107	15302	2848	34338	13160
41062	8376	12330	15290	3690	60701	12938
18486	2715	14119	29975	2646	23029	9188
73600	12291	132337	131125	25716	84462	49750
41733	8516	30348	27404	3477	53071	22754
72512	5821	92328	94596	23232	46354	27704
27746	9627	43427	29955	1748	33928	16888
141856	23796	39281	47605	20375	218327	80384
17697	3440	1605	4903	780	19570	8337
6833	856	-2709	-819	284	9460	2701
32527	6266	29866	96550	2402	35626	18726
42606	8897	31917	87625	13546	59029	30206
9430	2154	-242	1036	579	10751	5249
14499	2120	7288	1161	678	17109	7153
1389	57	117	229	34	2590	45
44859	4680	116570	121169	8906	38412	43004
4367	1716	7675	9336	540	5996	1325
2937	217	3079	3088	1034	2626	1559
6233	946	5993	6405	1394	8145	2503
7333	643	-495	3076	437	9634	3264

3-11 续表 7

五金、家具及室内装饰材料专门零售

地区	主营业务收入	主营业务成本	主营业务税金及附加	主营业务利润	其他业务利润	销售费用
全国	**13985178**	**10697302**	**278881**	**3008995**	**94752**	**1029952**
北京	573240	374990	5887	192363	15955	129261
天津	255723	177205	8771	69747	671	32223
河北	139356	112954	2029	24373	434	10995
山西	271783	216216	5710	49857		9776
内蒙古	385649	292604	8153	84892	3559	18818
辽宁	340626	291782	1894	46950	3759	21619
吉林	8205	6307	66	1832	1	572
黑龙江	69735	43885	3105	22745	616	8084
上海	629771	440203	6829	182739	14416	112306
江苏	1456055	1123033	16067	316955	4161	109261
浙江	281757	225182	4639	51936	1368	24255
安徽	368620	297866	5594	65160	2859	15512
福建	598449	528327	2646	67476	644	32661
江西	183388	165289	2975	15124	2188	3670
山东	1819085	1460836	38842	319407	6463	75522
河南	555953	443989	18568	93396	499	19040
湖北	818454	683018	16488	118948	1027	36881
湖南	285049	236084	4123	44842	11851	21823
广东	694567	522326	7975	164266	7825	84681
广西	8211	6454	92	1665	-1	588
海南	10199	8538	18	1643		946
重庆	1579026	922068	75724	581234	5622	104999
四川	450569	333227	7493	109849	5046	47683
贵州	2850	2050	250	550		350
云南	301199	245240	613	55346	324	4075
西藏						
陕西	1597942	1347275	32322	218345	478	28925
甘肃	122819	114800	534	7485	373	2259
青海	2686		152	2534	4613	3130
宁夏	14551	10094	111	4346		4695
新疆	159663	65462	1213	92988		65344

单位：万元

管理费用	财务费用	营业利润	利润总额	应交所得税	应付职工薪酬	应交增值税
676202	**202296**	**1186246**	**1132572**	**151811**	**485337**	**272600**
44024	4595	30406	30877	8736	39212	20284
38224	9381	-8644	-10851	69	7896	1864
9829	997	4132	3709	395	6209	3074
9625	2311	28918	10521	558	8272	5973
10053	2772	54874	55318	127	12132	2798
27594	8189	-6783	-5763	1097	17993	6973
925	172	173	147	30	989	204
3532	531	12493	-2254	19	2152	540
67074	23598	-2471	6157	5293	54498	7402
102179	36811	89400	87252	19415	39191	37682
18526	8829	2818	3342	851	14358	4837
17047	7523	24527	19583	2383	17970	4688
22438	2091	12515	12851	2172	10822	6755
4935	1284	5492	4826	486	3516	5305
61079	20734	172752	169079	16198	82262	40409
24908	12688	37164	37078	1809	27034	8381
34529	10956	35726	29314	2089	23845	11723
9876	5111	11540	2763	293	6628	1338
45719	8249	34215	34810	6290	35002	17127
1298	74	286	160	43	580	99
533	11	154	154	61	672	201
44294	18597	398582	420653	63851	16465	39745
33189	3200	30274	28659	1818	18066	7312
200	5	-5	-5		440	13
1984	184	51424	42570	472	4065	1587
29250	10943	149094	129102	9640	22805	34722
2436	956	2290	2041	66	8031	31
1899	-5	-412	-392		177	
704	844	-3842	1287	216	985	327
8300	667	19152	19587	7332	3071	1209

3-11 续表 8

货摊、无店铺及其他零售业

地　区	主营业务收入	主营业务成本	主营业务税金及附加	主营业务利润	其他业务利润	销售费用
全　国	**32517065**	**28978356**	**104950**	**3433758**	**168316**	**2600315**
北　京	7966993	7428833	8617	529543	-2740	528187
天　津	1100505	1037559	1695	61251	-11361	46843
河　北	51379	43651	319	7409	2607	4250
山　西	342261	309711	2106	30444	2183	19330
内蒙古	417340	226625	2580	188135	233	156520
辽　宁	647199	581667	2629	62903	13	44438
吉　林	135979	129746	97	6136		2965
黑龙江	120518	99644	3417	17457		1147
上　海	5860696	5222670	10009	628017	119981	635597
江　苏	1709497	1522499	3844	183154	10468	121569
浙　江	1158742	1025307	2455	130980	1305	102075
安　徽	272262	210715	1162	60385	2528	47573
福　建	815175	723688	1345	90142	2850	58185
江　西	228521	184864	783	42874	1404	27592
山　东	1588725	1323380	11520	253825	9278	77443
河　南	175178	132932	2302	39944	586	4474
湖　北	1086181	969134	3482	113565	2694	71996
湖　南	489121	396772	24071	68278	2644	21137
广　东	5622700	5053721	13241	555738	19109	416129
广　西	254526	212808	1016	40702	295	17234
海　南	9352	6596	75	2681	154	1469
重　庆	132822	110985	1806	20031	1510	17488
四　川	1636591	1480319	2532	153740	1243	106826
贵　州	227234	169915	1783	55536	1031	39348
云　南	27497	21296	285	5916		1029
西　藏						
陕　西	357415	292405	1128	63882	199	21718
甘　肃	43239	33242	331	9666	6	3612
青　海	21053	13478	257	7318	97	1812
宁　夏	5319	4831	19	469		446
新　疆	13046	9367	48	3631		1882

单位：万元

管理费用	财务费用	营业利润	利润总额	应交所得税	应付职工薪酬	应交增值税
889791	**61548**	**182363**	**251315**	**109752**	**862647**	**464280**
140404	-6445	-120758	-118532	25912	198183	27237
15236	301	-12361	-11108	3465	17923	12247
3868	67	1604	2743	1097	8099	972
21834	10133	-17534	-10365	4196	30943	2278
13205	7788	88806	90139	1875	11003	16150
9467	3088	7680	6969	623	7447	12212
2298	352	529	532	20	1630	668
2609	-98	27798	1140	5	6044	4592
232086	3027	-207482	-134272	3099	163190	59209
62739	2071	14675	13747	9566	51902	25661
31642	8235	-784	3308	2344	33076	10314
5970	451	8872	9255	2216	9083	7147
24478	3998	9323	11622	2970	26390	59291
2349	529	10572	6790	1209	4903	5162
50617	27050	115059	108682	12595	38695	69537
7482	4814	22164	20246	1819	8856	3304
14740	3538	27902	20328	3843	20257	17620
22484	2030	24602	25820	3070	13676	14032
156289	-12450	84072	91041	15526	132536	82735
9842	-2640	17386	17361	5288	11170	9244
559	-3	1114	1209	200	747	1071
4515	1369	-3251	5821	1010	10616	1498
32090	2193	17101	19483	2858	33047	9101
8756	289	19035	19087	2492	5761	6430
3645	651	661	1834	349	2515	605
5315	710	36291	39193	317	9328	3890
2277	322	4613	4622	830	1522	920
1877	-82	3993	3452	703	1814	742
540	72	-301	234		1258	196
581	189	981	935	269	1034	218

3-12 大中型零售业企业分行业经济效益分析指标

综合零售

地 区	负债比率 (%)	主营业务毛利率 (%)	人均主营业务收入 (万元)	费用率 (%)
全 国	**73.6**	**15.0**	**79.4**	**15.1**
北 京	65.8	15.0	109.3	17.7
天 津	74.0	13.5	69.1	22.8
河 北	81.3	12.0	58.1	13.4
山 西	92.2	11.7	52.4	14.8
内蒙古	87.1	12.6	57.7	13.5
辽 宁	78.6	15.7	71.6	17.7
吉 林	75.6	16.3	88.4	15.0
黑龙江	74.2	15.1	84.4	13.0
上 海	72.2	17.4	103.8	19.5
江 苏	76.3	14.6	90.4	14.0
浙 江	72.2	14.6	97.6	16.1
安 徽	75.8	12.5	69.7	13.1
福 建	65.5	14.7	65.3	16.8
江 西	71.3	14.4	52.6	14.4
山 东	76.5	12.7	97.1	10.6
河 南	80.4	16.0	53.3	12.9
湖 北	72.6	16.4	72.7	15.0
湖 南	66.8	16.2	81.3	14.7
广 东	73.4	17.0	91.6	16.2
广 西	71.2	15.3	62.1	16.2
海 南	80.7	24.2	67.2	23.7
重 庆	69.1	15.0	75.9	15.3
四 川	67.7	15.1	76.9	14.6
贵 州	73.8	16.3	54.0	16.1
云 南	72.2	15.0	71.6	12.5
西 藏	74.2	13.2	53.0	14.7
陕 西	69.2	16.4	59.8	15.1
甘 肃	65.5	16.2	56.7	12.7
青 海	76.9	15.6	68.3	17.0
宁 夏	55.6	16.6	56.0	16.1
新 疆	78.9	18.4	89.7	17.5

注：费用率等于销售费用、管理费用、财务费用三项之和除以主营业务收入合计(下表同)。

3-12 续表 1

食品、饮料及烟草制品专门零售

地区	负债比率(%)	主营业务毛利率(%)	人均主营业务收入(万元)	费用率(%)
全国	**57.0**	**21.3**	**64.9**	**15.9**
北京	40.9	41.9	61.4	38.0
天津	55.8	31.4	42.4	21.9
河北	55.6	13.0	32.3	19.4
山西	81.1	12.8	61.0	11.5
内蒙古	76.3	16.0	50.1	23.9
辽宁	46.6	23.1	58.7	11.6
吉林	69.9	21.2	86.7	18.8
黑龙江	69.2	16.3	111.7	6.7
上海	71.5	24.2	45.0	27.2
江苏	56.5	24.9	48.8	15.5
浙江	65.8	14.8	62.1	15.7
安徽	51.2	13.7	60.0	9.1
福建	50.6	22.8	62.2	16.2
江西	15.7	27.1	39.7	16.9
山东	67.1	17.0	72.0	10.7
河南	55.6	13.1	58.9	8.6
湖北	37.2	19.4	124.3	10.1
湖南	58.3	17.9	60.2	14.9
广东	45.9	25.9	82.3	15.9
广西	58.0	15.4	31.7	14.1
海南	71.2	-6.9	53.2	15.6
重庆	49.2	16.8	70.1	12.3
四川	62.9	19.4	54.2	13.5
贵州	65.7	19.5	41.3	27.5
云南	55.3	13.4	70.9	9.7
西藏	6.1	16.3	324.0	8.6
陕西	86.1	14.3	93.5	16.0
甘肃	79.8	19.9	41.6	16.1
青海	43.6	15.2	27.6	6.2
宁夏	202.7	24.9	12.2	44.7
新疆	77.1	2.4	18.0	17.1

3-12 续表 2

纺织、服装及日用品专门零售

地　区	负债比率 (%)	主营业务毛利率 (%)	人均主营业务收入 (万元)	费用率 (%)
全　国	**71.6**	**30.5**	**63.2**	**27.2**
北　京	87.1	35.0	65.9	36.7
天　津	78.9	33.6	61.1	30.7
河　北	80.8	19.3	46.5	20.8
山　西	74.9	20.8	62.2	16.9
内蒙古	90.1	15.4	42.4	16.0
辽　宁	80.8	20.1	79.8	20.0
吉　林	37.9	17.7	94.7	11.6
黑龙江	62.0	23.9	40.2	13.2
上　海	74.4	43.1	74.1	42.8
江　苏	70.2	23.9	61.8	20.3
浙　江	79.1	27.7	86.6	25.2
安　徽	77.4	19.4	59.5	15.9
福　建	64.3	21.5	63.3	16.1
江　西	73.3	30.2	49.3	28.3
山　东	68.4	19.5	54.3	12.5
河　南	71.3	20.1	41.4	12.4
湖　北	71.1	28.0	54.0	21.8
湖　南	72.4	16.6	85.0	11.6
广　东	63.4	38.9	44.5	33.3
广　西	80.0	23.7	37.2	23.3
海　南	49.5	34.7	138.4	17.3
重　庆	68.0	28.1	46.2	24.3
四　川	64.8	26.9	50.8	22.4
贵　州	74.3	22.0	58.0	19.4
云　南	77.7	21.5	65.3	20.0
西　藏				
陕　西	40.1	18.5	170.6	8.6
甘　肃	66.2	23.0	22.2	17.0
青　海	116.2	15.6	36.4	26.4
宁　夏	105.5	16.0	22.9	29.5
新　疆	91.4	18.3	88.0	21.8

3-12 续表 3

文化、体育用品及器材专门零售

地 区	负债比率(%)	主营业务毛利率(%)	人均主营业务收入(万元)	费用率(%)
全 国	**60.7**	**18.2**	**111.4**	**14.8**
北 京	75.6	11.7	208.6	11.2
天 津	75.6	15.4	119.4	18.5
河 北	60.0	20.4	65.9	14.8
山 西	52.3	15.6	72.8	16.9
内蒙古	87.2	14.1	45.2	18.0
辽 宁	71.5	17.2	65.3	16.2
吉 林	90.6	21.1	48.8	21.6
黑龙江	52.7	18.1	75.1	14.2
上 海	68.0	14.1	298.7	14.9
江 苏	67.7	16.9	111.4	11.7
浙 江	63.9	17.3	101.7	15.2
安 徽	43.6	19.7	91.9	13.1
福 建	49.2	31.1	273.2	27.3
江 西	30.9	21.2	119.4	10.5
山 东	74.0	19.7	64.2	13.0
河 南	58.0	19.9	51.9	14.5
湖 北	62.7	20.1	72.1	15.9
湖 南	39.0	21.8	102.4	16.8
广 东	64.5	13.9	91.7	11.1
广 西	39.6	22.3	55.7	19.5
海 南	131.6	29.5	27.7	79.1
重 庆	64.6	32.1	103.8	7.3
四 川	43.5	35.3	55.7	28.3
贵 州	78.3	18.2	81.6	15.5
云 南	48.2	34.3	84.4	25.8
西 藏				
陕 西	56.9	19.7	86.3	13.5
甘 肃	35.9	19.0	83.5	10.1
青 海	58.9	28.4	16.3	27.3
宁 夏	53.9	25.5	44.9	25.8
新 疆	40.6	26.6	81.5	21.7

3-12 续表 4

医药及医疗器材专门零售

地　区	负债比率(%)	主营业务毛利率(%)	人均主营业务收入(万元)	费用率(%)
全　国	**79.0**	**12.6**	**100.6**	**10.2**
北　京	79.8	10.4	269.0	9.7
天　津	59.0	9.3	166.7	6.2
河　北	88.7	9.2	121.2	7.3
山　西	69.7	11.0	81.5	9.3
内蒙古	77.2	18.9	43.1	18.0
辽　宁	84.0	13.5	78.5	12.6
吉　林	76.4	13.7	98.7	10.5
黑龙江	75.6	12.6	116.4	7.9
上　海	83.7	12.3	137.0	10.7
江　苏	80.1	11.3	184.8	7.1
浙　江	78.1	10.9	109.5	9.2
安　徽	82.3	8.1	134.8	6.7
福　建	69.5	9.2	111.3	7.7
江　西	85.4	9.0	109.6	8.4
山　东	79.9	16.8	101.5	13.0
河　南	78.4	15.6	51.2	10.5
湖　北	85.4	10.3	111.5	8.6
湖　南	79.7	13.5	94.7	11.0
广　东	73.4	19.3	57.3	17.2
广　西	74.0	9.6	140.1	7.4
海　南	73.9	24.7	23.5	24.5
重　庆	80.7	14.6	74.3	13.1
四　川	81.5	19.3	43.5	18.8
贵　州	84.9	12.9	74.4	10.7
云　南	49.8	28.4	30.0	24.8
西　藏	91.1	15.5	177.1	9.1
陕　西	90.1	13.2	42.5	11.7
甘　肃	87.8	23.2	34.0	22.1
青　海	92.4	18.5	29.2	19.1
宁　夏	82.8	9.7	112.0	8.5
新　疆	73.8	10.2	163.9	6.7

3-12 续表 5

汽车、摩托车、燃料及零配件专门零售

地区	负债比率 (%)	主营业务毛利率 (%)	人均主营业务收入 (万元)	费用率 (%)
全国	**75.5**	**6.4**	**291.5**	**5.6**
北京	80.0	5.7	362.4	6.2
天津	58.2	6.6	318.9	6.6
河北	81.4	5.5	232.4	5.2
山西	77.6	5.2	259.9	5.4
内蒙古	78.1	9.3	282.8	5.9
辽宁	68.4	6.3	327.2	5.9
吉林	74.4	6.9	318.4	6.2
黑龙江	90.5	8.1	303.5	5.9
上海	79.1	6.9	327.0	6.2
江苏	82.4	6.4	338.2	5.7
浙江	82.5	5.1	294.8	5.5
安徽	72.1	5.6	268.2	4.7
福建	68.9	6.1	223.5	6.1
江西	76.8	6.3	261.0	5.4
山东	78.7	6.3	277.1	5.3
河南	80.4	6.3	228.9	5.3
湖北	75.2	7.0	318.5	5.5
湖南	63.0	6.1	314.4	4.8
广东	69.1	6.1	289.7	5.7
广西	75.3	6.7	202.2	5.8
海南	65.8	7.7	299.2	5.7
重庆	76.5	7.7	320.8	5.0
四川	66.9	6.5	315.5	5.4
贵州	80.8	8.5	318.0	4.8
云南	73.3	6.5	272.7	5.9
西藏	57.0	5.7	357.8	5.3
陕西	80.4	7.9	257.4	5.7
甘肃	79.1	6.9	353.1	4.1
青海	78.0	7.6	217.1	5.7
宁夏	77.7	7.3	203.6	6.7
新疆	89.8	6.8	253.4	5.9

3-12 续表 6

家用电器及电子产品专门零售

地　区	负债比率 (%)	主营业务毛利率 (%)	人均主营业务收入 (万元)	费用率 (%)
全　国	**71.9**	**10.9**	**162.1**	**9.8**
北　京	75.6	7.3	511.4	6.3
天　津	82.9	6.3	196.1	12.6
河　北	81.7	9.9	88.6	11.8
山　西	84.3	10.8	98.5	12.3
内蒙古	75.6	10.0	123.6	11.0
辽　宁	68.8	9.1	122.4	9.7
吉　林	72.2	14.1	110.8	13.5
黑龙江	81.9	12.7	174.5	8.8
上　海	65.0	16.9	201.7	12.1
江　苏	68.2	13.2	123.9	14.2
浙　江	74.9	11.6	119.1	11.5
安　徽	80.9	9.8	133.0	9.3
福　建	65.7	10.9	119.5	10.8
江　西	67.7	9.3	96.9	7.6
山　东	76.7	11.4	144.2	7.6
河　南	80.5	11.9	87.7	10.9
湖　北	72.6	14.2	157.3	10.0
湖　南	68.8	13.1	135.3	9.9
广　东	78.3	12.7	127.5	12.0
广　西	75.5	11.4	91.9	12.4
海　南	87.5	11.3	100.0	13.5
重　庆	51.2	10.5	132.8	9.0
四　川	62.8	10.2	150.5	9.7
贵　州	63.8	12.5	121.9	12.9
云　南	49.0	12.5	126.4	15.4
西　藏	83.9	6.2	49.6	15.5
陕　西	49.2	14.7	205.7	8.3
甘　肃	70.3	13.4	116.9	13.2
青　海	33.6	14.9	152.1	11.4
宁　夏	71.3	12.6	123.8	13.3
新　疆	75.6	11.3	129.3	13.2

3-12 续表 7

五金、家具及室内装饰材料专门零售

地 区	负债比率 (%)	主营业务毛利率 (%)	人均主营业务收入 (万元)	费用率 (%)
全 国	**70.2**	**23.5**	**108.6**	**13.6**
北 京	76.4	34.6	95.4	31.0
天 津	90.3	30.7	170.1	31.2
河 北	68.4	18.9	57.6	15.7
山 西	41.8	20.4	131.5	8.0
内蒙古	37.2	24.1	93.3	8.2
辽 宁	96.0	14.3	79.8	16.9
吉 林	56.1	23.1	18.6	20.3
黑龙江	82.6	37.1	70.3	17.4
上 海	78.5	30.1	103.8	32.2
江 苏	68.3	22.9	165.0	17.0
浙 江	78.1	20.1	71.2	18.3
安 徽	86.1	19.2	74.7	10.9
福 建	64.5	11.7	218.0	9.6
江 西	47.7	9.9	140.0	5.4
山 东	51.5	19.7	70.5	8.6
河 南	55.9	20.1	53.7	10.2
湖 北	73.1	16.5	130.4	10.1
湖 南	66.2	17.2	118.1	12.9
广 东	80.3	24.8	97.7	20.0
广 西	64.4	21.4	24.1	23.9
海 南	80.7	16.3	42.5	14.6
重 庆	62.3	41.6	385.2	10.6
四 川	77.6	26.0	81.3	18.7
贵 州	68.8	28.1	16.2	19.5
云 南	59.6	18.6	177.5	2.1
西 藏				
陕 西	66.8	15.7	192.7	4.3
甘 肃	42.7	6.5	30.4	4.6
青 海	79.8	100.0	52.7	187.0
宁 夏	67.0	30.6	53.7	42.9
新 疆		59.0	67.7	46.5

3-12 续表 8

货摊、无店铺及其他零售业

地　区	负债比率 (%)	主营业务毛利率 (%)	人均主营业务收入 (万元)	费用率 (%)
全　国	**89.9**	**10.9**	**234.8**	**10.9**
北　京	147.1	6.8	418.5	8.3
天　津	103.9	5.7	454.2	5.7
河　北	62.5	15.0	35.2	15.9
山　西	88.8	9.5	51.1	15.0
内蒙古	70.0	45.7	256.8	42.5
辽　宁	56.3	10.1	283.4	8.8
吉　林	59.1	4.6	192.1	4.1
黑龙江	10.6	17.3	259.7	3.0
上　海	100.3	10.9	317.2	14.9
江　苏	83.9	10.9	173.6	10.9
浙　江	83.2	11.5	157.7	12.3
安　徽	68.9	22.6	81.0	19.8
福　建	72.3	11.2	166.3	10.6
江　西	65.7	19.1	228.1	13.3
山　东	83.2	16.7	163.3	9.8
河　南	53.2	24.1	54.7	9.6
湖　北	75.1	10.8	265.8	8.3
湖　南	49.8	18.9	189.7	9.3
广　东	77.5	10.1	249.1	10.0
广　西	62.3	16.4	105.5	9.6
海　南	30.9	29.5	51.1	21.7
重　庆	59.8	16.4	53.6	17.6
四　川	77.6	9.5	251.4	8.6
贵　州	54.1	25.2	158.8	21.3
云　南	64.6	22.6	47.7	19.4
西　藏				
陕　西	47.3	18.2	191.3	7.8
甘　肃	59.9	23.1	98.0	14.4
青　海	42.4	36.0	75.7	17.1
宁　夏	26.9	9.2	25.7	19.9
新　疆	43.2	28.2	50.8	20.3

3-13 大中型住宿业企业分行业基本情况

地区	住宿业		旅游饭店	
	法人单位数(个)	年末从业人数(人)	法人单位数(个)	年末从业人数(人)
全国	**3762**	**1091299**	**3317**	**979955**
北京	328	101869	286	90964
天津	51	13469	40	10069
河北	82	24645	62	18206
山西	45	13811	41	12818
内蒙古	42	12601	35	10891
辽宁	103	28588	95	26818
吉林	35	9405	33	8889
黑龙江	29	7904	23	6576
上海	193	57790	158	49156
江苏	268	70858	254	68318
浙江	355	93068	324	86071
安徽	86	21056	75	18752
福建	173	50563	153	45833
江西	64	16755	51	13439
山东	206	57769	181	49973
河南	137	32981	114	29003
湖北	114	30301	96	26199
湖南	160	45844	142	41756
广东	527	179548	473	162217
广西	69	20231	63	18768
海南	106	40133	103	39403
重庆	95	24188	88	22451
四川	153	40473	131	36464
贵州	47	11908	42	10922
云南	82	26190	70	23089
西藏	6	1566	6	1566
陕西	110	32793	90	28551
甘肃	35	9240	33	8789
青海	10	3067	10	3067
宁夏	11	2319	10	2171
新疆	40	10366	35	8766

3-13 续表

地　区	一般旅馆		其他住宿业	
	法人单位数(个)	年末从业人数（人）	法人单位数(个)	年末从业人数(人)
全　国	**381**	**96434**	**64**	**14910**
北　京	40	10415	NA	490
天　津	9	2779	NA	621
河　北	13	4065	7	2374
山　西	4	993		
内蒙古	7	1710		
辽　宁	8	1770		
吉　林			NA	516
黑龙江	4	891	NA	437
上　海	28	7148	7	1486
江　苏	11	2009	3	531
浙　江	29	6636	NA	361
安　徽	10	2061	NA	243
福　建	16	3840	4	890
江　西	12	3119	NA	197
山　东	23	7520	NA	276
河　南	21	3564	NA	414
湖　北	17	3924	NA	178
湖　南	16	3229	NA	859
广　东	45	15333	9	1998
广　西	5	1330	NA	133
海　南	NA	505	NA	225
重　庆	5	1077	NA	660
四　川	19	3613	3	396
贵　州	4	705	NA	281
云　南	10	2651	NA	450
西　藏				
陕　西	15	3348	5	894
甘　肃	NA	451		
青　海				
宁　夏	NA	148		
新　疆	5	1600		

注：NA为小于或等于2(下表同)。

3-14 大中型住宿业企业分行业经营情况

旅游饭店

单位：万元

地区	营业额	客房收入	餐费收入	商品销售额	其他收入
全国	**20246688**	**8895312**	**8273720**	**496317**	**2581338**
北京	2326400	1058545	697720	25425	544710
天津	177453	93888	59140	1315	23110
河北	231386	92073	113911	3617	21784
山西	152984	57087	76623	4397	14878
内蒙古	157168	58602	78760	140	19666
辽宁	572646	227183	276547	11354	57561
吉林	139495	61329	62432	1758	13975
黑龙江	130855	60987	51278	8696	9894
上海	1709859	762304	570111	20312	357133
江苏	1400371	508446	723824	50432	117671
浙江	1921600	744134	978238	19321	179908
安徽	290152	121850	139444	5929	22929
福建	908206	353896	427093	56860	70356
江西	206937	94541	86718	4418	21260
山东	1038871	376494	540206	38067	84105
河南	486632	220577	195984	21394	48677
湖北	473441	230042	187038	12963	43399
湖南	764933	328567	346948	37203	52216
广东	3463784	1587805	1278661	73466	523852
广西	299568	134926	124551	6968	33123
海南	829615	513463	249889	7393	58870
重庆	468716	215057	188653	21327	43680
四川	710129	326416	287032	22643	74039
贵州	181794	92768	68988	7384	12654
云南	333882	174214	108783	11201	39683
西藏	25650	14906	6831	278	3635
陕西	468787	215402	199845	15242	38299
甘肃	159502	79667	59374	3472	16988
青海	42626	22023	15472	1171	3960
宁夏	29465	12820	12454	764	3427
新疆	143782	55301	61172	1409	25900

3-14 续表 1

一般旅馆　　　　单位：万元

地　区	营业额	客房收入	餐费收入	商品销售额	其他收入
全　国	**1925908**	**1011308**	**659057**	**38690**	**216853**
北　京	261324	176338	39148	2755	43083
天　津	54455	12022	17189	145	25098
河　北	60964	19793	34319	485	6367
山　西	13392	7004	6277	4	108
内蒙古	23854	9576	13397	25	856
辽　宁	34819	12639	16912	3296	1972
吉　林					
黑龙江	20443	14810	5632		
上　海	213034	94638	54023	986	63387
江　苏	34571	13307	15268	221	5775
浙　江	123723	50572	63606	742	8804
安　徽	40338	17141	20942	1115	1140
福　建	66400	29163	33412	831	2994
江　西	43933	24909	16537	1070	1416
山　东	124620	67747	44342	3487	9044
河　南	88475	40799	39749	3564	4364
湖　北	83239	38815	35444	3816	5164
湖　南	66599	30364	31267	1925	3043
广　东	276750	195663	57674	4201	19212
广　西	18734	15699	1886	279	870
海　南	7304	2550	2610	484	1661
重　庆	24173	13138	10149	287	599
四　川	74475	40522	28462	1753	3739
贵　州	11488	6870	3695	434	489
云　南	53991	37126	7805	4418	4642
西　藏					
陕　西	68390	19103	46102	2234	952
甘　肃	10573	8516	1368	49	639
青　海					
宁　夏	2350	434	1916		
新　疆	23500	12052	9927	85	1436

3-14 续表 2

其他住宿业 单位：万元

地区	营业额	客房收入	餐费收入	商品销售额	其他收入
全国	**291368**	**143831**	**106018**	**4822**	**36698**
北京	7759	3287	2550	427	1495
天津	12578	2424	4317	739	5098
河北	31265	11468	13184	2070	4543
山西					
内蒙古					
辽宁					
吉林	5283	2286	2972	12	14
黑龙江	9233	3927	4056		1250
上海	43521	31522	9557		2441
江苏	12920	9175	2234	40	1470
浙江	12263	8996	1389		1879
安徽	4459	1047	3110	27	275
福建	21750	6681	14060	396	613
江西	4115	1900	2149		67
山东	7976	4917	2932	38	90
河南	6920	4705	2214		
湖北	2773	1762	511		500
湖南	22856	7514	13221	83	2039
广东	32970	19474	8544	316	4636
广西	4593	187	163	7	4236
海南	2944	1102	1455		388
重庆	8471	3173	3624	234	1440
四川	9061	5848	2485		728
贵州	2970	1566	1400		3
云南	5446	3087	1398	95	865
西藏					
陕西	19244	7785	8494	337	2627
甘肃					
青海					
宁夏					
新疆					

3-15 大中型住宿业企业分行业年末资产负债

旅游饭店　　　　单位：万元

地　区	流动资产合计	固定资产原价	累计折旧	资产总计	负债合计	所有者权益合计
全　国	**23962407**	**47879782**	**19274288**	**69749941**	**51451564**	**18298377**
北　京	3108598	6786346	3129540	9354671	7308538	2046134
天　津	273030	394719	123588	758870	674594	84276
河　北	467786	753592	283750	1079520	930468	149052
山　西	198865	380802	149551	570103	433211	136892
内蒙古	140793	446629	168504	573059	362945	210114
辽　宁	689589	1520258	659048	1767159	1136761	630397
吉　林	181704	522751	195419	567138	395362	171776
黑龙江	107427	311212	129168	359641	242333	117308
上　海	1909598	4498639	2106500	6089198	3381796	2707402
江　苏	1455660	3608930	1350340	5165209	3679480	1485729
浙　江	2327838	4365397	1693643	6494037	5048418	1445619
安　徽	330462	664414	216923	1272959	966162	306797
福　建	780162	1594393	496231	2496636	1575002	921635
江　西	290966	448225	165948	779445	577919	201525
山　东	1163579	2069912	783712	2930063	2082028	848035
河　南	835247	931038	368628	1780122	1347864	432258
湖　北	399430	1252913	465674	1541123	1020962	520161
湖　南	457922	1627527	590541	1864933	1326599	538334
广　东	4042736	6749472	2940208	10781711	8951677	1830034
广　西	234833	896693	376015	980302	715779	264523
海　南	1196934	1611334	541603	2847985	2040012	807972
重　庆	829295	775904	301885	1689926	1405712	284214
四　川	946019	1636847	627399	2456796	1953299	503498
贵　州	134217	390261	89237	539628	440840	98788
云　南	619209	1026141	438902	1794243	1118607	675635
西　藏	21138	179663	40582	170735	69792	100942
陕　西	463618	1518628	490807	1835760	1444014	391746
甘　肃	98057	262883	119326	327036	212286	114751
青　海	79513	110651	35932	182838	75079	107759
宁　夏	49020	147915	29171	173509	159454	14055
新　疆	129164	395694	166513	525589	374571	151017

3-15 续表 1

一般旅馆　　　　单位：万元

地　区	流动资产合计	固定资产原价	累计折旧	资产总计	负债合计	所有者权益合计
全　国	**2051462**	**2301670**	**757536**	**5330390**	**3780700**	**1549691**
北　京	383373	321965	110500	1190925	635380	555546
天　津	34281	121397	51154	114472	127941	-13469
河　北	242914	87017	23945	350194	219694	130500
山　西	13305	5151	3440	18564	9429	9135
内蒙古	34071	59031	26310	74876	69609	5267
辽　宁	65597	42740	12758	109073	94841	14232
吉　林						
黑龙江	1568	10031	304	12169	5473	6696
上　海	353286	131103	62016	666497	567714	98783
江　苏	40817	31287	10515	117025	82453	34572
浙　江	78884	154546	38779	387461	275235	112225
安　徽	35732	58596	14784	106474	68102	38372
福　建	27681	49635	20148	76688	51930	24759
江　西	49685	72892	8008	147485	104631	42853
山　东	69463	177775	54696	298378	299880	-1501
河　南	39650	92358	33513	140158	115343	24815
湖　北	37958	54941	18771	108864	68415	40450
湖　南	28064	82888	17762	102261	82939	19323
广　东	308252	416384	148787	752377	470763	281614
广　西	21302	8441	2764	71783	64718	7065
海　南	2004	55469	7248	50695	47574	3122
重　庆	59810	47546	11785	118352	96497	21855
四　川	40821	68550	23607	108798	90573	18226
贵　州	6426	15149	4624	17615	8122	9493
云　南	45412	73935	31371	100597	67058	33538
西　藏						
陕　西	20521	41942	13757	57271	42113	15158
甘　肃	2910	988	400	7782	2330	5452
青　海						
宁　夏	266	2576	1583	1259	436	823
新　疆	7410	17339	4210	22298	11510	10788

3-15 续表 2

其他住宿业 单位：万元

地　区	流动资产合计	固定资产原价	累计折旧	资产总计	负债合计	所有者权益合计
全　国	**436647**	**498188**	**202731**	**1042028**	**845141**	**196888**
北　京	8760	21920	10254	40251	54295	-14044
天　津	6304	7891	5264	9598	5799	3799
河　北	36272	114440	42049	138495	131484	7011
山　西						
内蒙古						
辽　宁						
吉　林	715	740	470	3321	4502	-1181
黑龙江	1087	67849	35572	34728	50109	-15382
上　海	28512	29058	9575	60081	32768	27313
江　苏	6406	1238	886	15090	22354	-7265
浙　江	3113	27314	11706	28833	22759	6075
安　徽	408	3078	1883	9428	8928	500
福　建	26510	22007	8758	47148	40623	6524
江　西	8698	5745	1248	20020	10340	9681
山　东	8132	2540	918	9737	7774	1963
河　南	878	1257	87	2059	905	1154
湖　北	1143	15735	1986	18497	14608	3889
湖　南	245034	60779	37507	430246	321123	109123
广　东	18002	75289	21726	86781	39323	47459
广　西	7290	647	331	8388	4465	3923
海　南	1633	489	364	1758	1220	538
重　庆	5062	4467	2229	10180	21081	-10901
四　川	5243	2581	1478	10792	7863	2929
贵　州	523	844	540	827	632	195
云　南	3163	11504	4774	13203	5390	7813
西　藏						
陕　西	13758	20779	3127	42569	36797	5772
甘　肃						
青　海						
宁　夏						
新　疆						

3-16 大中型住宿业企业分行业实收资本及构成

旅游饭店

单位：万元

地区	实收资本	国家资本	集体资本	法人资本	个人资本	港澳台资本	外商资本
全国	**20275249**	**6177679**	**350432**	**7159671**	**2076105**	**2997037**	**1514325**
北京	2597706	751706	24587	1153256	64189	473408	130560
天津	254774	55662	2200	160219	19285	9555	7853
河北	407031	143456	400	181136	67041	14998	
山西	195141	70057	1830	53804	69451		
内蒙古	210306	73856	3835	35084	23925	30684	42923
辽宁	680808	122795	3796	156143	151364	205276	41436
吉林	149073	70042	50	37305	16117	1800	23759
黑龙江	173274	53253		97788	2049	20185	
上海	2186708	1023683	67915	291755	61928	526386	215043
江苏	1894523	748773	53513	509466	209731	166042	206999
浙江	1770398	414896	25170	780716	253413	233421	62782
安徽	309812	45068	8206	196429	31885	24225	4000
福建	900697	194893	21426	302316	163511	133022	85530
江西	193373	76047	360	80878	14622	8524	12943
山东	668646	286776	32232	216967	40590	76559	15522
河南	370454	112097	2961	168851	51579	34913	53
湖北	466757	174001	12609	134889	64260	80248	750
湖南	505964	132698	18087	245818	86768	6513	16080
广东	2608977	548150	27666	849802	243018	651424	288916
广西	389395	104012		100785	30197	152526	1875
海南	602251	121185	20534	390188	20565	27768	22011
重庆	347115	57711	2730	211005	39962	3100	32607
四川	632238	129589	6790	251018	91315	5061	148465
贵州	120125	61830		38182	12333	6800	980
云南	539404	225380	7087	99489	146917	26521	34010
西藏	94107	46243			5000		42864
陕西	554518	146669	2675	220540	65886	74079	44669
甘肃	131372	72592	433	42775	3299	2000	10272
青海	90250	44026		9300	15500		21424
宁夏	29336	5453	1875	21091	917		
新疆	200717	65083	1467	122678	9490	2000	

3-16 续表 1

一般旅馆

单位：万元

地区	实收资本	国家资本	集体资本	法人资本	个人资本	港澳台资本	外商资本
全国	**1418021**	**189123**	**20233**	**795025**	**238846**	**128815**	**45980**
北京	444218	12375	500	364623	14340	51360	1020
天津	25486	10970		12160	2356		
河北	73243	13819	413	7932	51079		
山西	7051	2159		1800	3093		
内蒙古	11213	1030	157	4373	5653		
辽宁	6576	800		1800	3976		
吉林							
黑龙江	5911	5312		599			
上海	116947	18500		78121	12152	98	8076
江苏	32882	11236	1650	6141	8855		5000
浙江	79329	5662		27109	46558		
安徽	31825	286		24762	6776		
福建	16942	3743		3320	9779	100	
江西	45189	23847		10272	11069		
山东	33414	9214		14744	9456		
河南	33570	5117	386	13073	4955	10039	
湖北	19988	7530	972	4183	2304		5000
湖南	23169	621		10655	11843	50	
广东	235797	12865	4050	136334	10430	67168	4950
广西	3488			1300	2188		
海南	33150	28000			5150		
重庆	30336		5000	25336			
四川	22841	6320	250	13308	2964		
贵州	10052			5752	4300		
云南	35949		6855	7111	50		21934
西藏							
陕西	21475	670		11590	9215		
甘肃	5332			5026	306		
青海							
宁夏	558	558					
新疆	12090	8490		3600			

3-16 续表 2

其他住宿业　　　　单位：万元

地区	实收资本	国家资本	集体资本	法人资本	个人资本	港澳台资本	外商资本
全　国	**186495**	**77516**	**5468**	**57181**	**27440**	**17652**	**1240**
北　京	3703			2500	1203		
天　津	1568		1268	300			
河　北	17500	2000		12100	2900	500	
山　西							
内蒙古							
辽　宁							
吉　林	1200			400	800		
黑龙江	9899	85		6930		2884	
上　海	9188	1100	4050	500	3538		
江　苏	1100		50		1050		
浙　江	10130					10130	
安　徽	500			500			
福　建	12164			7000	1026	4138	
江　西	10200			10200			
山　东	1296			1296			
河　南	408	46			362		
湖　北	4000			4000			
湖　南	71923	71893		25	5		
广　东	18731	796	100	8356	8240		1240
广　西	108			108			
海　南	200			200			
重　庆	200	100			100		
四　川	800			700	100		
贵　州	599	599					
云　南	3613	498			3116		
西　藏							
陕　西	7466	400		2066	5000		
甘　肃							
青　海							
宁　夏							
新　疆							

3-17 大中型住宿业企业

旅游饭店

地区	主营业务收入	主营业务成本	主营业务税金及附加	主营业务利润	其他业务利润	销售费用
全国	**19994027**	**6747079**	**1115955**	**12130993**	**423112**	**5910047**
北京	2334326	575530	130599	1628197	16946	714751
天津	177868	67131	9954	100783	330	60361
河北	231845	91491	13112	127242	5442	102607
山西	152809	54030	8599	90180	20515	62626
内蒙古	157313	70468	8951	77894	2762	48390
辽宁	574271	237905	29411	306955	32036	149534
吉林	139264	48408	7608	83248	3066	49501
黑龙江	131484	34751	12227	84506	4278	37152
上海	1745168	550015	113902	1081251	70535	411018
江苏	1369156	495718	71186	802252	6420	415186
浙江	1920162	597640	109772	1212750	65110	601369
安徽	288339	113324	16243	158772	9201	83147
福建	885378	308100	49425	527853	11200	284440
江西	205519	69605	10573	125341	1444	63480
山东	1024494	404878	53397	566219	32708	289915
河南	471837	184963	25186	261688	3998	123756
湖北	482319	195668	24442	262209	14791	129330
湖南	729708	268108	37769	423831	16593	179938
广东	3353568	1221170	186100	1946298	48532	1041085
广西	291368	89109	15439	186820	7967	102494
海南	816722	187652	46499	582571	12056	212154
重庆	461539	163447	24995	273097	9631	130640
四川	692663	207800	38018	446845	6225	213200
贵州	180490	70630	10064	99796	4142	48284
云南	315230	111580	17584	186066	5202	95212
西藏	24812	6988	1387	16437		13537
陕西	461670	166937	24173	270560	3735	135618
甘肃	159310	64005	8034	87271	7721	39549
青海	42277	10668	2188	29421	54	17623
宁夏	29637	12071	1522	16044	41	14337
新疆	143483	67289	7598	68596	432	39817

分行业损益及分配

单位：万元

管理费用	财务费用	营业利润	利润总额	应交所得税	应付职工薪酬
6222632	**1321923**	**-935038**	**-835023**	**181570**	**4890292**
878842	160208	-86853	-66790	37951	729902
63041	12392	-26347	-28224	43	55299
83112	24663	-72645	-69898	413	69598
53196	12188	-35433	-38530	38	45165
55808	3606	-29283	-28865	243	39781
179775	20082	-41717	-33149	2235	85937
46667	10319	-16124	-9978	601	37429
42739	6617	-2216	-2108	2100	29681
559510	95407	50900	70266	31082	362702
453434	93966	-125866	-98792	5699	317637
578327	160009	-87628	-97886	13525	433193
93523	28109	-41829	-55905	949	68444
240729	47223	-28196	-22734	10269	216759
63314	15419	-15402	-12818	626	45603
271993	47434	-38271	-22965	9811	205477
136637	34515	-26570	-22119	1970	103696
133777	32458	-13137	-8209	3244	104549
228790	47872	-31455	-37154	2986	153045
893588	246625	-131237	-120967	32286	796289
104334	23020	-38402	-34088	414	72527
313114	39132	33142	29210	6807	252910
123569	39934	-10778	-15804	4279	151387
198930	54621	-12061	-3393	6202	152238
56319	18775	-22694	-21519	1131	44715
111138	15307	-30755	-23141	2339	89122
14855	1548	-11708	-11484	67	9947
144439	18398	-23328	-23662	2839	117924
34585	2349	10777	739	803	30768
11819	2019	-2244	-1070		13608
7017	2883	-8119	-7814	48	10590
45712	4826	-19560	-16174	573	44374

3-17 续表 1

一般旅馆

地 区	主营业务收入	主营业务成本	主营业务税金及附加	主营业务利润	其他业务利润	销售费用
全 国	**1926020**	**803093**	**100545**	**1022382**	**51371**	**510027**
北 京	263911	86738	14846	162327	7496	71428
天 津	53685	30476	1868	21341		13281
河 北	64299	37231	3611	23457	2	17012
山 西	13540	3867	696	8977		4162
内蒙古	24959	8331	1369	15259		7352
辽 宁	34391	18975	1183	14233		8359
吉 林						
黑龙江	20443	8036	853	11554	5	6454
上 海	221270	51840	10951	158479	162	46163
江 苏	33679	12641	1873	19165	273	8964
浙 江	122122	39618	6643	75861	1373	42599
安 徽	40404	18137	2082	20185	3645	11453
福 建	64789	19708	3713	41368	1745	21991
江 西	43933	20563	2312	21058	108	12206
山 东	122800	40677	7037	75086	4045	55080
河 南	85842	42737	3665	39440	298	17569
湖 北	80255	37991	3329	38935	265	17847
湖 南	67077	37482	4884	24711	24525	12131
广 东	275455	132847	16099	126509	1541	70824
广 西	19056	1849	836	16371		9811
海 南	6781	2091	380	4310	1501	1899
重 庆	24129	15730	970	7429	38	3327
四 川	77685	34023	4042	39620	1404	19619
贵 州	11488	2847	608	8033	2762	6162
云 南	50582	34789	1810	13983	81	8456
西 藏						
陕 西	67552	41104	2918	23530	49	9884
甘 肃	10299	3311	515	6473		1812
青 海						
宁 夏	2350	1058	129	1163		1001
新 疆	23246	18396	1324	3526	54	3182

单位：万元

管理费用	财务费用	营业利润	利润总额	应交所得税	应付职工薪酬
453646	**86599**	**-2678**	**30471**	**27869**	**399291**
80456	19416	9624	12761	5449	64913
13001	188	-5207	-3589	69	12831
11698	810	-6008	-5041	45	15568
3857	106	847	819	269	2353
9439	2237	-3749	-3074	19	5004
7433	1514	-2668	-1150	385	5208
4241	247	613	486	46	2502
76123	10398	30207	39742	10879	42690
11276	1179	-1057	529	126	8737
36656	6514	-6615	-3387	269	27417
7773	2024	-1117	-823	382	5851
16355	2256	2180	2110	712	18453
7315	3968	-2258	-2523	386	8401
22323	4916	-7085	-6181	340	27960
10365	3510	8278	8275	443	9354
13564	3745	7252	7060	1614	14544
11456	2188	-12081	-267	340	10845
51701	12694	-8933	-9986	2909	59561
6813	239	-493	-339		3535
2931	29	-338	583	31	2208
4392	2472	-2255	-2741	177	4743
17950	2897	-1086	-788	541	13127
1663	396	-109	-90	24	2285
8487	1141	-1970	-2694	206	9539
11043	1250	1343	741	28	11182
1975	147	2812	2810	2114	1389
176	14	-28	-9		19
3183	107	-2776	-2765	68	9072

3-17 续表 2

其他住宿业

地　区	主营业务收入	主营业务成本	主营业务税金及附加	主营业务利润	其他业务利润	销售费用
全　国	**282339**	**94059**	**15275**	**173005**	**1317**	**70858**
北　京	7598	2819	513	4266	160	2826
天　津	12785	5438	310	7037		4887
河　北	28905	8311	1656	18938	2	6713
山　西						
内蒙古						
辽　宁						
吉　林	5279	1496	301	3482	1	1632
黑龙江	8051	3845	324	3882		1199
上　海	42570	11972	2287	28311	498	12613
江　苏	11769	2280	650	8839		1790
浙　江	12263	2003	1007	9253		4249
安　徽	4459	1697	260	2502		1012
福　建	21587	11346	1129	9112	84	4344
江　西	4115	989	291	2835		1475
山　东	7931	4641	219	3071		2036
河　南	6920	5539	284	1097		140
湖　北	2773	1640	155	978		219
湖　南	22856	9700	947	12209		155
广　东	31828	5907	1954	23967	211	11894
广　西	4582	154	243	4185		392
海　南	2557	789	144	1624		968
重　庆	8219	3519	709	3991		1000
四　川	9061	2715	517	5829		3749
贵　州	2996	543	168	2285		926
云　南	4905	1879	301	2725	362	1032
西　藏						
陕　西	18332	4837	905	12590		5607
甘　肃						
青　海						
宁　夏						
新　疆						

单位：万元

管理费用	财务费用	营业利润	利润总额	应交所得税	应付职工薪酬
94099	**20516**	**-8424**	**-7579**	**2789**	**64904**
2398	3829	-4628	-4637		2486
2031	3	120	232	195	3486
17180	1852	-3145	-3149	21	8071
2191	31	-359	-353		1599
4063		-1381	-3133		722
9376	394	6450	7321	1821	8112
5370	67	-666	-680	3	2443
3294	1047	663	687		2218
817	353	320	580		1105
2828	1367	729	775	224	3609
1520	52	212	-191		669
708	12	315	360	74	923
123	16	818	818	107	1169
853	17	-111	-101		801
7374	9779	-4724	-4853		5795
15757	807	-4510	-2292	62	9448
2494	178	1132	1133	231	479
671	9	135	131		694
3960	31	-970	-815	-2	3282
1300	127	653	653	31	1058
2153	8	-802	-807		754
1839		215	361	24	1676
5799	537	1108	382		4306

3-18 大中型住宿业企业分行业经济效益分析指标

旅游饭店

地 区	负债比率 (%)	主营业务毛利率 (%)	人均主营业务收入 (万元)	费用率 (%)
全 国	**73.8**	**66.3**	**20.4**	**67.3**
北 京	78.1	75.3	25.7	75.1
天 津	88.9	62.3	17.7	76.3
河 北	86.2	60.5	12.7	90.7
山 西	76.0	64.6	11.9	83.8
内蒙古	63.3	55.2	14.4	68.5
辽 宁	64.3	58.6	21.4	60.8
吉 林	69.7	65.2	15.7	76.5
黑龙江	67.4	73.6	20.0	65.8
上 海	55.5	68.5	35.5	61.1
江 苏	71.2	63.8	20.0	70.3
浙 江	77.7	68.9	22.3	69.8
安 徽	75.9	60.7	15.4	71.0
福 建	63.1	65.2	19.3	64.6
江 西	74.1	66.1	15.3	69.2
山 东	71.1	60.5	20.5	59.5
河 南	75.7	60.8	16.3	62.5
湖 北	66.2	59.4	18.4	61.3
湖 南	71.1	63.3	17.5	62.6
广 东	83.0	63.6	20.7	65.0
广 西	73.0	69.4	15.5	78.9
海 南	71.6	77.0	20.7	69.1
重 庆	83.2	64.6	20.6	63.7
四 川	79.5	70.0	19.0	67.4
贵 州	81.7	60.9	16.5	68.4
云 南	62.3	64.6	13.7	70.3
西 藏	40.9	71.8	15.8	120.7
陕 西	78.7	63.8	16.2	64.6
甘 肃	64.9	59.8	18.1	48.0
青 海	41.1	74.8	13.8	74.4
宁 夏	91.9	59.3	13.7	81.8
新 疆	71.3	53.1	16.4	63.0

注：费用率等于销售费用、管理费用、财务费用三项之和除以主营业务收入合计(下表同)。

3-18 续表 1

一般旅馆

地　区	负债比率 (%)	主营业务毛利率 (%)	人均主营业务收入 (万元)	费用率 (%)
全　国	**70.9**	**58.3**	**20.0**	**54.5**
北　京	53.4	67.1	25.3	64.9
天　津	111.8	43.2	19.3	49.3
河　北	62.7	42.1	15.8	45.9
山　西	50.8	71.4	13.6	60.0
内蒙古	93.0	66.6	14.6	76.2
辽　宁	87.0	44.8	19.4	50.3
吉　林				
黑龙江	45.0	60.7	22.9	53.5
上　海	85.2	76.6	31.0	60.0
江　苏	70.5	62.5	16.8	63.6
浙　江	71.0	67.6	18.4	70.2
安　徽	64.0	55.1	19.6	52.6
福　建	67.7	69.6	16.9	62.7
江　西	70.9	53.2	14.1	53.5
山　东	100.5	66.9	16.3	67.0
河　南	82.3	50.2	24.1	36.6
湖　北	62.8	52.7	20.5	43.8
湖　南	81.1	44.1	20.8	38.4
广　东	62.6	51.8	18.0	49.1
广　西	90.2	90.3	14.3	88.5
海　南	93.8	69.2	13.4	71.7
重　庆	81.5	34.8	22.4	42.2
四　川	83.2	56.2	21.5	52.1
贵　州	46.1	75.2	16.3	71.6
云　南	66.7	31.2	19.1	35.8
西　藏				
陕　西	73.5	39.2	20.2	32.8
甘　肃	29.9	67.9	22.8	38.2
青　海				
宁　夏	34.6	55.0	15.9	50.7
新　疆	51.6	20.9	14.5	27.8

3-18 续表 2

其他住宿业

地 区	负债比率 (%)	主营业务毛利率 (%)	人均主营业务收入 (万元)	费用率 (%)
全 国	**81.1**	**66.7**	**18.9**	**65.7**
北 京	134.9	62.9	15.5	119.1
天 津	60.4	57.5	20.6	54.1
河 北	94.9	71.2	12.2	89.1
山 西				
内蒙古				
辽 宁				
吉 林	135.6	71.7	10.2	73.0
黑龙江	144.3	52.2	18.4	65.4
上 海	54.5	71.9	28.6	52.6
江 苏	148.1	80.6	22.2	61.4
浙 江	78.9	83.7	34.0	70.0
安 徽	94.7	61.9	18.3	48.9
福 建	86.2	47.4	24.3	39.6
江 西	51.6	76.0	20.9	74.0
山 东	79.8	41.5	28.7	34.7
河 南	44.0	20.0	16.7	4.0
湖 北	79.0	40.9	15.6	39.3
湖 南	74.6	57.6	26.6	75.7
广 东	45.3	81.4	15.9	89.4
广 西	53.2	96.6	34.5	66.9
海 南	69.4	69.1	11.4	64.5
重 庆	207.1	57.2	12.5	60.7
四 川	72.9	70.0	22.9	57.1
贵 州	76.4	81.9	10.7	103.0
云 南	40.8	61.7	10.9	58.5
西 藏				
陕 西	86.4	73.6	20.5	65.1
甘 肃				
青 海				
宁 夏				
新 疆				

3-19 大中型餐饮业企业分行业基本情况

地区	餐饮业		正餐服务	
	法人单位数（个）	年末从业人数（人）	法人单位数（个）	年末从业人数（人）
全国	**2770**	**1228445**	**2370**	**723127**
北京	311	165868	244	98868
天津	62	37857	48	11791
河北	29	7349	29	7349
山西	44	21151	40	14851
内蒙古	33	7624	31	7221
辽宁	48	17867	35	7542
吉林	7	2819	6	2495
黑龙江	7	3775	6	2491
上海	359	181814	289	105167
江苏	261	134381	222	56319
浙江	206	76360	186	48366
安徽	63	28335	56	16902
福建	80	35093	66	19049
江西	23	7865	21	6305
山东	141	47222	125	34862
河南	59	18951	51	11699
湖北	108	40179	100	29126
湖南	75	23010	68	15803
广东	449	194523	381	103178
广西	19	10416	12	3000
海南	6	1306	5	1093
重庆	99	45164	90	39977
四川	124	55636	115	28748
贵州	16	4573	16	4573
云南	27	13154	23	8173
西藏				
陕西	80	34955	74	30813
甘肃	15	5119	14	2933
青海	5	1317	5	1317
宁夏	6	1312	6	1312
新疆	8	3450	6	1804

3-19 续表

地　区	快餐服务		饮料及冷饮服务		其他餐饮业	
	法人单位数(个)	年末从业人数(人)	法人单位数(个)	年末从业人数(人)	法人单位数(个)	年末从业人数(人)
全　国	**254**	**407574**	**33**	**37085**	**113**	**60659**
北　京	41	50333	7	4306	19	12361
天　津	9	23554			5	2512
河　北						
山　西	4	6300				
内 蒙 古	NA	403				
辽　宁	8	9340	NA	396	3	589
吉　林	NA	324				
黑 龙 江	NA	1284				
上　海	30	42496	12	22598	28	11553
江　苏	24	69990	NA	1131	13	6941
浙　江	11	25386	NA	329	7	2279
安　徽	7	11433				
福　建	11	15080	NA	235	NA	729
江　西	NA	1560				
山　东	11	10062	NA	168	4	2130
河　南	5	6446			3	806
湖　北	6	8900	NA	1678	NA	475
湖　南	7	7207				
广　东	46	80179	4	4379	18	6787
广　西	6	7254			NA	162
海　南	NA	213				
重　庆	5	4189			4	998
四　川	5	13670	NA	1865	3	11353
贵　州						
云　南	3	4416			NA	565
西　藏						
陕　西	5	3723			NA	419
甘　肃	NA	2186				
青　海						
宁　夏						
新　疆	NA	1646				

注：NA为小于或等于2(下表同)。

3-20 大中型餐饮业企业分行业经营情况

正餐服务　　单位：万元

地区	营业额	客房收入	餐费收入	商品销售额	其他收入
全国	**14990903**	**1141451**	**12956998**	**435742**	**456712**
北京	2274274	17278	2160007	33746	63243
天津	223242	20244	174557	2754	25687
河北	112832	18141	89919	2092	2680
山西	208156	34338	154651	15823	3344
内蒙古	247140	20792	223411	235	2703
辽宁	164963	16965	130176	7148	10674
吉林	46101	17734	26873	5	1489
黑龙江	36762	3275	28753	1580	3153
上海	2649117	32898	2569226	17777	29216
江苏	1046359	171374	806006	16943	52035
浙江	1034251	131253	854264	15556	33178
安徽	294419	39378	231166	19383	4492
福建	354794	26256	313660	7883	6995
江西	108133	12926	90589	3928	689
山东	721601	168019	489274	34464	29844
河南	220333	44861	152125	7859	15488
湖北	574731	62847	477098	28086	6700
湖南	303580	35000	239853	19121	9606
广东	2074558	129758	1812145	60885	71770
广西	47196	1518	41107	3063	1508
海南	15350		12393	180	2777
重庆	816778	31431	743598	26769	14980
四川	562337	48909	437406	42863	33159
贵州	67166	5097	56861	1717	3490
云南	172533	5751	143983	14023	8777
西藏					
陕西	506477	27132	411675	50782	16888
甘肃	47853	4864	42031	637	321
青海	16394	5707	10587	3	96
宁夏	20512	4763	14779	287	683
新疆	22962	2942	18825	150	1045

3-20 续表 1

快餐服务　　单位：万元

地　区	营业额	客房收入	餐费收入	商品销售额	其他收入
全　国	**8590174**	**2893**	**8451015**	**54117**	**82150**
北　京	1300700		1280283	6440	13976
天　津	423427		422711	716	
河　北					
山　西	75653		75653		
内蒙古	8144	222	3776	4146	
辽　宁	551019		546406	2860	1753
吉　林	10941		10941		
黑龙江	13670		13670		
上　海	855597		848876	2	6718
江　苏	909306		909099		207
浙　江	576048	1080	561913	6811	6243
安　徽	141166		121151	15214	4801
福　建	296336		277970	12313	6053
江　西	58285		58169	116	
山　东	311257		309596	954	707
河　南	121841		104301	1989	15551
湖　北	321399		321384		14
湖　南	171810		168401	1786	1623
广　东	1809027		1796876		12151
广　西	93062		93062		
海　南	5898		5898		
重　庆	94614		94614		
四　川	227396	975	225787	556	78
贵　州					
云　南	75031		71642	213	3177
西　藏					
陕　西	73058	615	63938		8505
甘　肃	25777		25777		
青　海					
宁　夏					
新　疆	39715		39121		594

3-20 续表 2

饮料及冷饮服务 单位：万元

地区	营业额	客房收入	餐费收入	商品销售额	其他收入
全国	**1126303**	**254**	**1087761**	**35161**	**3128**
北京	182927	254	152871	29604	198
天津					
河北					
山西					
内蒙古					
辽宁	15411		13791	1620	
吉林					
黑龙江					
上海	644936		644415	375	146
江苏	20691		17907		2784
浙江	5286		5090	196	
安徽					
福建	2220		2220		
江西					
山东	8621		7761	860	
河南					
湖北	39736		39736		
湖南					
广东	156438		153932	2505	
广西					
海南					
重庆					
四川	50038		50038		
贵州					
云南					
西藏					
陕西					
甘肃					
青海					
宁夏					
新疆					

3-20 续表 3

其他餐饮业　　　　单位：万元

地区	营业额	客房收入	餐费收入	商品销售额	其他收入
全国	**1143493**	**10845**	**1038687**	**33570**	**60391**
北京	167946		146007	547	21392
天津	30765	2923	27326		516
河北					
山西					
内蒙古					
辽宁	12981		12272	32	677
吉林					
黑龙江					
上海	184043		172944	5570	5529
江苏	114203	1701	108035	4136	332
浙江	53201		53007		194
安徽					
福建	18006		17506	479	21
江西					
山东	27349		21555	3886	1909
河南	14826	1007	11649	281	1889
湖北	14514		14514		
湖南					
广东	137821		116043	18011	3767
广西	3457		2840	610	8
海南					
重庆	28481	2287	24159	19	2017
四川	319221		297078		22143
贵州					
云南	9670		9670		
西藏					
陕西	7010	2927	4083		
甘肃					
青海					
宁夏					
新疆					

3-21 大中型餐饮业企业分行业年末资产负债

正餐服务　　　　　　　　　　　　　　　　　　　　　　　　单位：万元

地　区	流动资产合计	固定资产原价	累计折旧	资产总计	负债合计	所有者权益合计
全　国	**8630117**	**8406198**	**2786272**	**19360670**	**14509998**	**4849655**
北　京	1148345	563946	266039	2115518	1575950	539568
天　津	201044	134617	37949	378253	282603	95650
河　北	71593	82177	35016	158852	134244	24608
山　西	126979	323220	88416	444201	326765	117436
内蒙古	173165	218021	48902	474655	320667	153988
辽　宁	186590	262532	87623	456248	403416	52833
吉　林	34812	90796	24972	129106	55180	73926
黑龙江	11941	31833	6992	53812	26876	26935
上　海	1011597	569513	210762	1778134	1240389	537745
江　苏	802043	968688	285685	2071644	1770521	301123
浙　江	646221	1007271	286154	1728963	1421873	307090
安　徽	245441	199939	68597	612137	462290	149847
福　建	244073	119800	47582	434867	339369	95498
江　西	55627	43488	11212	125845	83951	41894
山　东	546755	938542	231113	1728623	1265003	463620
河　南	197843	128525	35987	347969	238780	109189
湖　北	282945	387717	136465	751586	621314	130272
湖　南	145871	195766	57160	390803	269622	121181
广　东	865433	925810	395951	1843217	1437459	404741
广　西	19692	9292	4458	30177	27712	2465
海　南	3592	5106	2931	14412	8304	6108
重　庆	227314	231363	87436	532750	267629	265122
四　川	672412	466685	167746	1389937	1078410	311527
贵　州	55956	32426	15076	85482	80195	5287
云　南	348803	119301	29093	472404	332663	139742
西　藏						
陕　西	240823	235535	93683	545584	325014	220570
甘　肃	14878	26064	5511	42578	21026	21552
青　海	8991	27786	7244	39120	17901	21219
宁　夏	22856	23522	6345	49952	46898	3065
新　疆	16483	36916	4174	133832	27977	105855

3-21 续表 1

快餐服务 单位：万元

地　区	流动资产合计	固定资产原价	累计折旧	资产总计	负债合计	所有者权益合计
全　国	**1781670**	**1893301**	**853227**	**5130300**	**3717636**	**1412664**
北　京	234473	244181	119023	572026	363450	208576
天　津	41632	106298	47474	191850	134668	57181
河　北						
山　西	8140	10084	5587	26200	16975	9225
内蒙古	7581	9455	4597	12778	8934	3844
辽　宁	58750	102647	52876	237329	184390	52940
吉　林	510	3942	1889	8447	4232	4215
黑龙江	4963	4199	247	13178	12884	295
上　海	216838	171515	84500	427145	321812	105332
江　苏	106508	142589	51408	353155	244610	108545
浙　江	81248	134830	65094	258396	205802	52594
安　徽	45743	30849	10591	80931	59938	20993
福　建	32923	69668	32324	148229	120128	28101
江　西	3099	5062	138	21015	13940	7075
山　东	38582	73932	34326	159667	133134	26533
河　南	17634	43056	14086	77522	74429	3093
湖　北	23470	54134	28526	138262	119922	18340
湖　南	14877	49358	20777	67460	48026	19434
广　东	715776	401849	181004	1939624	1395780	543843
广　西	13057	13494	8017	38908	23414	15494
海　南	906	2239	1567	3688	906	2782
重　庆	24034	36505	16465	60029	31998	28031
四　川	30027	94053	36497	120491	89325	31167
贵　州						
云　南	7699	18597	7859	33300	22160	11140
西　藏						
陕　西	42848	54371	21925	107157	74069	33088
甘　肃	3730	3303	1933	9934	4264	5670
青　海						
宁　夏						
新　疆	6623	13093	4500	23580	8447	15133

3-21 续表 2

饮料及冷饮服务　　　　单位：万元

地　区	流动资产合计	固定资产原价	累计折旧	资产总计	负债合计	所有者权益合计
全　国	**408648**	**205196**	**83470**	**908927**	**619979**	**288948**
北　京	149188	35789	14610	360457	336369	24088
天　津						
河　北						
山　西						
内蒙古						
辽　宁	4584	2657	1235	9954	3912	6043
吉　林						
黑龙江						
上　海	166678	114749	45888	353251	199763	153488
江　苏	18609	10459	3973	39900	20421	19479
浙　江	3135	720	341	4321	613	3708
安　徽						
福　建	1536	3569	808	5019	1468	3551
江　西						
山　东	2367	1275	627	5045	1275	3770
河　南						
湖　北	4117	6862	2515	19738	9609	10129
湖　南						
广　东	48400	21446	10112	85770	34786	50984
广　西						
海　南						
重　庆						
四　川	10035	7670	3361	25473	11764	13709
贵　州						
云　南						
西　藏						
陕　西						
甘　肃						
青　海						
宁　夏						
新　疆						

3-21 续表 3

其他餐饮业　　　　单位：万元

地　区	流动资产合计	固定资产原价	累计折旧	资产总计	负债合计	所有者权益合计
全　国	**455638**	**252381**	**96866**	**774708**	**411400**	**363308**
北　京	54466	23670	12098	100040	97137	2903
天　津	10869	2231	1043	13311	9618	3693
河　北						
山　西						
内蒙古						
辽　宁	8484	6114	3110	13108	3797	9311
吉　林						
黑龙江						
上　海	54261	19668	6874	75214	61309	13906
江　苏	20980	18527	7719	41172	16375	24797
浙　江	25704	8918	4264	34619	22681	11938
安　徽						
福　建	9878	4473	2176	14204	5436	8768
江　西						
山　东	7688	1221	420	10282	4951	5330
河　南	9095	15620	5742	21514	19001	2513
湖　北	6004	278	134	6185	3167	3018
湖　南						
广　东	58273	21064	10830	87184	40921	46264
广　西	5043	4364	1499	9596	8028	1567
海　南						
重　庆	8826	22420	5944	28174	14913	13261
四　川	152174	65662	31070	261691	60266	201425
贵　州						
云　南	8273	4115	2184	10513	3311	7202
西　藏						
陕　西	15623	34038	1758	47902	40490	7413
甘　肃						
青　海						
宁　夏						
新　疆						

3-22 大中型餐饮业企业分行业实收资本及构成

正餐服务　　　　单位：万元

地区	实收资本	国家资本	集体资本	法人资本	个人资本	港澳台资本	外商资本
全国	**5538401**	**302839**	**82744**	**2723940**	**1799636**	**316381**	**312811**
北京	365079	25421	2428	162456	107936	18784	48004
天津	63892	2929	8	27873	30135	143	2804
河北	46727	4993		13658	28076		
山西	86210	5500		56134	24576		
内蒙古	117833	12624	2000	33141	15972		54096
辽宁	1084115	3390		1042496	36854		1365
吉林	30910	29620		16	1274		
黑龙江	22395	100		14105	8190		
上海	534157	35772	1400	233766	83307	103430	76483
江苏	958576	35920	12003	152235	679035	27728	51655
浙江	360420	2510	27347	161811	122954	39097	6700
安徽	118107	1050	2000	74753	40304		
福建	114591	10514	589	46228	32856	23902	502
江西	24229	532		6993	15876	813	15
山东	241864	30221	6484	134681	65392	5087	
河南	69241	32	760	40353	28097		
湖北	163030	6103		90999	55873	7129	2925
湖南	127947	2322	200	64156	61269		
广东	367624	22274	6238	122520	102220	84857	29516
广西	4910			1600	1850	1460	
海南	10409			8300	800	1309	
重庆	107031	6306	272	33617	28591		38245
四川	236114	12471	13492	111405	96086	2161	500
贵州	11387	50		7037	4300		
云南	29051	5455		19295	4195	106	
西藏							
陕西	167699	14091	5640	52852	94740	375	
甘肃	14509		1849	5130	7530		
青海	14596			1047	13549		
宁夏	8282			1000	7282		
新疆	37467	32640	35	4285	507		

3-22 续表 1

快餐服务　　单位：万元

地区	实收资本						
		国家资本	集体资本	法人资本	个人资本	港澳台资本	外商资本
全国	**939943**	**16114**	**5692**	**289182**	**47548**	**164030**	**417378**
北京	109093	656	1080	14042	6662	43177	43478
天津	20369			3884	1922	235	14328
河北							
山西	2899			1060	100		1739
内蒙古	2050		2000			50	
辽宁	31253			10851		2070	18331
吉林	4000			4000			
黑龙江	2482			2482			
上海	246056	6887	30	60915	1010	55397	121817
江苏	57545		2492	3223	8283	6144	37404
浙江	59384	100		37102	908	1800	19475
安徽	10259	5000		225	1185	3849	
福建	37265			2000	2361	15918	16987
江西	2159			50			2109
山东	17551	2771		1515	3463	3173	6630
河南	5571			100	1000	2070	2402
湖北	22703			520	300		21883
湖南	17484		90	13430	2223		1741
广东	221201	700		95988	16095	19252	89166
广西	5859			4200	9		1650
海南	337					337	
重庆	3463			650	349	2068	397
四川	19506				800	2490	16216
贵州							
云南	6345			5766			579
西藏							
陕西	28522			20591	881	6000	1050
甘肃	1410			1410			
青海							
宁夏							
新疆	5178			5178			

3-22 续表 2

饮料及冷饮服务　　单位：万元

地区	实收资本	国家资本	集体资本	法人资本	个人资本	港澳台资本	外商资本
全国	**158705**	**25**		**57016**	**671**	**51469**	**49526**
北京	27423			11214		9157	7052
天津							
河北							
山西							
内蒙古							
辽宁	3570					3570	
吉林							
黑龙江							
上海	88858			45802		8917	34139
江苏	19482					14439	5043
浙江	695	25			671		
安徽							
福建	8					8	
江西							
山东	818					818	
河南							
湖北	1740					1740	
湖南							
广东	13819					12819	1000
广西							
海南							
重庆							
四川	2292						2292
贵州							
云南							
西藏							
陕西							
甘肃							
青海							
宁夏							
新疆							

3-22 续表 3

其他餐饮业　　单位：万元

地　区	实收资本	国家资本	集体资本	法人资本	个人资本	港澳台资本	外商资本
全　国	**131329**	**7461**	**1418**	**56314**	**32177**	**13328**	**20631**
北　京	19287	165		8827	2590		7705
天　津	3255			1455	1800		
河　北							
山　西							
内蒙古							
辽　宁	4337	676		3000	11	650	
吉　林							
黑龙江							
上　海	27319	520	1140	5729	6393	3930	9607
江　苏	6928			196	5243	1365	124
浙　江	3775	71	36	693	450	1325	1200
安　徽							
福　建	2011	800		618		593	
江　西							
山　东	2109	509		500	1100		
河　南	5871				5871		
湖　北	2000			2000			
湖　南							
广　东	20688	2762		9184	2420	4987	1336
广　西	1000			1000			
海　南							
重　庆	9173	1958	242	6923	50		
四　川	13659			6750	6250		659
贵　州							
云　南	1917			1440		477	
西　藏							
陕　西	8000			8000			
甘　肃							
青　海							
宁　夏							
新　疆							

3-23 大中型餐饮业企业分行业损益及分配

正餐服务　　　　单位：万元

地　区	主营业务收入	主营业务成本	主营业务税金及附加	主营业务利润
全　国	**14889838**	**6978540**	**763253**	**7148045**
北　京	2295667	917488	124649	1253530
天　津	200983	94410	10592	95981
河　北	110482	52391	5830	52261
山　西	209372	118938	9240	81194
内蒙古	239073	142779	7767	88527
辽　宁	163066	84554	8472	70040
吉　林	45787	14691	2568	28528
黑龙江	36114	15621	2110	18383
上　海	2628470	1100696	142529	1385245
江　苏	1037803	467034	55168	515601
浙　江	1006589	462329	51876	492384
安　徽	293075	155505	15027	122543
福　建	359117	186151	17492	155474
江　西	108734	57773	4243	46718
山　东	709869	339228	37973	332668
河　南	208694	102106	9495	97093
湖　北	564991	291858	29543	243590
湖　南	307816	168520	15536	123760
广　东	2075009	943079	109540	1022390
广　西	46277	24832	2381	19064
海　南	15347	4979	806	9562
重　庆	814966	492173	30611	292182
四　川	569665	287904	28149	253612
贵　州	65807	31728	3450	30629
云　南	166327	102720	7417	56190
西　藏				
陕　西	503864	270650	25672	207542
甘　肃	47848	23509	2139	22200
青　海	16441	6137	764	9540
宁　夏	20438	7997	976	11465
新　疆	22150	10762	1243	10145

3-23 续表 1

正餐服务

地　区	其他业务利润	销售费用	管理费用	财务费用
全　国	**205406**	**4872955**	**1962029**	**347794**
北　京	14776	940167	281042	31662
天　津	2758	79799	28818	5064
河　北	1386	43650	17877	6221
山　西	10536	63760	40744	5793
内蒙古	1024	57847	38529	5942
辽　宁	5447	40593	32328	8596
吉　林		14796	15412	1475
黑龙江	5482	11875	5580	345
上　海	33852	1020342	293106	31287
江　苏	8471	326443	206367	39104
浙　江	9778	334491	157647	34885
安　徽	2137	77995	37579	14146
福　建	511	92790	51189	6148
江　西	3138	32331	13646	3680
山　东	6366	175075	134996	29115
河　南	4293	45486	23348	5618
湖　北	11409	166937	65525	11446
湖　南	6983	74140	37373	9672
广　东	53501	725947	232021	38565
广　西	1004	16386	3917	1666
海　南	3717	6836	3013	77
重　庆	3375	135073	53858	8896
四　川	1366	154146	86226	24704
贵　州	50	17787	11841	1726
云　南	1372	36004	19733	10123
西　藏				
陕　西	7876	146525	49487	8652
甘　肃	4158	13810	2627	1120
青　海	3	7271	3326	258
宁　夏	143	6958	7899	1251
新　疆	494	7699	6978	553

单位：万元

营业利润	利润总额	应交所得税	应付职工薪酬
79536	**118226**	**135462**	**2830461**
15020	12462	26372	534006
6138	6207	2365	48361
-21389	-13805	447	24230
-25185	-22258	1106	42072
-27237	-25241	1714	22238
-11988	-12515	727	28128
-2956	-2878	71	8529
644	527	635	6684
58444	89936	33167	424709
-47197	-43300	5709	206089
-11147	-5619	6567	185575
-7020	-6665	4352	52974
14787	14496	3156	67058
-1625	-1361	1893	17640
711	-9763	6692	137015
21891	22144	1657	36754
-83	8332	7494	103022
5279	838	1256	52918
47603	42083	17610	438108
-2899	-2278	355	8808
-373	-258	120	4293
81895	80547	4823	126365
-5324	-8135	3328	102647
-699	-856	89	14347
-5912	-5051	1016	27280
5760	6080	2378	88477
4025	1846	120	7231
-2462	-1271	31	4514
-4579	-4386	30	3366
-4585	-1634	185	7023

3-23 续表 2

快餐服务

地　区	主营业务收入	主营业务成本	主营业务税金及附加	主营业务利润	其他业务利润	销售费用
全　国	**8432421**	**3771469**	**428752**	**4232200**	**70920**	**3267339**
北　京	1281164	518148	65671	697345	17392	582685
天　津	423083	189967	22442	210674	-1	150614
河　北						
山　西	75653	37951	4125	33577		21981
内蒙古	8144	3320	269	4555		3603
辽　宁	548477	246433	28938	273106	27	198495
吉　林	10941	4131	613	6197		5429
黑龙江	13670	5041	649	7980		7486
上　海	839817	382107	46025	411685	4197	337516
江　苏	907732	436175	46448	425109	5092	290917
浙　江	568802	262196	30664	275942	9718	200652
安　徽	134047	55244	4434	74369		65816
福　建	289604	131337	15349	142918	317	114375
江　西	57486	27197	3191	27098		18264
山　东	310795	151448	15498	143849	185	102997
河　南	104818	49059	5600	50159	9792	42102
湖　北	321313	147284	17139	156890	13	116961
湖　南	113191	50780	5808	56603	110	44088
广　东	1800048	790010	82461	927577	4503	766951
广　西	95291	42972	5370	46949	84	29813
海　南	5894	1823	319	3752		1198
重　庆	94609	30274	5165	59170	5384	44784
四　川	227265	119906	11857	95502	6396	41648
贵　州						
云　南	71668	33163	3688	34817		25722
西　藏						
陕　西	63496	26482	3415	33599	7701	34449
甘　肃	25777	11617	1392	12768		6360
青　海						
宁　夏						
新　疆	39635	17406	2223	20006	11	12437

单位：万元

管理费用	财务费用	营业利润	利润总额	应交所得税	应付职工薪酬
734920	**43405**	**195961**	**204114**	**76396**	**1372043**
116359	3672	8796	8276	4980	272488
38606	786	16826	14706	5772	60319
5510	73	6013	5707	1179	2654
1228	268	-537	-535	4	1592
47129	2220	22828	22104	7626	37718
602	202	-35	-3		1439
668	572	-746	-1155		2984
81820	4557	183	18040	4371	112927
82174	6465	43989	43646	13603	145298
49538	5075	19425	22947	8799	121437
7313	1198	3834	4316	1520	28968
26018	2053	2896	3044	2064	43769
4443	78	3443	4014	114	337
27834	2903	10113	11952	3872	57598
14683	586	2576	-237	834	17413
28618	2151	8028	7110	2923	32677
7333	1473	3359	3353	964	31303
137196	5999	4027	-4382	5656	318299
7582	145	7928	7800	2388	13961
2287	14	253	251	63	1182
9324	28	10449	10759	1908	7074
19458	1508	12687	11622	3308	27288
6268	8	4570	4821	1166	11662
7428	1408	-3432	-3039	1032	12661
1877	-114	4646	4588	1150	2894
3628	76	3843	4409	1103	6103

3-23 续表 3

饮料及冷饮服务

地　区	主营业务收入	主营业务成本	主营业务税金及附加	主营业务利润	其他业务利润	销售费用
全　国	**1065352**	**322230**	**55000**	**688122**	**524**	**507693**
北　京	179396	56566	8634	114196	261	88727
天　津						
河　北						
山　西						
内蒙古						
辽　宁	15443	4316	759	10368		7503
吉　林						
黑龙江						
上　海	586380	184389	30767	371224	263	275251
江　苏	20691	6917	751	13023		9764
浙　江	5257	1570	296	3391		2920
安　徽						
福　建	2220	549	87	1584		2085
江　西						
山　东	8661	2253	441	5967		4145
河　南						
湖　北	39736	9858	2141	27737		20466
湖　南						
广　东	157530	43241	8534	105755		73224
广　西						
海　南						
重　庆						
四　川	50038	12571	2590	34877		23607
贵　州						
云　南						
西　藏						
陕　西						
甘　肃						
青　海						
宁　夏						
新　疆						

单位：万元

管理费用	财务费用	营业利润	利润总额	应交所得税	应付职工薪酬
64568	**2745**	**114075**	**94766**	**30855**	**166094**
16575	1550	7605	7184	4504	63800
947	49	1870	1769	443	6207
28316	340	69708	50345	16575	61629
3381	430	-523	-462	74	5025
730	43	-187	-191	40	1327
601		-1102			600
358	39	1424	1425	359	2862
2078	220	4972	4982	1242	7386
8260	-91	22525	22057	5705	15866
3323	165	7782	7657	1914	1392

3-23 续表 4

其他餐饮业

地区	主营业务收入	主营业务成本	主营业务税金及附加	主营业务利润	其他业务利润	销售费用
全国	**1127172**	**565890**	**47541**	**513741**	**11473**	**313214**
北京	164431	88472	7030	68929		60868
天津	33887	17991	1526	14370		6792
河北						
山西						
内蒙古						
辽宁	12584	7195	245	5144	3	868
吉林						
黑龙江						
上海	182757	117501	8117	57139	-488	40627
江苏	113094	56117	4229	52748	248	41322
浙江	53200	35893	1439	15868	65	10019
安徽						
福建	17985	13367	363	4255	18	1856
江西						
山东	26804	19996	1124	5684	7	1320
河南	14569	7926	520	6123	114	2902
湖北	14514	5814	801	7899		6988
湖南						
广东	148164	74606	5872	67686		35330
广西	3449	1579		1870	8	438
海南						
重庆	26808	13128	324	13356		6129
四川	296651	96298	15410	184943	11257	95622
贵州						
云南	11246	8668	129	2449		97
西藏						
陕西	7029	1337	411	5281	242	2036
甘肃						
青海						
宁夏						
新疆						

单位：万元

管理费用	财务费用	营业利润	利润总额	应交所得税	应付职工薪酬
114955	**6314**	**87183**	**81938**	**21832**	**298902**
16294	1605	-10519	-10508	426	47740
5027	193	2336	-13	12	9019
2690	-44	1682	1718	449	2652
18455	264	-2574	251	552	47998
4521	295	5576	4665	1393	13894
3235	131	2856	3117	799	9091
857	-53	1592	1691	490	4783
2608	198	1585	1593	119	7111
2059	466	696	574	371	2312
902	272	-262	-255		2320
25075	129	9548	9218	1223	31454
1006	437	5	15	5	249
5114	584	1550	1253	259	5710
21314	1791	72953	68458	15548	108868
1972	-12	559	562	187	4402
3827	58	-399	-402		1300

3-24 大中型餐饮业企业分行业经济效益分析指标

正餐服务

地　区	负债比率 (%)	主营业务毛利率 (%)	人均主营业务收入 (万元)	费用率 (%)
全　国	**74.9**	**53.1**	**20.6**	**48.2**
北　京	74.5	60.0	23.2	54.6
天　津	74.7	53.0	17.0	56.6
河　北	84.5	52.6	15.0	61.3
山　西	73.6	43.2	14.1	52.7
内蒙古	67.6	40.3	33.1	42.8
辽　宁	88.4	48.1	21.6	50.0
吉　林	42.7	67.9	18.4	69.2
黑龙江	49.9	56.7	14.5	49.3
上　海	69.8	58.1	25.0	51.2
江　苏	85.5	55.0	18.4	55.1
浙　江	82.2	54.1	20.8	52.4
安　徽	75.5	46.9	17.3	44.3
福　建	78.0	48.2	18.9	41.8
江　西	66.7	46.9	17.2	45.7
山　东	73.2	52.2	20.4	47.8
河　南	68.6	51.1	17.8	35.7
湖　北	82.7	48.3	19.4	43.2
湖　南	69.0	45.3	19.5	39.4
广　东	78.0	54.6	20.1	48.0
广　西	91.8	46.3	15.4	47.5
海　南	57.6	67.6	14.0	64.7
重　庆	50.2	39.6	20.4	24.3
四　川	77.6	49.5	19.8	46.5
贵　州	93.8	51.8	14.4	47.6
云　南	70.4	38.2	20.4	39.6
西　藏				
陕　西	59.6	46.3	16.4	40.6
甘　肃	49.4	50.9	16.3	36.7
青　海	45.8	62.7	12.5	66.0
宁　夏	93.9	60.9	15.6	78.8
新　疆	20.9	51.4	12.3	68.8

注：费用率等于销售费用、管理费用、财务费用三项之和除以主营业务收入合计(下表同)。

3-24　续表 1

快餐服务

地　区	负债比率 (%)	主营业务毛利率 (%)	人均主营业务收入 (万元)	费用率 (%)
全　国	**72.5**	**55.3**	**20.7**	**48.0**
北　京	63.5	59.6	25.5	54.8
天　津	70.2	55.1	18.0	44.9
河　北				
山　西	64.8	49.8	12.0	36.4
内蒙古	69.9	59.2	20.2	62.6
辽　宁	77.7	55.1	58.7	45.2
吉　林	50.1	62.2	33.8	57.0
黑龙江	97.8	63.1	10.6	63.8
上　海	75.3	54.5	19.8	50.5
江　苏	69.3	51.9	13.0	41.8
浙　江	79.6	53.9	22.4	44.9
安　徽	74.1	58.8	11.7	55.4
福　建	81.0	54.6	19.2	49.2
江　西	66.3	52.7	36.9	39.6
山　东	83.4	51.3	30.9	43.0
河　南	96.0	53.2	16.3	54.7
湖　北	86.7	54.2	36.1	46.0
湖　南	71.2	55.1	15.7	46.7
广　东	72.0	56.1	22.5	50.6
广　西	60.2	54.9	13.1	39.4
海　南	24.6	69.1	27.7	59.4
重　庆	53.3	68.0	22.6	57.2
四　川	74.1	47.2	16.6	27.6
贵　州				
云　南	66.5	53.7	16.2	44.6
西　藏				
陕　西	69.1	58.3	17.1	68.2
甘　肃	42.9	54.9	11.8	31.5
青　海				
宁　夏				
新　疆	35.8	56.1	24.1	40.7

3-24 续表 2

饮料及冷饮服务

地　区	负债比率 (%)	主营业务毛利率 (%)	人均主营业务收入 (万元)	费用率 (%)
全　国	**68.2**	**69.8**	**28.7**	**54.0**
北　京	93.3	68.5	41.7	59.6
天　津				
河　北				
山　西				
内 蒙 古				
辽　宁	39.3	72.1	39.0	55.0
吉　林				
黑 龙 江				
上　海	56.5	68.6	25.9	51.8
江　苏	51.2	66.6	18.3	65.6
浙　江	14.2	70.1	16.0	70.2
安　徽				
福　建	29.2	75.3	9.4	121.0
江　西				
山　东	25.3	74.0	51.6	52.4
河　南				
湖　北	48.7	75.2	23.7	57.3
湖　南				
广　东	40.6	72.6	36.0	51.7
广　西				
海　南				
重　庆				
四　川	46.2	74.9	26.8	54.1
贵　州				
云　南				
西　藏				
陕　西				
甘　肃				
青　海				
宁　夏				
新　疆				

3-24 续表 3

其他餐饮业

地　区	负债比率 (%)	主营业务毛利率 (%)	人均主营业务收入 (万元)	费用率 (%)
全　国	**53.1**	**49.8**	**18.6**	**38.5**
北　京	97.1	46.2	13.3	47.9
天　津	72.3	46.9	13.5	35.4
河　北				
山　西				
内蒙古				
辽　宁	29.0	42.8	21.4	27.9
吉　林				
黑龙江				
上　海	81.5	35.7	15.8	32.5
江　苏	39.8	50.4	16.3	40.8
浙　江	65.5	32.5	23.3	25.2
安　徽				
福　建	38.3	25.7	24.7	14.8
江　西				
山　东	48.2	25.4	12.6	15.4
河　南	88.3	45.6	18.1	37.3
湖　北	51.2	59.9	30.6	56.2
湖　南				
广　东	46.9	49.6	21.8	40.9
广　西	83.7	54.2	21.3	54.5
海　南				
重　庆	52.9	51.0	26.9	44.1
四　川	23.0	67.5	26.1	40.0
贵　州				
云　南	31.5	22.9	19.9	18.3
西　藏				
陕　西	84.5	81.0	16.8	84.2
甘　肃				
青　海				
宁　夏				
新　疆				

企业篇

简要说明:

一、本篇资料主要内容为分地区大型批发业、零售业、住宿业和餐饮业企业名称、所属行业和所在地等。

二、本篇资料来源于批发和零售业、住宿和餐饮业企业上报的2014年统计年报。

4-1 分地区大型批发业企业名单

企业名称	所属行业	企业所在地
北京市		
中国石化化工销售有限公司	其他化工产品批发	北京市朝阳区
三星(中国)投资有限公司	通讯及广播电视设备批发	北京市朝阳区
宝马(中国)汽车贸易有限公司	汽车批发	北京市朝阳区
中国航空油料有限责任公司	石油及制品批发	北京市海淀区
五矿钢铁有限责任公司	金属及金属矿批发	北京市海淀区
一汽丰田汽车销售有限公司	汽车批发	北京市海淀区
中国进口汽车贸易有限公司	汽车批发	北京市海淀区
北京京东世纪贸易有限公司	家用电器批发	北京市大兴区
天翼电信终端有限公司	通讯及广播电视设备批发	北京市西城区
中国石化燃料油销售有限公司	石油及制品批发	北京市朝阳区
北京普天太力通信科技有限公司	通讯及广播电视设备批发	北京市海淀区
中国海洋石油总公司销售分公司	石油及制品批发	北京市东城区
奥迪(中国)企业管理有限公司	汽车批发	北京市朝阳区
联通华盛通信有限公司	通讯及广播电视设备批发	北京市东城区
丰田汽车(中国)投资有限公司	汽车批发	北京市朝阳区
中国中煤能源股份有限公司	煤炭及制品批发	北京市朝阳区
五矿有色金属股份有限公司	金属及金属矿批发	北京市海淀区
中石油昆仑燃气有限公司	石油及制品批发	北京市朝阳区
神华销售集团有限公司	煤炭及制品批发	北京市东城区
中国矿产有限责任公司	金属及金属矿批发	北京市海淀区
中农集团控股股份有限公司	化肥批发	北京市西城区
索尼(中国)有限公司	家用电器批发	北京市朝阳区
西门子(中国)有限公司	通讯及广播电视设备批发	北京市朝阳区
神华销售集团华北能源贸易有限公司	煤炭及制品批发	北京市昌平区
中化化肥有限公司	化肥批发	北京市西城区
大金(中国)投资有限公司	家用电器批发	北京市东城区
日产(中国)投资有限公司	汽车批发	北京市朝阳区
佳能(中国)有限公司	家用电器批发	北京市东城区
中国首钢国际贸易工程公司	金属及金属矿批发	北京市海淀区
中国石油天然气股份有限公司北京销售分公司	石油及制品批发	北京市朝阳区
华润雪花啤酒(中国)有限公司	酒、饮料及茶叶批发	北京市东城区
中国石油技术开发公司	其他机械设备及电子产品批发	北京市西城区
中国烟草总公司北京市公司	烟草制品批发	北京市通州区
北京红牛饮料销售有限公司	酒、饮料及茶叶批发	北京市朝阳区
北京科园信海医药经营有限公司	中药批发	北京市丰台区
施耐德电气(中国)有限公司	电气设备批发	北京市朝阳区
神华物资集团有限公司	其他机械设备及电子产品批发	北京市昌平区
松下电器(中国)有限公司	家用电器批发	北京市朝阳区
中国黄金集团黄金珠宝(北京)有限公司	首饰、工艺品及收藏品批发	北京市东城区
中国铁路物资北京有限公司	金属及金属矿批发	北京市西城区
翰林汇信息产业股份有限公司	计算机、软件及辅助设备批发	北京市海淀区
中化塑料有限公司	其他化工产品批发	北京市西城区
斯巴鲁汽车(中国)有限公司	汽车零配件批发	北京市朝阳区
国药集团药业股份有限公司	西药批发	北京市东城区
中国有色金属建设股份有限公司	金属及金属矿批发	北京市朝阳区
北京金隅水泥经贸有限公司	建材批发	北京市房山区
中建材国际贸易有限公司	建材批发	北京市海淀区
乐金电子(中国)有限公司	家用电器批发	北京市朝阳区
北京汽车销售有限公司	汽车批发	北京市大兴区
国药控股北京有限公司	中药批发	北京市东城区

4-1 续表 1

企业名称	所属行业	企业所在地
现代汽车(中国)投资有限公司	汽车批发	北京市朝阳区
保利科技有限公司	其他机械设备及电子产品批发	北京市东城区
中国铁路物资股份有限公司	金属及金属矿批发	北京市丰台区
中国机械进出口(集团)有限公司	贸易代理	北京市西城区
路易达孚(中国)贸易有限责任公司	谷物、豆及薯类批发	北京市朝阳区
北京乐语世纪科技集团有限公司	通讯及广播电视设备批发	北京市海淀区
北京酷人通讯科技有限公司	通讯及广播电视设备批发	北京市朝阳区
卡特彼勒(中国)投资有限公司	电气设备批发	北京市朝阳区
中钢设备有限公司	其他机械设备及电子产品批发	北京市海淀区
中航技进出口有限责任公司	其他机械设备及电子产品批发	北京市朝阳区
戴姆勒东北亚零部件贸易服务有限公司	汽车零配件批发	北京市朝阳区
诺基亚通信系统技术(北京)有限公司	通讯及广播电视设备批发	北京市东城区
新时代健康产业(集团)有限公司	营养和保健品批发	北京市昌平区
北京糖业烟酒集团有限公司	酒、饮料及茶叶批发	北京市东城区
中国石化润滑油有限公司	汽车零配件批发	北京市海淀区
亚马逊卓越有限公司	图书批发	北京市朝阳区
李宁(中国)体育用品有限公司	体育用品及器材批发	北京市通州区
中国再生资源开发有限公司	再生物资回收与批发	北京市西城区
中建材信息技术有限公司	计算机、软件及辅助设备批发	北京市海淀区
北京金隅商贸有限公司	建材批发	北京市朝阳区
中国免税品(集团)有限责任公司	烟草制品批发	北京市东城区
北京龙禹石油化工有限公司	石油及制品批发	北京市平谷区
国药控股北京天星普信生物医药有限公司	西药批发	北京市丰台区
北京九州通医药有限公司	西药批发	北京市大兴区
中粮集团有限公司	谷物、豆及薯类批发	北京市东城区
中粮国际(北京)有限公司	米、面制品及食用油批发	北京市东城区
北京周大福珠宝金行有限公司	首饰、工艺品及收藏品批发	北京市东城区
中国邮电器材集团公司	通讯及广播电视设备批发	北京市西城区
中国精密机械进出口有限公司	贸易代理	北京市海淀区
中建材国际装备有限公司	建材批发	北京市海淀区
中国石化国际事业有限公司	其他机械设备及电子产品批发	北京市朝阳区
国药控股北京华鸿有限公司	西药批发	北京市东城区
北京福田国际贸易有限公司	汽车批发	北京市昌平区
拓速乐汽车销售(北京)有限公司	汽车批发	北京市朝阳区
东陶(中国)有限公司	厨房、卫生间用具及日用杂货批发	北京市朝阳区
中铁物资集团有限公司	金属及金属矿批发	北京市海淀区
中国科学器材公司	其他机械设备及电子产品批发	北京市东城区
北京现代摩比斯汽车配件有限公司	汽车零配件批发	北京市顺义区
中国仪器进出口(集团)公司	贸易代理	北京市西城区
奥林巴斯(北京)销售服务有限公司	医疗用品及器材批发	北京市朝阳区
三星电子(北京)技术服务有限公司	其他机械设备及电子产品批发	北京市朝阳区
诺基亚(中国)投资有限公司	通讯及广播电视设备批发	北京市大兴区
北京恒通华泰汽车销售有限公司	汽车批发	北京市朝阳区
北京惠买在线网络科技有限公司	厨房、卫生间用具及日用杂货批发	北京市大兴区
北京当当科文电子商务有限公司	音像制品及电子出版物批发	北京市东城区
百丽鞋业(北京)有限公司	鞋帽批发	北京市通州区
中国医药健康产业股份有限公司	医疗用品及器材批发	北京市东城区
北京盛世欣兴格力贸易有限公司	家用电器批发	北京市大兴区
中国航空技术北京有限公司	其他机械设备及电子产品批发	北京市大兴区
中农立华生物科技股份有限公司	农药批发	北京市西城区
北京同仁堂健康药品经营有限公司	中药批发	北京市朝阳区

4-1 续表 2

企业名称	所属行业	企业所在地
索尼移动通信产品(中国)有限公司	通讯及广播电视设备批发	北京市朝阳区
北京中青旅创格科技有限公司	计算机、软件及辅助设备批发	北京市海淀区
北京中邮普泰移动通信设备有限责任公司	通讯及广播电视设备批发	北京市丰台区
默克雪兰诺有限公司	西药批发	北京市顺义区
国金黄金集团有限公司	首饰、工艺品及收藏品批发	北京市平谷区
威斯特(北京)机械设备有限公司	其他机械设备及电子产品批发	北京市大兴区
中国电子进出口总公司	其他机械设备及电子产品批发	北京市海淀区
本田技研工业(中国)投资有限公司	汽车批发	北京市朝阳区
华润新龙(北京)医药有限公司	西药批发	北京市大兴区
北京朝批商贸股份有限公司	米、面制品及食用油批发	北京市朝阳区
中国水利电力物资有限公司	金属及金属矿批发	北京市西城区
中国航空技术国际控股有限公司	其他机械设备及电子产品批发	北京市朝阳区
纷美(北京)贸易有限公司	其他未列明批发业	北京市朝阳区
中粮肉食(北京)有限公司	肉、禽、蛋、奶及水产品批发	北京市朝阳区
爱尔康(中国)眼科产品有限公司	医疗用品及器材批发	北京市朝阳区
北京中科三环高技术股份有限公司	金属及金属矿批发	北京市海淀区
史赛克(北京)医疗器械有限公司	医疗用品及器材批发	北京市东城区
富通时代科技有限公司	计算机、软件及辅助设备批发	北京市平谷区
北京市千叶珠宝股份有限公司	首饰、工艺品及收藏品批发	北京市东城区
北京双鹤药业经营有限责任公司	西药批发	北京市东城区
北京市西南郊食品冷冻厂	肉、禽、蛋、奶及水产品批发	北京市丰台区
超威半导体产品(中国)有限公司	通讯及广播电视设备批发	北京市海淀区
北京一商宇洁商贸有限公司	厨房、卫生间用具及日用杂货批发	北京市东城区
中国电子器材总公司	其他机械设备及电子产品批发	北京市海淀区
乐友(中国)超市连锁有限公司	其他家庭用品批发	北京市通州区
中国石油物资公司	金属及金属矿批发	北京市西城区
中航物资装备有限公司	金属及金属矿批发	北京市东城区
北京中油公交石油销售有限公司	石油及制品批发	北京市通州区
北京一商美洁商业有限公司	化妆品及卫生用品批发	北京市丰台区
恒信玺利实业股份有限公司	首饰、工艺品及收藏品批发	北京市朝阳区
中国工艺品进出口总公司	金属及金属矿批发	北京市朝阳区
中国大恒(集团)有限公司	计算机、软件及辅助设备批发	北京市海淀区
北京中科资源有限公司	金属及金属矿批发	北京市海淀区
北京法雅商贸有限责任公司	服装批发	北京市西城区
康明斯排放处理系统(中国)有限公司	汽车零配件批发	北京市大兴区
中国联合石油有限责任公司	石油及制品批发	北京市西城区
中国集邮总公司	首饰、工艺品及收藏品批发	北京市东城区
北京鑫方盛五金交电有限公司	五金产品批发	北京市大兴区
北京曲美馨家商业有限公司	其他家庭用品批发	北京市顺义区
北京吉瑞阳光首饰有限公司	首饰、工艺品及收藏品批发	北京市朝阳区
北京同仁堂商业投资集团有限公司	中药批发	北京市西城区
北京二商集团有限责任公司	糕点、糖果及糖批发	北京市西城区
通用美康医药有限公司	中药批发	北京市东城区
博世热力技术(北京)有限公司	其他机械设备及电子产品批发	北京市大兴区
富士施乐(中国)有限公司	其他机械设备及电子产品批发	北京市朝阳区
北京伊藤忠华糖综合加工有限公司	化妆品及卫生用品批发	北京市东城区
标致雪铁龙(中国)汽车贸易有限公司	汽车批发	北京市朝阳区
北京纳通医疗技术有限公司	医疗用品及器材批发	北京市海淀区
北京润美康医药有限公司	西药批发	北京市顺义区
北京建贸新科建材有限公司	建材批发	北京市朝阳区
威能(北京)供暖设备有限公司	其他机械设备及电子产品批发	北京市朝阳区

4-1 续表 3

企业名称	所属行业	企业所在地
北京美的制冷产品销售有限公司	家用电器批发	北京市门头沟区
北京恒城实业发展公司	化妆品及卫生用品批发	北京市朝阳区
北京青岛啤酒北方销售有限公司	酒、饮料及茶叶批发	北京市密云县
北京赛科昌盛医药有限责任公司	西药批发	北京市朝阳区
北京红太阳药业有限公司	西药批发	北京市朝阳区
中地海外汉盛(北京)贸易有限责任公司	其他机械设备及电子产品批发	北京市海淀区
诺托弗朗克建筑五金(北京)有限公司	其他机械设备及电子产品批发	北京市海淀区
历峰(北京)商贸有限公司	其他家庭用品批发	北京市朝阳区
北京中油潞安石油销售有限公司	石油及制品批发	北京市东城区
央广幸福购物(北京)有限公司	家用电器批发	北京市大兴区
北京台湖出版物会展贸易中心有限责任公司	图书批发	北京市通州区
中航国际航空发展有限公司	贸易代理	北京市朝阳区
北京全聚德仿膳食品有限责任公司	肉、禽、蛋、奶及水产品批发	北京市大兴区
北京三聚环保新材料股份有限公司	其他化工产品批发	北京市海淀区
华歌尔(中国)时装有限公司	服装批发	北京市大兴区
北京燃气绿源达清洁燃料有限公司	石油及制品批发	北京市海淀区
北京紫竹医药经营有限公司	西药批发	北京市朝阳区
北京远宏欧珀电子设备有限公司	通讯及广播电视设备批发	北京市东城区
北京小松工程机械有限公司	其他机械设备及电子产品批发	北京市通州区
北京博雅新创科技有限公司	计算机、软件及辅助设备批发	北京市海淀区
朗姿股份有限公司	服装批发	北京市顺义区
北京环球国广商贸有限公司	厨房、卫生间用具及日用杂货批发	北京市石景山区
北京世龙经略供应链管理有限公司	医疗用品及器材批发	北京市海淀区
北京吉元盛宝国际贸易有限公司	服装批发	北京市西城区
北京燃气用户服务有限公司	厨房、卫生间用具及日用杂货批发	北京市朝阳区
康乐保(中国)医疗用品有限公司	医疗用品及器材批发	北京市朝阳区
霍曼(北京)贸易有限公司	五金产品批发	北京市大兴区
北京美缇商贸有限公司	化妆品及卫生用品批发	北京市朝阳区
北京元隆雅图文化传播股份有限公司	首饰、工艺品及收藏品批发	北京市西城区
北京鼎力兴商贸有限责任公司	酒、饮料及茶叶批发	北京市朝阳区
中国国际石油化工联合有限责任公司	贸易代理	北京市朝阳区
北京市品利食品有限公司	其他食品批发	北京市朝阳区
泰戈特(北京)工程技术有限公司	其他机械设备及电子产品批发	北京市朝阳区
北京金色农华种业科技股份有限公司	种子批发	北京市海淀区
贝克休斯(北京)商贸有限公司	其他机械设备及电子产品批发	北京市东城区
北京瑞华赢科技发展有限公司	电气设备批发	北京市朝阳区
天津市		
中国石化销售有限公司华北分公司	石油及制品批发	天津市西青区
大众汽车(中国)销售有限公司	汽车批发	天津市滨海新区
中粮食品营销有限公司	贸易代理	天津市滨海新区
中国烟草总公司天津市公司	烟草制品批发	天津市和平区
天津市化轻贸易有限公司	其他化工产品批发	天津市河西区
中海油销售天津有限公司	石油及制品批发	天津市滨海新区
国药控股天津有限公司	西药批发	天津市和平区
中国铁路物资天津有限公司	金属及金属矿批发	天津市河东区
天津医药集团太平医药有限公司	西药批发	天津市和平区
天津天士力医药营销集团有限公司	中药批发	天津市北辰区
丰田通商(天津)有限公司	汽车零配件批发	天津市滨海新区
天津大桥集团电焊条供销有限公司	金属及金属矿批发	天津市西青区
三星爱商(天津)国际物流有限公司	其他未列明批发业	天津市河西区
天津天物国际贸易发展有限公司	汽车批发	天津市滨海新区
天津裕华经济贸易总公司	其他化工产品批发	天津市和平区

4-1 续表 4

企业名称	所属行业	企业所在地
渤海石油物资供应有限责任公司	石油及制品批发	天津市滨海新区
天津一汽汽车销售有限公司	汽车批发	天津市河西区
中盐天津市长芦盐业有限公司	盐及调味品批发	天津市和平区
美卓矿机(天津)国际贸易有限公司	电气设备批发	天津市滨海新区
威莱(天津)贸易有限公司	化妆品及卫生用品批发	天津市武清区
苏宁(天津)采购有限公司	家用电器批发	天津市和平区
华润雪花啤酒(中国)有限公司天津分公司	酒、饮料及茶叶批发	天津市南开区
京瓷(中国)商贸有限公司	其他机械设备及电子产品批发	天津市河西区
天津红日康仁堂药品销售有限公司	中药批发	天津市武清区
天津都市风尚服装销售有限公司	服装批发	天津市武清区
永立建机(中国)有限公司	电气设备批发	天津市滨海新区
天津市永隆金钟农产品批发有限公司	果品、蔬菜批发	天津市东丽区
天津市奥淇医科医药销售有限公司	西药批发	天津市南开区
天津空港国际汽车园发展有限公司	汽车批发	天津市东丽区
天津百得利之迪汽车销售有限公司	汽车批发	天津市东丽区
天津市万达轮胎集团有限公司	其他化工产品批发	天津市北辰区
天津渤商大百商贸股份有限公司	其他家庭用品批发	天津市西青区
拉夏贝尔服饰(天津)有限公司	服装批发	天津市西青区
福建恒安集团厦门商贸有限公司天津分公司	化妆品及卫生用品批发	天津市西青区
天天希杰(天津)商贸有限公司	首饰、工艺品及收藏品批发	天津市东丽区
天津罗升企业有限公司	电气设备批发	天津市东丽区
天津市正威燃气有限公司	石油及制品批发	天津市武清区
必迪艾(天津)轴承有限公司	其他机械设备及电子产品批发	天津市滨海新区
天津永阔国际贸易有限公司	纺织品、针织品及原料批发	天津市东丽区
天津TCL电器销售有限公司	五金产品批发	天津市河西区
河北省		
冀中能源国际物流集团有限公司	煤炭及制品批发	河北省邯郸市
保定长城汽车销售有限公司	汽车批发	河北省保定市
保定哈弗汽车销售有限公司	汽车批发	河北省保定市
中国石化销售有限公司河北唐山石油分公司	石油及制品批发	河北省唐山市
中国石化销售有限公司河北石家庄石油分公司	石油及制品批发	河北省石家庄市
河北省烟草公司石家庄市公司	烟草制品批发	河北省石家庄市
河北省烟草公司保定市公司	烟草制品批发	河北省保定市
新奥能源贸易有限公司	其他化工产品批发	河北省廊坊市
庞大汽贸集团股份有限公司	汽车批发	河北省唐山市
河北省烟草公司唐山市公司	烟草制品批发	河北省唐山市
河北省烟草公司邯郸市公司	烟草制品批发	河北省邯郸市
中国石油化工股份有限公司河北沧州石油分公司	石油及制品批发	河北省沧州市
河北新兴格力电器销售有限公司	家用电器批发	河北省石家庄市
河北省农业生产资料有限公司	化肥批发	河北省石家庄市
中国石油化工股份有限公司河北保定石油分公司	石油及制品批发	河北省保定市
迁安市九江煤炭储运有限公司	煤炭及制品批发	河北省唐山市
中国石化销售有限公司河北承德石油分公司	石油及制品批发	河北省承德市
中国石油化工股份有限公司河北邢台石油分公司	石油及制品批发	河北省邢台市
中国石油化工股份有限公司河北邯郸石油分公司	石油及制品批发	河北省邯郸市
河北省烟草公司沧州市公司	烟草制品批发	河北省沧州市
中国石化销售有限公司河北廊坊石油分公司	石油及制品批发	河北省廊坊市
河北省烟草公司邢台市公司	烟草制品批发	河北省邢台市
中国石油化工股份有限公司河北张家口石油分公司	石油及制品批发	河北省张家口市
唐山市冀东物贸集团有限责任公司	汽车批发	河北省唐山市
汉沽管区中油石油销售有限公司	石油及制品批发	河北省唐山市

4-1 续表 5

企业名称	所属行业	企业所在地
河北省新华书店有限责任公司	图书批发	河北省石家庄市
中国石油化工股份有限公司河北衡水石油分公司	石油及制品批发	河北省衡水市
河北省烟草公司承德市公司	烟草制品批发	河北省承德市
中国石油天然气股份有限公司河北唐山销售分公司	石油及制品批发	河北省唐山市
中国石油天然气股份有限公司河北保定销售分公司	石油及制品批发	河北省保定市
中国石油天然气股份有限公司河北石家庄销售分公司	石油及制品批发	河北省石家庄市
河北省烟草公司秦皇岛市公司	烟草制品批发	河北省秦皇岛市
保定市保北医药药材有限责任公司	西药批发	河北省保定市
河北省烟草公司衡水市公司	烟草制品批发	河北省衡水市
秦皇岛中油华奥销售有限公司	石油及制品批发	河北省秦皇岛市
衡水老白干营销有限公司	酒、饮料及茶叶批发	河北省衡水市
中国石油天然气股份有限公司河北邯郸销售分公司	石油及制品批发	河北省邯郸市
承德承钢物流有限公司	金属及金属矿批发	河北省承德市
中国石油天然气股份有限公司河北沧州销售分公司	石油及制品批发	河北省沧州市
中国石油天然气股份有限公司河北秦皇岛销售分公司	石油及制品批发	河北省秦皇岛市
河北万合汽车贸易股份有限公司	汽车批发	河北省邯郸市
唐山壳牌石油有限公司	石油及制品批发	河北省唐山市
河北爱普医药药材有限公司	西药批发	河北省石家庄市
中国石油天然气股份有限公司河北廊坊销售分公司	石油及制品批发	河北省廊坊市
华润廊坊医药有限公司	中药批发	河北省廊坊市
河北金仑医药有限公司	西药批发	河北省石家庄市
中国石油天然气股份有限公司河北张家口销售分公司	石油及制品批发	河北省张家口市
中铁物资集团华北有限公司	金属及金属矿批发	河北省石家庄市
中国石油天然气股份有限公司河北衡水销售分公司	石油及制品批发	河北省衡水市
中国船舶燃料秦皇岛有限公司	石油及制品批发	河北省秦皇岛市
保定通达医药药材经营有限责任公司	西药批发	河北省保定市
河北省盐业专营集团公司	盐及调味品批发	河北省石家庄市
文安县天运商贸有限公司	其他化工产品批发	河北省廊坊市
沧州天元医药有限公司	西药批发	河北省沧州市
中国石油天然气股份有限公司河北承德销售分公司	石油及制品批发	河北省承德市
平泉山庄老酒经营有限公司	酒、饮料及茶叶批发	河北省承德市
遵化市国龙煤炭有限公司	煤炭及制品批发	河北省唐山市
河北龙隆医药有限公司	西药批发	河北省保定市
河北白象食品销售有限公司	其他食品批发	河北省保定市
怀来西八里煤炭运销有限公司	煤炭及制品批发	河北省张家口市
保定刘伶醉酒业销售有限公司	酒、饮料及茶叶批发	河北省保定市
承德聚鑫贸易有限责任公司	酒、饮料及茶叶批发	河北省承德市
邯郸市华诚汽贸有限公司	汽车批发	河北省邯郸市
石家庄中山日化有限责任公司	化妆品及卫生用品批发	河北省石家庄市
邯郸市龙安达贸易有限公司	建材批发	河北省邯郸市
河北省唐山医药采购供应站	西药批发	河北省唐山市
肃宁路畅达发展有限公司	煤炭及制品批发	河北省沧州市
山西省		
山西潞安煤炭经销有限责任公司	金属及金属矿批发	山西省长治市
山西焦煤集团国际贸易有限责任公司	煤炭及制品批发	山西省太原市
山西省国新能源发展集团有限公司	煤炭及制品批发	山西省太原市
山西建邦集团有限公司	金属及金属矿批发	山西省临汾市
山西省焦炭集团有限责任公司	煤炭及制品批发	山西省太原市
山西煤炭运销集团长治有限公司	煤炭及制品批发	山西省长治市
山西杏花村国贸投资公司	金属及金属矿批发	山西省太原市
山西省烟草公司太原市公司	烟草制品批发	山西省太原市

4-1 续表 6

企业名称	所属行业	企业所在地
山西煤炭运销集团吕梁有限公司	煤炭及制品批发	山西省吕梁市
山西煤炭运销集团吕梁柳林有限公司	煤炭及制品批发	山西省吕梁市
山西省烟草公司临汾市公司	烟草制品批发	山西省临汾市
山西省烟草公司运城市公司	烟草制品批发	山西省运城市
山西大运汽车销售有限公司	汽车批发	山西省运城市
山西煤炭运销集团阳泉有限公司	煤炭及制品批发	山西省阳泉市
山西省烟草公司大同市公司	烟草制品批发	山西省大同市
山西省烟草公司吕梁市公司	烟草制品批发	山西省吕梁市
山西省烟草公司晋中市公司	烟草制品批发	山西省晋中市
山西省烟草公司长治市公司	烟草制品批发	山西省长治市
大同煤矿集团煤炭运销朔州矿业公司	煤炭及制品批发	山西省朔州市
山西煤炭运销集团长治市长治县有限公司	煤炭及制品批发	山西省长治市
山西省烟草公司忻州市公司	烟草制品批发	山西省忻州市
国药控股山西有限公司	西药批发	山西省太原市
晋城市铁路煤炭销售有限公司	煤炭及制品批发	山西省晋城市
山西煤炭运销集团临汾古县有限公司	煤炭及制品批发	山西省临汾市
山西煤炭运销集团长治襄垣有限公司	煤炭及制品批发	山西省长治市
山西省烟草公司晋城市公司	烟草制品批发	山西省晋城市
阳泉天成煤炭铁路集运有限公司	煤炭及制品批发	山西省阳泉市
山西煤炭运销集团临汾蒲县有限公司	煤炭及制品批发	山西省临汾市
晋城市泽州公路煤炭销售有限公司	煤炭及制品批发	山西省晋城市
山西省国新能源发展集团宏达煤炭有限公司	煤炭及制品批发	山西省忻州市
山西省煤炭运销总公司晋城分公司高平市公司	煤炭及制品批发	山西省晋城市
山西煤炭运销集团阳泉盂县有限公司	煤炭及制品批发	山西省阳泉市
山西焦煤集团中源物贸有限责任公司	煤炭及制品批发	山西省太原市
晋中聚晟能源有限责任公司	煤炭及制品批发	山西省晋中市
清徐县美特好农产品配送物流有限公司	果品、蔬菜批发	山西省太原市
襄垣县五阳新世纪有限责任公司	煤炭及制品批发	山西省长治市
山西新华书店集团有限公司	图书批发	山西省太原市
山西煤炭运销集团吕梁交口有限公司	煤炭及制品批发	山西省吕梁市
山西煤炭运销集团晋中灵石有限公司	煤炭及制品批发	山西省晋中市
山西省烟草公司朔州市公司	烟草制品批发	山西省朔州市
山西煤炭运销集团临汾乡宁有限公司	煤炭及制品批发	山西省临汾市
阳城县皇城相府(集团)实业有限公司	煤炭及制品批发	山西省晋城市
山西煤炭运销集团忻州宁武有限公司	煤炭及制品批发	山西省忻州市
山西亚宝医药经销有限公司	中药批发	山西省运城市
晋城市阳城公路煤炭销售有限公司	煤炭及制品批发	山西省晋城市
山西煤炭运销集团临汾有限公司	煤炭及制品批发	山西省临汾市
中国石油化工股份有限公司山西朔州石油分公司	石油及制品批发	山西省朔州市
山西康美徕医药有限公司	西药批发	山西省太原市
山西煤炭运销集团晋中寿阳有限公司	煤炭及制品批发	山西省晋中市
山西煤炭运销集团临汾尧都有限公司	煤炭及制品批发	山西省临汾市
山西晟世晋兴格力贸易有限公司	家用电器批发	山西省太原市
山西统配煤矿综合经营总公司	煤炭及制品批发	山西省太原市
山西省烟草公司阳泉市公司	烟草制品批发	山西省阳泉市
潞安五阳广源实业公司	金属及金属矿批发	山西省长治市
山西煤炭运销集团吕梁孝义有限公司	煤炭及制品批发	山西省吕梁市
山西煤炭运销集团	煤炭及制品批发	山西省阳泉市
山西汇丰兴业焦煤集团有限公司	煤炭及制品批发	山西省吕梁市
山西煤炭运销集团长治武乡有限公司	煤炭及制品批发	山西省长治市
山西九州通医药有限公司	西药批发	山西省太原市

4-1 续表 7

企业名称	所属行业	企业所在地
阳城县鑫远煤炭销售有限公司	煤炭及制品批发	山西省晋城市
晋城市沁水公路煤炭销售有限公司	煤炭及制品批发	山西省晋城市
山西煤炭运销集团阳泉郊区有限公司	煤炭及制品批发	山西省阳泉市
朔州中芦煤炭销售有限公司	煤炭及制品批发	山西省朔州市
怀仁县南窑煤业有限责任公司	煤炭及制品批发	山西省朔州市
汾阳市北廓村晋阳农副产品批发市场	果品、蔬菜批发	山西省吕梁市
煤炭运销集团有限公司静乐分公司	煤炭及制品批发	山西省忻州市
深圳创维-RGB电子有限公司山西分公司	家用电器批发	山西省太原市
山西新华现代出版物连锁有限责任公司	图书批发	山西省晋中市
内蒙古自治区		
中国石油天然汽股份有限公司内蒙古赤峰销售分公司	石油及制品批发	内蒙古自治区赤峰市
内蒙古自治区烟草公司呼和浩特市公司	烟草制品批发	内蒙古自治区呼和浩特市
中国石油天然气股份有限公司内蒙古呼和浩特市分公司	石油及制品批发	内蒙古自治区呼和浩特市
内蒙古自治区烟草公司包头市公司	烟草制品批发	内蒙古自治区包头市
内蒙古自治区烟草公司鄂尔多斯市公司	烟草制品批发	内蒙古自治区鄂尔多斯市
内蒙古铁鑫煤化集团有限公司	煤炭及制品批发	内蒙古自治区包头市
内蒙古自治区烟草公司赤峰市公司	烟草制品批发	内蒙古自治区赤峰市
中国石油天然气股份有限公司内蒙古巴彦淖尔分公司	石油及制品批发	内蒙古自治区巴彦淖尔市
内蒙古自治区烟草公司乌兰察布市公司	烟草制品批发	内蒙古自治区乌兰察布市
中国石化销售有限公司内蒙古呼和浩特石油分公司	石油及制品批发	内蒙古自治区呼和浩特市
呼和浩特市朝晖商贸有限责任公司	糕点、糖果及糖批发	内蒙古自治区呼和浩特市
内蒙古自治区烟草公司通辽分公司	烟草制品批发	内蒙古自治区通辽市
内蒙古烟草公司巴彦淖尔市分公司	烟草制品批发	内蒙古自治区巴彦淖尔市
内蒙古自治区烟草公司呼伦贝尔市公司	烟草制品批发	内蒙古自治区呼伦贝尔市
呼和浩特市恒昌商贸有限责任公司	服装批发	内蒙古自治区呼和浩特市
中国石化销售有限公司内蒙古赤峰石油分公司	石油及制品批发	内蒙古自治区赤峰市
中国石油天然气股份有限公司内蒙古通辽扎鲁特旗销售分公司	石油及制品批发	内蒙古自治区通辽市
内蒙古食全食美股份有限公司	其他农牧产品批发	内蒙古自治区呼和浩特市
内蒙古河套酒业集团销售有限责任公司	酒、饮料及茶叶批发	内蒙古自治区巴彦淖尔市
内蒙古九州通医药有限公司	西药批发	内蒙古自治区呼和浩特市
神华销售集团西北能源贸易有限公司	煤炭及制品批发	内蒙古自治区鄂尔多斯市
鑫辰(集团)有限公司	煤炭及制品批发	内蒙古自治区包头市
内蒙古西蒙煤炭有限责任公司	煤炭及制品批发	内蒙古自治区呼和浩特市
内蒙古新华发行集团股份有限公司	图书批发	内蒙古自治区呼和浩特市
辽宁省		
鞍钢集团国际经济贸易公司	金属及金属矿批发	辽宁省鞍山市
辽宁省烟草公司沈阳市公司	烟草制品批发	辽宁省沈阳市
中国烟草总公司大连市公司	烟草制品批发	辽宁省大连市
国药控股沈阳有限公司	西药批发	辽宁省沈阳市
中国铁路物资沈阳有限公司	金属及金属矿批发	辽宁省沈阳市
中国石油天然气股份有限公司辽宁鞍山销售分公司	石油及制品批发	辽宁省鞍山市
海城南台箱包有限公司	其他家庭用品批发	辽宁省鞍山市
中国石油天然气股份有限公司辽宁营口销售分公司	石油及制品批发	辽宁省营口市
华润辽宁医药有限公司	西药批发	辽宁省沈阳市
中铁物资集团东北有限公司	金属及金属矿批发	辽宁省沈阳市
中国石油天然气股份有限公司辽宁葫芦岛销售分公司	石油及制品批发	辽宁省葫芦岛市
中国石油天然气股份有限公司辽宁抚顺销售分公司	石油及制品批发	辽宁省抚顺市
辽宁省烟草公司鞍山市公司	烟草制品批发	辽宁省鞍山市
中国石油天然气股份有限公司辽宁盘锦销售分公司	石油及制品批发	辽宁省盘锦市
中国石油天然气股份有限公司辽宁朝阳销售分公司	石油及制品批发	辽宁省朝阳市
中国石油天然气股份有限公司辽宁辽阳销售分公司	石油及制品批发	辽宁省辽阳市

4-1 续表 8

企业名称	所属行业	企业所在地
中油辽宁铁岭销售分公司	石油及制品批发	辽宁省铁岭市
海城市路士威服装销售有限公司	服装批发	辽宁省鞍山市
海城市兴创贸易有限公司	服装批发	辽宁省鞍山市
海城市恒运广商贸有限公司	服装批发	辽宁省鞍山市
辽宁省烟草公司铁岭市公司	烟草制品批发	辽宁省铁岭市
海城市佳信美贸易有限公司	服装批发	辽宁省鞍山市
辽宁省烟草公司锦州市公司	烟草制品批发	辽宁省锦州市
中国石油天然气股份有限公司辽宁阜新销售分公司	石油及制品批发	辽宁省阜新市
海城市胜元服装销售有限公司	服装批发	辽宁省鞍山市
中国石油天然气股份有限公司辽宁本溪分公司	石油及制品批发	辽宁省本溪市
东北制药集团公司供销公司	西药批发	辽宁省沈阳市
海城市浩达明商贸有限公司	服装批发	辽宁省鞍山市
辽宁省烟草公司营口市分公司	烟草制品批发	辽宁省营口市
朝阳昊天有色金属有限公司	金属及金属矿批发	辽宁省朝阳市
海城市广旭贸易有限公司	服装批发	辽宁省鞍山市
海城市天威服装贸易有限公司	服装批发	辽宁省鞍山市
辉山乳业(沈阳)销售有限公司	酒、饮料及茶叶批发	辽宁省沈阳市
辽宁省烟草公司葫芦岛市公司	烟草制品批发	辽宁省葫芦岛市
辽宁省烟草公司丹东市公司	酒、饮料及茶叶批发	辽宁省丹东市
海城市凯达信商贸有限公司	服装批发	辽宁省鞍山市
辽宁省烟草公司抚顺市公司	烟草制品批发	辽宁省抚顺市
海城市富明达服装贸易有限公司	服装批发	辽宁省鞍山市
辽宁省烟草公司朝阳市公司	烟草制品批发	辽宁省朝阳市
辽宁省烟草公司辽阳市公司	烟草制品批发	辽宁省辽阳市
辽宁省烟草公司阜新市公司	烟草制品批发	辽宁省阜新市
大连中石油昆仑天诚燃气有限公司	石油及制品批发	辽宁省大连市
辽宁九州通医药有限公司	医疗用品及器材批发	辽宁省沈阳市
辽宁省烟草公司本溪市公司	烟草制品批发	辽宁省本溪市
蒂业技凯中国投资有限公司	其他机械设备及电子产品批发	辽宁省大连市
一重集团大连国际科技贸易有限公司	其他机械设备及电子产品批发	辽宁省大连市
辽宁省烟草公司盘锦市公司	烟草制品批发	辽宁省盘锦市
中国船舶燃料大连有限公司	石油及制品批发	辽宁省大连市
辽宁成大国际贸易有限公司	服装批发	辽宁省大连市
华润雪花啤酒(中国)有限公司沈阳分公司	酒、饮料及茶叶批发	辽宁省沈阳市
大连环嘉集团有限公司	再生物资回收与批发	辽宁省大连市
鞍山银珠米业有限公司	米、面制品及食用油批发	辽宁省鞍山市
沈阳长生产业集团股份有限公司	米、面制品及食用油批发	辽宁省沈阳市
中国石油天然气股份有限公司河北销售瑞州分公司	石油及制品批发	辽宁省葫芦岛市
辽宁北方出版物配送有限公司	图书批发	辽宁省沈阳市
丽珂贸易(沈阳)有限公司	贸易代理	辽宁省沈阳市
时代万恒(辽宁)民族贸易有限公司	服装批发	辽宁省大连市
百丽鞋业(沈阳)商贸有限公司	鞋帽批发	辽宁省沈阳市
东北制药集团销售有限公司	西药批发	辽宁省沈阳市
大连金嘉物资回收有限公司	再生物资回收与批发	辽宁省大连市
大连五佳国际贸易有限公司	酒、饮料及茶叶批发	辽宁省大连市
万代国际贸易(大连)有限公司	服装批发	辽宁省大连市
良运集团有限公司	谷物、豆及薯类批发	辽宁省大连市
吉林省		
一汽马自达汽车销售有限公司	汽车零配件批发	吉林省长春市
中国石油天然气股份有限公司吉林长春分公司	石油及制品批发	吉林省长春市
扶余县三井子农工商有限责任公司	谷物、豆及薯类批发	吉林省松原市

4-1 续表 9

企业名称	所属行业	企业所在地
吉林亚泰集团水泥销售有限公司	建材批发	吉林省长春市
中国石油天然气股份有限公司吉林省吉林市销售分公司	石油及制品批发	吉林省吉林市
中国石油天然气股份有限公司吉林松原销售分公司	石油及制品批发	吉林省松原市
吉林省烟草公司吉林市公司	烟草制品批发	吉林省吉林市
修正药业集团营销有限公司	中药批发	吉林省通化市
吉林省浩丰生猪交易市场有限公司	牲畜批发	吉林省四平市
吉林省烟草公司四平市公司	烟草制品批发	吉林省四平市
吉林省烟草公司松原市公司	烟草制品批发	吉林省松原市
吉林省烟草公司通化公司	烟草制品批发	吉林省通化市
吉林省烟草公司白城市公司	烟草制品批发	吉林省白城市
中国石油天然气股份公司吉林辽源销售分公司	石油及制品批发	吉林省辽源市
吉林省烟草公司白山市公司	烟草制品批发	吉林省白山市
重庆新日日顺家电销售有限公司长春分公司	家用电器批发	吉林省长春市
吉林扶余中储粮直属库	谷物、豆及薯类批发	吉林省松原市
吉林省北方医药有限责任公司	西药批发	吉林省长春市
吉林省烟草公司延边州公司	烟草制品批发	吉林省延边朝鲜族自治州
黑龙江省		
中国石油销售东北公司大庆分公司	石油及制品批发	黑龙江省大庆市
黑龙江倍丰农业生产资料集团有限公司	化肥批发	黑龙江省哈尔滨市
黑龙江省烟草公司哈尔滨市公司	烟草制品批发	黑龙江省哈尔滨市
中国石油天然气股份有限公司黑龙江哈尔滨销售分公司	石油及制品批发	黑龙江省哈尔滨市
中油黑龙江农垦石油有限公司	石油及制品批发	黑龙江省哈尔滨市
中国石油天燃汽股份有限公司黑龙江齐齐哈尔销售分公司	石油及制品批发	黑龙江省齐齐哈尔市
中国铁路物资哈尔滨有限公司	石油及制品批发	黑龙江省哈尔滨市
中国石油天然气股份有限公司黑龙江大庆销售分公司	石油及制品批发	黑龙江省大庆市
北大荒垦丰种业股份有限公司	种子批发	黑龙江省哈尔滨市
中国石油天然气股份有限公司黑龙江鸡西销售分公司	石油及制品批发	黑龙江省鸡西市
黑龙江省烟草公司齐齐哈尔市公司	烟草制品批发	黑龙江省齐齐哈尔市
葵花药业集团医药有限公司	中药批发	黑龙江省哈尔滨市
中国石油天然气股份有限公司黑龙江佳木斯销售分公司	石油及制品批发	黑龙江省佳木斯市
北大荒粮食物流有限公司	米、面制品及食用油批发	黑龙江省哈尔滨市
黑龙江省烟草公司大庆市公司	烟草制品批发	黑龙江省大庆市
黑龙江省烟草公司绥化市公司	烟草制品批发	黑龙江省绥化市
中国石油天然气股份有限公司绥化分公司	石油及制品批发	黑龙江省绥化市
中国石油天然气股份有限公司黑龙江牡丹江销售分公司	石油及制品批发	黑龙江省牡丹江市
黑龙江象屿农业物产有限公司	谷物、豆及薯类批发	黑龙江省齐齐哈尔市
哈尔滨珍宝岛医药贸易有限公司	中药批发	黑龙江省哈尔滨市
中国石油天然气股份有限公司黑龙江双鸭山销售分公司	石油及制品批发	黑龙江省双鸭山市
中国石油天然气股份有限公司黑龙江尚志销售分公司	石油及制品批发	黑龙江省哈尔滨市
黑龙江省烟草公司佳木斯市公司	烟草制品批发	黑龙江省佳木斯市
黑龙江省烟草公司牡丹江市公司	烟草制品批发	黑龙江省牡丹江市
黑龙江省烟草公司牡丹江烟叶公司	烟草制品批发	黑龙江省牡丹江市
中国石油天燃气股份有限公司黑龙江销售肇东分公司	石油及制品批发	黑龙江省绥化市
黑龙江北大荒粮油批发市场有限责任公司	谷物、豆及薯类批发	黑龙江省哈尔滨市
中国石油天然气股分有限公司黑龙江七台河销售分公司	石油及制品批发	黑龙江省七台河市
黑龙江省烟草公司鸡西市公司	烟草制品批发	黑龙江省鸡西市
中石油天然气股份有限公司黑龙江鹤岗分公司	石油及制品批发	黑龙江省鹤岗市
中国石油天然气股份有限公司黑龙江伊春销售分公司	石油及制品批发	黑龙江省伊春市
黑龙江中铁龙禹石油有限责任公司	石油及制品批发	黑龙江省哈尔滨市
黑龙江完达山林海液奶有限公司	肉、禽、蛋、奶及水产品批发	黑龙江省牡丹江市
黑龙江省农业机械有限责任公司	农业机械批发	黑龙江省哈尔滨市
齐齐哈尔市北方洽洽食品销售有限公司	果品、蔬菜批发	黑龙江省齐齐哈尔市

4-1 续表 10

企业名称	所属行业	企业所在地
上海市		
上海上汽大众汽车销售有限公司	汽车批发	上海市嘉定区
中国石化销售有限公司华东分公司	石油及制品批发	上海市长宁区
上汽通用汽车销售有限公司	汽车批发	上海市浦东新区
苹果电脑贸易(上海)有限公司	通讯及广播电视设备批发	上海市静安区
捷豹路虎汽车贸易(上海)有限公司	汽车批发	上海市浦东新区
中国石化炼油销售有限公司	石油及制品批发	上海市长宁区
上海三星半导体有限公司	家用电器批发	上海市长宁区
益海嘉里食品营销有限公司	米、面制品及食用油批发	上海市浦东新区
中国石油化工股份有限公司上海石油分公司	石油及制品批发	上海市黄浦区
保时捷(中国)汽车销售有限公司	汽车批发	上海市浦东新区
宝洁(中国)营销有限公司	厨房、卫生间用具及日用杂货批发	上海市浦东新区
中船工业成套物流有限公司	金属及金属矿批发	上海市杨浦区
托克投资(中国)有限公司	金属及金属矿批发	上海市浦东新区
三菱商事(上海)有限公司	其他化工产品批发	上海市浦东新区
上海浦东国际机场航空油料有限责任公司	石油及制品批发	上海市浦东新区
康成投资(中国)有限公司	酒、饮料及茶叶批发	上海市闸北区
上海医药分销控股有限公司	西药批发	上海市长宁区
松下电器机电(中国)有限公司	其他机械设备及电子产品批发	上海市浦东新区
上海汽车进出口有限公司	汽车批发	上海市浦东新区
沃尔沃汽车销售(上海)有限公司	汽车批发	上海市嘉定区
国药控股分销中心有限公司	西药批发	上海市浦东新区
欧尚(中国)投资有限公司	其他未列明批发业	上海市杨浦区
上海云峰(集团)有限公司	煤炭及制品批发	上海市闵行区
欧莱雅(中国)有限公司	化妆品及卫生用品批发	上海市静安区
中国石油天然气股份有限公司上海销售分公司	石油及制品批发	上海市浦东新区
华硕电脑(上海)有限公司	计算机、软件及辅助设备批发	上海市闵行区
宝钢资源有限公司	金属及金属矿批发	上海市虹口区
百丽鞋业(上海)有限公司	鞋帽批发	上海市虹口区
上海豫园黄金珠宝集团有限公司	首饰、工艺品及收藏品批发	上海市浦东新区
中化国际(控股)股份有限公司	其他化工产品批发	上海市浦东新区
佳通轮胎(中国)投资有限公司	汽车零配件批发	上海市长宁区
三井物产(上海)贸易有限公司	其他化工产品批发	上海市浦东新区
瑞表企业管理(上海)有限公司	其他家庭用品批发	上海市徐汇区
福特汽车(中国)有限公司	汽车批发	上海市浦东新区
上海伊藤忠商事有限公司	其他化工产品批发	上海市浦东新区
舍弗勒贸易(上海)有限公司	其他未列明批发业	上海市嘉定区
佳电(上海)管理有限公司	计算机、软件及辅助设备批发	上海市长宁区
巴斯夫(中国)有限公司	其他化工产品批发	上海市浦东新区
杜邦贸易(上海)有限公司	其他化工产品批发	上海市浦东新区
丰田通商(上海)有限公司	其他机械设备及电子产品批发	上海市浦东新区
上海永裕医药有限公司	西药批发	上海市松江区
米其林(中国)投资有限公司	其他化工产品批发	上海市长宁区
上海浦东海澜之家服饰有限公司	服装批发	上海市浦东新区
中嘉汽车制造(上海)有限公司	汽车批发	上海市嘉定区
村田电子贸易(上海)有限公司	其他机械设备及电子产品批发	上海市闸北区
联强国际贸易(中国)有限公司	计算机、软件及辅助设备批发	上海市长宁区
通用电气医疗系统贸易发展(上海)有限公司	医疗用品及器材批发	上海市浦东新区
上海海烟物流发展有限公司	烟草制品批发	上海市长宁区
小松(中国)投资有限公司	其他机械设备及电子产品批发	上海市浦东新区
强生(上海)医疗器材有限公司	医疗用品及器材批发	上海市浦东新区

4-1 续表 11

企业名称	所属行业	企业所在地
普利司通(中国)投资有限公司	汽车零配件批发	上海市黄浦区
泰科电子(上海)有限公司	其他机械设备及电子产品批发	上海市浦东新区
天虹(中国)投资有限公司	纺织品、针织品及原料批发	上海市长宁区
上海韩泰轮胎销售有限公司	汽车零配件批发	上海市徐汇区
亿滋食品企业管理(上海)有限公司	米、面制品及食用油批发	上海市徐汇区
立邦投资有限公司	其他化工产品批发	上海市浦东新区
罗氏诊断产品(上海)有限公司	医疗用品及器材批发	上海市徐汇区
雅培贸易(上海)有限公司	其他食品批发	上海市浦东新区
ABB(中国)有限公司上海分公司	其他机械设备及电子产品批发	上海市黄浦区
保乐力加(中国)贸易有限公司	酒、饮料及茶叶批发	上海市黄浦区
埃克森美孚(中国)投资有限公司	石油及制品批发	上海市徐汇区
上海电力燃料有限公司	煤炭及制品批发	上海市黄浦区
斯凯孚(中国)销售有限公司	其他机械设备及电子产品批发	上海市黄浦区
阿特拉斯·科普柯(上海)贸易有限公司	其他机械设备及电子产品批发	上海市浦东新区
上海良友(集团)有限公司	谷物、豆及薯类批发	上海市浦东新区
约克(中国)商贸有限公司	其他机械设备及电子产品批发	上海市普陀区
东芝电子(中国)有限公司	其他机械设备及电子产品批发	上海市静安区
汉高(中国)投资有限公司	其他化工产品批发	上海市浦东新区
衣念(上海)时装贸易有限公司	服装批发	上海市闵行区
三菱电机自动化(中国)有限公司	其他机械设备及电子产品批发	上海市长宁区
日立建机(上海)有限公司	其他机械设备及电子产品批发	上海市浦东新区
上海诺华贸易有限公司	医疗用品及器材批发	上海市浦东新区
中海油销售上海公司	石油及制品批发	上海市宝山区
赛默飞世尔科技(中国)有限公司	其他机械设备及电子产品批发	上海市浦东新区
中铁物上海有限公司	金属及金属矿批发	上海市闸北区
上海神州数码有限公司	计算机、软件及辅助设备批发	上海市长宁区
科世达(上海)管理有限公司	汽车零配件批发	上海市嘉定区
尼康映像仪器销售(中国)有限公司	其他未列明批发业	上海市黄浦区
明尼苏达矿业制造(上海)国际贸易有限公司	其他化工产品批发	上海市长宁区
通用磨坊贸易(上海)有限公司	其他食品批发	上海市长宁区
金佰利(中国)有限公司	厨房、卫生间用具及日用杂货批发	上海市黄浦区
科勒(中国)投资有限公司	厨房、卫生间用具及日用杂货批发	上海市闸北区
大昌洋行(上海)有限公司	西药批发	上海市浦东新区
卡博特(中国)投资有限公司	其他化工产品批发	上海市闵行区
上海博世力士乐液压及自动化有限公司	其他未列明批发业	上海市浦东新区
雅诗兰黛(上海)商贸有限公司	化妆品及卫生用品批发	上海市闵行区
美敦力(上海)管理有限公司	医疗用品及器材批发	上海市浦东新区
古驰(中国)贸易有限公司	服装批发	上海市静安区
资生堂(中国)投资有限公司	化妆品及卫生用品批发	上海市浦东新区
上海住友商事有限公司	金属及金属矿批发	上海市浦东新区
宜家分拨(上海)有限公司	其他未列明批发业	上海市奉贤区
东丽国际贸易(中国)有限公司	其他化工产品批发	上海市静安区
上海汽车工业销售有限公司	汽车批发	上海市徐汇区
丸红(上海)有限公司	其他化工产品批发	上海市浦东新区
上海新宇钟表集团有限公司	其他家庭用品批发	上海市黄浦区
酩悦轩尼诗帝亚吉欧洋酒(上海)有限公司	酒、饮料及茶叶批发	上海市静安区
上海老庙黄金有限公司	首饰、工艺品及收藏品批发	上海市浦东新区
上海福然德部件加工有限公司	金属及金属矿批发	上海市宝山区
莫仕商贸(上海)有限公司	其他机械设备及电子产品批发	上海市浦东新区
路威酩轩香水化妆品(上海)有限公司	化妆品及卫生用品批发	上海市浦东新区
欧普照明股份有限公司	灯具、装饰物品批发	上海市浦东新区

4-1 续表 12

企业名称	所属行业	企业所在地
索尼物流贸易(中国)有限公司	其他机械设备及电子产品批发	上海市浦东新区
香奈儿(中国)贸易有限公司	化妆品及卫生用品批发	上海市浦东新区
麦克维尔中央空调有限公司	其他机械设备及电子产品批发	上海市闸北区
丹佛斯自动控制管理(上海)有限公司	其他机械设备及电子产品批发	上海市徐汇区
费列罗贸易(上海)有限公司	糕点、糖果及糖批发	上海市浦东新区
新百伦贸易(中国)有限公司	其他未列明批发业	上海市黄浦区
上海浦星贸易有限公司	其他食品批发	上海市松江区
菲仕兰食品贸易(上海)有限公司	肉、禽、蛋、奶及水产品批发	上海市黄浦区
宝钢金属有限公司	金属及金属矿批发	上海市宝山区
富士施乐实业发展(中国)有限公司	其他机械设备及电子产品批发	上海市浦东新区
锦湖(中国)轮胎销售有限公司	汽车零配件批发	上海市嘉定区
派克汉尼汾流体传动产品(上海)有限公司	电气设备批发	上海市浦东新区
开利空调销售服务(上海)有限公司	其他机械设备及电子产品批发	上海市黄浦区
雅马哈发动机(中国)有限公司	电气设备批发	上海市闵行区
贝克曼库尔特商贸(中国)有限公司	医疗用品及器材批发	上海市浦东新区
爱茉莉太平洋贸易有限公司	化妆品及卫生用品批发	上海市嘉定区
上海新联纺进出口有限公司	服装批发	上海市长宁区
博柏利(上海)贸易有限公司	服装批发	上海市静安区
锐珂亚太投资管理(上海)有限公司	医疗用品及器材批发	上海市浦东新区
碧迪医疗器械(上海)有限公司	医疗用品及器材批发	上海市浦东新区
博世贸易(上海)有限公司	汽车零配件批发	上海市长宁区
上海吉利美嘉峰国际贸易股份有限公司	汽车批发	上海市普陀区
希森美康医用电子(上海)有限公司	医疗用品及器材批发	上海市浦东新区
上海飞科电器股份有限公司	家用电器批发	上海市松江区
欧姆龙自动化(中国)有限公司	其他机械设备及电子产品批发	上海市浦东新区
上海和氏璧化工有限公司	其他化工产品批发	上海市黄浦区
上海丝绸集团股份有限公司	服装批发	上海市徐汇区
衣恋时装(上海)有限公司	服装批发	上海市闵行区
夏普商贸(中国)有限公司	家用电器批发	上海市黄浦区
劲霸男装(上海)有限公司	服装批发	上海市普陀区
西门子医学诊断产品(上海)有限公司	医疗用品及器材批发	上海市浦东新区
上海胜华电缆(集团)有限公司	电气设备批发	上海市浦东新区
蔻驰贸易(上海)有限公司	其他家庭用品批发	上海市静安区
上海市轻工业品进出口有限公司	其他家庭用品批发	上海市普陀区
百家好(上海)时装有限公司	服装批发	上海市闵行区
沃尔沃建筑设备投资(中国)有限公司	其他机械设备及电子产品批发	上海市浦东新区
大陆马牌轮胎贸易(上海)有限公司	汽车零配件批发	上海市黄浦区
罗克韦尔自动化(中国)有限公司	电气设备批发	上海市浦东新区
伊藤忠纤维贸易(中国)有限公司	纺织品、针织品及原料批发	上海市长宁区
雅马哈乐器音响(中国)投资有限公司	其他文化用品批发	上海市静安区
礼来国际贸易(上海)有限公司	贸易代理	上海市黄浦区
上海烟草集团浦东烟草糖酒有限公司	烟草制品批发	上海市浦东新区
格兰富水泵(上海)有限公司	其他机械设备及电子产品批发	上海市浦东新区
花王(上海)产品服务有限公司	化妆品及卫生用品批发	上海市长宁区
费森尤斯医药用品(上海)有限公司	医疗用品及器材批发	上海市浦东新区
上海斯博汀贸易有限公司	体育用品及器材批发	上海市浦东新区
杰尼亚贸易(上海)有限公司	服装批发	上海市浦东新区
上海都市生活企业发展有限公司	肉、禽、蛋、奶及水产品批发	上海市长宁区
山特维克可乐满切削刀具(上海)有限公司	贸易代理	上海市闵行区
上海江森自控国际蓄电池有限公司	其他机械设备及电子产品批发	上海市长宁区
圣皮尔精品酒业(上海)有限公司	酒、饮料及茶叶批发	上海市闸北区

4-1 续表 13

企业名称	所属行业	企业所在地
华润医药(上海)有限公司	西药批发	上海市长宁区
上海百雀羚日用化学有限公司	化妆品及卫生用品批发	上海市普陀区
上海烟草集团黄浦烟草糖酒有限公司	烟草制品批发	上海市黄浦区
匡威体育用品(中国)有限公司	服装批发	上海市静安区
上海宝尊电子商务有限公司	其他未列明批发业	上海市闸北区
德莎胶带(上海)有限公司	其他化工产品批发	上海市浦东新区
柯尼卡美能达办公系统(中国)有限公司	电气设备批发	上海市黄浦区
基恩士(中国)有限公司	其他机械设备及电子产品批发	上海市浦东新区
上海来伊份股份有限公司	其他食品批发	上海市松江区
卡尔蔡司(上海)管理有限公司	医疗用品及器材批发	上海市浦东新区
大昌华嘉商业(中国)有限公司	西药批发	上海市浦东新区
亚什兰(中国)投资有限公司	其他化工产品批发	上海市徐汇区
富士电机(中国)有限公司	其他机械设备及电子产品批发	上海市普陀区
科莱恩化工(中国)有限公司	其他化工产品批发	上海市长宁区
上海佰草集化妆品有限公司	化妆品及卫生用品批发	上海市虹口区
上海九州通医药有限公司	中药批发	上海市普陀区
日立高新技术(上海)国际贸易有限公司	其他机械设备及电子产品批发	上海市浦东新区
地素时尚股份有限公司	服装批发	上海市普陀区
上海百红商业贸易有限公司	化妆品及卫生用品批发	上海市闸北区
阿法拉伐(上海)技术有限公司	电气设备批发	上海市黄浦区
圣犹达医疗用品(上海)有限公司	医疗用品及器材批发	上海市徐汇区
理光(中国)投资有限公司	电气设备批发	上海市黄浦区
广派商业(上海)有限公司	服装批发	上海市浦东新区
百特医疗用品贸易(上海)有限公司	医疗用品及器材批发	上海市徐汇区
柯惠医疗器材国际贸易(上海)有限公司	医疗用品及器材批发	上海市徐汇区
罗姆半导体(上海)有限公司	其他机械设备及电子产品批发	上海市浦东新区
施耐德电气信息技术(中国)有限公司	其他机械设备及电子产品批发	上海市普陀区
上海南浦食品公司浦东分公司	其他食品批发	上海市松江区
施华洛世奇(上海)贸易有限公司	首饰、工艺品及收藏品批发	上海市黄浦区
好时食品国际贸易(上海)有限公司	糕点、糖果及糖批发	上海市浦东新区
兄弟(中国)商业有限公司	其他机械设备及电子产品批发	上海市长宁区
辉门(中国)有限公司	汽车零配件批发	上海市浦东新区
上海烟草集团虹口烟草糖酒有限公司	烟草制品批发	上海市虹口区
上海森马服饰有限公司	服装批发	上海市闵行区
上海三凯进出口有限公司	其他未列明批发业	上海市浦东新区
上海克瑞特服饰有限公司	服装批发	上海市浦东新区
雅培医疗器械贸易(上海)有限公司	医疗用品及器材批发	上海市浦东新区
上海烟草集团嘉定烟草糖酒有限公司	烟草制品批发	上海市嘉定区
上海万虎光大通信设备有限公司	通讯及广播电视设备批发	上海市普陀区
施乐辉医用产品国际贸易(上海)有限公司	贸易代理	上海市黄浦区
上海第一食品连锁发展有限公司	其他食品批发	上海市黄浦区
上海曼伦商贸有限公司	医疗用品及器材批发	上海市徐汇区
宇旭时装(上海)有限公司	服装批发	上海市闵行区
上海烟草集团闵行烟草糖酒有限公司	烟草制品批发	上海市闵行区
博马努瓦服饰商贸(上海)有限公司	服装批发	上海市长宁区
山特维克矿山工程机械贸易(上海)有限公司	其他机械设备及电子产品批发	上海市闸北区
上海联亚商业有限公司	服装批发	上海市浦东新区
东芝开利空调销售(上海)有限公司	家用电器批发	上海市黄浦区
明基电通有限公司	计算机、软件及辅助设备批发	上海市长宁区
摩恩(上海)厨卫有限公司	厨房、卫生间用具及日用杂货批发	上海市浦东新区
国药集团化学试剂有限公司	其他化工产品批发	上海市黄浦区

4-1　续表 14

企业名称	所属行业	企业所在地
德尔格医疗设备(上海)有限公司	医疗用品及器材批发	上海市浦东新区
默克化工技术(上海)有限公司	其他化工产品批发	上海市浦东新区
乐金华奥斯贸易(上海)有限公司	其他化工产品批发	上海市长宁区
庞贝捷漆油贸易(上海)有限公司	其他化工产品批发	上海市浦东新区
鹏卫齐商业(上海)有限公司	服装批发	上海市静安区
凯斯纽荷兰(中国)管理有限公司	农业机械批发	上海市浦东新区
上海恩德斯豪斯自动化设备有限公司	其他机械设备及电子产品批发	上海市闵行区
乔治阿玛尼(上海)商贸有限公司	服装批发	上海市静安区
上海东冠华洁纸业有限公司	化妆品及卫生用品批发	上海市金山区
上海三枪(集团)有限公司	纺织品、针织品及原料批发	上海市黄浦区
魏德米勒电联接(上海)有限公司	其他机械设备及电子产品批发	上海市浦东新区
上海润达医疗科技股份有限公司	医疗用品及器材批发	上海市浦东新区
东方国际创业股份有限公司	服装批发	上海市长宁区
米思米(中国)精密机械贸易有限公司	五金产品批发	上海市奉贤区
上海中燃船舶燃料有限公司	石油及制品批发	上海市虹口区
上海苏食肉品销售有限公司	肉、禽、蛋、奶及水产品批发	上海市宝山区
上海复星药业有限公司	中药批发	上海市普陀区
上海烟草集团南汇烟草糖酒有限公司	烟草制品批发	上海市浦东新区
菱重家用空调系统(上海)有限公司	家用电器批发	上海市长宁区
威士达医疗设备(上海)有限公司	医疗用品及器材批发	上海市浦东新区
贝朗医疗(上海)国际贸易有限公司	医疗用品及器材批发	上海市长宁区
德利多富信息系统(上海)有限公司	计算机、软件及辅助设备批发	上海市浦东新区
菲拉格慕时装贸易(上海)有限公司	鞋帽批发	上海市静安区
上海烟草集团青浦烟草糖酒有限公司	烟草制品批发	上海市青浦区
梅特勒－托利多国际贸易(上海)有限公司	其他未列明批发业	上海市徐汇区
安富利电子(上海)有限公司	其他机械设备及电子产品批发	上海市浦东新区
美标(中国)有限公司	厨房、卫生间用具及日用杂货批发	上海市徐汇区
柏蒂温妮达(中国)贸易有限公司	其他家庭用品批发	上海市静安区
马克华菲(上海)商业有限公司	服装批发	上海市徐汇区
上海美的制冷产品销售有限公司	家用电器批发	上海市长宁区
上海烟草集团宝山烟草糖酒有限公司	烟草制品批发	上海市宝山区
肯纳飞硕金属(上海)有限公司	五金产品批发	上海市浦东新区
上海烟草集团松江烟草糖酒有限公司	烟草制品批发	上海市松江区
上海烟草集团杨浦烟草糖酒有限公司	烟草制品批发	上海市杨浦区
中化农化有限公司	其他化工产品批发	上海市黄浦区
上海三星商业设备有限公司	其他机械设备及电子产品批发	上海市徐汇区
琳玛(上海)贸易有限公司	服装批发	上海市徐汇区
上海烟草集团奉贤烟草糖酒有限公司	烟草制品批发	上海市奉贤区
上海宝钢实业有限公司	金属及金属矿批发	上海市宝山区
雨果博斯(上海)商贸有限公司	服装批发	上海市黄浦区
海格曼商贸有限公司	通讯及广播电视设备批发	上海市浦东新区
英潍捷基(上海)贸易有限公司	医疗用品及器材批发	上海市浦东新区
巴德医疗科技(上海)有限公司	医疗用品及器材批发	上海市长宁区
上海维格娜丝时装有限公司	纺织品、针织品及原料批发	上海市闵行区
先进装配系统有限公司	其他机械设备及电子产品批发	上海市浦东新区
利惠商业(上海)有限公司	服装批发	上海市静安区
上海烟草集团崇明烟草糖酒有限公司	烟草制品批发	上海市崇明县
上海烟草集团普陀烟草糖酒有限公司	烟草制品批发	上海市普陀区
彪马(上海)商贸有限公司	服装批发	上海市黄浦区
林肯电气管理(上海)有限公司	金属及金属矿批发	上海市宝山区
上海青岛啤酒销售有限公司	其他食品批发	上海市宝山区

4-1 续表 15

企业名称	所属行业	企业所在地
珀金埃尔默仪器(上海)有限公司	其他机械设备及电子产品批发	上海市浦东新区
重机(中国)投资有限公司	其他机械设备及电子产品批发	上海市嘉定区
横河电机(中国)有限公司	其他机械设备及电子产品批发	上海市长宁区
世达工具(上海)有限公司	五金产品批发	上海市浦东新区
岛津企业管理(中国)有限公司	医疗用品及器材批发	上海市长宁区
上海信谊医药有限公司	中药批发	上海市闸北区
上海金枫酒业股份有限公司	酒、饮料及茶叶批发	上海市普陀区
西诺迪斯食品(上海)有限公司	米、面制品及食用油批发	上海市闸北区
穆勒电气(上海)有限公司	电气设备批发	上海市长宁区
倍乐生商贸(中国)有限公司	报刊批发	上海市徐汇区
朗盛化学(中国)有限公司	其他化工产品批发	上海市静安区
陆逊梯卡(上海)商贸有限公司	其他家庭用品批发	上海市徐汇区
上海六和勤强食品有限公司	肉、禽、蛋、奶及水产品批发	上海市普陀区
国药控股国大药房上海连锁有限公司	西药批发	上海市黄浦区
三菱重工空调系统(上海)有限公司	家用电器批发	上海市长宁区
上海蒙牛乳业有限公司	肉、禽、蛋、奶及水产品批发	上海市黄浦区
上海汇购商贸有限公司	其他家庭用品批发	上海市浦东新区
上海健久生物科技有限公司	营养和保健品批发	上海市松江区
捷迈(上海)医疗国际贸易有限公司	医疗用品及器材批发	上海市长宁区
上海烟草集团金山烟草糖酒有限公司	烟草制品批发	上海市金山区
福禄克测试仪器(上海)有限公司	其他机械设备及电子产品批发	上海市长宁区
上海童涵春堂药业股份有限公司	中药批发	上海市黄浦区
上海三问投资控股集团有限公司	纺织品、针织品及原料批发	上海市浦东新区
上海雷允上药业西区有限公司	西药批发	上海市静安区
上海睿盈贸易有限公司	鞋帽批发	上海市黄浦区
上海信谊联合医药药材有限公司	中药批发	上海市闸北区
博士视听系统(上海)有限公司	其他机械设备及电子产品批发	上海市长宁区
赛莱默(中国)有限公司	其他机械设备及电子产品批发	上海市长宁区
喜力亚太酿酒(上海)有限公司	服装批发	上海市闵行区
上海农夫山泉饮用水有限公司	酒、饮料及茶叶批发	上海市浦东新区
上海益忠天惠实业有限公司	汽车零配件批发	上海市松江区
慧桥电气技术(上海)有限公司	其他机械设备及电子产品批发	上海市徐汇区
上海信谊天一药业有限公司	西药批发	上海市闸北区
滔搏体育(上海)有限公司	鞋帽批发	上海市徐汇区
德马吉森精机机床贸易有限公司	其他机械设备及电子产品批发	上海市松江区
上海丝绸集团品牌发展有限公司	服装批发	上海市虹口区
上海伟康卫生后勤服务有限公司	医疗用品及器材批发	上海市浦东新区
无添加贸易(上海)有限公司	化妆品及卫生用品批发	上海市静安区
乐金生活健康贸易(上海)有限公司	化妆品及卫生用品批发	上海市徐汇区
东方表行(中国)贸易有限公司	其他家庭用品批发	上海市黄浦区
博世(上海)安保系统有限公司	通讯及广播电视设备批发	上海市长宁区
傲胜(中国)商业有限公司	家用电器批发	上海市浦东新区
丰田纺织(中国)有限公司	汽车零配件批发	上海市浦东新区
上海乐扣乐扣贸易有限公司	厨房、卫生间用具及日用杂货批发	上海市闵行区
富昌电子(上海)有限公司	其他机械设备及电子产品批发	上海市浦东新区
通用电气实业(上海)有限公司	其他未列明批发业	上海市浦东新区
日播时尚集团股份有限公司	服装批发	上海市松江区
卡西欧(中国)贸易有限公司	其他文化用品批发	上海市长宁区
上海龙净环保科技工程有限公司	其他未列明批发业	上海市普陀区
通用电气企业发展(上海)有限公司	其他机械设备及电子产品批发	上海市浦东新区
好俪姿(上海)服饰商贸有限公司	服装批发	上海市静安区

4-1 续表 16

企业名称	所属行业	企业所在地
文晔领科商贸(上海)有限公司	其他机械设备及电子产品批发	上海市浦东新区
巴丽(上海)商业有限公司	服装批发	上海市徐汇区
上海雷允上北区药业股份有限公司	中药批发	上海市虹口区
伊斯卡刀具国际贸易(上海)有限公司	其他机械设备及电子产品批发	上海市浦东新区
上海医药集团药品销售有限公司	西药批发	上海市普陀区
娇韵诗化妆品(上海)有限公司	化妆品及卫生用品批发	上海市静安区
水为裳(上海)商贸有限公司	服装批发	上海市闵行区
恒天然商贸(上海)有限公司	其他食品批发	上海市黄浦区
美太芭比(上海)贸易有限公司	其他文化用品批发	上海市徐汇区
上海玛帕贸易有限公司	五金产品批发	上海市闵行区
上海欧蓝国际贸易有限公司	服装批发	上海市静安区
上海烟草集团卢湾烟草糖酒有限公司	烟草制品批发	上海市黄浦区
易格斯拖链轴承仓储贸易(上海)有限公司	其他机械设备及电子产品批发	上海市浦东新区
上海合力叉车有限公司	电气设备批发	上海市虹口区
喜开理(上海)机器有限公司	其他机械设备及电子产品批发	上海市徐汇区
禧玛诺(上海)贸易有限公司	五金产品批发	上海市长宁区
希思黎(上海)化妆品商贸有限公司	化妆品及卫生用品批发	上海市静安区
橡果贸易(上海)有限公司	厨房、卫生间用具及日用杂货批发	上海市徐汇区
上海富盛浙工建材有限公司	建材批发	上海市浦东新区
国药控股国大药房有限公司	西药批发	上海市黄浦区
高丝化妆品销售(中国)有限公司	化妆品及卫生用品批发	上海市虹口区
上海魁春实业有限公司	其他食品批发	上海市普陀区
上海浦东新区医药药材有限公司	西药批发	上海市浦东新区
盟可睐(上海)商贸有限公司	服装批发	上海市静安区
湖南旺旺食品有限公司上海分公司	酒、饮料及茶叶批发	上海市闵行区
喜利得(中国)商贸有限公司	五金产品批发	上海市徐汇区
上海新华医疗开发公司	医疗用品及器材批发	上海市杨浦区
上海若玛服饰有限公司	服装批发	上海市徐汇区
优时比贸易(上海)有限公司	贸易代理	上海市黄浦区
上海申铁信息工程有限公司	计算机、软件及辅助设备批发	上海市闸北区
上海万象眼镜饰品贸易有限公司	首饰、工艺品及收藏品批发	上海市普陀区
上海余天成医药有限公司	西药批发	上海市松江区
史丹利东铁(上海)五金有限公司	五金产品批发	上海市闵行区
友讯电子设备(上海)有限公司	计算机、软件及辅助设备批发	上海市长宁区
永恒力叉车(上海)有限公司	其他机械设备及电子产品批发	上海市普陀区
史丹利五金工具(上海)有限公司	五金产品批发	上海市浦东新区
上海仁达药品经营有限公司	中药批发	上海市徐汇区
硕腾(上海)动物保健品有限公司	西药批发	上海市浦东新区
克履仕国际贸易(上海)有限公司	鞋帽批发	上海市徐汇区
日铁住金物产(上海)有限公司	金属及金属矿批发	上海市长宁区
上海市江桥批发市场经营管理有限公司	果品、蔬菜批发	上海市嘉定区
江苏省		
苏宁云商集团股份有限公司苏宁采购中心	家用电器批发	江苏省南京市
江苏苏美达集团有限公司	金属及金属矿批发	江苏省南京市
江苏国泰国际集团有限公司	服装批发	江苏省苏州市
南京华能南方实业开发股份有限公司	金属及金属矿批发	江苏省南京市
见龙国际贸易有限公司	其他化工产品批发	江苏省无锡市
博西家用电器(中国)有限公司	家用电器批发	江苏省南京市
耐克体育(中国)有限公司	鞋帽批发	江苏省苏州市
江苏省海外企业集团有限公司	其他机械设备及电子产品批发	江苏省南京市
苏酒集团贸易股份有限公司	酒、饮料及茶叶批发	江苏省宿迁市

4-1 续表 17

企业名称	所属行业	企业所在地
江苏大明金属制品有限公司	金属及金属矿批发	江苏省无锡市
扬子江药业集团江苏扬子江医药经营有限公司	中药批发	江苏省泰州市
阿斯利康(无锡)贸易有限公司	西药批发	江苏省无锡市
阿迪达斯体育(中国)有限公司	服装批发	江苏省苏州市
江苏省烟草公司南京市公司	烟草制品批发	江苏省南京市
江苏省烟草公司苏州市公司	烟草制品批发	江苏省苏州市
紫光数码(苏州)集团有限公司	计算机、软件及辅助设备批发	江苏省苏州市
宏图三胞高科技术有限公司	计算机、软件及辅助设备批发	江苏省南京市
江苏高速公路石油发展有限公司	石油及制品批发	江苏省南京市
江苏盛世欣兴格力贸易有限公司	家用电器批发	江苏省南京市
中国石油化工股份有限公司江苏石油分公司	石油及制品批发	江苏省南京市
江苏汇鸿股份有限公司	纺织品、针织品及原料批发	江苏省南京市
江苏汇鸿国际集团中鼎控股股份有限公司	纺织品、针织品及原料批发	江苏省南京市
江阴海澜之家供应链管理有限公司	纺织品、针织品及原料批发	江苏省无锡市
中石化销售有限公司江苏常州石油分公司	石油及制品批发	江苏省常州市
江苏省烟草公司无锡市公司	烟草制品批发	江苏省无锡市
中国石油天然气股份有限公司江苏苏州销售分公司	石油及制品批发	江苏省苏州市
江苏省烟草公司南通市公司	烟草制品批发	江苏省南通市
中国石油化工股份有限公司江苏徐州石油分公司	石油及制品批发	江苏省徐州市
南京蓝燕石化储运实业有限公司	石油及制品批发	江苏省南京市
江苏江浦经济贸易有限公司	石油及制品批发	江苏省南京市
江苏省烟草公司徐州市公司	烟草制品批发	江苏省徐州市
江苏省烟草公司盐城分公司	烟草制品批发	江苏省盐城市
江苏省烟草公司常州市公司	烟草制品批发	江苏省常州市
江苏苏豪国际集团股份有限公司	纺织品、针织品及原料批发	江苏省南京市
江苏省烟草公司泰州市公司	烟草制品批发	江苏省泰州市
江苏省烟草公司扬州市公司	烟草制品批发	江苏省扬州市
中电电气集团有限公司	电气设备批发	江苏省南京市
江苏汇鸿国际集团土产进出口股份有限公司	建材批发	江苏省南京市
江苏洋河酒类运营管理有限公司	酒、饮料及茶叶批发	江苏省宿迁市
统一商贸(昆山)有限公司	酒、饮料及茶叶批发	江苏省苏州市
徐州淮海药业有限公司	西药批发	江苏省徐州市
江苏苏美达轻纺国际贸易有限公司	服装批发	江苏省南京市
江苏省烟草公司镇江市公司	烟草制品批发	江苏省镇江市
徐州工程机械集团进出口有限公司	其他机械设备及电子产品批发	江苏省徐州市
江苏凤凰出版传媒股份有限公司	图书批发	江苏省南京市
南京纺织品进出口股份有限公司	纺织品、针织品及原料批发	江苏省南京市
江苏舜天国际集团机械进出口股份有限公司	其他机械设备及电子产品批发	江苏省南京市
阿特斯(中国)投资有限公司	其他机械设备及电子产品批发	江苏省苏州市
江苏省烟草公司淮安市公司	烟草制品批发	江苏省淮安市
常熟市交电家电有限责任公司	家用电器批发	江苏省苏州市
威富服饰(中国)有限公司	服装批发	江苏省苏州市
江苏金一黄金珠宝有限公司	首饰、工艺品及收藏品批发	江苏省无锡市
江苏苏农农资连锁集团股份有限公司	化肥批发	江苏省南京市
中国石化销售有限公司江苏江阴石油分公司	石油及制品批发	江苏省无锡市
涟水今世缘酒业销售有限公司	酒、饮料及茶叶批发	江苏省淮安市
江苏省苏盐连锁有限公司	盐及调味品批发	江苏省南京市
江苏省烟草公司连云港市公司	烟草制品批发	江苏省连云港市
周大福珠宝金行(苏州)有限公司	首饰、工艺品及收藏品批发	江苏省苏州市
好孩子(中国)商贸有限公司	其他家庭用品批发	江苏省苏州市
江苏金一文化发展有限公司	首饰、工艺品及收藏品批发	江苏省无锡市

4-1 续表 18

企业名称	所属行业	企业所在地
江苏省烟草公司宿迁市公司	烟草制品批发	江苏省宿迁市
利星行机械(昆山)有限公司	其他机械设备及电子产品批发	江苏省苏州市
苏州市苏创集团有限公司	石油及制品批发	江苏省苏州市
江阴市长江钢管有限公司	金属及金属矿批发	江苏省无锡市
江苏美钢管业有限公司	金属及金属矿批发	江苏省扬州市
江苏省农垦米业集团有限公司	谷物、豆及薯类批发	江苏省南京市
江苏省苏食肉品有限公司	肉、禽、蛋、奶及水产品批发	江苏省南京市
江苏苏美达五金工具有限公司	其他机械设备及电子产品批发	江苏省南京市
江苏先声药业有限公司	西药批发	江苏省南京市
海门叠石桥叠龙纺织品贸易有限公司	纺织品、针织品及原料批发	江苏省南通市
常州康仁机电设备有限公司	通讯及广播电视设备批发	江苏省常州市
南京华东医药有限责任公司	西药批发	江苏省南京市
乐采商贸(南京)有限公司	其他未列明批发业	江苏省南京市
哈森商贸(中国)股份有限公司	鞋帽批发	江苏省苏州市
江苏万邦医药营销有限公司	中药批发	江苏省徐州市
南京扬子化工实业有限责任公司	其他化工产品批发	江苏省南京市
中国石油天然气股份有限公司江苏扬州分公司	石油及制品批发	江苏省扬州市
常州市亚达铜业有限公司	金属及金属矿批发	江苏省常州市
国药控股徐州有限公司	中药批发	江苏省徐州市
昆山利通天然气有限公司	石油及制品批发	江苏省苏州市
江苏华晓医药物流有限公司	西药批发	江苏省盐城市
中国石油天然气股份有限公司江苏徐州销售分公司	石油及制品批发	江苏省徐州市
梅特勒-托利多(常州)称重系统设备有限公司	其他机械设备及电子产品批发	江苏省常州市
无锡安井食品营销有限公司	米、面制品及食用油批发	江苏省无锡市
南京中电熊猫家电有限公司	家用电器批发	江苏省南京市
江苏亚邦医药物流中心有限公司	西药批发	江苏省常州市
江苏新晨医药有限公司	西药批发	江苏省连云港市
敏华家具总部(吴江)有限公司	其他家庭用品批发	江苏省苏州市
江苏恩华和润医药有限公司	中药批发	江苏省徐州市
南京百胜欧珀通讯设备有限公司	家用电器批发	江苏省南京市
江苏澳洋医药物流有限公司	中药批发	江苏省苏州市
南京江宁粮食投资发展集团有限公司	米、面制品及食用油批发	江苏省南京市
佳格投资(中国)有限公司	米、面制品及食用油批发	江苏省苏州市
常熟市波司登进出口有限公司	服装批发	江苏省苏州市
布勒(无锡)商业有限公司	农业机械批发	江苏省无锡市
华润南通医药有限公司	西药批发	江苏省南通市
通灵珠宝股份有限公司	首饰、工艺品及收藏品批发	江苏省南京市
江苏大众医药连锁有限公司	西药批发	江苏省无锡市
江苏众诚鸭业有限公司	肉、禽、蛋、奶及水产品批发	江苏省苏州市
江苏柯菲平医药股份有限公司	中药批发	江苏省南京市
常州常发农业机械营销有限公司	农业机械批发	江苏省常州市
江苏省大华种业集团有限公司	种子批发	江苏省南京市
江苏文峰电器有限公司	家用电器批发	江苏省南通市
江苏华地国际控股集团有限公司	服装批发	江苏省无锡市
深圳创维RGB电子有限公司江苏分公司	家用电器批发	江苏省南京市
科沃斯电器有限公司	家用电器批发	江苏省苏州市
南通开发区炜赋对外贸易有限公司	服装批发	江苏省南通市
无锡市金茂对外贸易有限公司	服装批发	江苏省无锡市
常熟市汇邦新材料有限公司	其他化工产品批发	江苏省苏州市
远东买卖宝网络科技有限公司	五金产品批发	江苏省无锡市
宜兴市药业有限公司	西药批发	江苏省无锡市

4-1 续表 19

企业名称	所属行业	企业所在地
江苏银海农佳乐国际棉花仓储交易有限公司	纺织品、针织品及原料批发	江苏省盐城市
江苏济源医药有限公司	西药批发	江苏省泰州市
江苏金太阳纺织科技有限公司	纺织品、针织品及原料批发	江苏省南通市
苏州鲁特轻纺有限公司	服装批发	江苏省苏州市
苏州航天信息有限公司	计算机、软件及辅助设备批发	江苏省苏州市
南京TCL电器销售有限公司	家用电器批发	江苏省南京市
南京中富达电子通讯技术有限公司	其他机械设备及电子产品批发	江苏省南京市
江苏明珠家用设备集成有限公司	家用电器批发	江苏省苏州市
张家港保税区德辉珠宝金行有限公司	首饰、工艺品及收藏品批发	江苏省苏州市
苏州新申矿业发展有限公司	金属及金属矿批发	江苏省苏州市
沛县长胜物资贸易有限公司	再生物资回收与批发	江苏省徐州市
苏州新宇世家钟表有限公司	其他家庭用品批发	江苏省苏州市
南京南方电讯有限公司	其他机械设备及电子产品批发	江苏省南京市
江苏吴中医药销售有限公司	中药批发	江苏省苏州市
周大福珠宝金行张家港保税区有限公司	首饰、工艺品及收藏品批发	江苏省苏州市
江苏千年投资有限公司	首饰、工艺品及收藏品批发	江苏省南京市
无锡汇全物流有限公司	厨房、卫生间用具及日用杂货批发	江苏省无锡市
江苏民星茧丝绸股份有限公司	其他农牧产品批发	江苏省盐城市
江苏增力商贸发展有限公司	酒、饮料及茶叶批发	江苏省淮安市
江苏苏中药业集团医药有限公司	中药批发	江苏省泰州市
苏州嘉友贸易有限公司	米、面制品及食用油批发	江苏省苏州市
金红叶纸业集团有限公司南京分公司	文具用品批发	江苏省南京市
高淳县荆山苗木专业合作社	林业产品批发	江苏省南京市
江苏亚邦药业集团股份有限公司	中药批发	江苏省常州市
常州老三集团进出口有限公司	服装批发	江苏省常州市
鲜活食品(昆山)有限公司	酒、饮料及茶叶批发	江苏省苏州市
江苏三德利牧业发展有限公司	肉、禽、蛋、奶及水产品批发	江苏省常州市
镇江平昌农副产品直营市场有限责任公司	米、面制品及食用油批发	江苏省镇江市
青岛啤酒(徐州)淮海营销有限公司	酒、饮料及茶叶批发	江苏省徐州市
宿迁温氏畜牧有限公司	牲畜批发	江苏省宿迁市
常州市四季禽业有限公司	牲畜批发	江苏省常州市
江苏冲超电缆有限公司	五金产品批发	江苏省无锡市
江苏华东生猪交易市场有限公司	牲畜批发	江苏省泰州市
浙江省		
中国石化销售有限公司浙江石油分公司	石油及制品批发	浙江省杭州市
浙江物产金属集团有限公司	金属及金属矿批发	浙江省杭州市
浙江物产国际贸易有限公司	金属及金属矿批发	浙江省杭州市
浙江超威动力能源有限公司	电气设备批发	浙江省湖州市
浙江前程石化股份有限公司	其他化工产品批发	浙江省宁波市
浙江吉利汽车销售有限公司	汽车批发	浙江省宁波市
浙江吉利控股集团汽车销售有限公司	汽车批发	浙江省杭州市
中基宁波集团股份有限公司	金属及金属矿批发	浙江省宁波市
浙江省烟草公司杭州市公司	烟草制品批发	浙江省杭州市
杭州娃哈哈宏盛食品饮料营销有限公司	酒、饮料及茶叶批发	浙江省杭州市
华东医药股份有限公司	西药批发	浙江省杭州市
中国石化销售有限公司浙江宁波石油分公司	石油及制品批发	浙江省宁波市
浙江省烟草公司宁波市公司	烟草制品批发	浙江省宁波市
浙江省烟草公司温州市公司	烟草制品批发	浙江省温州市
中国石化销售有限公司浙江金华石油分公司	石油及制品批发	浙江省金华市
浙江物产环保能源股份有限公司	煤炭及制品批发	浙江省杭州市
杭州娃哈哈启力食品集团有限公司	酒、饮料及茶叶批发	浙江省杭州市

4-1　续表 20

企业名称	所属行业	企业所在地
浙江英特药业有限责任公司	西药批发	浙江省杭州市
农夫山泉股份有限公司	酒、饮料及茶叶批发	浙江省杭州市
中国石化销售有限公司浙江嘉兴石油分公司	石油及制品批发	浙江省嘉兴市
纳爱斯丽水销售有限公司	化妆品及卫生用品批发	浙江省丽水市
浙江娃哈哈食品饮料营销有限公司	酒、饮料及茶叶批发	浙江省丽水市
浙江省烟草公司台州市公司	烟草制品批发	浙江省台州市
浙江省烟草公司金华市公司	烟草制品批发	浙江省金华市
浙江省烟草公司绍兴市公司	烟草制品批发	浙江省绍兴市
浙江省烟草公司嘉兴市公司	烟草制品批发	浙江省嘉兴市
中国石化销售有限公司浙江绍兴石油分公司	石油及制品批发	浙江省绍兴市
浙江高速石油发展有限公司	石油及制品批发	浙江省杭州市
湖州市织里国际童装城贸易有限公司	纺织品、针织品及原料批发	浙江省湖州市
浙江福士达集团有限公司	服装批发	浙江省杭州市
浙江省烟草公司湖州市公司	烟草制品批发	浙江省湖州市
宁波方太营销有限公司	家用电器批发	浙江省宁波市
宁波市慈溪进出口股份有限公司	其他机械设备及电子产品批发	浙江省宁波市
湖州南浔市场服务有限公司	建材批发	浙江省湖州市
浙江省医药保健品进出口有限责任公司	西药批发	浙江省杭州市
浙江广通石油发展有限公司	石油及制品批发	浙江省杭州市
浙江海越股份有限公司	石油及制品批发	浙江省绍兴市
浙江省医药工业有限公司	西药批发	浙江省杭州市
中国石化销售有限公司浙江舟山石油分公司	石油及制品批发	浙江省舟山市
中国石油化工股份有限公司浙江衢州石油分公司	石油及制品批发	浙江省衢州市
浙江新大集团有限公司	服装批发	浙江省杭州市
宁波郑宜兰能源有限公司	煤炭及制品批发	浙江省宁波市
浙江省纺织品进出口集团有限公司	纺织品、针织品及原料批发	浙江省杭州市
特易购企业管理(上海)有限公司嘉善分公司	其他食品批发	浙江省嘉兴市
浙江省新华书店集团有限公司	图书批发	浙江省杭州市
浙江省土产畜产进出口集团有限公司	服装批发	浙江省杭州市
中国石油天然气股份有限公司浙江宁波销售分公司	石油及制品批发	浙江省宁波市
浙江省烟草公司衢州市公司	烟草制品批发	浙江省衢州市
浙江省烟草公司丽水市公司	烟草制品批发	浙江省丽水市
浙江物产中大元通集团股份有限公司	纺织品、针织品及原料批发	浙江省杭州市
杭州九阳生活电器有限公司	家用电器批发	浙江省杭州市
宁波供销集团公司	农药批发	浙江省宁波市
话机世界通信集团股份有限公司	通讯及广播电视设备批发	浙江省杭州市
杭州巨星科技股份有限公司	五金产品批发	浙江省杭州市
农夫山泉(淳安坪山)有限公司	酒、饮料及茶叶批发	浙江省杭州市
浙江省邮电器材公司	通讯及广播电视设备批发	浙江省杭州市
宁波凯越国际贸易有限公司	厨房、卫生间用具及日用杂货批发	浙江省宁波市
宁波奥克斯家电销售有限公司	家用电器批发	浙江省宁波市
中国石油天然气股份有限公司浙江杭州销售	石油及制品批发	浙江省杭州市
浙江东方集团股份有限公司	服装批发	浙江省杭州市
奥康鞋业销售有限公司	鞋帽批发	浙江省温州市
宁波狮丹努进出口有限公司	服装批发	浙江省宁波市
浙江珍诚医药在线股份有限公司	西药批发	浙江省杭州市
中化宁波(集团)有限公司	其他化工产品批发	浙江省宁波市
中新国贸集团有限责任公司	电气设备批发	浙江省宁波市
杭州市轻工工艺纺织品进出口有限公司	服装批发	浙江省杭州市
浙江美的制冷产品销售有限公司	家用电器批发	浙江省杭州市
温州华东惠仁医药有限公司	西药批发	浙江省温州市

4-1 续表 21

企业名称	所属行业	企业所在地
广汽吉奥汽车销售有限公司	汽车批发	浙江省杭州市
中国石油天然气股份有限公司浙江嘉兴销售分公司	石油及制品批发	浙江省嘉兴市
浙江震元股份有限公司	中药批发	浙江省绍兴市
嘉兴良友进出口集团股份有限公司	服装批发	浙江省嘉兴市
台州上药医药有限公司	西药批发	浙江省台州市
浙江天虹物资贸易有限公司	金属及金属矿批发	浙江省杭州市
浙江仙居制药销售有限公司	西药批发	浙江省台州市
杭州珀莱雅贸易有限公司	化妆品及卫生用品批发	浙江省杭州市
宁波合恒进出口有限公司	金属及金属矿批发	浙江省宁波市
浙江台州元通汽车有限公司	汽车批发	浙江省台州市
宁波博洋服饰有限公司	服装批发	浙江省宁波市
浙江农华优质农副产品配送中心有限公司	肉、禽、蛋、奶及水产品批发	浙江省杭州市
中国石油天然气股份有限公司浙江湖州销售分公司	石油及制品批发	浙江省湖州市
杭州红牛饮料有限公司	酒、饮料及茶叶批发	浙江省杭州市
宁波木宜芳草健康管理咨询有限公司	营养和保健品批发	浙江省宁波市
浙江凯喜雅国际股份有限公司	纺织品、针织品及原料批发	浙江省杭州市
浙江中邮普泰移动通信设备有限公司	通讯及广播电视设备批发	浙江省杭州市
绿城电子商务有限公司	建材批发	浙江省杭州市
浙江华通医药股份有限公司	西药批发	浙江省绍兴市
浙江龙华农业开发有限公司	果品、蔬菜批发	浙江省丽水市
杭州杭丝时装进出口有限公司	服装批发	浙江省杭州市
杭州中油石油天然气销售有限公司	石油及制品批发	浙江省杭州市
新秀丽国际贸易(宁波)有限公司	其他家庭用品批发	浙江省宁波市
汇信进出口集团股份有限公司	其他家庭用品批发	浙江省嘉兴市
亚德客(中国)有限公司	其他机械设备及电子产品批发	浙江省宁波市
九州通集团杭州医药有限公司	西药批发	浙江省杭州市
浙江兴发化纤集团有限公司	纺织品、针织品及原料批发	浙江省绍兴市
杭州中艺实业有限公司	其他家庭用品批发	浙江省杭州市
浙江华易通信设备服务有限公司	通讯及广播电视设备批发	浙江省杭州市
中国石油天然气股份有限公司浙江舟山销售分公司	石油及制品批发	浙江省舟山市
杭州富阳海陆医药有限公司	中药批发	浙江省杭州市
浙江省建设机械集团有限公司	其他机械设备及电子产品批发	浙江省杭州市
温州木材集团有限公司	建材批发	浙江省温州市
浙江康莱特医药保健品销售有限公司	中药批发	浙江省杭州市
宁波英特药业有限公司	西药批发	浙江省宁波市
人本集团有限公司	其他机械设备及电子产品批发	浙江省温州市
浙江养生堂保健品销售有限公司	营养和保健品批发	浙江省杭州市
华东医药宁波有限公司	中药批发	浙江省宁波市
德华兔宝宝销售有限公司	建材批发	浙江省湖州市
浙江英诺珐医药有限公司	中药批发	浙江省金华市
浙江艾莱依商贸有限公司	纺织品、针织品及原料批发	浙江省丽水市
杭州萧山医药有限公司	中药批发	浙江省杭州市
宁波萌恒进出口有限公司	化妆品及卫生用品批发	浙江省宁波市
湖州劳伦斯装饰材料有限公司	建材批发	浙江省湖州市
宁波亚虎进出口有限公司	厨房、卫生间用具及日用杂货批发	浙江省宁波市
宁波赛尔国际贸易有限公司	其他家庭用品批发	浙江省宁波市
浙江盾安供应链管理有限公司	五金产品批发	浙江省杭州市
宁波市嘉源粮油有限公司	米、面制品及食用油批发	浙江省宁波市
德清广恒建材贸易有限公司	建材批发	浙江省湖州市
快鱼服饰有限公司	服装批发	浙江省杭州市
浙江升华云峰新材营销有限公司	建材批发	浙江省湖州市

4-1 续表 22

企业名称	所属行业	企业所在地
杭州富金泰科技有限公司	其他化工产品批发	浙江省杭州市
浙江旭业工程设备有限公司	其他机械设备及电子产品批发	浙江省杭州市
浙江帅康营销有限公司	家用电器批发	浙江省宁波市
杭州新花海商贸有限公司	化妆品及卫生用品批发	浙江省杭州市
浙江华章自动化设备有限公司	电气设备批发	浙江省杭州市
浙江新安物流有限公司	煤炭及制品批发	浙江省杭州市
杭州梯西爱尔(TCL)电器销售有限公司	家用电器批发	浙江省杭州市
浙江不老神食品有限公司	肉、禽、蛋、奶及水产品批发	浙江省衢州市
绍兴县华联国际商贸城有限公司	石油及制品批发	浙江省绍兴市
宁波华孚进出口有限公司	化妆品及卫生用品批发	浙江省宁波市
浙江国商实业股份有限公司	家用电器批发	浙江省台州市
浙江万达食品商贸有限公司	米、面制品及食用油批发	浙江省金华市
宁波宝瑞达医药有限公司	西药批发	浙江省宁波市
宁波市宝敏瑞贸易有限公司	化妆品及卫生用品批发	浙江省宁波市
宁波乐町时尚服饰有限公司	服装批发	浙江省宁波市
嘉兴立华畜禽有限公司	牲畜批发	浙江省嘉兴市
宁波美博进出口有限公司	文具用品批发	浙江省宁波市
台州宝利经贸有限公司	其他家庭用品批发	浙江省台州市
杭州五丰联合肉类有限公司	肉、禽、蛋、奶及水产品批发	浙江省杭州市
浙江康恩贝医药销售有限公司	中药批发	浙江省杭州市
温州九州通医药有限公司	西药批发	浙江省温州市
宁波朗生医药有限公司	中药批发	浙江省宁波市
浙江佰丽源实业有限公司	服装批发	浙江省杭州市
杭州施强药业有限公司	中药批发	浙江省杭州市
杭州钱江制冷集团有限公司	其他机械设备及电子产品批发	浙江省杭州市
浙江新大商贸有限公司	酒、饮料及茶叶批发	浙江省杭州市
湖州浙北山货市场发展有限公司	建材批发	浙江省湖州市
浙江欧诗漫美容科技有限公司	化妆品及卫生用品批发	浙江省湖州市
安徽省		
中国石油天然气股份有限公司安徽销售分公司	石油及制品批发	安徽省合肥市
安徽华源医药股份有限公司	西药批发	安徽省阜阳市
海尔电器销售(合肥)有限公司	家用电器批发	安徽省合肥市
联合利华服务(合肥)有限公司	化妆品及卫生用品批发	安徽省合肥市
中国石油化工股份有限公司安徽合肥石油分公司	石油及制品批发	安徽省合肥市
安徽省徽商金属股份有限公司	金属及金属矿批发	安徽省合肥市
安徽省烟草公司合肥市公司	烟草制品批发	安徽省合肥市
安徽省技术进出口股份有限公司	其他文化用品批发	安徽省合肥市
安徽盛世欣兴格力贸易有限公司	家用电器批发	安徽省合肥市
安徽省烟草公司阜阳市公司	烟草制品批发	安徽省阜阳市
安徽安粮国际发展有限公司	米、面制品及食用油批发	安徽省合肥市
安徽省烟草公司六安市公司	烟草制品批发	安徽省六安市
亳州古井销售有限公司	酒、饮料及茶叶批发	安徽省亳州市
安徽省烟草公司安庆市公司	烟草制品批发	安徽省安庆市
中国石油化工股份有限公司安徽蚌埠石油公司	石油及制品批发	安徽省蚌埠市
安徽省烟草公司滁州市公司	烟草制品批发	安徽省滁州市
安徽省烟草公司芜湖市公司	烟草制品批发	安徽省芜湖市
中国石化销售有限公司安徽滁州石油分公司	石油及制品批发	安徽省滁州市
安徽省烟草公司宿州分公司	烟草制品批发	安徽省宿州市
中国石油天然气股份有限公司安徽滁州销售分公司	石油及制品批发	安徽省滁州市
安徽徽商农家福有限公司	化肥批发	安徽省合肥市
安徽省烟草公司亳州市公司	其他未列明批发业	安徽省亳州市

4-1 续表 23

企业名称	所属行业	企业所在地
安徽省烟草公司宣城市公司	烟草制品批发	安徽省宣城市
中国石油天然气股份有限公司安徽合肥销售分公司	石油及制品批发	安徽省合肥市
安徽省烟草公司蚌埠市公司	烟草制品批发	安徽省蚌埠市
安徽迎驾酒业销售有限公司	酒、饮料及茶叶批发	安徽省六安市
安徽省烟草公司马鞍山市公司	烟草制品批发	安徽省马鞍山市
安徽省烟草公司淮南市公司	烟草制品批发	安徽省淮南市
安徽省服装进出口股份有限公司	服装批发	安徽省合肥市
安徽轻工国际贸易股份有限公司	灯具、装饰物品批发	安徽省合肥市
安徽省中安油料销售有限责任公司	石油及制品批发	安徽省合肥市
雅士利乳业(马鞍山)销售有限公司	其他食品批发	安徽省马鞍山市
集瑞联合卡车营销服务有限公司	汽车批发	安徽省芜湖市
中国石油化工股份有限公司安徽马鞍山石油分公司	石油及制品批发	安徽省马鞍山市
洽洽食品股份有限公司	其他食品批发	安徽省合肥市
安徽皖南烟叶有限责任公司	烟草制品批发	安徽省宣城市
国药控股安徽有限公司	西药批发	安徽省合肥市
安徽省烟草公司池州市公司	烟草制品批发	安徽省池州市
安徽省烟草公司黄山市公司	烟草制品批发	安徽省黄山市
合肥曼迪新药业有限责任公司	西药批发	安徽省合肥市
安徽省阜阳市康泰药业有限责任公司	西药批发	安徽省阜阳市
合肥亿帆生物医药有限公司	西药批发	安徽省合肥市
安徽省烟草公司淮北市公司	烟草制品批发	安徽省淮北市
安徽辉隆集团农资连锁有限责任公司	化肥批发	安徽省合肥市
中国石油天然气股份有限公司安徽蚌埠销售分公司	石油及制品批发	安徽省蚌埠市
六安市裕园义乌小商品市场服务有限公司	服装批发	安徽省六安市
阜阳金种子酒业销售有限公司	酒、饮料及茶叶批发	安徽省阜阳市
安徽振兴物业服务有限公司	建材批发	安徽省六安市
芜湖双鹤医药有限责任公司	西药批发	安徽省芜湖市
青岛海信电器股份有限公司合肥经营分公司	家用电器批发	安徽省合肥市
滁州市金达石油有限公司	石油及制品批发	安徽省滁州市
安徽宣酒销售有限公司	酒、饮料及茶叶批发	安徽省宣城市
蚌埠华翔酒类营销有限公司	酒、饮料及茶叶批发	安徽省蚌埠市
中铁四局集团物资工贸有限公司	建材批发	安徽省合肥市
合肥湘元工程机械有限公司	其他机械设备及电子产品批发	安徽省合肥市
安徽省宣城市医药有限公司	西药批发	安徽省宣城市
安徽阜阳医药集团有限公司	西药批发	安徽省阜阳市
安徽益力商贸集团有限责任公司	酒、饮料及茶叶批发	安徽省合肥市
安徽九州通医药有限公司	西药批发	安徽省合肥市
合肥TCL电器销售有限公司	家用电器批发	安徽省合肥市
安徽天禾药业有限责任公司	西药批发	安徽省安庆市
合肥丰乐种业股份有限公司	种子批发	安徽省合肥市
安徽金晟泰酒业营销有限公司	酒、饮料及茶叶批发	安徽省合肥市
安徽省临泉县文王酒类有限公司	酒、饮料及茶叶批发	安徽省阜阳市
合肥迪信通通信技术有限公司	通讯及广播电视设备批发	安徽省合肥市
合肥合鑫商贸有限公司	化妆品及卫生用品批发	安徽省合肥市
黄山金鼎茶业有限公司	酒、饮料及茶叶批发	安徽省黄山市
东至县粮食购销有限责任公司	米、面制品及食用油批发	安徽省池州市
福建省		
厦门建发股份有限公司	金属及金属矿批发	福建省厦门市
中石化森美(福建)石油有限公司	石油及制品批发	福建省福州市
福建中烟工业有限责任公司	烟草制品批发	福建省厦门市
厦门国贸集团股份有限公司	金属及金属矿批发	福建省厦门市

4-1 续表 24

企业名称	所属行业	企业所在地
厦门象屿物流集团有限责任公司	其他未列明批发业	福建省厦门市
厦门信达股份有限公司	其他未列明批发业	福建省厦门市
中国石化销售有限公司福建石油分公司	石油及制品批发	福建省福州市
福建省烟草公司泉州市公司	烟草制品批发	福建省泉州市
福建省烟草公司福州市公司	烟草制品批发	福建省福州市
福建炼油化工有限公司	石油及制品批发	福建省泉州市
福建省烟草公司三明市公司	烟草制品批发	福建省三明市
福建省烟草公司厦门烟草分公司	烟草制品批发	福建省厦门市
厦门安踏有限公司	服装批发	福建省厦门市
厦门特步投资有限公司	服装批发	福建省厦门市
福建省烟草公司南平市公司	烟草制品批发	福建省南平市
福建闽侯永辉商业有限公司	其他贸易经纪与代理	福建省福州市
龙工(中国)机械销售有限公司	其他机械设备及电子产品批发	福建省龙岩市
福建图图儿童用品有限责任公司	鞋帽批发	福建省泉州市
厦门夏商农产品集团有限公司	果品、蔬菜批发	福建省厦门市
福建省烟草公司莆田市公司	烟草制品批发	福建省莆田市
福建省烟草公司宁德市公司	烟草制品批发	福建省宁德市
中海石油福建新能源有限公司	石油及制品批发	福建省莆田市
厦门青岛啤酒东南营销有限公司	酒、饮料及茶叶批发	福建省厦门市
福建盛世欣兴格力贸易有限公司	家用电器批发	福建省福州市
中国厦门国际经济技术合作公司	其他化工产品批发	福建省厦门市
厦门信和达电子有限公司	其他机械设备及电子产品批发	福建省厦门市
福建七匹狼实业股份有限公司	服装批发	福建省泉州市
福州民天实业有限公司	果品、蔬菜批发	福建省福州市
福建华闽进出口有限公司	贸易代理	福建省福州市
福建九州通医药有限公司	西药批发	福建省福州市
国药控股福建有限公司	西药批发	福建省厦门市
厦门新五菱汽车销售有限公司	汽车批发	福建省厦门市
福建省莆田富力进出口有限公司	鞋帽批发	福建省莆田市
石狮市卡宾服饰发展有限公司	服装批发	福建省泉州市
厦门七匹狼服装营销有限公司	服装批发	福建省厦门市
厦门宏仁医药有限公司	西药批发	福建省厦门市
柒牌有限公司	服装批发	福建省厦门市
福建明一天籁营养品有限责任公司	其他食品批发	福建省福州市
国药控股龙岩有限公司	西药批发	福建省龙岩市
厦门市东万晟贸易有限公司	其他食品批发	福建省厦门市
厦门三峡国际贸易有限公司	家用电器批发	福建省厦门市
福建五丰大商场有限公司	其他家庭用品批发	福建省福州市
福州兴海亭贸易有限公司	服装批发	福建省福州市
斐乐体育有限公司	服装批发	福建省厦门市
厦门金龙轻型客车车身有限公司	汽车零配件批发	福建省厦门市
福建省安溪集荣矿业有限公司	金属及金属矿批发	福建省泉州市
鸿星尔克(厦门)投资管理有限公司	纺织品、针织品及原料批发	福建省厦门市
福建吉马经贸有限公司	酒、饮料及茶叶批发	福建省漳州市
福建小松工程机械有限公司	汽车批发	福建省福州市
厦门与狼共舞服饰有限公司	服装批发	福建省厦门市
福建省建福南方水泥有限公司	建材批发	福建省福州市
龙岩市烟草公司永定分公司	烟草制品批发	福建省龙岩市
福建省中通通信物流有限公司	通讯及广播电视设备批发	福建省福州市

4-1 续表 25

企业名称	所属行业	企业所在地
江西省		
中国石油化工股份有限公司江西赣州石油分公司	石油及制品批发	江西省赣州市
中国石油化工股份有限公司江西南昌石油分公司	石油及制品批发	江西省南昌市
江西省烟草公司赣州市公司	烟草制品批发	江西省赣州市
中国石化销售有限公司江西宜春石油分公司	石油及制品批发	江西省宜春市
江西省烟草公司南昌市公司	烟草制品批发	江西省南昌市
江西省烟草公司上饶市公司	烟草制品批发	江西省上饶市
中国石油化工股份有限公司江西吉安石油分公司	石油及制品批发	江西省吉安市
江西省烟草公司宜春市公司	烟草制品批发	江西省宜春市
江西省烟草公司九江市公司	烟草制品批发	江西省九江市
中国石化销售有限公司江西抚州石油分公司	石油及制品批发	江西省抚州市
江西省烟草公司抚州市公司	烟草制品批发	江西省抚州市
江西省烟草公司吉安市公司	烟草制品批发	江西省吉安市
中国石油化工股份有限公司江西上饶石油分公司	石油及制品批发	江西省上饶市
江西盛世欣兴格力贸易有限公司	家用电器批发	江西省南昌市
南昌陆风汽车营销有限公司	汽车批发	江西省南昌市
江西江铃进出口有限责任公司	汽车批发	江西省南昌市
江西四特酒营销有限责任公司	酒、饮料及茶叶批发	江西省宜春市
江西煤业集团有限责任公司	煤炭及制品批发	江西省南昌市
中国石化销售有限公司江西景德镇石油分公司	石油及制品批发	江西省景德镇市
江西江中医药贸易有限责任公司	中药批发	江西省南昌市
中国石化销售有限公司江西新余石油分公司	石油及制品批发	江西省新余市
江西仁和药业有限公司	中药批发	江西省宜春市
中国石化销售有限公司江西萍乡石油分公司	石油及制品批发	江西省萍乡市
江西省烟草公司萍乡市公司	烟草制品批发	江西省萍乡市
景德镇市烟草公司	烟草制品批发	江西省景德镇市
中石化江西鹰潭石油分公司	石油及制品批发	江西省鹰潭市
江西京九物流有限责任公司	煤炭及制品批发	江西省南昌市
江西省粮油集团有限公司	其他食品批发	江西省南昌市
江西省烟草公司新余市公司	烟草制品批发	江西省新余市
江西九州通药业有限公司	西药批发	江西省南昌市
江西省烟草公司鹰潭市公司	烟草制品批发	江西省鹰潭市
江西济民可信医药贸易有限公司	中药批发	江西省南昌市
江西五洲医药营销有限公司	西药批发	江西省宜春市
江西九州医药有限公司	西药批发	江西省宜春市
江西仁翔药业有限公司	西药批发	江西省宜春市
江西汇仁药品销售有限公司	中药批发	江西省南昌市
深圳创维-RGB电子有限公司江西分公司	家用电器批发	江西省宜春市
江西信德医药有限公司	西药批发	江西省宜春市
江西广力药业有限公司	西药批发	江西省宜春市
山东省		
山东晨曦集团有限公司	其他化工产品批发	山东省日照市
新汶矿业集团物资供销有限责任公司	其他机械设备及电子产品批发	山东省泰安市
济南中油华铁石油产品销售有限公司	石油及制品批发	山东省济南市
青岛海达瑞采购服务有限公司	其他化工产品批发	山东省青岛市
济南铁路煤炭运贸集团有限公司	煤炭及制品批发	山东省济南市
山东晨鸣纸业销售有限公司	文具用品批发	山东省潍坊市
山东济宁烟草有限公司	烟草制品批发	山东省济宁市
山东科瑞石油装备有限公司	其他机械设备及电子产品批发	山东省东营市
道恩集团有限公司	其他化工产品批发	山东省烟台市
青岛烟草有限公司	烟草制品批发	山东省青岛市

4-1 续表 26

企业名称	所属行业	企业所在地
山东鲁花集团商贸有限公司	米、面制品及食用油批发	山东省烟台市
临清市泰润轴承有限公司	其他机械设备及电子产品批发	山东省聊城市
山东济南烟草有限公司	烟草制品批发	山东省济南市
中国石油化工股份有限公司山东烟台石油分公司	石油及制品批发	山东省烟台市
山东盛世欣兴格力贸易有限公司	家用电器批发	山东省济南市
山东烟台烟草有限公司	烟草制品批发	山东省烟台市
青岛海信空调营销股份有限公司	家用电器批发	山东省青岛市
山东潍坊烟草有限公司	烟草制品批发	山东省潍坊市
山东瑞康医药股份有限公司	西药批发	山东省烟台市
中国重汽集团进出口有限公司	汽车批发	山东省济南市
华润山东医药有限公司	西药批发	山东省济南市
海尔集团电器产业有限公司	家用电器批发	山东省青岛市
中国石油化工股份有限公司山东淄博石油分公司	石油及制品批发	山东省淄博市
中国石油化工股份有限公司山东济宁石油分公司	石油及制品批发	山东省济宁市
中海油山东销售有限公司	石油及制品批发	山东省青岛市
山东菏泽烟草有限公司	烟草制品批发	山东省菏泽市
史丹利化肥销售有限公司	化肥批发	山东省临沂市
中国石油化工股份有限公司山东菏泽石油分公司	石油及制品批发	山东省菏泽市
山东亿福金业珠宝首饰有限公司	首饰、工艺品及收藏品批发	山东省潍坊市
中国石油化工股份有限公司山东石油分公司	石油及制品批发	山东省济南市
山东聊城鲁西化工销售有限公司	化肥批发	山东省聊城市
山东聊城烟草有限公司	烟草制品批发	山东省聊城市
山东泰安烟草有限公司	烟草制品批发	山东省泰安市
山东德州烟草有限公司	烟草制品批发	山东省德州市
青岛海尔国际贸易有限公司	电气设备批发	山东省青岛市
烟台张裕葡萄酿酒销售有限公司	酒、饮料及茶叶批发	山东省烟台市
山东淄博烟草有限公司	烟草制品批发	山东省淄博市
中国石化山东泰山石油股份有限公司	石油及制品批发	山东省泰安市
山东新华书店集团有限公司	图书批发	山东省济南市
中国石油化工股份有限公司山东德州石油分公司	石油及制品批发	山东省德州市
枣庄市烟草专卖局	烟草制品批发	山东省枣庄市
山东南菜园蔬菜食品有限公司	果品、蔬菜批发	山东省临沂市
中国石油天然气股份有限公司山东济南销售分公司	石油及制品批发	山东省济南市
山东滨州烟草有限公司	烟草制品批发	山东省滨州市
烟台市农业生产资料总公司	化肥批发	山东省烟台市
中国石化销售有限公司山东枣庄石油分公司	石油及制品批发	山东省枣庄市
山东九州通医药有限公司	西药批发	山东省济南市
山东齐鲁万和医药营销有限公司	医疗用品及器材批发	山东省济南市
山东威海烟草有限公司	烟草制品批发	山东省威海市
中国石油化工股份有限公司山东聊城石油分公司	石油及制品批发	山东省聊城市
山东银宝食品有限公司	肉、禽、蛋、奶及水产品批发	山东省泰安市
诸城雷沃科技有限公司	汽车零配件批发	山东省潍坊市
山东日照烟草有限公司	烟草制品批发	山东省日照市
山东荣庆物流有限公司	果品、蔬菜批发	山东省临沂市
山东东营烟草有限公司	烟草制品批发	山东省东营市
国井酒业有限公司	酒、饮料及茶叶批发	山东省淄博市
山东东方誉源现代农业集团有限责任公司	化肥批发	山东省潍坊市
烟台市牟平区留德润滑油销售有限公司	石油及制品批发	山东省烟台市
中国石油天然气股份有限公司山东烟台销售分公司	石油及制品批发	山东省烟台市
青岛百洋医药科技有限公司	医疗用品及器材批发	山东省青岛市
中国石油天然气股份有限公司山东淄博销售分公司	石油及制品批发	山东省淄博市

4-1 续表 27

企业名称	所属行业	企业所在地
山东银座配送有限公司	米、面制品及食用油批发	山东省济南市
山东西王玉米购销有限公司	谷物、豆及薯类批发	山东省滨州市
重庆海尔家电销售有限公司济宁分公司	家用电器批发	山东省济宁市
国药控股山东有限公司	中药批发	山东省济南市
山东康惠医药有限公司	西药批发	山东省潍坊市
中国石油天然气股份有限公司山东菏泽销售分公司	石油及制品批发	山东省菏泽市
山东京博新能源控股发展有限公司	石油及制品批发	山东省滨州市
山东昌华实业发展有限公司	米、面制品及食用油批发	山东省日照市
青岛福兴祥物流有限公司	米、面制品及食用油批发	山东省青岛市
青岛日日顺乐家贸易有限公司	其他家庭用品批发	山东省青岛市
济南历下大润发商贸有限公司	米、面制品及食用油批发	山东省济南市
东营金田小商品市场发展有限公司	服装批发	山东省东营市
日照市华大投资发展有限公司	建材批发	山东省日照市
招远皮革城有限公司	服装批发	山东省烟台市
山东佳农国际贸易有限公司	果品、蔬菜批发	山东省菏泽市
山东上药医药有限公司	中药批发	山东省济南市
潍坊福田汽车科技有限公司	汽车批发	山东省潍坊市
中国供销石油烟台有限公司	石油及制品批发	山东省烟台市
山东祥泰洁净煤有限公司	煤炭及制品批发	山东省泰安市
山东银座电器有限责任公司	家用电器批发	山东省济南市
中国石油天然气股份有限公司山东枣庄销售分公司	石油及制品批发	山东省枣庄市
绮丽集团有限责任公司	服装批发	山东省青岛市
山东环球医药集团有限公司	西药批发	山东省济南市
山东新华医药贸易有限公司	西药批发	山东省淄博市
威海联桥服饰有限公司	其他贸易经纪与代理	山东省威海市
中国石油天然气山东日照销售分公司	石油及制品批发	山东省日照市
山东康诺盛世医药有限公司	西药批发	山东省烟台市
山东莱芜烟草有限公司	烟草制品批发	山东省莱芜市
山东省桓台县供销合作社联合社	化肥批发	山东省淄博市
中国石油天然气股份有限公司山东聊城销售分公司	石油及制品批发	山东省聊城市
潍坊美的制冷产品销售有限公司	家用电器批发	山东省潍坊市
济南天业工程机械有限公司	其他机械设备及电子产品批发	山东省济南市
中国医疗器械山东有限公司	医疗用品及器材批发	山东省济南市
山东杨春商贸集团有限公司	肉、禽、蛋、奶及水产品批发	山东省潍坊市
山东景芝酒厂销售总公司	酒、饮料及茶叶批发	山东省潍坊市
华润潍坊远东医药有限公司	西药批发	山东省潍坊市
青岛黄海制药经营有限公司	西药批发	山东省青岛市
威海家家悦生鲜加工配送有限公司	果品、蔬菜批发	山东省威海市
中国石油天然气股份有限公司山东德州销售分公司	石油及制品批发	山东省德州市
青岛福兴祥商品配送有限公司	米、面制品及食用油批发	山东省青岛市
枣庄银海医药有限公司	西药批发	山东省枣庄市
山东钢铁集团国际贸易有限公司	金属及金属矿批发	山东省济南市
山东漱玉平民药业有限公司	中药批发	山东省济南市
山东福田雷沃重工国际贸易有限公司	农业机械批发	山东省潍坊市
山东金田小商品市场发展有限公司	厨房、卫生间用具及日用杂货批发	山东省威海市
山东八戒食品有限公司	肉、禽、蛋、奶及水产品批发	山东省泰安市
山东鲁花营销有限公司	米、面制品及食用油批发	山东省烟台市
美食客食品(中国)有限公司	谷物、豆及薯类批发	山东省青岛市
山东福胶药业有限公司	贸易代理	山东省济南市
诸城金顺粮油购销有限公司	米、面制品及食用油批发	山东省潍坊市
中国船舶燃料青岛有限公司	石油及制品批发	山东省青岛市

4-1 续表 28

企业名称	所属行业	企业所在地
德州和谐贸易有限公司	石油及制品批发	山东省德州市
苍山县北方物流有限公司	果品、蔬菜批发	山东省临沂市
威海纺织集团进出口有限责任公司	服装批发	山东省威海市
青岛天合医药集团股份有限公司	西药批发	山东省青岛市
莱芜凤城农产品市场开发有限公司	果品、蔬菜批发	山东省莱芜市
诸城福田汽车科技开发有限公司	汽车批发	山东省潍坊市
山东中农联合生物科技股份有限公司	农药批发	山东省济南市
山东永弘工程设备有限公司	其他机械设备及电子产品批发	山东省烟台市
青岛茂智机电有限公司	其他机械设备及电子产品批发	山东省青岛市
山东海盛水产品市场开发有限公司	肉、禽、蛋、奶及水产品批发	山东省淄博市
巴龙国际集团有限公司	纺织品、针织品及原料批发	山东省青岛市
青岛春煦商贸有限公司	金属及金属矿批发	山东省青岛市
国运集团有限公司	汽车批发	山东省青岛市
山东金榜苑文化传媒有限公司	图书批发	山东省济宁市
烟台连峰商贸有限公司	酒、饮料及茶叶批发	山东省烟台市
龙口市海源经贸有限公司	酒、饮料及茶叶批发	山东省烟台市
山东登海先锋种业有限公司	种子批发	山东省烟台市
济南TCL电器销售有限公司	家用电器批发	山东省济南市
山东大陆企业集团有限公司	金属及金属矿批发	山东省临沂市
青岛南车四方车辆物流有限公司	其他未列明批发业	山东省青岛市
山东鲁滨首饰有限公司	首饰、工艺品及收藏品批发	山东省滨州市
泰安新业经贸有限公司	煤炭及制品批发	山东省泰安市
山东登海种业股份有限公司	种子批发	山东省烟台市
威海金蚂蚁集团有限公司	五金产品批发	山东省威海市
肥城曹庄煤矿有限公司	煤炭及制品批发	山东省泰安市
新泰市德旺食品有限公司	肉、禽、蛋、奶及水产品批发	山东省泰安市
山东白象食品销售有限公司	米、面制品及食用油批发	山东省济宁市
山东华潍医药有限公司	中药批发	山东省潍坊市
山东辰信矿业有限公司	煤炭及制品批发	山东省泰安市
泰安盐业公司	盐及调味品批发	山东省泰安市
山东岱银进出口有限责任公司	服装批发	山东省泰安市
济南博洁经贸有限公司	化妆品及卫生用品批发	山东省济南市
济南恒丰伟业医药有限公司	西药批发	山东省济南市
菏泽市牡丹区青菏泉旧瓶回收有限公司	再生物资回收与批发	山东省菏泽市
河南省		
郑州亿人万邦农产品有限公司	果品、蔬菜批发	河南省郑州市
国药控股河南股份有限公司	中药批发	河南省郑州市
河南省烟草公司郑州市公司	烟草制品批发	河南省郑州市
中国石油化工股份有限公司河南郑州石油分公司	石油及制品批发	河南省郑州市
河南弘力环保科技有限公司	家用电器批发	河南省郑州市
河南省烟草公司南阳市公司	烟草制品批发	河南省南阳市
郑州日产汽车销售有限公司	汽车批发	河南省郑州市
河南省烟草公司洛阳市公司	烟草制品批发	河南省洛阳市
中国石油天然气股份有限公司河南销售分公司	石油及制品批发	河南省郑州市
河南省烟草公司商丘市公司	烟草制品批发	河南省商丘市
海马汽车销售有限公司	汽车批发	河南省郑州市
河南省烟草公司周口市公司	烟草制品批发	河南省周口市
华润河南医药有限公司	医疗用品及器材批发	河南省郑州市
河南省烟草公司驻马店市公司	烟草制品批发	河南省驻马店市
中国石油化工股份有限公司河南南阳石油分公司	石油及制品批发	河南省南阳市
河南省烟草公司平顶山分公司	烟草制品批发	河南省平顶山市

4-1 续表 29

企业名称	所属行业	企业所在地
河南九州通医药有限公司	西药批发	河南省郑州市
河南省烟草公司信阳分公司	烟草制品批发	河南省信阳市
洛阳长兴农业机械有限公司	农业机械批发	河南省洛阳市
河南省烟草公司安阳市公司	烟草制品批发	河南省安阳市
河南省烟草公司新乡市公司	烟草制品批发	河南省新乡市
中国石油天然气股份有限公司河南郑州销售分公司	石油及制品批发	河南省郑州市
河南省烟草公司三门峡市公司	烟草制品批发	河南省三门峡市
信阳裕农农产品销售有限公司	果品、蔬菜批发	河南省信阳市
河南省新华书店发行集团有限公司	图书批发	河南省郑州市
河南省烟草公司开封市公司	烟草制品批发	河南省开封市
中国石油化工股份有限公司河南中原分公司	石油及制品批发	河南省濮阳市
中国石油化工股份有限公司河南平顶山石油分公司	石油及制品批发	河南省平顶山市
中国石油化工股份有限公司河南三门峡石油分公司	石油及制品批发	河南省三门峡市
河南圣光医药物流有限公司	西药批发	河南省平顶山市
中国石油化工股份有限公司驻马店分公司	石油及制品批发	河南省驻马店市
中国石油化工股份有限公司河南焦作石油分公司	石油及制品批发	河南省焦作市
河南省烟草公司焦作市公司	烟草制品批发	河南省焦作市
河南省医药有限公司	中药批发	河南省郑州市
中国石油化工股份有限公司河南周口石油分公司	石油及制品批发	河南省周口市
万基控股集团贸易有限公司	金属及金属矿批发	河南省洛阳市
中国石油化工股份有限公司河南安阳石油分公司	石油及制品批发	河南省安阳市
郑州煤炭工业(集团)正运煤炭销售有限公司	煤炭及制品批发	河南省郑州市
郑州汇金万邦农副产品有限公司	果品、蔬菜批发	河南省郑州市
河南省烟草公司濮阳市公司	烟草制品批发	河南省濮阳市
河南骏化化肥有限公司	化肥批发	河南省驻马店市
中国石油化工股份有限公司河南开封石油分公司	石油及制品批发	河南省开封市
河南康信医药有限公司	西药批发	河南省郑州市
河南省宋河酒实业有限公司	酒、饮料及茶叶批发	河南省周口市
中国石油化工股份有限公司河南漯河石油分公司	石油及制品批发	河南省漯河市
中国石油天然气股份有限公司河南周口销售分公司	石油及制品批发	河南省周口市
哈药集团世一堂百川医药商贸有限公司	西药批发	河南省商丘市
中国石油天然气股份有限公司河南许昌销售分公司	石油及制品批发	河南省许昌市
河南中储粮商水直属库	谷物、豆及薯类批发	河南省周口市
河南中油高速公路油品股份有限公司	石油及制品批发	河南省郑州市
郑州煤电物资供销有限公司	建材批发	河南省郑州市
河南德尔康药业有限公司	西药批发	河南省洛阳市
郑州邦正医药有限公司	中药批发	河南省郑州市
河南省烟草公司鹤壁市公司	烟草制品批发	河南省鹤壁市
河南东森医药有限公司	西药批发	河南省南阳市
中国石油天然气股份有限公司河南开封销售分公司	石油及制品批发	河南省开封市
中国石油天然气股份有限公司河南南阳销售分公司	石油及制品批发	河南省南阳市
中铁十五局集团物资有限公司	石油及制品批发	河南省洛阳市
洛阳鼎信御安药业有限公司	西药批发	河南省洛阳市
中国石油天然气股份有限公司河南平顶山销售分公司	石油及制品批发	河南省平顶山市
河南省烟草公司邓州市分公司	烟草制品批发	河南省南阳市
河南省华方通医药有限公司	西药批发	河南省新乡市
河南白象食品销售有限公司	米、面制品及食用油批发	河南省郑州市
河南省濮阳国家粮食储备库	谷物、豆及薯类批发	河南省濮阳市
尉氏县红兵禽业专业合作社	肉、禽、蛋、奶及水产品批发	河南省开封市
南阳市烟草公司方城县分公司	烟草制品批发	河南省南阳市
中国石化销售有限公司河南济源石油分公司	石油及制品批发	河南省济源市

4-1 续表 30

企业名称	所属行业	企业所在地
漯河市烟草公司临颍县分公司	烟草制品批发	河南省漯河市
商丘市新先锋药业有限公司	西药批发	河南省商丘市
方城县鸿发商贸集团有限公司	煤炭及制品批发	河南省南阳市
南阳市烟草公司内乡县分公司	烟草制品批发	河南省南阳市
南阳市烟草公司唐河县分公司	烟草制品批发	河南省南阳市
南阳市烟草公司镇平县分公司	烟草制品批发	河南省南阳市
河南省烟草公司济源市公司	烟草制品批发	河南省济源市
南阳市烟草公司社旗县分公司	烟草制品批发	河南省南阳市
河南舒华贸易有限公司	体育用品及器材批发	河南省商丘市
信阳市医药集团总公司	西药批发	河南省信阳市
郑州金星啤酒销售有限公司	其他食品批发	河南省郑州市
河南凯隆工程机械有限公司	其他机械设备及电子产品批发	河南省郑州市
漯河市烟草公司舞阳县分公司	烟草制品批发	河南省漯河市
南阳白云山和黄冠宝药业有限公司	中药批发	河南省南阳市
信阳常有建材有限公司	金属及金属矿批发	河南省信阳市
湖北省		
中国石化销售有限公司华中分公司	石油及制品批发	湖北省武汉市
中国石油化工股份有限公司湖北石油分公司	石油及制品批发	湖北省武汉市
武钢国际经济贸易有限公司	贸易代理	湖北省武汉市
九州通医药集团股份有限公司	西药批发	湖北省武汉市
中国石油天然气股份有限公司湖北销售分公司	石油及制品批发	湖北省武汉市
百威英博(中国)销售有限公司	酒、饮料及茶叶批发	湖北省武汉市
中石化长江燃料有限公司	石油及制品批发	湖北省武汉市
湖北省烟草公司武汉市公司	烟草制品批发	湖北省武汉市
武汉艾德蒙科技股份有限公司	计算机、软件及辅助设备批发	湖北省武汉市
湖北同济堂投资控股有限公司	西药批发	湖北省武汉市
湖北银丰实业集团有限责任公司	棉、麻批发	湖北省武汉市
湖北盛兴格力电器销售有限公司	家用电器批发	湖北省武汉市
湖北劲牌保健酒业有限公司	酒、饮料及茶叶批发	湖北省黄石市
湖北省烟草公司恩施州公司	烟草制品批发	湖北省恩施土家族苗族自治州
湖北省农业生产资料集团有限公司	化肥批发	湖北省武汉市
湖北省烟草公司荆州市公司	烟草制品批发	湖北省荆州市
中石化销售有限公司湖北宜昌石油分公司	石油及制品批发	湖北省宜昌市
中国石油化工有限公司湖北十堰石油分公司	石油及制品批发	湖北省十堰市
湖北省烟草公司黄冈市公司	烟草制品批发	湖北省黄冈市
中国石油化工股份有限公司湖北襄樊石油分公司	石油及制品批发	湖北省襄阳市
湖北省烟草公司襄阳市公司	烟草制品批发	湖北省襄阳市
东风轻型商用车营销有限公司	汽车批发	湖北省武汉市
中国石油化工股份有限公司湖北荆州石油分公司	石油及制品批发	湖北省荆州市
湖北省烟草公司宜昌市公司	烟草制品批发	湖北省宜昌市
湖北白云边销售有限公司	酒、饮料及茶叶批发	湖北省荆州市
湖北天海石油集团有限公司	石油及制品批发	湖北省十堰市
中国石油化工股份有限公司湖北荆门石油分公司	石油及制品批发	湖北省荆门市
枝江吉星商贸有限公司	其他食品批发	湖北省宜昌市
中国石化销售有限公司湖北黄冈石油分公司	石油及制品批发	湖北省黄冈市
湖北三宁农资贸易有限公司	化肥批发	湖北省宜昌市
湖北省新华书店(集团)有限公司	图书批发	湖北省武汉市
中国石化销售有限公司湖北咸宁石油分公司	石油及制品批发	湖北省咸宁市
唯品会(湖北)电子商务有限公司	服装批发	湖北省鄂州市
中国石油天然气股份有限公司湖北荆州销售分公司	石油及制品批发	湖北省荆州市
周大福珠宝金行(武汉)有限公司	首饰、工艺品及收藏品批发	湖北省武汉市

4-1 续表 31

企业名称	所属行业	企业所在地
湖北省烟草公司十堰市公司	烟草制品批发	湖北省十堰市
华润新龙医药有限公司	西药批发	湖北省武汉市
中国石油化工股份有限公司湖北恩施石油分公司	石油及制品批发	湖北省恩施土家族苗族自治州
黄石市烟草专卖局	烟草制品批发	湖北省黄石市
湖北盛世欣兴格力电器销售有限公司	家用电器批发	湖北省武汉市
中国石油天然气股份有限公司湖北襄阳销售分公司	石油及制品批发	湖北省襄阳市
中国石油天然气股份有限公司湖北黄冈销售分公司	石油及制品批发	湖北省黄冈市
中国移动通信集团终端有限公司湖北分公司	通讯及广播电视设备批发	湖北省武汉市
华强化工集团(当阳)农资贸易有限公司	化肥批发	湖北省宜昌市
中国石油天然气股份有限公司湖北荆门销售分公司	石油及制品批发	湖北省荆门市
湖北省烟草公司随州市公司	烟草制品批发	湖北省随州市
中国石油天然气股份有限公司湖北十堰销售分公司	石油及制品批发	湖北省十堰市
中国石油化工股份有限公司湖北随州石油分公司	石油及制品批发	湖北省随州市
武汉市南浦食品有限责任公司	其他食品批发	湖北省武汉市
湖北立旺食品有限公司武汉分公司	其他食品批发	湖北省武汉市
湖北省金属材料总公司	金属及金属矿批发	湖北省武汉市
中国石油天然气股份有限公司湖北恩施销售分公司	石油及制品批发	湖北省恩施土家族苗族自治州
中铁大桥局集团物资有限公司	金属及金属矿批发	湖北省武汉市
宜昌宏信商贸有限责任公司	酒、饮料及茶叶批发	湖北省宜昌市
中国石油天然气股份有限公司湖北咸宁销售分公司	石油及制品批发	湖北省咸宁市
仙桃市仙湖水产养殖有限责任公司	肉、禽、蛋、奶及水产品批发	湖北省仙桃市
武汉光明乳业销售有限公司	肉、禽、蛋、奶及水产品批发	湖北省武汉市
湖北盐业集团有限公司	盐及调味品批发	湖北省武汉市
武汉友谊副食品商业有限责任公司	其他食品批发	湖北省武汉市
湖北格林药业有限公司	西药批发	湖北省武汉市
枝江市华山渔业服务有限责任公司	肉、禽、蛋、奶及水产品批发	湖北省宜昌市
湖北人人大经贸有限公司	酒、饮料及茶叶批发	湖北省武汉市
武汉长江沙鸥植物油有限公司	米、面制品及食用油批发	湖北省武汉市
宜昌九盛商贸有限公司	酒、饮料及茶叶批发	湖北省宜昌市
武汉TCL电器销售有限公司	家用电器批发	湖北省武汉市
谷城县粮食收储总公司	米、面制品及食用油批发	湖北省襄阳市
千里马工程机械集团股份有限公司	其他机械设备及电子产品批发	湖北省武汉市
武汉远大制药集团销售有限公司	西药批发	湖北省武汉市
武汉利标日化有限公司	化妆品及卫生用品批发	湖北省武汉市
武汉中南工程机械设备有限责任公司	汽车批发	湖北省武汉市
武汉蒙牛乳业有限公司	肉、禽、蛋、奶及水产品批发	湖北省武汉市
中绿(湖北)实业发展有限公司	肉、禽、蛋、奶及水产品批发	湖北省天门市
湖南省		
物产中拓股份有限公司	建材批发	湖南省长沙市
湖南省烟草公司长沙市公司	烟草制品批发	湖南省长沙市
湖南粮食集团有限责任公司	米、面制品及食用油批发	湖南省长沙市
湖南省烟草公司郴州市公司	烟草制品批发	湖南省郴州市
湖南省烟草公司衡阳市公司	烟草制品批发	湖南省衡阳市
湖南省烟草公司岳阳市公司	烟草制品批发	湖南省岳阳市
湖南盛世欣兴格力贸易有限公司	家用电器批发	湖南省长沙市
湖南省烟草公司株洲市公司	烟草制品批发	湖南省株洲市
湖南省烟草公司常德市公司	烟草制品批发	湖南省常德市
湖南省烟草公司益阳分公司	烟草制品批发	湖南省益阳市
湖南省茶业有限公司	酒、饮料及茶叶批发	湖南省长沙市
湖南省烟草公司永州市公司	烟草制品批发	湖南省永州市
湖南时代阳光医药健康产业有限公司	西药批发	湖南省长沙市

4-1 续表 32

企业名称	所属行业	企业所在地
湖南省烟草公司湘潭市公司	烟草制品批发	湖南省湘潭市
湖南大唐燃料开发有限责任公司	煤炭及制品批发	湖南省长沙市
湖南省烟草公司湘西自治州公司	烟草制品批发	湖南省湘西土家族苗族自治州
湖南省烟草公司娄底市公司	烟草制品批发	湖南省娄底市
湖南省新华书店有限责任公司	图书批发	湖南省长沙市
湖南省烟草公司怀化市公司	烟草制品批发	湖南省怀化市
华润湖南医药有限公司	中药批发	湖南省长沙市
华润湖南瑞格医药有限公司	西药批发	湖南省长沙市
湖南大旺食品有限公司长沙分公司	其他食品批发	湖南省长沙市
华润湖南双舟医药有限公司	西药批发	湖南省长沙市
长沙加加食品销售有限公司	盐及调味品批发	湖南省长沙市
湖南达嘉维康医药有限公司	西药批发	湖南省长沙市
湖南省烟草公司张家界市公司	烟草制品批发	湖南省张家界市
丰沃达医药物流(湖南)有限公司	西药批发	湖南省长沙市
湖南和顺石油化工有限公司	石油及制品批发	湖南省长沙市
常德美的制冷产品销售有限公司	家用电器批发	湖南省常德市
湖南上药九旺医药有限公司	西药批发	湖南省长沙市
湖南康尔佳医药有限公司	西药批发	湖南省长沙市
湖南金健米业营销有限公司	米、面制品及食用油批发	湖南省常德市
湖南金果实业股份有限公司资产经营分公司	厨房、卫生间用具及日用杂货批发	湖南省衡阳市
湖南同安医药有限公司	西药批发	湖南省长沙市
长沙TCL电器销售有限公司	家用电器批发	湖南省长沙市
湖南明瑞医药有限责任公司	西药批发	湖南省长沙市
邵阳市江北农产品批发有限责任公司	果品、蔬菜批发	湖南省邵阳市
迅达集团湖南销售有限公司	厨房、卫生间用具及日用杂货批发	湖南省湘潭市
郴州市青岛啤酒销售有限公司	酒、饮料及茶叶批发	湖南省郴州市
中央储备粮岳阳小港直属库	米、面制品及食用油批发	湖南省岳阳市
广东省		
中国石化销售有限公司华南分公司	石油及制品批发	广东省广州市
松日数码发展(深圳)有限公司	其他未列明批发业	广东省深圳市
中国石化化工销售有限公司华南分公司	其他化工产品批发	广东省广州市
东风日产汽车销售有限公司	汽车批发	广东省广州市
中国石油天然气股份有限公司广东销售分公司	石油及制品批发	广东省广州市
沃尔玛(中国)投资有限公司	其他食品批发	广东省深圳市
天音通信有限公司	通讯及广播电视设备批发	广东省深圳市
广东振戎能源有限公司	石油及制品批发	广东省广州市
广州金博物流贸易集团有限公司	贸易代理	广东省广州市
深圳市爱施德股份有限公司	通讯及广播电视设备批发	广东省深圳市
中经汇通有限责任公司	石油及制品批发	广东省广州市
华南蓝天油料有限公司	石油及制品批发	广东省广州市
珠海格力集团有限公司	家用电器批发	广东省珠海市
中油碧辟石油有限公司	石油及制品批发	广东省广州市
中国石油化工股份有限公司广东石油分公司	石油及制品批发	广东省广州市
中国石油天然气股份有限公司华南化工销售分公司	其他化工产品批发	广东省广州市
广东沃龙创展投资管理有限公司	服装批发	广东省广州市
深圳中电投资股份有限公司	其他机械设备及电子产品批发	广东省深圳市
中海油广东销售有限公司	石油及制品批发	广东省广州市
比亚迪汽车销售有限公司	汽车批发	广东省深圳市
广州医药有限公司	西药批发	广东省广州市
广州立白企业集团有限公司	厨房、卫生间用具及日用杂货批发	广东省广州市
中国石化销售有限公司广东深圳石油分公司	石油及制品批发	广东省深圳市

4-1 续表 33

企业名称	所属行业	企业所在地
广州万力轮胎商贸有限公司	汽车零配件批发	广东省广州市
国药控股广州有限公司	西药批发	广东省广州市
华润广东医药有限公司	西药批发	广东省广州市
中国烟草总公司深圳市公司	烟草制品批发	广东省深圳市
深圳市富森供应链管理有限公司	其他机械设备及电子产品批发	广东省深圳市
中国石化销售有限公司广东佛山石油分公司	石油及制品批发	广东省佛山市
广东烟草广州市有限公司	烟草制品批发	广东省广州市
昆山润华商业有限公司广州黄埔分公司	服装批发	广东省广州市
唯品会(中国)有限公司	体育用品及器材批发	广东省广州市
广东省纺织品进出口股份有限公司	纺织品、针织品及原料批发	广东省广州市
华润水泥投资有限公司	建材批发	广东省深圳市
中石化中海船舶燃料供应有限公司	石油及制品批发	广东省广州市
深圳市华富洋供应链有限公司	其他机械设备及电子产品批发	广东省深圳市
深圳市年富实业发展有限公司	通讯及广播电视设备批发	广东省深圳市
联想(深圳)电子有限公司	计算机、软件及辅助设备批发	广东省深圳市
广州钢铁控股有限公司	金属及金属矿批发	广东省广州市
广东烟草东莞市有限公司	烟草制品批发	广东省东莞市
江门市蓬江区豪爵商务有限公司	摩托车及零配件批发	广东省江门市
广东烟草佛山市有限责任公司	烟草制品批发	广东省佛山市
中山市物资集团有限公司	金属及金属矿批发	广东省中山市
广州神州数码信息科技有限公司	计算机、软件及辅助设备批发	广东省广州市
广东华农温氏畜牧股份有限公司	肉、禽、蛋、奶及水产品批发	广东省云浮市
中化石油广东有限公司	石油及制品批发	广东省广州市
广东烟草揭阳市有限公司	烟草制品批发	广东省揭阳市
广州恒大材料设备有限公司	建材批发	广东省广州市
周生生中国商业有限公司	首饰、工艺品及收藏品批发	广东省广州市
深圳华润三九医药贸易有限公司	中药批发	广东省深圳市
深圳伟仕宏业电子有限公司	其他机械设备及电子产品批发	广东省深圳市
深圳市金立通信设备有限公司	通讯及广播电视设备批发	广东省深圳市
广州中山医医药有限公司	西药批发	广东省广州市
众业达电气股份有限公司	其他机械设备及电子产品批发	广东省汕头市
蓝月亮(中国)有限公司	厨房、卫生间用具及日用杂货批发	广东省广州市
深圳承远航空油料有限公司	石油及制品批发	广东省深圳市
中国石油化工股份有限公司广东清远石油分公司	石油及制品批发	广东省清远市
广东烟草江门市有限公司	烟草制品批发	广东省江门市
中国石化销售有限公司广东韶关石油分公司	石油及制品批发	广东省韶关市
广州市虎头电池集团有限公司	其他家庭用品批发	广东省广州市
广东烟草湛江市有限公司	烟草制品批发	广东省湛江市
广东烟草汕头市有限责任公司	烟草制品批发	广东省汕头市
广州纺织品进出口集团有限公司	服装批发	广东省广州市
广东九州通医药有限公司	西药批发	广东省中山市
深圳市燃气集团股份有限公司	石油及制品批发	广东省深圳市
广东汇富控股集团有限公司	鞋帽批发	广东省东莞市
广东烟草惠州市有限责任公司	烟草制品批发	广东省惠州市
广州国盈医药有限公司	西药批发	广东省广州市
中捷通信有限公司	通讯及广播电视设备批发	广东省广州市
广东烟草韶关市有限公司	烟草制品批发	广东省韶关市
广东天禾农资股份有限公司	化肥批发	广东省广州市
广东烟草梅州市有限公司	烟草制品批发	广东省梅州市
广东省轻工进出口股份有限公司	其他未列明批发业	广东省广州市
广州市六福市场经营管理有限公司	服装批发	广东省广州市

4-1 续表 34

企业名称	所属行业	企业所在地
深圳市粮食集团有限公司	米、面制品及食用油批发	广东省深圳市
广东新华发行集团股份有限公司	图书批发	广东省广州市
百威英博(中国)销售有限公司广州分公司	酒、饮料及茶叶批发	广东省广州市
联洲技术有限公司	计算机、软件及辅助设备批发	广东省深圳市
广东烟草茂名市有限责任公司	烟草制品批发	广东省茂名市
广东烟草肇庆市有限责任公司	烟草制品批发	广东省肇庆市
深圳市华孚进出口有限公司	纺织品、针织品及原料批发	广东省深圳市
哎呀呀饰品连锁股份有限公司	首饰、工艺品及收藏品批发	广东省广州市
汕头市创美药业有限公司	中药批发	广东省汕头市
广东美康大光万特医药有限公司	中药批发	广东省广州市
李锦记中国销售有限公司	盐及调味品批发	广东省广州市
福达(中国)投资有限公司	盐及调味品批发	广东省广州市
广东烟草中山市有限责任公司	烟草制品批发	广东省中山市
广东省中山食品水产进出口集团有限公司	肉、禽、蛋、奶及水产品批发	广东省中山市
广东烟草河源市有限责任公司	烟草制品批发	广东省河源市
东莞市糖酒集团美宜佳便利店有限公司	糕点、糖果及糖批发	广东省东莞市
广州采芝林药业有限公司	中药批发	广东省广州市
深圳市青岛啤酒华南营销有限公司	酒、饮料及茶叶批发	广东省深圳市
广州盛世欣兴格力贸易有限公司	家用电器批发	广东省广州市
国药集团一致药业股份有限公司	西药批发	广东省深圳市
广东烟草汕尾市有限公司	烟草制品批发	广东省汕尾市
广东庆丰汽车集团有限公司	汽车批发	广东省广州市
广东烟草清远市有限公司	烟草制品批发	广东省清远市
佛山市尊贤行不锈钢有限公司	金属及金属矿批发	广东省佛山市
广东烟草潮州市有限责任公司	烟草制品批发	广东省潮州市
广州壳牌石油化工有限公司	石油及制品批发	广东省广州市
广州虎辉照明科技公司	灯具、装饰物品批发	广东省广州市
施耐德电气(中国)投资有限公司广州分公司	电气设备批发	广东省广州市
深圳怡化电脑股份有限公司	计算机、软件及辅助设备批发	广东省深圳市
东莞市誉达通信科技有限公司	其他机械设备及电子产品批发	广东省东莞市
珠海盛世欣兴格力贸易有限公司	家用电器批发	广东省珠海市
广东烟草珠海市有限公司	烟草制品批发	广东省珠海市
中海油能源发展珠海石化销售有限公司	其他化工产品批发	广东省珠海市
广州耿鑫贸易有限公司	果品、蔬菜批发	广东省广州市
广州市长越贸易有限公司	服装批发	广东省广州市
三星中国投资有限公司广州分公司	家用电器批发	广东省广州市
TCL商用信息科技(惠州)股份有限公司	家用电器批发	广东省惠州市
广东周大福珠宝金行有限公司	首饰、工艺品及收藏品批发	广东省广州市
维达商贸有限公司	化妆品及卫生用品批发	广东省江门市
中山格兰仕家用电器销售有限公司	家用电器批发	广东省中山市
深圳市康哲药业有限公司	西药批发	广东省深圳市
深圳市启悦光电有限公司	家用电器批发	广东省深圳市
TCL家用电器(惠州)有限公司	家用电器批发	广东省惠州市
惠东县商周实业有限公司	鞋帽批发	广东省惠州市
深圳市翠绿首饰股份有限公司	首饰、工艺品及收藏品批发	广东省深圳市
广东省东莞国药集团有限公司	西药批发	广东省东莞市
广东烟草汕头市有限责任公司潮阳分公司	烟草制品批发	广东省汕头市
中国石油天然气股份有限公司广东湛江销售分公司	石油及制品批发	广东省湛江市
卡西欧电子(深圳)有限公司	其他家庭用品批发	广东省深圳市
和记黄埔(中国)商贸有限公司	化妆品及卫生用品批发	广东省广州市
广东烟草云浮市有限责任公司	烟草制品批发	广东省云浮市

4-1 续表 35

企业名称	所属行业	企业所在地
广东大地通讯连锁服务有限公司	通讯及广播电视设备批发	广东省东莞市
真维斯服饰(中国)有限公司	服装批发	广东省惠州市
佛山市日丰企业有限公司	其他化工产品批发	广东省佛山市
广东烟草阳江市有限责任公司	烟草制品批发	广东省阳江市
广州大旺食品有限公司广州分公司	糕点、糖果及糖批发	广东省广州市
广州市粮食集团有限责任公司	米、面制品及食用油批发	广东省广州市
广州中邮普泰移动通信设备有限责任公司	通讯及广播电视设备批发	广东省广州市
广东省外贸开发公司	金属及金属矿批发	广东省广州市
东莞市晟世欣兴格力贸易有限公司	家用电器批发	广东省东莞市
中国电子器材深圳有限公司	其他机械设备及电子产品批发	广东省深圳市
联新能源发展有限公司	石油及制品批发	广东省广州市
佛山创美药业有限公司	中药批发	广东省佛山市
广州华新商贸有限公司	酒、饮料及茶叶批发	广东省广州市
广州市喜燃能源有限公司	石油及制品批发	广东省广州市
珠海方正印刷电路板发展有限公司	电气设备批发	广东省珠海市
佛山市南海福田汽车销售有限公司	汽车批发	广东省佛山市
广州汽车集团商贸有限公司	汽车零配件批发	广东省广州市
达能益力贸易(深圳)有限公司	酒、饮料及茶叶批发	广东省深圳市
肇庆市盛林再生资源有限公司	再生物资回收与批发	广东省肇庆市
深圳市鑫荣懋农产品股份有限公司	果品、蔬菜批发	广东省深圳市
深圳市华成峰实业有限公司	电气设备批发	广东省深圳市
深圳市齐普生信息科技有限公司	计算机、软件及辅助设备批发	广东省深圳市
深圳市空港油料有限公司	石油及制品批发	广东省深圳市
深圳市中金岭南有色金属股份有限公司	金属及金属矿批发	广东省深圳市
广州红牛维他命饮料有限公司	酒、饮料及茶叶批发	广东省广州市
无限极(中国)有限公司广州分公司	化妆品及卫生用品批发	广东省广州市
广东雄峰特殊钢有限公司	金属及金属矿批发	广东省佛山市
广东新明珠陶瓷集团有限公司	建材批发	广东省佛山市
中国石化销售有限公司广东汕头石油分公司	石油及制品批发	广东省汕头市
广州市对外贸易总公司	服装批发	广东省广州市
深圳市卓宝科技股份有限公司	其他化工产品批发	广东省深圳市
松下电器机电(深圳)有限公司	其他机械设备及电子产品批发	广东省深圳市
深圳齐心集团股份有限公司	文具用品批发	广东省深圳市
中山市中顺商贸有限公司	化妆品及卫生用品批发	广东省中山市
新兴县稔村温氏家禽有限公司	肉、禽、蛋、奶及水产品批发	广东省云浮市
中山榄菊销售有限公司	其他家庭用品批发	广东省中山市
广州美的制冷产品销售有限公司	家用电器批发	广东省广州市
深圳市鑫荣懋实业发展有限公司	果品、蔬菜批发	广东省深圳市
中国石油天然气股份有限公司广东韶关销售分公司	石油及制品批发	广东省韶关市
信宜市粤信肉类食品有限公司	肉、禽、蛋、奶及水产品批发	广东省茂名市
广州市新力实业有限公司	其他机械设备及电子产品批发	广东省广州市
大自然家居(中国)有限公司	建材批发	广东省佛山市
广东温氏食品集团股份有限公司勒竹分公司	肉、禽、蛋、奶及水产品批发	广东省云浮市
中国船舶燃料广州有限公司	石油及制品批发	广东省广州市
深圳市红牛实业有限公司	酒、饮料及茶叶批发	广东省深圳市
广东大翔药业有限公司	西药批发	广东省广州市
中国石化销售有限公司广东潮州石油分公司	石油及制品批发	广东省潮州市
深圳市爱迪尔珠宝股份有限公司	首饰、工艺品及收藏品批发	广东省深圳市
广州市森大贸易有限公司	其他未列明批发业	广东省广州市
东莞市东糖集团有限公司	糕点、糖果及糖批发	广东省东莞市
深圳市朵唯志远科技有限公司	通讯及广播电视设备批发	广东省深圳市

4-1 续表 36

企业名称	所属行业	企业所在地
飞亚达销售有限公司	其他家庭用品批发	广东省深圳市
东莞华港国际贸易有限公司	其他未列明批发业	广东省东莞市
深圳市黄金资讯集团有限公司	首饰、工艺品及收藏品批发	广东省深圳市
高州市食品企业集团公司	肉、禽、蛋、奶及水产品批发	广东省茂名市
深圳市磊科实业有限公司	贸易代理	广东省深圳市
深圳深岩燃气有限公司	石油及制品批发	广东省深圳市
深圳市休明盛世商贸有限责任公司	其他农牧产品批发	广东省深圳市
中山市万荣营销有限公司	化妆品及卫生用品批发	广东省中山市
嘉顿食品贸易(中国)有限公司	糕点、糖果及糖批发	广东省东莞市
惠东县大时兴鞋业有限公司	鞋帽批发	广东省惠州市
广州尚品宅配家居用品有限公司	其他家庭用品批发	广东省广州市
深圳市江波龙电子有限公司	计算机、软件及辅助设备批发	广东省深圳市
广州市盛世长运商贸连锁有限公司	服装批发	广东省广州市
广州酒家集团利口福营销有限公司	米、面制品及食用油批发	广东省广州市
深圳市中农网股份有限公司	其他食品批发	广东省深圳市
深圳市世强先进科技有限公司	其他机械设备及电子产品批发	广东省深圳市
雷州市食品总公司	肉、禽、蛋、奶及水产品批发	广东省湛江市
中山市医药有限公司	西药批发	广东省中山市
优购科技有限公司	鞋帽批发	广东省深圳市
广东华南三一工程机械有限公司	其他机械设备及电子产品批发	广东省广州市
广州市番禺粮食储备有限公司	谷物、豆及薯类批发	广东省广州市
广东一品红药业有限公司	中药批发	广东省广州市
深圳品网科技有限公司	其他机械设备及电子产品批发	广东省深圳市
深圳市路必康实业有限公司	其他机械设备及电子产品批发	广东省深圳市
深圳市三港联化工贸易有限公司	其他化工产品批发	广东省深圳市
东芝视频产品(中国)有限公司	家用电器批发	广东省惠州市
深圳市金活医药有限公司	中药批发	广东省深圳市
比音勒芬服饰股份有限公司	纺织品、针织品及原料批发	广东省广州市
茂名市实业发展集团公司	其他化工产品批发	广东省茂名市
广东合力叉车有限公司	其他机械设备及电子产品批发	广东省深圳市
广州市万荣商贸有限公司	其他家庭用品批发	广东省广州市
广东海华投资集团有限公司	鞋帽批发	广东省广州市
广东耀讯电子科技有限公司	通讯及广播电视设备批发	广东省广州市
深圳市珂莱蒂尔服饰有限公司	服装批发	广东省深圳市
广州TCL电器销售有限公司	家用电器批发	广东省广州市
广州市西陇化工有限公司	其他化工产品批发	广东省广州市
蓝带啤酒销售有限公司	其他食品批发	广东省肇庆市
广州群禾化妆品有限公司	化妆品及卫生用品批发	广东省广州市
深圳万维医药贸易有限公司	西药批发	广东省深圳市
广东省广弘食品集团有限公司	肉、禽、蛋、奶及水产品批发	广东省广州市
新兴县车岗温氏家禽有限公司	肉、禽、蛋、奶及水产品批发	广东省云浮市
广州皇上皇集团有限公司	肉、禽、蛋、奶及水产品批发	广东省广州市
广州市万绿达集团有限公司	再生物资回收与批发	广东省广州市
深圳市中意集团有限公司	家用电器批发	广东省深圳市
开平凯峰达维贸易有限公司	汽车零配件批发	广东省江门市
广东泰奇食品企业有限公司	其他食品批发	广东省广州市
深圳市源兴果品有限公司	果品、蔬菜批发	广东省深圳市
东莞市东孚商贸有限公司	化妆品及卫生用品批发	广东省东莞市
深圳市香雅食品有限公司	其他食品批发	广东省深圳市
广东佳禾声学科技有限公司	家用电器批发	广东省东莞市
深圳荷花商贸有限公司	服装批发	广东省深圳市

4-1 续表 37

企业名称	所属行业	企业所在地
中国石油天然气股份有限公司广东清远销售分公司	石油及制品批发	广东省清远市
安富利物流(深圳)有限公司	其他机械设备及电子产品批发	广东省深圳市
珠海市华海鹏城酒业有限公司	酒、饮料及茶叶批发	广东省珠海市
佛山市三水燃气有限公司	石油及制品批发	广东省佛山市
运通四方汽配供应链股份有限公司	汽车零配件批发	广东省广州市
惠州东进农牧股份有限公司	牲畜批发	广东省惠州市
深圳市星银医药有限公司	西药批发	广东省深圳市
深圳市马天奴服装专卖连锁企业有限公司	服装批发	广东省深圳市
深圳市盛宝粮油供应有限公司	米、面制品及食用油批发	广东省深圳市
东莞市荣兴纸业有限公司	其他未列明批发业	广东省东莞市
广州英爱贸易有限公司	服装批发	广东省广州市
广州市胜美皮具服装有限公司	服装批发	广东省广州市
深圳市硕捷实业有限公司	计算机、软件及辅助设备批发	广东省深圳市
广州兆科联发医药有限公司	西药批发	广东省广州市
广东万方石业有限公司	建材批发	广东省佛山市
黑牛食品营销有限公司	营养和保健品批发	广东省广州市
新兴县荣安温氏家禽有限公司	肉、禽、蛋、奶及水产品批发	广东省云浮市
深圳天俊实业股份有限公司	其他食品批发	广东省深圳市
日立医疗(广州)有限公司	医疗用品及器材批发	广东省广州市
广东省东莞国药集团仁济堂药业有限公司	中药批发	广东省东莞市
广东麦斯卡体育用品有限公司	体育用品及器材批发	广东省广州市
五华县食品公司	肉、禽、蛋、奶及水产品批发	广东省梅州市
深圳市艾里逊实业有限公司	汽车零配件批发	广东省深圳市
广州市百库电子科技有限公司	化妆品及卫生用品批发	广东省广州市
深圳市燕加隆实业发展有限公司	建材批发	广东省深圳市
广东望家欢农产品集团有限公司	肉、禽、蛋、奶及水产品批发	广东省深圳市
广东省罗定市食品企业集团公司	肉、禽、蛋、奶及水产品批发	广东省云浮市
珠海市民彤医药有限公司	西药批发	广东省珠海市
新兴县温氏食品联营有限公司	肉、禽、蛋、奶及水产品批发	广东省云浮市
德津实业发展(深圳)有限公司	其他家庭用品批发	广东省深圳市
广州市广新电器有限公司	家用电器批发	广东省广州市
佛山艾诗凯奇电气有限公司	家用电器批发	广东省佛山市
阳西温氏禽畜有限公司	肉、禽、蛋、奶及水产品批发	广东省阳江市
深圳雅兰家居用品有限公司	其他家庭用品批发	广东省深圳市
广州三全食品有限公司	其他食品批发	广东省广州市
深圳四环医药有限公司	中药批发	广东省深圳市
广州市浩云安防科技股份有限公司	其他机械设备及电子产品批发	广东省广州市
深圳市卓优数据科技有限公司	其他机械设备及电子产品批发	广东省深圳市
佛山市东鹏陶瓷有限公司	建材批发	广东省佛山市
广州中油洁能燃气连锁有限公司	石油及制品批发	广东省广州市
台山市长江食品有限公司	肉、禽、蛋、奶及水产品批发	广东省江门市
艾睿电子(深圳)有限公司	电气设备批发	广东省深圳市
深圳市百勤石油技术有限公司	其他机械设备及电子产品批发	广东省深圳市
深圳市仁仁医疗发展有限公司	医疗用品及器材批发	广东省深圳市
广西壮族自治区		
中国石油化工股份有限公司广西南宁石油分公司	石油及制品批发	广西壮族自治区南宁市
广西壮族自治区烟草公司南宁市公司	烟草制品批发	广西壮族自治区南宁市
中国石化销售有限公司广西桂林石油分公司	石油及制品批发	广西壮族自治区桂林市
广西壮族自治区烟草公司桂林市公司	烟草制品批发	广西壮族自治区桂林市
中国石油化工股份有限公司广西柳州石油分公司	石油及制品批发	广西壮族自治区柳州市
中国石化销售有限公司广西百色石油分公司	石油及制品批发	广西壮族自治区百色市

4-1 续表 38

企业名称	所属行业	企业所在地
中国石油天然气股份有限公司广西南宁销售分公司	石油及制品批发	广西壮族自治区南宁市
广西壮族自治区烟草公司柳州市公司	烟草制品批发	广西壮族自治区柳州市
广西辉煌交通石化有限公司	石油及制品批发	广西壮族自治区南宁市
中国石化销售有限公司广西玉林石油分公司	石油及制品批发	广西壮族自治区玉林市
中国石化销售有限公司广西钦州石油分公司	石油及制品批发	广西壮族自治区钦州市
广西壮族自治区烟草公司百色市公司	烟草制品批发	广西壮族自治区百色市
中国石化销售有限公司广西河池石油分公司	石油及制品批发	广西壮族自治区河池市
中国石油天然气股份有限公司广西销售分公司	石油及制品批发	广西壮族自治区南宁市
中国石化销售有限公司广西贵港石油分公司	石油及制品批发	广西壮族自治区贵港市
中国石油天然气股份有限公司广西桂林销售分公司	石油及制品批发	广西壮族自治区桂林市
广西晟世欣兴格力贸易有限公司	家用电器批发	广西壮族自治区南宁市
广西壮族自治区烟草公司玉林市公司	烟草制品批发	广西壮族自治区玉林市
广西壮族自治区烟草公司河池市公司	烟草制品批发	广西壮族自治区河池市
中国石化销售有限公司广西梧州石油分公司	石油及制品批发	广西壮族自治区梧州市
广西壮族自治区烟草公司贵港市公司	烟草制品批发	广西壮族自治区贵港市
中国石油天然气股份有限公司广西钦州销售分公司	石油及制品批发	广西壮族自治区钦州市
中国石油天然气股份有限公司广西玉林销售分公司	石油及制品批发	广西壮族自治区玉林市
广西壮族自治区烟草公司梧州市公司	烟草制品批发	广西壮族自治区梧州市
中国石化销售有限公司广西崇左石油分公司	石油及制品批发	广西壮族自治区崇左市
广西壮族自治区烟草公司钦州市公司	烟草制品批发	广西壮族自治区钦州市
中国石化销售有限公司广西北海石油分公司	石油及制品批发	广西壮族自治区北海市
中国石化销售有限公司广西贺州石油分公司	石油及制品批发	广西壮族自治区贺州市
中国石化销售有限公司广西来宾石油分公司	石油及制品批发	广西壮族自治区来宾市
广西壮族自治区烟草公司北海市公司	烟草制品批发	广西壮族自治区北海市
广西壮族自治区烟草公司贺州市公司	烟草制品批发	广西壮族自治区贺州市
广西壮族自治区烟草公司来宾市公司	烟草制品批发	广西壮族自治区来宾市
广西壮族自治区烟草公司崇左市公司	烟草制品批发	广西壮族自治区崇左市
中国石油天然气股份有限公司广西百色销售分公司	石油及制品批发	广西壮族自治区百色市
中国石油天然气股份有限公司广西柳州销售分公司	石油及制品批发	广西壮族自治区柳州市
广西太华医药有限公司	西药批发	广西壮族自治区南宁市
中国石油天然气股份有限公司广西河池销售分公司	石油及制品批发	广西壮族自治区河池市
广西新华书店集团股份有限公司	图书批发	广西壮族自治区南宁市
广西壮族自治区烟草公司防城港市公司	烟草制品批发	广西壮族自治区防城港市
广西平安堂药业有限责任公司	西药批发	广西壮族自治区玉林市
中国石油天然气股份有限公司广西梧州销售分公司	石油及制品批发	广西壮族自治区梧州市
广西南方黑芝麻食品销售有限公司	米、面制品及食用油批发	广西壮族自治区玉林市
广西壮族自治区盐业公司	盐及调味品批发	广西壮族自治区南宁市
广西九州通医药有限公司	中药批发	广西壮族自治区南宁市
广西顶佳计算机信息有限公司	计算机、软件及辅助设备批发	广西壮族自治区南宁市
南宁市王者通讯股份有限公司	通讯及广播电视设备批发	广西壮族自治区南宁市
广西新胜利农业生产资料有限责任公司	化肥批发	广西壮族自治区南宁市
南宁华御堂医药有限责任公司	西药批发	广西壮族自治区南宁市
广西德洲医药有限公司	中药批发	广西壮族自治区南宁市
广西东龙世纪医药有限公司	中药批发	广西壮族自治区南宁市
广西田园农资销售有限公司	农药批发	广西壮族自治区南宁市
北流市食品公司	肉、禽、蛋、奶及水产品批发	广西壮族自治区玉林市
海南省		
海南一汽海马汽车销售有限公司	汽车批发	海南省海口市
海南省烟草公司海口公司	烟草制品批发	海南省海口市
海南省烟草公司三亚公司	烟草制品批发	海南省三亚市
海南省烟草公司琼海公司	烟草制品批发	海南省琼海市

4-1 续表 39

企业名称	所属行业	企业所在地
海南天祥药业有限公司	中药批发	海南省儋州市
海南鲁海医药有限公司	西药批发	海南省海口市
海南华海石油化工有限公司	石油及制品批发	海南省儋州市
海南快克药业有限公司	西药批发	海南省海口市
神威药业(海南)有限公司	中药批发	海南省儋州市
重庆市		
中国烟草总公司重庆市公司	烟草制品批发	重庆市江北区
重庆医药(集团)股份有限公司	西药批发	重庆市渝中区
凯欣粮油有限公司	米、面制品及食用油批发	重庆市渝北区
重庆力帆喜生活摩托车销售有限公司	摩托车及零配件批发	重庆市北碚区
中国石油天然气股份有限公司重庆永川销售分公司	石油及制品批发	重庆市永川区
中国石油化工股份有限公司重庆石油分公司	石油及制品批发	重庆市渝中区
九禾股份有限公司	化肥批发	重庆市九龙坡区
中国航空油料有限责任公司重庆分公司	石油及制品批发	重庆市渝北区
重庆东风渝安汽车销售有限公司	汽车零配件批发	重庆市沙坪坝区
重庆北汽幻速汽车销售有限公司	汽车批发	重庆市合川区
重庆华轻商业有限公司	家用电器批发	重庆市渝中区
中国石油天然气股份有限公司重庆销售分公司	石油及制品批发	重庆市渝中区
重庆双福津福农产品销售有限公司	果品、蔬菜批发	重庆市江津区
重庆市盐业(集团)有限公司	盐及调味品批发	重庆市渝北区
中国石油天然气股份有限公司重庆销售分公司渝北经营部	石油及制品批发	重庆市渝北区
重庆苏宁云商采购有限公司	家用电器批发	重庆市渝北区
重庆市长安跨越车辆营销有限公司	汽车批发	重庆市江北区
中国石化销售有限公司重庆三峡石油分公司	石油及制品批发	重庆市万州区
重庆九州通医药有限公司	西药批发	重庆市南岸区
重庆龙禹石油有限公司	石油及制品批发	重庆市渝北区
重庆中石化惠通油料有限公司	石油及制品批发	重庆市渝北区
周大福珠宝金行(重庆)有限公司	首饰、工艺品及收藏品批发	重庆市涪陵区
重庆长圣医药有限公司	西药批发	重庆市南岸区
重庆力帆汽车销售有限公司	汽车批发	重庆市渝北区
重庆科渝药品经营有限公司	西药批发	重庆市南岸区
重庆美的制冷产品销售有限公司	家用电器批发	重庆市渝中区
中国烟草总公司重庆市公司万州分公司	烟草制品批发	重庆市万州区
国药控股重庆有限公司	西药批发	重庆市南岸区
中国航油集团重庆石油有限公司	石油及制品批发	重庆市渝北区
重庆市南部治治食品销售有限公司	其他食品批发	重庆市荣昌县
重庆医药和平医药批发有限公司	西药批发	重庆市南岸区
重庆东银壳牌石化有限公司	石油及制品批发	重庆市南岸区
重庆金材物流有限公司	金属及金属矿批发	重庆市沙坪坝区
中国烟草总公司重庆市公司巫山分公司	烟草制品批发	重庆市巫山县
中国烟草总公司重庆市公司武隆分公司	烟草制品批发	重庆市武隆县
重庆粮食集团铜梁区粮食有限责任公司	谷物、豆及薯类批发	重庆市铜梁区
重庆首汇汽摩配件销售有限公司	摩托车及零配件批发	重庆市江津区
重庆博多物流有限公司	化妆品及卫生用品批发	重庆市江北区
中国烟草总公司重庆市公司涪陵分公司	烟草制品批发	重庆市涪陵区
重庆有友食品销售有限公司	其他食品批发	重庆市渝北区
重庆市北碚区中再顺祥再生资源回收有限公司	再生物资回收与批发	重庆市北碚区
中国烟草总公司重庆市公司彭水分公司	烟草制品批发	重庆市彭水苗族土家族自治县
重庆市五桥物资有限公司	金属及金属矿批发	重庆市万州区
中国石油天然气股份有限公司重庆万州销售分公司	石油及制品批发	重庆市万州区
重庆力帆摩托车产销有限公司	摩托车及零配件批发	重庆市沙坪坝区

4-1 续表 40

企业名称	所属行业	企业所在地
重庆市烟草公司奉节分公司	烟草制品批发	重庆市奉节县
中国烟草总公司重庆市公司黔江分公司	烟草制品批发	重庆市黔江区
重庆华岩幸松陶瓷市场有限公司	其他未列明批发业	重庆市九龙坡区
重庆市泰康灯具销售有限公司	灯具、装饰物品批发	重庆市潼南县
中国烟草总公司重庆市公司酉阳分公司	烟草制品批发	重庆市酉阳土家族苗族自治县
重庆广东温氏家禽有限公司	肉、禽、蛋、奶及水产品批发	重庆市璧山区
中国烟草总公司重庆市公司丰都分公司	烟草制品批发	重庆市丰都县
重庆富明高钟表有限公司	其他家庭用品批发	重庆市涪陵区
六福珠宝首饰(重庆)有限公司	首饰、工艺品及收藏品批发	重庆市涪陵区
重庆海斛医药有限公司	西药批发	重庆市南岸区
重庆市江津利华贸易有限公司	化肥批发	重庆市江津区
重庆惠友久隆工程机械有限公司	其他机械设备及电子产品批发	重庆市九龙坡区
重庆朗祺化妆品有限公司	化妆品及卫生用品批发	重庆市涪陵区
中国烟草总公司重庆市公司石柱分公司	烟草制品批发	重庆市石柱土家族自治县
重庆智飞生物制品股份有限公司	医疗用品及器材批发	重庆市江北区
重庆渝扬实业有限公司	煤炭及制品批发	重庆市渝北区
重庆铃宇百货有限公司	化妆品及卫生用品批发	重庆市渝中区
中国烟草总公司重庆市公司巫溪分公司	烟草制品批发	重庆市巫溪县
四川省		
中石化四川销售有限公司	石油及制品批发	四川省成都市
攀钢集团国际经济贸易有限公司	金属及金属矿批发	四川省成都市
四川省烟草公司成都市公司	烟草制品批发	四川省成都市
中国石油天然气股份有限公司化工与销售西南分公司	其他化工产品批发	四川省成都市
四川长虹佳华信息产品有限责任公司	计算机、软件及辅助设备批发	四川省绵阳市
成都联想信息技术有限公司	计算机、软件及辅助设备批发	四川省成都市
四川省烟草公司凉山州公司	烟草制品批发	四川省凉山彝族自治州
中国铁路物资成都有限公司	金属及金属矿批发	四川省成都市
国药控股四川医药股份有限公司	西药批发	四川省成都市
成都神钢工程机械(集团)有限公司	其他机械设备及电子产品批发	四川省成都市
成都市天鑫洋金业有限责任公司	首饰、工艺品及收藏品批发	四川省成都市
四川科伦医药贸易有限公司	西药批发	四川省成都市
吉峰农机连锁股份有限公司	农业机械批发	四川省成都市
四川省烟草公司宜宾市公司	烟草制品批发	四川省宜宾市
四川长虹佳华数字技术有限公司	汽车零配件批发	四川省绵阳市
四川省烟草公司泸州市公司	烟草制品批发	四川省泸州市
四川省烟草公司绵阳市公司	烟草制品批发	四川省绵阳市
四川省烟草公司南充市公司	烟草制品批发	四川省南充市
中国石油天然气股份有限公司四川德阳销售分公司	石油及制品批发	四川省德阳市
西昌川渝石化销售有限责任公司	石油及制品批发	四川省凉山彝族自治州
西昌市宏达再生资源回收市场有限公司	再生物资回收与批发	四川省凉山彝族自治州
四川省古蔺县仙潭销售有限公司	酒、饮料及茶叶批发	四川省泸州市
四川省烟草公司德阳市公司	烟草制品批发	四川省德阳市
中国石油天然气股份有限公司四川广元销售分公司	石油及制品批发	四川省广元市
中国石油天然气股份有限公司四川宜宾销售分公司	石油及制品批发	四川省宜宾市
中国石油天然气股份有限公司四川雅安销售分公司	石油及制品批发	四川省雅安市
四川长江水运有限责任公司	石油及制品批发	四川省泸州市
四川省烟草公司乐山分公司	烟草制品批发	四川省乐山市
四川立白日化有限公司	厨房、卫生间用具及日用杂货批发	四川省眉山市
四川省烟草公司眉山市公司	烟草制品批发	四川省眉山市
成都红旗连锁批发有限公司	其他食品批发	四川省成都市
四川省烟草公司内江市公司	烟草制品批发	四川省内江市

4-1 续表 41

企业名称	所属行业	企业所在地
四川省烟草公司广元市公司	烟草制品批发	四川省广元市
四川省烟草公司资阳市公司	烟草制品批发	四川省资阳市
中国航油集团四川石油有限公司	石油及制品批发	四川省德阳市
四川宏华国际科贸有限公司	其他机械设备及电子产品批发	四川省成都市
四川省烟草公司自贡市公司	烟草制品批发	四川省自贡市
四川省烟草公司攀枝花市公司	烟草制品批发	四川省攀枝花市
中国石油天然气股份有限公司四川甘孜销售分公司	石油及制品批发	四川省甘孜藏族自治州
中铁二局集团物资有限公司	建材批发	四川省成都市
四川省烟草公司广安市公司	烟草制品批发	四川省广安市
四川省烟草公司巴中市公司	烟草制品批发	四川省巴中市
四川西南水泥有限公司	建材批发	四川省成都市
四川九州通科创医药有限公司	医疗用品及器材批发	四川省成都市
成都龙翔通讯有限责任公司	通讯及广播电视设备批发	四川省成都市
中国石油天然气股份有限公司四川阿坝销售分公司	石油及制品批发	四川省阿坝藏族羌族自治州
四川沱牌舍得供销有限公司	酒、饮料及茶叶批发	四川省遂宁市
四川省烟草公司阿坝州公司	烟草制品批发	四川省阿坝藏族羌族自治州
四川金山矿业集团有限公司	煤炭及制品批发	四川省内江市
成都市医药工业有限公司	西药批发	四川省成都市
成都新亚通讯技术有限公司	计算机、软件及辅助设备批发	四川省成都市
成都创维电器有限公司	家用电器批发	四川省成都市
泸州博盛恒祥商贸有限公司	酒、饮料及茶叶批发	四川省泸州市
古蔺县红赤渡酒销售有限公司	酒、饮料及茶叶批发	四川省泸州市
四川省烟草公司甘孜分公司	烟草制品批发	四川省甘孜藏族自治州
四川德惠商业股份有限公司	米、面制品及食用油批发	四川省成都市
成都德仁堂药业有限公司	中药批发	四川省成都市
渠县人民市场开发服务有限公司	肉、禽、蛋、奶及水产品批发	四川省达州市
成都中顺纸业有限公司	化妆品及卫生用品批发	四川省成都市
渠县龙溪综合批发市场	果品、蔬菜批发	四川省达州市
成都红牛维他命饮料销售有限公司	酒、饮料及茶叶批发	四川省成都市
成都金松营销有限公司	家用电器批发	四川省成都市
成都TCL电器销售有限公司	家用电器批发	四川省成都市
中国石油化工股份有限公司四川德阳石油分公司	石油及制品批发	四川省德阳市
四川省盐业总公司成都分公司	盐及调味品批发	四川省成都市
泸州醉八仙酒销售有限公司	酒、饮料及茶叶批发	四川省泸州市
成都市荣贸食品有限公司	其他食品批发	四川省成都市
四川省迈克实业有限公司	医疗用品及器材批发	四川省成都市
四川国光农资有限公司	化肥批发	四川省资阳市
四川易初明通工程机械维修服务有限公司	其他机械设备及电子产品批发	四川省成都市
成都方鼎乳品销售有限公司	肉、禽、蛋、奶及水产品批发	四川省成都市
康佳集团股份有限公司内江分公司	家用电器批发	四川省内江市
神威药业(成都)有限公司	中药批发	四川省成都市
绵阳市酒鑫鑫商贸有限公司	酒、饮料及茶叶批发	四川省绵阳市
四川安大体育用品有限公司	服装批发	四川省成都市
四川住贸工程机械有限公司	其他机械设备及电子产品批发	四川省成都市
贵州省		
贵州茅台酒销售有限公司	酒、饮料及茶叶批发	贵州省遵义市
贵州开磷化肥有限责任公司	化肥批发	贵州省贵阳市

4-1　续表 42

企业名称	所属行业	企业所在地
贵州省烟草公司遵义市公司	烟草制品批发	贵州省遵义市
贵州省烟草公司毕节市公司	烟草制品批发	贵州省毕节市
贵州省烟草公司贵阳市公司	烟草制品批发	贵州省贵阳市
中国石化销售有限公司贵州贵阳石油分公司	石油及制品批发	贵州省贵阳市
贵州省烟草公司铜仁市公司	烟草制品批发	贵州省铜仁市
贵州省烟草公司黔南州公司	烟草制品批发	贵州省黔南布依族苗族自治州
贵州省烟草公司黔东南州公司	烟草制品批发	贵州省黔东南苗族侗族自治州
中国石化销售有限公司贵州黔南石油分公司	石油及制品批发	贵州省黔南布依族苗族自治州
贵州省黔西南州烟草公司	烟草制品批发	贵州省黔西南布依族苗族自治州
贵州省烟草公司六盘水市公司	烟草制品批发	贵州省六盘水市
中国石油化工股份有限公司贵州黔东南石油分公司	石油及制品批发	贵州省黔东南苗族侗族自治州
贵州省烟草公司安顺分公司	烟草制品批发	贵州省安顺市
中铁五局集团物资实业有限责任公司	石油及制品批发	贵州省贵阳市
贵州省习水县习酒销售公司	酒、饮料及茶叶批发	贵州省遵义市
贵州贵铁物流有限公司	煤炭及制品批发	贵州省贵阳市
贵州省新华书店有限公司	图书批发	贵州省贵阳市
贵州康心药业有限公司	西药批发	贵州省贵阳市
贵州盘县盘兴能源开发投资有限公司	煤炭及制品批发	贵州省六盘水市
贵州航天实业有限公司	金属及金属矿批发	贵州省遵义市
贵州茅台醇营销公司	酒、饮料及茶叶批发	贵州省遵义市
贵州美的制冷产品销售有限公司	家用电器批发	贵州省贵阳市
镇远兴发商贸有限公司	酒、饮料及茶叶批发	贵州省黔东南苗族侗族自治州
贵州小松工程机械有限公司	其他机械设备及电子产品批发	贵州省贵阳市
云南省		
云南省烟草公司曲靖市公司	烟草制品批发	云南省曲靖市
中国石油化工股份有限公司云南昆明石油分公司	石油及制品批发	云南省昆明市
云南省烟草公司昆明市公司	烟草制品批发	云南省昆明市
云南省医药有限公司	西药批发	云南省昆明市
云南省烟草公司楚雄州公司	烟草制品批发	云南省楚雄彝族自治州
云南省烟草公司红河州公司	烟草制品批发	云南省红河哈尼族彝族自治州
云南云天化国际农业生产资料有限公司	化肥批发	云南省昆明市
云天化集团有限责任公司	化肥批发	云南省昆明市
中国石油化工股份有限公司云南曲靖石油分公司	石油及制品批发	云南省曲靖市
云南省烟草公司大理州公司	烟草制品批发	云南省大理白族自治州
云南省烟草公司玉溪市公司	烟草制品批发	云南省玉溪市
云南省烟草公司昭通市公司	烟草制品批发	云南省昭通市
云南省烟草公司保山市公司	烟草制品批发	云南省保山市
云南省烟草公司普洱市公司	烟草制品批发	云南省普洱市
中国石油化工股份有限公司云南玉溪石油分公司	石油及制品批发	云南省玉溪市
中国石化销售有限公司云南大理石油分公司	石油及制品批发	云南省大理白族自治州
云南省烟草公司临沧市公司	烟草制品批发	云南省临沧市
云南省烟草公司丽江市公司	烟草制品批发	云南省丽江市
云南白药集团医药电子商务有限公司	化妆品及卫生用品批发	云南省昆明市
中国石油化工股份有限公司云南楚雄石油分公司	石油及制品批发	云南省楚雄彝族自治州
中国石油天然气股份有限公司云南曲靖销售分公司	石油及制品批发	云南省曲靖市
中国石化股份有限公司云南普洱石油分公司	石油及制品批发	云南省普洱市
云南医药工业股份有限公司	西药批发	云南省昆明市

4-1 续表 43

企业名称	所属行业	企业所在地
西双版纳景阳橡胶有限责任公司	其他化工产品批发	云南省西双版纳傣族自治州
云南同丰医药有限公司	西药批发	云南省昆明市
中国石油天然气股份有限公司云南楚雄销售分公司	石油及制品批发	云南省楚雄彝族自治州
德宏后谷咖啡有限公司	酒、饮料及茶叶批发	云南省德宏傣族景颇族自治州
中国石油天然气股份有限公司云南大理销售分公司	石油及制品批发	云南省大理白族自治州
云南广垦橡胶有限公司	其他化工产品批发	云南省西双版纳傣族自治州
云南东昌医药股份有限公司	西药批发	云南省昆明市
中国石油化工股份有限公司云南丽江石油分公司	石油及制品批发	云南省丽江市
云南东骏药业有限公司	西药批发	云南省昆明市
云南鑫盛物流有限公司	金属及金属矿批发	云南省昆明市
云南健之佳健康连锁店股份有限公司	西药批发	云南省昆明市
西双版纳中化橡胶有限公司	其他化工产品批发	云南省西双版纳傣族自治州
中国石油化工股份有限公司云南德宏石油分公司	石油及制品批发	云南省德宏傣族景颇族自治州
云南金丰汇油脂有限公司	米、面制品及食用油批发	云南省昆明市
中国石油天然气股份有限公司云南普洱销售分公司	石油及制品批发	云南省普洱市
云南佳能达医药有限公司	西药批发	云南省昆明市
中国石油天然气股份有限公司云南临沧销售分公司	石油及制品批发	云南省临沧市
中国石油天然气股份有限公司云南德宏销售分公司	石油及制品批发	云南省德宏傣族景颇族自治州
云南通海宋威农产品进出口有限公司	果品、蔬菜批发	云南省玉溪市
深圳创维-RGB电子有限公司云南分公司	家用电器批发	云南省昆明市
富源县供销合作社联合社	化肥批发	云南省曲靖市
云南易初明通工程机械维修有限公司	其他机械设备及电子产品批发	云南省昆明市
云南金六福贸易有限公司	其他未列明批发业	云南省迪庆藏族自治州
云南百江燃气有限公司	石油及制品批发	云南省昆明市
云南昊邦医药销售有限公司	西药批发	云南省昆明市
西藏自治区		
西藏神威药业有限公司	中药批发	西藏自治区拉萨市
西藏泰达厚生医药有限公司	西药批发	西藏自治区拉萨市
西藏天圣药业有限公司	西药批发	西藏自治区拉萨市
陕西省		
陕西东岭物资有限责任公司	金属及金属矿批发	陕西省宝鸡市
陕西省煤炭运销(集团)有限责任公司	煤炭及制品批发	陕西省西安市
中国石油化工股份有限公司陕西石油分公司	石油及制品批发	陕西省西安市
陕西省烟草公司西安市公司	烟草制品批发	陕西省西安市
中国石油天然气股份有限公司陕西西安销售分公司	石油及制品批发	陕西省西安市
陕西丹尼尔市场股份有限公司	服装批发	陕西省西安市
陕西丹尼尔康复路大卖场有限公司	服装批发	陕西省西安市
中国铁路物资西安公司	石油及制品批发	陕西省西安市
中国石油天然气股份有限公司渭南销售分公司	石油及制品批发	陕西省渭南市
榆林神华能源有限责任公司	煤炭及制品批发	陕西省榆林市
陕西省汽车工业贸易总公司	汽车批发	陕西省西安市
中国石油天然气股份有限公司陕西榆林销售分公司	石油及制品批发	陕西省榆林市
中国石化销售有限公司陕西宝鸡石油分公司	石油及制品批发	陕西省宝鸡市
中国石油化工股份有限公司陕西西安石油分公司	石油及制品批发	陕西省西安市
陕西省烟草公司咸阳市公司	烟草制品批发	陕西省咸阳市
陕西省烟草公司渭南市公司	烟草制品批发	陕西省渭南市
陕西盛世恒兴格力电器销售有限公司	家用电器批发	陕西省西安市

4-1　续表 44

企业名称	所属行业	企业所在地
陕西省烟草公司榆林市公司	烟草制品批发	陕西省榆林市
陕西重型汽车进出口有限公司	汽车批发	陕西省西安市
中油股份陕西咸阳销售分公司	石油及制品批发	陕西省咸阳市
中国石油天然气股份有限公司陕西宝鸡销售分公司	石油及制品批发	陕西省宝鸡市
陕西省烟草公司安康市公司	烟草制品批发	陕西省安康市
中国石油天然气股份有限公司陕西延安销售分公司	石油及制品批发	陕西省延安市
西安金康茶文化传播有限公司	酒、饮料及茶叶批发	陕西省西安市
陕西广药康健医药有限公司	西药批发	陕西省西安市
中国石油天然气股份有限公司陕西汉中销售分公司	石油及制品批发	陕西省汉中市
国药控股陕西有限公司	西药批发	陕西省西安市
陕西医药控股集团派昂医药有限责任公司	西药批发	陕西省西安市
陕西省烟草公司宝鸡市公司	烟草制品批发	陕西省宝鸡市
陕西省烟草公司延安市公司	烟草制品批发	陕西省延安市
陕西西凤酒营销有限公司	酒、饮料及茶叶批发	陕西省宝鸡市
陕西省烟草公司汉中市公司	烟草制品批发	陕西省汉中市
陕西省烟草公司商洛市公司	烟草制品批发	陕西省商洛市
中国石油天然气股份有限公司陕西高速公路销售分公司	石油及制品批发	陕西省西安市
中国石油天然气股份有限公司陕西安康销售分公司	石油及制品批发	陕西省安康市
中国石油天然气股份有限公司陕西铜川销售分公司	石油及制品批发	陕西省铜川市
中国石油天然气股份有限公司陕西商洛销售分公司	石油及制品批发	陕西省商洛市
陕西榆林煤炭出口(集团)有限责任公司	煤炭及制品批发	陕西省榆林市
中国石油化工股份有限公司陕西汉中石油分公司	石油及制品批发	陕西省汉中市
中国石油化工股份有限公司陕西咸阳石油分公司	石油及制品批发	陕西省咸阳市
中国石油化工股份有限公司陕西渭南石油公司	石油及制品批发	陕西省渭南市
西安西电国际工程有限责任公司	电气设备批发	陕西省西安市
陕西新华发行集团有限责任公司	图书批发	陕西省西安市
城固县小河桥蔬菜瓜果批发市场	果品、蔬菜批发	陕西省汉中市
陕西延长中立新能源股份有限公司	石油及制品批发	陕西省西安市
陕西百丽鞋业有限公司	鞋帽批发	陕西省西安市
陕西欣绿实业股份有限公司	果品、蔬菜批发	陕西省西安市
华润西安医药有限公司	中药批发	陕西省西安市
西安连奇物流配送有限公司	酒、饮料及茶叶批发	陕西省西安市
陕西省地方电力物资有限公司	电气设备批发	陕西省西安市
陕西百嘉贸易服务有限公司	化妆品及卫生用品批发	陕西省西安市
陕西省烟草公司铜川市公司	烟草制品批发	陕西省铜川市
西安大正医药有限责任公司	西药批发	陕西省西安市
中铁二十局集团陕西物资有限公司	金属及金属矿批发	陕西省西安市
陕西省府谷县煤炭公司	煤炭及制品批发	陕西省榆林市
甘肃省		
中国石油天然气股份有限公司西北销售兰州分公司	石油及制品批发	甘肃省兰州市
甘肃省烟草公司兰州市公司	烟草制品批发	甘肃省兰州市
中国石油化工股份有限公司甘肃石油分公司	石油及制品批发	甘肃省兰州市
中国石油天然气股份有限公司甘肃庆阳销售分公司	石油及制品批发	甘肃省庆阳市
中国石油天然气股份有限公司甘肃张掖销售分公司	石油及制品批发	甘肃省张掖市
中国石油天然气股份有限公司甘肃平凉销售分公司	石油及制品批发	甘肃省平凉市
甘肃仕通汽车销售有限公司	汽车批发	甘肃省兰州市
中国石油天然气股份有限公司甘肃武威销售分公司	石油及制品批发	甘肃省武威市

4-1 续表 45

企业名称	所属行业	企业所在地
甘肃省烟草公司天水分公司	烟草制品批发	甘肃省天水市
甘肃省烟草公司陇南市公司	烟草制品批发	甘肃省陇南市
甘肃省烟草公司庆阳市公司	烟草制品批发	甘肃省庆阳市
兰州西城药业有限责任公司	西药批发	甘肃省兰州市
甘肃省烟草公司定西市公司	烟草制品批发	甘肃省定西市
中国石油天然气股份有限公司甘肃临夏销售分公司	石油及制品批发	甘肃省临夏回族自治州
兰州强生医药有限责任公司	西药批发	甘肃省兰州市
金昌市金川天然农产品发展有限责任公司	果品、蔬菜批发	甘肃省金昌市
甘肃省烟草公司武威市公司	烟草制品批发	甘肃省武威市
甘肃省烟草公司临夏回族自治州公司	烟草制品批发	甘肃省临夏回族自治州
甘肃天元药业有限公司	西药批发	甘肃省兰州市
甘肃省烟草公司张掖分公司	烟草制品批发	甘肃省张掖市
金徽酒陇南销售公司	酒、饮料及茶叶批发	甘肃省陇南市
兰州富春江商贸有限公司	首饰、工艺品及收藏品批发	甘肃省兰州市
甘肃省烟草公司甘南藏族自治州公司	烟草制品批发	甘肃省甘南藏族自治州
甘肃省盐业集团股份有限公司	盐及调味品批发	甘肃省兰州市
甘肃新华书店飞天传媒股份有限公司	图书批发	甘肃省兰州市
青海省		
中国石油天然气股份有限公司青海格尔木销售分公司	石油及制品批发	青海省海西蒙古族藏族自治州
中国石油天然气股份有限公司青海销售分公司	石油及制品批发	青海省西宁市
青海省烟草公司西宁市公司	烟草制品批发	青海省西宁市
中国石油化工股份有限公司青海石油分公司	石油及制品批发	青海省西宁市
西宁中油燃气有限责任公司	石油及制品批发	青海省西宁市
中国石油青海海西销售分公司	石油及制品批发	青海省海西蒙古族藏族自治州
中国石化销售有限公司青海格尔木石油分公司	石油及制品批发	青海省海西蒙古族藏族自治州
青海省烟草公司海东地区公司	烟草制品批发	青海省海东市
青海互助青稞酒销售有限公司	酒、饮料及茶叶批发	青海省西宁市
宁夏回族自治区		
宁夏灵武宝塔大古储运有限公司	石油及制品批发	宁夏回族自治区银川市
中国石油天然气股份有限公司宁夏中卫销售分公司	石油及制品批发	宁夏回族自治区中卫市
中国石油天然气股份有限公司宁夏银川销售公司	石油及制品批发	宁夏回族自治区银川市
中国石油化工股份有限公司宁夏石油分公司	石油及制品批发	宁夏回族自治区银川市
宁夏回族自治区烟草公司银川市公司	烟草制品批发	宁夏回族自治区银川市
中国石油天然气股份有限公司宁夏石嘴山销售分公司	石油及制品批发	宁夏回族自治区石嘴山市
中国石油天然气股份有限公司宁夏高速公路销售分公司	石油及制品批发	宁夏回族自治区银川市
中国石油天然气股份有限公司固原销售分公司	石油及制品批发	宁夏回族自治区固原市
国药控股宁夏有限公司	西药批发	宁夏回族自治区银川市
宁夏回族自治区烟草公司吴忠市公司	烟草制品批发	宁夏回族自治区吴忠市
宁夏回族自治区烟草公司固原市公司	烟草制品批发	宁夏回族自治区固原市
新疆维吾尔自治区		
中国石油天然气股份有限公司西部管道销售分公司	石油及制品批发	新疆维吾尔自治区乌鲁木齐市
新疆生产建设兵团棉麻公司	棉、麻批发	新疆维吾尔自治区乌鲁木齐市
新疆中泰化学股份有限公司	其他化工产品批发	新疆维吾尔自治区乌鲁木齐市
新疆农资(集团)有限责任公司	化肥批发	新疆维吾尔自治区乌鲁木齐市
新疆维吾尔自治区烟草公司乌鲁木齐市公司	烟草制品批发	新疆维吾尔自治区乌鲁木齐市
中国石油天然气股份有限公司新疆阿克苏销售分公司	石油及制品批发	新疆维吾尔自治区阿克苏地区
中国石油天然气股份有限公司新疆哈密销售分公司	石油及制品批发	新疆维吾尔自治区哈密地区

4-1 续表 46

企业名称	所属行业	企业所在地
中国石油天然气股份有限公司新疆昌吉销售分公司	石油及制品批发	新疆维吾尔自治区昌吉回族自治州
中国石油天然气股份有限公司新疆库尔勒销售分公司	石油及制品批发	新疆维吾尔自治区巴音郭楞蒙古自治州
中国石油天然气股份有限公司新疆喀什销售分公司	石油及制品批发	新疆维吾尔自治区喀什地区
新疆前海集团公司	棉、麻批发	新疆维吾尔自治区喀什地区
新疆兵团第七师供销合作总公司	棉、麻批发	新疆维吾尔自治区伊犁哈萨克自治州
中国石油化工股份有限公司新疆石油分公司	石油及制品批发	新疆维吾尔自治区乌鲁木齐市
中国石油天然气股份有限公司新疆克拉玛依销售分公司	石油及制品批发	新疆维吾尔自治区克拉玛依市
中国石油天然气股份有限公司新疆伊犁销售分公司	石油及制品批发	新疆维吾尔自治区伊犁哈萨克自治州
中国石油天然气股份有限公司新疆吐鲁番销售分公司	石油及制品批发	新疆维吾尔自治区吐鲁番地区
新疆同益投资有限公司	石油及制品批发	新疆维吾尔自治区克拉玛依市
新疆九州通医药有限公司	西药批发	新疆维吾尔自治区乌鲁木齐市
中国石油化工股份有限公司新疆阿克苏石油分公司	石油及制品批发	新疆维吾尔自治区阿克苏地区
新疆兵团农业生产资料供应公司	化肥批发	新疆维吾尔自治区乌鲁木齐市
中国石油天然气股份有限公司新疆阿勒泰销售分公司	石油及制品批发	新疆维吾尔自治区阿勒泰地区
新疆维吾尔自治区新华书店	图书批发	新疆维吾尔自治区乌鲁木齐市
新疆生产建设兵团第四师供销合作社联合社	棉、麻批发	新疆维吾尔自治区伊犁哈萨克自治州
中国石油化工股份有限公司新疆巴州石油分公司	石油及制品批发	新疆维吾尔自治区巴音郭楞蒙古自治州
新疆维吾尔自治区喀什地区烟草公司	烟草制品批发	新疆维吾尔自治区喀什地区
新疆维吾尔自治区阿克苏地区烟草公司	烟草制品批发	新疆维吾尔自治区阿克苏地区
中国石油天然气股份有限公司新疆石河子销售分公司	石油及制品批发	新疆维吾尔自治区省直辖县级行政区划
中国石化销售有限公司新疆哈密石油分公司	石油及制品批发	新疆维吾尔自治区哈密地区
新疆维吾尔自治区巴音郭楞蒙古自治州烟草公司	烟草制品批发	新疆维吾尔自治区巴音郭楞蒙古自治州
新疆维吾尔自治区昌吉回族自治州烟草公司	烟草制品批发	新疆维吾尔自治区昌吉回族自治州
新疆维吾尔自治区伊犁哈萨克自治州烟草公司	烟草制品批发	新疆维吾尔自治区伊犁哈萨克自治州
中国石油天然气股份有限公司新疆和田销售分公司	石油及制品批发	新疆维吾尔自治区和田地区
昌吉回族自治州粮油购销(集团)有限责任公司	谷物、豆及薯类批发	新疆维吾尔自治区昌吉回族自治州
中国石油化工股份有限公司新疆喀什石油分公司	石油及制品批发	新疆维吾尔自治区喀什地区
新疆维吾尔自治区塔城地区烟草公司	烟草制品批发	新疆维吾尔自治区塔城地区
新疆九鼎恒兴蔬菜经营管理有限公司	果品、蔬菜批发	新疆维吾尔自治区乌鲁木齐市
新疆兵团农三师农业生产资料公司	化肥批发	新疆维吾尔自治区喀什地区
中国石油天然气股份有限公司新疆塔城销售分公司	石油及制品批发	新疆维吾尔自治区塔城地区
新疆中石化基钰化工销售有限公司	石油及制品批发	新疆维吾尔自治区乌鲁木齐市
乌鲁木齐铁路局实业开发总公司	石油及制品批发	新疆维吾尔自治区乌鲁木齐市
新疆生产建设兵团第十三师天元供销(集团)有限公司	棉、麻批发	新疆维吾尔自治区哈密地区
中国石油天然气股份有限公司新疆博州销售分公司	石油及制品批发	新疆维吾尔自治区博尔塔拉蒙古自治州
森那美信昌机器工程(新疆)有限公司	其他机械设备及电子产品批发	新疆维吾尔自治区乌鲁木齐市
新疆利华棉业股份有限公司	棉、麻批发	新疆维吾尔自治区巴音郭楞蒙古自治州
新疆星沃商贸有限公司	其他机械设备及电子产品批发	新疆维吾尔自治区乌鲁木齐市
中国石化销售有限公司新疆吐鲁番石油分公司	石油及制品批发	新疆维吾尔自治区吐鲁番地区
新疆棉花产业(集团)莎车棉业有限责任公司	棉、麻批发	新疆维吾尔自治区喀什地区
中国石油化工股份有限公司新疆伊犁石油分公司	石油及制品批发	新疆维吾尔自治区伊犁哈萨克自治州
新疆利生医药药材公司	西药批发	新疆维吾尔自治区伊犁哈萨克自治州

4-2 分地区大型零售业企业名单

企业名称	所属行业	企业所在地
北京市		
北京京东世纪信息技术有限公司	计算机、软件及辅助设备零售	北京市大兴区
小米科技有限责任公司	互联网零售	北京市海淀区
中国石化销售有限公司北京石油分公司	机动车燃料零售	北京市朝阳区
苹果电子产品商贸(北京)有限公司	计算机、软件及辅助设备零售	北京市东城区
华润医药商业集团有限公司	药品零售	北京市东城区
北京菜市口百货股份有限公司	百货零售	北京市西城区
北京物美商业集团股份有限公司	超级市场零售	北京市石景山区
北京华联综合超市股份有限公司	超级市场零售	北京市西城区
北京苏宁云商销售有限公司	日用家电设备零售	北京市通州区
北京市大中家用电器连锁销售有限公司	日用家电设备零售	北京市石景山区
北京燕莎友谊商城有限公司	百货零售	北京市朝阳区
华联新光百货(北京)有限公司	百货零售	北京市朝阳区
北京家乐福商业有限公司	超级市场零售	北京市丰台区
北京京客隆商业集团股份有限公司	超级市场零售	北京市朝阳区
北京物美综合超市有限公司	超级市场零售	北京市大兴区
国美电器有限公司	日用家电设备零售	北京市朝阳区
北京当当网信息技术有限公司	图书、报刊零售	北京市东城区
北京翠微大厦股份有限公司	百货零售	北京市海淀区
北京世纪卓越信息技术有限公司	互联网零售	北京市朝阳区
北京永辉超市有限公司	超级市场零售	北京市石景山区
北京国美在线电子商务有限公司	互联网零售	北京市海淀区
中化道达尔燃油有限公司	机动车燃料零售	北京市海淀区
日上免税行(中国)有限公司	百货零售	北京市顺义区
北京沃尔玛百货有限公司	超级市场零售	北京市石景山区
BHG(北京)百货有限公司	其他日用品零售	北京市西城区
百盛商业发展有限公司	百货零售	北京市西城区
北京华冠商业经营股份有限公司	超级市场零售	北京市房山区
嘉康利(中国)日用品有限公司	营养和保健品零售	北京市大兴区
国兴汽车服务中心	汽车零售	北京市西城区
北京美廉美连锁商业有限公司	超级市场零售	北京市海淀区
北京易喜新世界百货有限公司	百货零售	北京市东城区
北京超市发连锁股份有限公司	超级市场零售	北京市海淀区
乐天超市有限公司	超级市场零售	北京市朝阳区
北京物美大卖场商业管理有限公司	超级市场零售	北京市大兴区
北京汉光百货有限责任公司	百货零售	北京市西城区
北京王府井百货集团双安商场有限责任公司	百货零售	北京市海淀区
北京国泰平安百货有限公司	百货零售	北京市顺义区
华糖洋华堂商业有限公司	百货零售	北京市朝阳区
曙光信息产业(北京)有限公司	计算机、软件及辅助设备零售	北京市海淀区
北京鑫海韵通商业大楼	百货零售	北京市顺义区
北京宝泽行汽车销售服务有限公司	汽车零售	北京市丰台区
北京王府井百货(集团)股份有限公司	百货零售	北京市东城区
飒拉商业(北京)有限公司	服装零售	北京市朝阳区
宝盛道吉(北京)贸易有限公司	服装零售	北京市东城区
北京欧尚超市有限公司	超级市场零售	北京市海淀区
北京首商集团股份有限公司	百货零售	北京市西城区
北京屈臣氏个人用品连锁商店有限公司	超级市场零售	北京市朝阳区
北京博瑞祥云汽车销售服务有限公司	汽车零售	北京市朝阳区
北京迪信通电子通信技术有限公司	通信设备零售	北京市海淀区
北京城乡贸易中心股份有限公司	百货零售	北京市海淀区

4-2 续表 1

企业名称	所属行业	企业所在地
北京宜家家居有限公司	家具零售	北京市朝阳区
北京三元石油有限公司	机动车燃料零售	北京市大兴区
北京惠通陆华汽车服务有限公司	汽车零售	北京市朝阳区
北京市上品商业发展有限责任公司	服装零售	北京市东城区
北京君太太平洋百货有限公司	百货零售	北京市西城区
中国图书进出口(集团)总公司	图书、报刊零售	北京市朝阳区
北京京宝行汽车销售服务有限公司	汽车零售	北京市海淀区
北京当代商城有限责任公司	百货零售	北京市海淀区
丝芙兰(北京)化妆品销售有限公司	化妆品及卫生用品零售	北京市朝阳区
安利(中国)日用品有限公司北京分公司	其他综合零售	北京市东城区
北京寰宇恒通汽车有限公司	汽车零售	北京市海淀区
北京崇德商贸有限公司	鞋帽零售	北京市西城区
北京盈之宝汽车销售服务有限公司	汽车零售	北京市朝阳区
酒仙网电子商务股份有限公司	酒、饮料及茶叶零售	北京市大兴区
北京庆长风商贸有限公司	汽车零售	北京市朝阳区
北京中润发汽车销售有限公司	汽车零售	北京市丰台区
北京首都机场商贸有限公司	超级市场零售	北京市顺义区
北京北方福瑞汽车销售服务有限公司	汽车零售	北京市海淀区
沃尔玛(北京)商业零售有限公司	超级市场零售	北京市朝阳区
中视购物有限公司	互联网零售	北京市海淀区
迪卡侬(北京)体育用品有限公司	体育用品及器材零售	北京市朝阳区
欧迪办公网络技术有限公司	互联网零售	北京市海淀区
北京易初莲花连锁超市有限公司	超级市场零售	北京市朝阳区
北京赛特百货有限公司	百货零售	北京市朝阳区
北京物美京北大世界商贸有限公司	百货零售	北京市怀柔区
中粮我买网有限公司	互联网零售	北京市朝阳区
北京庄胜崇光百货商场	百货零售	北京市西城区
北京同仁堂连锁药店有限责任公司	药品零售	北京市西城区
柒一拾壹(北京)有限公司	其他综合零售	北京市东城区
永旺商业有限公司	百货零售	北京市昌平区
北京中复电讯设备有限责任公司	通信设备零售	北京市朝阳区
北京味多美食品有限责任公司	糕点、面包零售	北京市西城区
北京威联德骨科技术有限公司	医疗用品及器材零售	北京市海淀区
北京贵友大厦有限公司	百货零售	北京市朝阳区
北京首航国力商贸有限公司	超级市场零售	北京市丰台区
每克拉美(北京)钻石商场有限公司	工艺美术品及收藏品零售	北京市朝阳区
北京蓝岛大厦有限责任公司	百货零售	北京市朝阳区
北京稻香村食品有限责任公司	糕点、面包零售	北京市东城区
北京丽家丽婴婴童用品有限公司	超级市场零售	北京市大兴区
北京卜蜂莲花连锁超市有限公司	超级市场零售	北京市朝阳区
北京金象复星医药股份有限公司	药品零售	北京市西城区
北京市顺义国泰商业大厦	百货零售	北京市顺义区
北京玉蜓桥物美商贸有限公司	超级市场零售	北京市丰台区
北京天超仓储超市有限责任公司	超级市场零售	北京市东城区
华润超级市场有限公司	超级市场零售	北京市朝阳区
北京尚岑服饰有限公司	服装零售	北京市东城区
北京人天书店有限公司	图书、报刊零售	北京市丰台区
北京西红门宜家家居有限公司	家具零售	北京市大兴区
北京华联精品超市有限公司	超级市场零售	北京市西城区
荣宝斋	工艺美术品及收藏品零售	北京市西城区
北京甘家口大厦有限责任公司	百货零售	北京市海淀区

4-2 续表 2

企业名称	所属行业	企业所在地
北京王府井百货集团长安商场有限责任公司	百货零售	北京市西城区
北京顺天府商贸有限公司	超级市场零售	北京市丰台区
北京张一元茶叶有限责任公司	酒、饮料及茶叶零售	北京市西城区
乐购特易购商业(北京)有限公司	百货零售	北京市顺义区
北京华普联合商业投资有限公司	超级市场零售	北京市朝阳区
北京市昌平新世纪商城	百货零售	北京市昌平区
范思哲(中国)商业有限公司	服装零售	北京市朝阳区
北京旺市百利商业有限公司	超级市场零售	北京市朝阳区
北京乐友达康商贸有限公司	其他日用品零售	北京市通州区
北京京北美廉美超市有限公司	超级市场零售	北京市昌平区
北京心物不二电子商务有限公司	互联网零售	北京市通州区
达柯思(北京)贸易有限公司	鞋帽零售	北京市朝阳区
北京市亨得利瑞士钟表有限责任公司	钟表、眼镜零售	北京市东城区
北京金象大药房医药连锁有限责任公司	药品零售	北京市西城区
拉法耶特百货(北京)有限公司	百货零售	北京市西城区
北京翠微家园超市连锁经营有限责任公司	超级市场零售	北京市海淀区
北京孩思乐商业有限公司	其他文化用品零售	北京市朝阳区
北京港佳好邻居连锁便利店有限责任公司	其他综合零售	北京市西城区
北京京客隆首超商业有限公司	超级市场零售	北京市石景山区
北京吴裕泰茶业股份有限公司	酒、饮料及茶叶零售	北京市东城区
北京京烟卷烟零售连锁有限公司	烟草制品零售	北京市朝阳区
北京亿潼隆连锁超市有限公司	超级市场零售	北京市丰台区
北京顺丰电子商务有限公司	互联网零售	北京市顺义区
北京门城物美商城有限公司	超级市场零售	北京市门头沟区
北京物美生活超市有限公司	超级市场零售	北京市朝阳区
波丝可商业(北京)有限公司	服装零售	北京市朝阳区
北京华信通电讯有限公司	通信设备零售	北京市东城区
普安倍尔商业(北京)有限公司	服装零售	北京市朝阳区
北京图书大厦有限责任公司	图书、报刊零售	北京市西城区
北京美特斯邦威服饰有限公司	服装零售	北京市西城区
北京时尚天虹百货有限公司	百货零售	北京市朝阳区
东芝医疗系统(中国)有限公司	医疗用品及器材零售	北京市朝阳区
北京崇文门菜市场物美综合超市有限公司	其他综合零售	北京市东城区
彩盈储贤商贸(北京)有限公司	服装零售	北京市东城区
北京寺库寄卖有限公司	其他综合零售	北京市东城区
北京高氏橱柜有限公司	家具零售	北京市丰台区
北京亨联达钟表有限责任公司	钟表、眼镜零售	北京市东城区
北京京房美廉美超市有限公司	超级市场零售	北京市房山区
北京金美仕贸易有限公司	服装零售	北京市朝阳区
北京奥士凯物美商业有限公司	其他食品零售	北京市东城区
北京家有德顺文化发展有限公司	厨房用具及日用杂品零售	北京市朝阳区
北京北辰超市连锁有限公司	超级市场零售	北京市朝阳区
北京金凤成祥食品有限责任公司	糕点、面包零售	北京市海淀区
北京兴宇班尼路服装服饰有限公司	服装零售	北京市东城区
北京通糖物美便利超市有限公司	其他综合零售	北京市通州区
北京李宁体育用品销售有限公司	服装零售	北京市东城区
北京物美鼓楼商贸有限责任公司	超级市场零售	北京市密云县
北京旗利云商贸有限公司	珠宝首饰零售	北京市大兴区
统杰法宝(北京)超市有限公司	超级市场零售	北京市朝阳区
北京市好利来食品有限公司	糕点、面包零售	北京市朝阳区
北京好药师大药房连锁有限公司	药品零售	北京市大兴区

4-2 续表 3

企业名称	所属行业	企业所在地
创和捷商贸(北京)有限公司	服装零售	北京市朝阳区
北京物美便利超市有限公司	超级市场零售	北京市东城区
北京本来工坊科技有限公司	果品、蔬菜零售	北京市平谷区
北京市源烽世纪商贸有限责任公司	服装零售	北京市大兴区
北京华润万家生活超市有限公司	超级市场零售	北京市丰台区
北京同仁堂京北企业管理有限公司	药品零售	北京市海淀区
北京市新华书店连锁有限责任公司	图书、报刊零售	北京市西城区
北京创锐文化传媒有限公司	互联网零售	北京市东城区
北京润福商业有限公司	超级市场零售	北京市朝阳区
天津市		
中国石油化工股份有限公司天津石油分公司	机动车燃料零售	天津市南开区
中国石油天然气股份有限公司天津销售分公司	机动车燃料零售	天津市河东区
壳牌华北石油集团有限公司	机动车燃料零售	天津市河西区
天津一商友谊股份有限公司	百货零售	天津市河西区
当当网信息技术(天津)有限公司	互联网零售	天津市武清区
华润天津医药有限公司	药品零售	天津市河北区
天津华润万家生活超市有限公司	超级市场零售	天津市东丽区
乐视致新电子科技(天津)有限公司	其他电子产品零售	天津市滨海新区
天津苏宁云商有限公司	家用视听设备零售	天津市和平区
天津国美电器有限公司	日用家电设备零售	天津市南开区
天津金元宝商厦集团有限公司	百货零售	天津市滨海新区
天津海信广场有限公司	其他文化用品零售	天津市和平区
乐宾百货(天津)有限公司	其他文化用品零售	天津市和平区
天津市人人乐商业有限公司	超级市场零售	天津市南开区
天津浩众汽车贸易服务有限公司	汽车零售	天津市东丽区
天津物美未来商贸发展有限公司	超级市场零售	天津市南开区
北京世纪卓越信息技术有限公司天津分公司	互联网零售	天津市武清区
天津劝宝超市有限责任公司	超级市场零售	天津市宝坻区
天津市津工超市有限责任公司	超级市场零售	天津市东丽区
天津伊势丹有限公司	其他文化用品零售	天津市和平区
天津泰达易买得超市有限公司	超级市场零售	天津市滨海新区
天津华润超级市场有限公司	超级市场零售	天津市东丽区
天津捷通汽车销售有限公司	汽车零售	天津市西青区
天津市紫江路市场	其他综合零售	天津市津南区
天津劝业场(集团)股份有限公司	其他文化用品零售	天津市和平区
天津劝业家乐福超市有限公司	超级市场零售	天津市南开区
天津桂发祥十八街麻花食品股份有限公司	其他食品零售	天津市河西区
天津迎宾超市商贸有限公司	超级市场零售	天津市滨海新区
酒仙网电子商务(天津)有限公司	互联网零售	天津市武清区
天津市大港滨城商贸有限责任公司	超级市场零售	天津市滨海新区
中原百货集团股份有限公司	其他文化用品零售	天津市和平区
天津市捷兴汽车商贸有限公司	汽车零售	天津市滨海新区
天津滨江商厦有限公司	百货零售	天津市和平区
天津柯利亚诺时装有限公司	服装零售	天津市南开区
天津家福商业有限公司	超级市场零售	天津市南开区
天津滨江购物中心	其他文化用品零售	天津市和平区
沃尔玛深国投百货有限公司天津和平路分店	其他文化用品零售	天津市和平区
天津市海达家乐超市有限公司	超级市场零售	天津市武清区
百丽鞋业(天津)有限公司	鞋帽零售	天津市和平区
老百姓大药房连锁(天津)有限公司	药品零售	天津市河东区
天津市长湖大润发商业有限公司	超级市场零售	天津市河西区

4-2 续表 4

企业名称	所属行业	企业所在地
天津市大桥道糕点食品有限公司	糕点、面包零售	天津市河东区
天津金钟乐购生活购物有限公司	超级市场零售	天津市河北区
河北省		
北国商城股份有限公司	百货零售	河北省石家庄市
国药乐仁堂医药有限公司	药品零售	河北省石家庄市
唐山百货大楼集团有限责任公司	百货零售	河北省唐山市
河北保百集团有限公司	百货零售	河北省保定市
石家庄人民商场股份有限公司	百货零售	河北省石家庄市
廊坊市明珠商业企业集团有限公司	百货零售	河北省廊坊市
中国石油天然气股份有限公司河北邢台销售分公司	机动车燃料零售	河北省邢台市
沧州市华北商厦有限公司	百货零售	河北省沧州市
茂业物流股份有限公司	百货零售	河北省秦皇岛市
邯郸阳光新世纪股份有限公司	服装零售	河北省邯郸市
秦皇岛兴龙广缘商业连锁有限公司	超级市场零售	河北省秦皇岛市
河北永辉超市有限公司	超级市场零售	河北省石家庄市
承德宽广超市集团有限公司	超级市场零售	河北省承德市
河北保定时代商厦有限公司	百货零售	河北省保定市
河北冀中合力汽车销售维修有限公司	汽车零售	河北省石家庄市
河北华北石油商业有限公司	百货零售	河北省沧州市
邯郸武安新世纪商业广场有限公司	百货零售	河北省邯郸市
河北保龙仓家乐福商业有限公司	超级市场零售	河北省石家庄市
河北惠友商业连锁发展有限公司	超级市场零售	河北省保定市
唐山市金客隆超市有限公司	超级市场零售	河北省唐山市
河北美食林商贸集团有限公司	超级市场零售	河北省邯郸市
邯郸市阳光三联电器有限公司	日用家电设备零售	河北省邯郸市
邢台家乐园天一商贸有限公司	超级市场零售	河北省邢台市
石家庄东方城市广场有限公司	百货零售	河北省石家庄市
石家庄苏宁云商商贸有限公司	家用视听设备零售	河北省石家庄市
信誉楼百货集团有限公司黄骅信誉楼商厦	超级市场零售	河北省沧州市
河北国美电器有限公司	家用视听设备零售	河北省石家庄市
唐山华盛超市有限公司	超级市场零售	河北省唐山市
信誉楼百货集团有限公司青县信誉楼商厦	百货零售	河北省沧州市
衡水吉美超市有限责任公司	超级市场零售	河北省衡水市
廊坊苏宁云商销售有限公司	日用家电设备零售	河北省廊坊市
信誉楼百货集团有限公司泊头信誉楼商厦	百货零售	河北省沧州市
保定市惠友万家福超级市场有限公司	超级市场零售	河北省保定市
张家口市帝达购物广场有限公司	百货零售	河北省张家口市
河北东之杰运动产业发展有限公司	鞋帽零售	河北省石家庄市
邢台北国商城有限责任公司	百货零售	河北省邢台市
石家庄市新华书店有限责任公司	图书、报刊零售	河北省石家庄市
邯郸市新华书店有限责任公司	图书、报刊零售	河北省邯郸市
秦皇岛家惠商贸集团有限公司	超级市场零售	河北省秦皇岛市
石家庄信誉楼百货有限公司	百货零售	河北省石家庄市
唐山家万佳超市有限公司	超级市场零售	河北省唐山市
邯郸市阳光超市有限公司	超级市场零售	河北省邯郸市
正定县城关供销合作社	百货零售	河北省石家庄市
保定市亚太通讯器材有限公司	通信设备零售	河北省保定市
河北家兴商贸集团有限公司	百货零售	河北省保定市
沃尔玛(河北)商业零售有限公司	超级市场零售	河北省石家庄市
石家庄新兴药房连锁有限公司	药品零售	河北省石家庄市
沧州市同天购物中心有限公司	百货零售	河北省沧州市

4-2 续表 5

企业名称	所属行业	企业所在地
衡水百货大楼(集团)股份有限公司	百货零售	河北省衡水市
沧州市新华书店有限责任公司	图书、报刊零售	河北省沧州市
武安市新之都商贸有限公司	百货零售	河北省邯郸市
唐山唐宁苏宁云商销售有限公司	日用家电设备零售	河北省唐山市
保定商场股份有限公司	百货零售	河北省保定市
玉田县供销大厦有限公司	百货零售	河北省唐山市
河北衡水爱特购物中心有限责任公司	百货零售	河北省衡水市
沧州信誉楼百货有限公司	百货零售	河北省沧州市
唐山荣川实业集团有限公司	汽车零售	河北省唐山市
定州市大世界购物中心	百货零售	河北省保定市
邢台市新华书店有限责任公司	图书、报刊零售	河北省邢台市
唐山华润万家生活超市有限公司	超级市场零售	河北省唐山市
唐山润良商贸有限公司	超级市场零售	河北省唐山市
张家口中美电器有限公司	家用视听设备零售	河北省张家口市
河间信誉楼百货有限公司	百货零售	河北省沧州市
唐山市新华书店有限责任公司	图书、报刊零售	河北省唐山市
赵县信誉楼百货有限公司	百货零售	河北省石家庄市
晋州信誉楼百货有限公司	百货零售	河北省石家庄市
河北家乐园购物广场有限责任公司	百货零售	河北省邢台市
黄骅市耀华商厦有限公司	百货零售	河北省沧州市
河北神威大药房连锁有限公司	药品零售	河北省石家庄市
河间市信发商厦有限责任公司	百货零售	河北省沧州市
张家口市新华书店有限责任公司	图书、报刊零售	河北省张家口市
石家庄新奥车用燃气有限公司	机动车燃料零售	河北省石家庄市
北京京客隆(廊坊)有限公司	超级市场零售	河北省廊坊市
邢台市天天便利商贸有限公司	百货零售	河北省邢台市
唐山市唐人医药商场有限公司	药品零售	河北省唐山市
河北国大连锁商业有限公司	其他综合零售	河北省石家庄市
廊坊市新朝阳购物中心有限公司	服装零售	河北省廊坊市
三河物美商业有限公司	百货零售	河北省廊坊市
衡水怡水园商城有限公司	百货零售	河北省衡水市
河北乐语通讯器材销售有限公司	通信设备零售	河北省石家庄市
河北三佳润尚商贸有限责任公司	百货零售	河北省石家庄市
衡水市新华书店有限责任公司	图书、报刊零售	河北省衡水市
定州市时代广场商贸有限责任公司	百货零售	河北省保定市
衡水信誉楼百货有限公司	百货零售	河北省衡水市
石家庄屈臣氏个人用品商店有限公司	化妆品及卫生用品零售	河北省石家庄市
滦南县银泰商厦有限责任公司	百货零售	河北省唐山市
磁县中盛商贸有限公司	百货零售	河北省邯郸市
邯郸市千鑫商贸有限公司	文具用品零售	河北省邯郸市
山西省		
山西大昌汽车集团有限公司	汽车零售	山西省太原市
山西美特好连锁超市股份有限公司	超级市场零售	山西省太原市
中国石油化工股份有限公司山西太原石油分公司	机动车燃料零售	山西省太原市
国药集团山西有限公司	药品零售	山西省太原市
中国石油化工股份有限公司山西临汾石油分公司	机动车燃料零售	山西省临汾市
中国石化销售有限公司山西晋中石油分公司	机动车燃料零售	山西省晋中市
中国石油化工股份有限公司山西运城石油分公司	机动车燃料零售	山西省运城市
中国石化销售有限公司山西吕梁石油分公司	机动车燃料零售	山西省吕梁市
中国石油化工股份有限公司忻州石油分公司	机动车燃料零售	山西省忻州市

4-2 续表 6

企业名称	所属行业	企业所在地
中国石化销售有限公司山西长治石油分公司	机动车燃料零售	山西省长治市
中国石油化工股份有限公司山西晋城石油分公司	机动车燃料零售	山西省晋城市
中国石油化工股份有限公司山西大同石油分公司	机动车燃料零售	山西省大同市
中国石油天然气股份有限公司山西太原销售分公司	机动车燃料零售	山西省太原市
中国石油天然气股份有限公司山西晋中销售分公司	机动车燃料零售	山西省晋中市
中国石化销售有限公司山西阳泉石油分公司	机动车燃料零售	山西省阳泉市
山西诺维兰集团有限公司	汽车零售	山西省运城市
太原王府井百货有限责任公司	百货零售	山西省太原市
中国石油天然气股份有限公司山西忻州销售分公司	机动车燃料零售	山西省忻州市
山西省太原唐久超市有限公司	其他综合零售	山西省太原市
山西海宁皮革城发展有限公司	服装零售	山西省朔州市
中国石油天然气股份有限公司山西长治销售分公司	机动车燃料零售	山西省长治市
中国石油天然气股份有限公司山西销售大同分公司	机动车燃料零售	山西省大同市
中国石油天然气股份有限公司山西销售侯马分公司	机动车燃料零售	山西省临汾市
山西天美新天地购物中心有限公司	服装零售	山西省太原市
中国石油天然气股份有限公司山西运城销售分公司	机动车燃料零售	山西省运城市
大同市华林有限责任公司	百货零售	山西省大同市
山西华宇商业发展股份有限公司	百货零售	山西省太原市
山西铜锣湾国际购物中心有限公司	百货零售	山西省太原市
山西吉隆斯商贸股份有限公司	超级市场零售	山西省晋中市
山西省芮城县供销合作社联合社	其他综合零售	山西省运城市
延长壳牌山西石油有限公司	机动车燃料零售	山西省太原市
山西苏宁云商销售有限公司	日用家电设备零售	山西省太原市
山西宏艺首饰股份有限公司	珠宝首饰零售	山西省太原市
山西百盛商业发展有限公司	服装零售	山西省太原市
晋城市凤展购物广场有限公司	超级市场零售	山西省晋城市
大同市热力有限责任公司	生活用燃料零售	山西省大同市
大同银星金店有限公司	珠宝首饰零售	山西省大同市
大同华润燃气有限公司	生活用燃料零售	山西省大同市
山西田森超市集团有限公司	超级市场零售	山西省晋中市
山西山姆士超市有限公司	超级市场零售	山西省太原市
太原三友精品商厦有限公司	日用家电设备零售	山西省太原市
浑源县金都商贸有限责任公司	百货零售	山西省大同市
国药控股国大药房山西益源连锁有限公司	药品零售	山西省太原市
太原轻型汽车总厂	汽车零售	山西省太原市
晋城市长江实业有限公司	汽车零售	山西省晋城市
山西临猗百大购物广场有限公司	超级市场零售	山西省运城市
阳泉华联商厦有限公司	百货零售	山西省阳泉市
山西博源超市有限公司	超级市场零售	山西省长治市
长治市飞路汽车贸易有限公司	汽车零售	山西省长治市
临汾万佳福仓储超市有限公司	超级市场零售	山西省临汾市
运城市鑫源福瑞特超市有限公司	超级市场零售	山西省运城市
山西国大万民药房连锁有限公司	药品零售	山西省太原市
山西荣华大药房连锁有限公司	药品零售	山西省太原市
晋中市瑞阳热电联产供热有限责任公司	其他未列明零售业	山西省晋中市
晋城古书院工贸有限公司	其他未列明零售业	山西省晋城市
山西华联综合超市有限公司	超级市场零售	山西省太原市
怀仁县供销合作联合社	百货零售	山西省朔州市
忻州市天然气有限公司	其他未列明零售业	山西省忻州市

4-2 续表 7

企业名称	所属行业	企业所在地
内蒙古自治区		
中国石油天然气股份有限公司内蒙古鄂尔多斯销售分公司	机动车燃料零售	内蒙古自治区鄂尔多斯市
中国石油天然气股份有限公司内蒙古呼伦贝尔销售分公司	机动车燃料零售	内蒙古自治区呼伦贝尔市
中国石油化工股份有限公司内蒙古鄂尔多斯石油分公司	机动车燃料零售	内蒙古自治区鄂尔多斯市
中国石油天然气股份有限公司内蒙古乌海销售分公司	机动车燃料零售	内蒙古自治区乌海市
内蒙古民族商场有限责任公司	百货零售	内蒙古自治区呼和浩特市
中国石油天然气股份有限公司内蒙古锡林郭勒销售分公司	机动车燃料零售	内蒙古自治区锡林郭勒盟
内蒙古蒙泰煤电集团有限公司	生活用燃料零售	内蒙古自治区鄂尔多斯市
中国石油天然气股份有限公司内蒙古通辽销售分公司	机动车燃料零售	内蒙古自治区通辽市
中国石油天燃气股份有限公司内蒙兴安石油销售分公司	机动车燃料零售	内蒙古自治区兴安盟
中国石油天然气股份有限公司内蒙古包头销售分公司	机动车燃料零售	内蒙古自治区包头市
中国石化销售有限公司内蒙古包头石油分公司	机动车燃料零售	内蒙古自治区包头市
包头宁鹿石油有限公司	机动车燃料零售	内蒙古自治区包头市
中国石油天然气股份有限公司内蒙古乌兰察布销售分公司	机动车燃料零售	内蒙古自治区乌兰察布市
中国石油天然气股份有限公司内蒙古阿拉善销售分公司	机动车燃料零售	内蒙古自治区阿拉善盟
内蒙古维多利商业(集团)有限公司	百货零售	内蒙古自治区呼和浩特市
内蒙古包头百货大楼集团股份有限公司	百货零售	内蒙古自治区包头市
内蒙古呼伦贝尔市友谊有限责任公司	百货零售	内蒙古自治区呼伦贝尔市
内蒙古维多利商业管理有限公司	百货零售	内蒙古自治区呼和浩特市
内蒙古维多利超市连锁有限公司	超级市场零售	内蒙古自治区呼和浩特市
赤峰利丰汽车行有限公司	汽车零售	内蒙古自治区赤峰市
内蒙古金汇金旺角服装批发有限公司	服装零售	内蒙古自治区呼和浩特市
中国石化销售有限公司内蒙古巴彦淖尔石油分公司	机动车燃料零售	内蒙古自治区巴彦淖尔市
赤峰海达电器有限责任公司	日用家电设备零售	内蒙古自治区赤峰市
内蒙古高速石油销售有限责任公司	机动车燃料零售	内蒙古自治区呼和浩特市
包头市金荣装饰建材城有限责任公司	其他室内装饰材料零售	内蒙古自治区包头市
包头王府井百货有限责任公司	百货零售	内蒙古自治区包头市
鄂尔多斯市蒙凯汽车销售集团有限公司	汽车零售	内蒙古自治区鄂尔多斯市
内蒙古赤峰奔腾实业(集团)股份有限公司	日用家电设备零售	内蒙古自治区赤峰市
内蒙古亿丰旧机动车交易市场有限公司	汽车零售	内蒙古自治区呼和浩特市
乌兰察布市集宁国际皮革城有限公司	服装零售	内蒙古自治区乌兰察布市
通辽润泰商贸有限公司	超级市场零售	内蒙古自治区通辽市
鄂尔多斯市每天百货都市有限责任公司	百货零售	内蒙古自治区鄂尔多斯市
包头苏宁云商销售有限公司	日用家电设备零售	内蒙古自治区包头市
巴彦淖尔市国泰商贸大厦(集团)有限公司	百货零售	内蒙古自治区巴彦淖尔市
满洲里友谊商贸有限责任公司	超级市场零售	内蒙古自治区呼伦贝尔市
北京华联呼和浩特金宇综合超市有限公司	超级市场零售	内蒙古自治区呼和浩特市
内蒙古海亮商贸有限公司	服装零售	内蒙古自治区呼和浩特市
辽宁省		
中国石油天然气股份有限公司大连销售分公司	机动车燃料零售	辽宁省大连市
中国石化销售有限公司辽宁石油分公司	机动车燃料零售	辽宁省沈阳市
中国石油天然气股份有限公司辽宁沈阳销售分公司	机动车燃料零售	辽宁省沈阳市
沈阳京东世纪贸易有限公司	互联网零售	辽宁省沈阳市
大商股份有限公司	百货零售	辽宁省大连市
大连国际商贸大厦有限公司	百货零售	辽宁省大连市
沈阳国美电器有限公司	日用家电设备零售	辽宁省沈阳市
中国石油天然气股份有限公司辽宁锦州销售分公司	机动车燃料零售	辽宁省锦州市
中兴-沈阳商业大厦(集团)股份有限公司	百货零售	辽宁省沈阳市
中国石油天然气股份有限公司辽宁丹东销售分公司	机动车燃料零售	辽宁省丹东市
辽宁卓展时代广场百货有限公司	百货零售	辽宁省沈阳市
沈阳兴隆大家庭购物中心有限公司	百货零售	辽宁省沈阳市

4-2 续表 8

企业名称	所属行业	企业所在地
沈阳家乐福商业有限公司	超级市场零售	辽宁省沈阳市
大商集团沈阳新玛特购物休闲广场有限公司	百货零售	辽宁省沈阳市
大商集团抚顺百货大楼有限公司	百货零售	辽宁省抚顺市
辽宁成大方圆医药连锁有限公司	药品零售	辽宁省沈阳市
大商集团有限公司	百货零售	辽宁省大连市
大连国美电器有限公司	日用家电设备零售	辽宁省大连市
中国石化销售有限公司辽宁大连石油分公司	机动车燃料零售	辽宁省大连市
沈阳兴隆大天地购物中心有限公司	百货零售	辽宁省沈阳市
沈阳苏宁云商销售有限公司	日用家电设备零售	辽宁省沈阳市
大连苏宁云商销售有限公司	日用家电设备零售	辽宁省大连市
葫芦岛市百货大楼	百货零售	辽宁省葫芦岛市
大商集团锦州百货大楼有限公司	百货零售	辽宁省锦州市
辽宁兴隆百货集团有限公司	百货零售	辽宁省盘锦市
辽宁华润万家生活超市有限公司	超级市场零售	辽宁省沈阳市
大连友谊(集团)股份有限公司	百货零售	辽宁省大连市
沈阳商业城股份有限公司	百货零售	辽宁省沈阳市
大商集团锦州千盛购物广场有限公司	百货零售	辽宁省锦州市
大商集团本溪商业大厦有限公司	百货零售	辽宁省本溪市
辽宁宜佳电视购物有限公司	百货零售	辽宁省沈阳市
沈阳荟华楼黄金珠宝首饰有限公司	珠宝首饰零售	辽宁省沈阳市
大连沃尔玛百货有限公司	超级市场零售	辽宁省大连市
沈阳铁西百货大楼有限公司	百货零售	辽宁省沈阳市
特易购商业(辽宁)有限公司	超级市场零售	辽宁省沈阳市
大商集团铁岭新玛特有限公司	百货零售	辽宁省铁岭市
大商集团沈阳铁西新玛特购物休闲广场有限公司	百货零售	辽宁省沈阳市
大商投资管理有限公司	百货零售	辽宁省大连市
本溪华联商厦有限公司	百货零售	辽宁省本溪市
大商集团鞍山商业投资有限公司	百货零售	辽宁省鞍山市
铁岭兴隆百货有限公司	百货零售	辽宁省铁岭市
大连家乐福商业有限公司	超级市场零售	辽宁省大连市
国药控股国大天益堂药房连锁(沈阳)有限公司	药品零售	辽宁省沈阳市
大连锦辉购物广场有限责任公司	服装零售	辽宁省大连市
欧亚集团沈阳联营有限公司	百货零售	辽宁省沈阳市
大商集团沈阳新玛特购物休闲广场有限公司千盛百货购物中心	百货零售	辽宁省沈阳市
辽宁和兴大众汽车销售服务有限公司	汽车零售	辽宁省沈阳市
朝阳兴隆大家庭购物中心有限公司	百货零售	辽宁省朝阳市
沈阳乐购超市有限公司	超级市场零售	辽宁省沈阳市
大连好又多百货商业广场有限公司	超级市场零售	辽宁省大连市
沈阳大东兴隆百货有限公司	百货零售	辽宁省沈阳市
大连海王星辰医药有限公司	药品零售	辽宁省大连市
盘锦兴隆大厦三百有限公司	百货零售	辽宁省盘锦市
营口兴隆百货有限公司	超级市场零售	辽宁省营口市
辽宁国大一致药店连锁有限公司	药品零售	辽宁省沈阳市
大石桥市兴隆百货有限公司	百货零售	辽宁省营口市
阜新兴隆百货有限公司	百货零售	辽宁省阜新市
营口经济技术开发区红旺广场购物中心有限公司	百货零售	辽宁省营口市
兴城兴隆大家庭购物中心有限公司	百货零售	辽宁省葫芦岛市
辽宁亿家商业集团有限公司	超级市场零售	辽宁省鞍山市
辽宁永辉超市有限公司	超级市场零售	辽宁省沈阳市
营口经济技术开发区商业大厦有限公司	百货零售	辽宁省营口市
辽宁乐天超市有限公司	超级市场零售	辽宁省沈阳市

4-2 续表 9

企业名称	所属行业	企业所在地
大商集团锦州市新玛特购物有限公司	百货零售	辽宁省锦州市
沈阳于洪乐购生活购物有限公司	超级市场零售	辽宁省沈阳市
盘锦兴隆大厦二百有限公司	百货零售	辽宁省盘锦市
本溪溪林商贸有限公司	计算机、软件及辅助设备零售	辽宁省本溪市
辽宁天士力大药房连锁有限公司	药品零售	辽宁省沈阳市
新民兴隆百货有限公司	百货零售	辽宁省沈阳市
沃尔玛(辽宁)百货有限公司	超级市场零售	辽宁省沈阳市
沈阳大润发商业有限公司	超级市场零售	辽宁省沈阳市
大连旅顺供销大厦有限公司	百货零售	辽宁省大连市
大连天河百盛购物中心有限公司	百货零售	辽宁省大连市
沈阳新世界百货有限公司	百货零售	辽宁省沈阳市
沈阳沃尔玛百货有限公司	超级市场零售	辽宁省沈阳市
朝阳商业城有限公司	百货零售	辽宁省朝阳市
锦州兴隆大家庭购物中心有限公司	百货零售	辽宁省锦州市
大连联华快客中山便利商业有限公司	其他综合零售	辽宁省大连市
盖州兴隆大家庭购物中心有限公司	超级市场零售	辽宁省营口市
沃尔玛(大连)商业零售有限公司	超级市场零售	辽宁省大连市
大连宜家家居有限公司	其他室内装饰材料零售	辽宁省大连市
沈阳积家百货有限公司	百货零售	辽宁省沈阳市
鞍山大润发商业有限公司	百货零售	辽宁省鞍山市
沈阳市苏家屯大润发商业有限公司	超级市场零售	辽宁省沈阳市
大连莱卡门服装有限公司	服装零售	辽宁省大连市
抚顺解放路地下商场有限公司	百货零售	辽宁省抚顺市
锦州大润发商业有限公司	超级市场零售	辽宁省锦州市
沈阳润泰商业有限公司	超级市场零售	辽宁省沈阳市
山田电机(沈阳)商业有限公司	日用家电设备零售	辽宁省沈阳市
凌海电力商城有限责任公司	百货零售	辽宁省锦州市
大商集团沈阳于洪新玛特购物休闲广场有限公司	百货零售	辽宁省沈阳市
抚顺今日装饰城有限公司	其他室内装饰材料零售	辽宁省抚顺市
沈阳东北大药房连锁店	药品零售	辽宁省沈阳市
阜新大润发商业有限公司	百货零售	辽宁省阜新市
朝阳商业城超市连锁有限公司	超级市场零售	辽宁省朝阳市
葫芦岛大润发商业有限公司	超级市场零售	辽宁省葫芦岛市
凌海市商贸城	百货零售	辽宁省锦州市
辽宁乐语宏田科技有限公司	通信设备零售	辽宁省沈阳市
调兵山兴隆百货有限公司	百货零售	辽宁省铁岭市
大商集团东港市千盛百货有限公司	服装零售	辽宁省丹东市
沈阳美特斯邦威服饰有限公司	服装零售	辽宁省沈阳市
辽宁百草益寿中药房连锁有限责任公司	药品零售	辽宁省沈阳市
吉林省		
长春欧亚集团股份有限公司	百货零售	吉林省长春市
中国石油天然气股份有限公司吉林白城销售分公司	机动车燃料零售	吉林省白城市
公主岭温州商城贸易有限公司	百货零售	吉林省四平市
长春伊通河石油经销有限公司	机动车燃料零售	吉林省长春市
中国石油天然气股份有限公司吉林四平销售分公司	机动车燃料零售	吉林省四平市
中国石油天然气股份有限公司吉林延边销售分公司	机动车燃料零售	吉林省延边朝鲜族自治州
延吉百货大楼股份有限公司	百货零售	吉林省延边朝鲜族自治州
长春市华阳汽车贸易有限责任公司	汽车零售	吉林省长春市
中国石油天然气股份有限公司吉林白山销售分公司	机动车燃料零售	吉林省白山市
长春百货大楼集团股份有限公司	百货零售	吉林省长春市
吉林省华之诚汽车销售服务有限公司	汽车零售	吉林省长春市

4-2 续表 10

企业名称	所属行业	企业所在地
吉林省华生交电集团有限公司	家用视听设备零售	吉林省四平市
吉林省威宝恒客隆仓储百货有限公司	超级市场零售	吉林省长春市
吉林省众诚汽车服务连锁有限公司	生活用燃料零售	吉林省长春市
吉林大药房药业股份有限公司	药品零售	吉林省长春市
中国石油化工股份有限公司吉林市石油分公司	机动车燃料零售	吉林省吉林市
吉林省吉刚汽车贸易有限公司	汽车零售	吉林省长春市
长春欧亚集团通化欧亚购物中心有限公司	超级市场零售	吉林省通化市
长春苏宁电器有限公司	日用家电设备零售	吉林省长春市
白山市合兴实业股份有限公司	百货零售	吉林省白山市
长春国商百货有限公司	百货零售	吉林省长春市
吉林省华宇集团四平仁兴商厦有限公司	服装零售	吉林省四平市
吉林省金叶烟草有限责任公司	烟草制品零售	吉林省长春市
吉林省东丰万隆商贸有限责任公司	超级市场零售	吉林省辽源市
吉林省白山方大商贸有限公司	超级市场零售	吉林省白山市
吉林国美电器有限公司	日用家电设备零售	吉林省长春市
吉林市润泰商业有限公司	超级市场零售	吉林省吉林市
吉林市大润发超市有限公司	超级市场零售	吉林省吉林市
吉林市国美电器有限公司	日用家电设备零售	吉林省吉林市
德惠市商贸大厦	百货零售	吉林省长春市
松原大润发商业有限公司	超级市场零售	吉林省松原市
榆树市新新小镇现代生活馆有限公司	其他综合零售	吉林省长春市
长春远方实业集团有限公司	超级市场零售	吉林省长春市
吉林省中东新天地购物公园有限公司	服装零售	吉林省长春市
靖宇县昌盛市场开发有限公司	服装零售	吉林省白山市
长春卓展时代广场百货有限公司	百货零售	吉林省长春市
吉林亚泰超市有限公司	超级市场零售	吉林省长春市
黑龙江省		
哈药集团医药有限公司	药品零售	黑龙江省哈尔滨市
大商集团大庆新玛特购物休闲广场有限公司	百货零售	黑龙江省大庆市
哈尔滨中央红集团股份有限公司	百货零售	黑龙江省哈尔滨市
黑龙江远大购物中心有限公司	百货零售	黑龙江省哈尔滨市
大商哈尔滨新一百购物广场有限公司	百货零售	黑龙江省哈尔滨市
大商集团大庆百货大楼有限公司	百货零售	黑龙江省大庆市
黑龙江黑天鹅家电有限公司	日用家电设备零售	黑龙江省哈尔滨市
大庆市庆客隆连锁商贸有限公司	超级市场零售	黑龙江省大庆市
哈尔滨家乐福超市有限公司	超级市场零售	黑龙江省哈尔滨市
中国石油天然气股份有限公司黑龙江实华销售公司	机动车燃料零售	黑龙江省哈尔滨市
大商集团牡丹江新玛特购物广场有限公司	百货零售	黑龙江省牡丹江市
佳木斯新玛特购物广场	百货零售	黑龙江省佳木斯市
大商集团牡丹江百货大楼有限公司	百货零售	黑龙江省牡丹江市
绥化市华辰商都	百货零售	黑龙江省绥化市
大商集团佳木斯百货大楼	百货零售	黑龙江省佳木斯市
哈尔滨卓展时代广场百货有限公司	百货零售	黑龙江省哈尔滨市
哈尔滨申格体育连锁有限公司	体育用品及器材零售	黑龙江省哈尔滨市
哈尔滨市联强商业发展有限公司	超级市场零售	黑龙江省哈尔滨市
大连国际商贸大厦有限公司哈尔滨麦凯乐百货总店	百货零售	黑龙江省哈尔滨市
齐齐哈尔百货大楼股份有限公司	服装零售	黑龙江省齐齐哈尔市
黑龙江省金天集团老百姓大药房医药连锁有限公司	药品零售	黑龙江省哈尔滨市
哈尔滨苏宁云商销售有限公司	日用家电设备零售	黑龙江省哈尔滨市
哈尔滨松雷股份有限公司	百货零售	黑龙江省哈尔滨市
黑龙江省东方新天地商厦有限责任公司	服装零售	黑龙江省佳木斯市

4-2 续表 11

企业名称	所属行业	企业所在地
黑龙江比优特商贸有限责任公司	超级市场零售	黑龙江省鹤岗市
大商集团大庆新东风购物广场有限公司	百货零售	黑龙江省大庆市
大商股份鸡西新玛特广益街购物广场有限公司	百货零售	黑龙江省鸡西市
沃尔玛深国投百货有限公司哈尔滨中山路分店	超级市场零售	黑龙江省哈尔滨市
哈尔滨润恒晟达商贸有限公司	其他食品零售	黑龙江省哈尔滨市
大商集团大庆让胡路商场	百货零售	黑龙江省大庆市
黑龙江泰华医药集团有限公司	药品零售	黑龙江省绥化市
大商股份鸡西新玛特中心街购物广场有限公司	百货零售	黑龙江省鸡西市
大庆福瑞邦药房连锁有限公司	药品零售	黑龙江省大庆市
哈尔滨润富商业有限公司	超级市场零售	黑龙江省哈尔滨市
青岛润泰佳木斯大润发超市	超级市场零售	黑龙江省佳木斯市
昆山润华商业有限公司牡丹江分公司	超级市场零售	黑龙江省牡丹江市
哈尔滨大润发商业有限公司	超级市场零售	黑龙江省哈尔滨市
哈尔滨新世界百货商场有限公司	百货零售	黑龙江省哈尔滨市
五大连池市东谕百货大楼有限责任公司	百货零售	黑龙江省黑河市
佳木斯广江同源家居有限公司	日用家电设备零售	黑龙江省佳木斯市
上海市		
上海圆迈贸易有限公司	互联网零售	上海市嘉定区
上海老凤祥银楼有限公司	珠宝首饰零售	上海市黄浦区
锦江麦德龙现购自运有限公司	超级市场零售	上海市普陀区
农工商超市(集团)有限公司	超级市场零售	上海市普陀区
纽海信息技术(上海)有限公司	互联网零售	上海市浦东新区
迅销(中国)商贸有限公司	服装零售	上海市徐汇区
国药控股股份有限公司	药品零售	上海市黄浦区
联华超市股份有限公司	超级市场零售	上海市普陀区
路易威登(中国)商业销售有限公司	箱、包零售	上海市静安区
上海苏宁电器有限公司	日用家电设备零售	上海市闵行区
上海联家超市有限公司	超级市场零售	上海市普陀区
上海东方电视购物有限公司	邮购及电视、电话零售	上海市杨浦区
海恩斯莫里斯(上海)商业有限公司	服装零售	上海市黄浦区
历峰商业有限公司	工艺美术品及收藏品零售	上海市浦东新区
上海易初莲花连锁超市有限公司	超级市场零售	上海市浦东新区
日上免税行(上海)有限公司	百货零售	上海市浦东新区
中化道达尔油品有限公司	机动车燃料零售	上海市浦东新区
上海世纪联华超市发展有限公司	百货零售	上海市普陀区
上海第一八佰伴有限公司	百货零售	上海市浦东新区
上海国美电器有限公司	日用家电设备零售	上海市普陀区
苹果贸易(上海)有限公司	通信设备零售	上海市浦东新区
飒拉商业(上海)有限公司	服装零售	上海市长宁区
普拉达时装商业(上海)有限公司	服装零售	上海市静安区
永乐(中国)电器销售有限公司	家用视听设备零售	上海市普陀区
华联集团吉买盛购物中心有限公司	超级市场零售	上海市闸北区
上海福满家便利有限公司	其他综合零售	上海市普陀区
上海拉夏贝尔服饰股份有限公司	服装零售	上海市徐汇区
上海新世界股份有限公司	百货零售	上海市黄浦区
沃尔玛华东百货有限公司	超级市场零售	上海市浦东新区
上海百联百货经营有限公司	其他综合零售	上海市黄浦区
上海久光百货有限公司	百货零售	上海市静安区
丝芙兰(上海)化妆品销售有限公司	化妆品及卫生用品零售	上海市黄浦区
克丽丝汀迪奥商业(上海)有限公司	服装零售	上海市静安区
上海易迅电子商务发展有限公司	互联网零售	上海市宝山区

4-2 续表 12

企业名称	所属行业	企业所在地
盖璞(上海)商业有限公司	服装零售	上海市静安区
上海好德便利有限公司	其他综合零售	上海市普陀区
上海宜家家居有限公司	家具零售	上海市徐汇区
上海新欧尚超市有限公司	超级市场零售	上海市杨浦区
上海联华快客便利有限公司	其他综合零售	上海市虹口区
鞋柜商贸有限公司	鞋帽零售	上海市青浦区
上海可的便利店有限公司	其他综合零售	上海市普陀区
上海来伊份食品连锁经营有限公司	其他食品零售	上海市松江区
上海拉谷谷时装有限公司	服装零售	上海市嘉定区
上海欧尚超市有限公司	超级市场零售	上海市杨浦区
上海古今内衣有限公司	服装零售	上海市黄浦区
上海宝信汽车销售服务有限公司	汽车零售	上海市闵行区
上海屈臣氏日用品有限公司	超级市场零售	上海市徐汇区
上海易买得超市有限公司	超级市场零售	上海市宝山区
上海伍缘现代杂货有限公司	其他综合零售	上海市普陀区
安莉芳(上海)有限公司	服装零售	上海市杨浦区
无印良品(上海)商业有限公司	服装零售	上海市静安区
上海迪亚零售有限公司	其他综合零售	上海市浦东新区
上海新华传媒连锁有限公司	图书、报刊零售	上海市徐汇区
迪卡侬(上海)体育用品有限公司	体育用品及器材零售	上海市浦东新区
蒂芙尼(上海)商业有限公司	珠宝首饰零售	上海市静安区
上海太平洋百货有限公司	百货零售	上海市徐汇区
东方商厦有限公司	百货零售	上海市徐汇区
上海永乐通讯设备有限公司	其他电子产品零售	上海市普陀区
利邦(上海)服装贸易有限公司	服装零售	上海市闵行区
上海良友金伴便利连锁有限公司	其他综合零售	上海市徐汇区
特易购商业(上海)有限公司	超级市场零售	上海市普陀区
托德斯(上海)商贸有限公司	鞋帽零售	上海市静安区
百丽电子商务(上海)有限公司	互联网零售	上海市虹口区
上海家得利超市有限公司	超级市场零售	上海市徐汇区
上海好孩子儿童用品有限公司	其他食品零售	上海市黄浦区
上海汇金百货有限公司	百货零售	上海市徐汇区
上海丽婴房婴童用品有限公司	服装零售	上海市闵行区
上海大润发有限公司	粮油零售	上海市闸北区
上海捷强烟草糖酒(集团)连锁有限公司	烟草制品零售	上海市虹口区
多喜佳伴纳服饰商业(上海)有限公司	百货零售	上海市黄浦区
上海松江燃气有限公司	生活用燃料零售	上海市松江区
上海铂利德钻石有限公司	珠宝首饰零售	上海市闸北区
上海微乐服饰有限公司	服装零售	上海市徐汇区
上海力涌商贸有限公司	其他日用品零售	上海市浦东新区
西雅衣家(中国)商业有限公司	服装零售	上海市长宁区
史泰博(上海)有限公司	文具用品零售	上海市长宁区
上海三联(集团)有限公司	钟表、眼镜零售	上海市黄浦区
普罗旺斯欧舒丹贸易(上海)有限公司	化妆品及卫生用品零售	上海市静安区
玩具反斗城(中国)商贸有限公司	其他日用品零售	上海市闵行区
上海第一医药股份有限公司	药品零售	上海市黄浦区
俊思(上海)商业有限公司	服装零售	上海市徐汇区
永安百货有限公司	百货零售	上海市黄浦区
梦田服装(上海)有限公司	服装零售	上海市静安区
华美敦贸易(上海)有限公司	服装零售	上海市黄浦区
上海赫基服饰贸易有限公司	服装零售	上海市徐汇区

4-2 续表 13

企业名称	所属行业	企业所在地
上海市浦东商场股份有限公司	百货零售	上海市浦东新区
三星法绅贸易(上海)有限公司	服装零售	上海市长宁区
好美家装潢建材有限公司	其他室内装饰材料零售	上海市黄浦区
上海长发购物中心有限公司	超级市场零售	上海市闵行区
上海华润万家超市有限公司	百货零售	上海市徐汇区
上海牛奶棚食品有限公司	糕点、面包零售	上海市闸北区
昆山润华商业有限公司上海闵行分公司	超级市场零售	上海市闵行区
上海华氏大药房有限公司	药品零售	上海市虹口区
上海宝山宜家家居有限公司	家具零售	上海市宝山区
昆山润华商业有限公司上海松江分公司	超级市场零售	上海市松江区
上海丽人丽妆化妆品有限公司	化妆品及卫生用品零售	上海市松江区
桦洁商贸(上海)有限公司	鞋帽零售	上海市黄浦区
上海米源饮料有限公司	酒、饮料及茶叶零售	上海市浦东新区
上海夏微服饰有限公司	服装零售	上海市徐汇区
上海震旦办公自动化销售有限公司	其他电子产品零售	上海市浦东新区
彩盈商贸(上海)有限公司	服装零售	上海市浦东新区
上海七宝乐购购物中心有限公司	超级市场零售	上海市闵行区
上海九百购物中心有限公司	百货零售	上海市宝山区
上海健一网大药房连锁经营有限公司	药品零售	上海市徐汇区
昆山润华商业有限公司上海南汇分公司	百货零售	上海市浦东新区
上海复美益星大药房连锁有限公司	药品零售	上海市普陀区
上海梅林正广和便利连锁有限公司	其他综合零售	上海市杨浦区
上海康仁乐购超市贸易有限公司	超级市场零售	上海市普陀区
上海奉贤大润发商贸有限公司	超级市场零售	上海市奉贤区
上海华联罗森有限公司	其他综合零售	上海市徐汇区
上海天天鲜果电子商务有限公司	互联网零售	上海市浦东新区
上海旗计智能科技有限公司	其他未列明零售业	上海市浦东新区
上海美特斯邦威服饰销售有限公司	服装零售	上海市黄浦区
上海奉贤燃气有限公司	生活用燃料零售	上海市奉贤区
上海全球儿童用品股份有限公司	其他综合零售	上海市徐汇区
上海浦东好又多超市有限公司	超级市场零售	上海市浦东新区
上海三林大润发商贸有限公司	超级市场零售	上海市浦东新区
马莎商业(上海)有限公司	百货零售	上海市静安区
菲仕乐贸易(上海)有限公司	厨房用具及日用杂品零售	上海市徐汇区
上海喜士多便利连锁有限公司	其他综合零售	上海市闸北区
上海益丰大药房连锁有限公司	药品零售	上海市黄浦区
斯特拉迪瓦里斯商业(上海)有限公司	服装零售	上海市长宁区
上海嘉定大润发商贸有限公司	超级市场零售	上海市嘉定区
上海高岛屋百货有限公司	其他综合零售	上海市长宁区
上海闵行华漕大润发商贸有限公司	超级市场零售	上海市闵行区
上海泗泾大润发商贸有限公司	百货零售	上海市松江区
上海环盛商业有限公司	超级市场零售	上海市长宁区
特力屋(上海)商贸有限公司	厨房用具及日用杂品零售	上海市徐汇区
上海保德威服饰有限公司	服装零售	上海市普陀区
上海余天成药业连锁有限公司	药品零售	上海市松江区
上海易果电子商务有限公司	果品、蔬菜零售	上海市长宁区
上海璞康实业有限公司	互联网零售	上海市宝山区
上海养和堂药业连锁经营有限公司	药品零售	上海市浦东新区
莎莎化妆品(中国)有限公司	化妆品及卫生用品零售	上海市黄浦区
上海闸北南区大润发商贸有限公司	超级市场零售	上海市闸北区
上海摩安珂服饰有限公司	服装零售	上海市徐汇区

4-2 续表 14

企业名称	所属行业	企业所在地
上海恭汇贸易有限公司	其他综合零售	上海市徐汇区
上海剪刀石头布家居实业有限公司	家具零售	上海市闵行区
国誉商业(上海)有限公司	文具用品零售	上海市普陀区
上海新语餐饮管理有限公司	糕点、面包零售	上海市徐汇区
统一超商(上海)便利有限公司	其他综合零售	上海市长宁区
德秀(上海)服装贸易有限公司	服装零售	上海市徐汇区
上海元祖食品有限公司	糕点、面包零售	上海市青浦区
上海乐欧服饰有限公司	服装零售	上海市徐汇区
上海海烟烟草糖酒有限公司	烟草制品零售	上海市杨浦区
上海堡尼实业发展有限公司	服装零售	上海市闸北区
上海瑞表钟表贸易有限公司	钟表、眼镜零售	上海市徐汇区
上海五菱汽车销售有限公司	汽车零售	上海市浦东新区
江苏省		
苏果超市有限公司	超级市场零售	江苏省南京市
昆山润华商业有限公司	超级市场零售	江苏省苏州市
中国石油化工股份有限公司江苏南京石油分公司	机动车燃料零售	江苏省南京市
中石化壳牌(江苏)石油销售有限公司	机动车燃料零售	江苏省苏州市
江苏乐天玛特商业有限公司	超级市场零售	江苏省南通市
江苏无锡商业大厦集团有限公司	百货零售	江苏省无锡市
江苏明都汽车集团有限公司	汽车零售	江苏省常州市
江苏五星电器有限公司	日用家电设备零售	江苏省南京市
唯品会(昆山)电子商务有限公司	互联网零售	江苏省苏州市
中国石油化工股份有限公司江苏扬州石油分公司	机动车燃料零售	江苏省扬州市
华润苏州礼安医药有限公司	药品零售	江苏省苏州市
德基广场有限公司	服装零售	江苏省南京市
江苏省医药公司	药品零售	江苏省南京市
连云港中油石油销售有限公司	机动车燃料零售	江苏省连云港市
中国石油天然气股份有限公司江苏南京销售分公司	机动车燃料零售	江苏省南京市
常州药业股份有限公司	药品零售	江苏省常州市
徐州金鹰国际实业有限公司	百货零售	江苏省徐州市
中国石油化工股份有限公司江苏镇江石油分公司	机动车燃料零售	江苏省镇江市
国药控股扬州有限公司	药品零售	江苏省扬州市
无锡当当网信息技术有限公司	图书、报刊零售	江苏省无锡市
中国石油天然气股份有限公司江苏无锡销售分公司	机动车燃料零售	江苏省无锡市
南京中央商场(集团)股份有限公司	百货零售	江苏省南京市
南京朗驰集团有限公司	汽车零售	江苏省南京市
南京新街口百货商店股份有限公司	百货零售	江苏省南京市
江苏华润万家超市有限公司	超级市场零售	江苏省苏州市
金鹰国际商贸集团(中国)有限公司	百货零售	江苏省南京市
苏州欧尚超市有限公司	超级市场零售	江苏省苏州市
好享购物股份有限公司	邮购及电视、电话零售	江苏省南京市
江苏苏宁易购电子商务有限公司	互联网零售	江苏省南京市
月星集团有限公司	家具零售	江苏省常州市
苏州人民商场股份有限公司	百货零售	江苏省苏州市
扬州金鹰国际实业有限公司	百货零售	江苏省扬州市
昆山京东尚信贸易有限公司	互联网零售	江苏省苏州市
连云港康缘医药商业有限公司	药品零售	江苏省连云港市
江苏新合作常客隆连锁超市有限公司	超级市场零售	江苏省苏州市
南京药业股份有限公司	药品零售	江苏省南京市
苏宁云商集团股份有限公司	日用家电设备零售	江苏省南京市
中国石油天然气股份有限公司江苏宿迁销售分公司	机动车燃料零售	江苏省宿迁市

4-2 续表 15

企业名称	所属行业	企业所在地
江阴市全顺汽车有限公司	汽车零售	江苏省无锡市
中国石油天然气股份有限公司江苏南通销售分公司	机动车燃料零售	江苏省南通市
扬州欧尚超市有限公司	超级市场零售	江苏省扬州市
文峰大世界连锁发展股份有限公司南通文峰大世界	百货零售	江苏省南通市
江苏宏信商贸股份有限公司	百货零售	江苏省扬州市
江苏博特新材料有限公司	涂料零售	江苏省南京市
中国石油天然气股份有限公司江苏常州销售分公司	机动车燃料零售	江苏省常州市
镇江市八佰伴商贸有限公司	百货零售	江苏省镇江市
苏州函数集团有限责任公司	百货零售	江苏省苏州市
江苏苏盛商贸有限公司	烟草制品零售	江苏省南京市
美丽华企业(南京)有限公司	鞋帽零售	江苏省南京市
江阴华地百货有限公司	百货零售	江苏省无锡市
中国石油天然气股份有限公司江苏泰州销售分公司	机动车燃料零售	江苏省泰州市
无锡悦家商业有限公司	超级市场零售	江苏省无锡市
沃尔玛(江苏)商业零售有限公司	超级市场零售	江苏省南京市
中国石油天然气股份有限公司江苏镇江销售分公司	机动车燃料零售	江苏省镇江市
江苏永辉超市有限公司	超级市场零售	江苏省南京市
华润昆山医药有限公司	药品零售	江苏省苏州市
中国石油天然气股份有限公司江苏淮安销售分公司	机动车燃料零售	江苏省淮安市
孩子王儿童用品(中国)有限公司	百货零售	江苏省南京市
无锡八佰伴商贸中心有限公司	百货零售	江苏省无锡市
常州百货大楼股份有限公司	百货零售	江苏省常州市
江苏中央新亚百货股份有限公司	百货零售	江苏省淮安市
昆山商厦股份有限公司	百货零售	江苏省苏州市
江苏鹏润国美电器有限公司	日用家电设备零售	江苏省南京市
江苏圆周电子商务有限公司	图书、报刊零售	江苏省宿迁市
江苏欢乐买商贸股份有限公司	超级市场零售	江苏省徐州市
云光视听科技(徐州)有限公司	家用视听设备零售	江苏省徐州市
江苏宏图三胞高科技术投资有限公司	计算机、软件及辅助设备零售	江苏省南京市
福中集团有限公司	计算机、软件及辅助设备零售	江苏省南京市
常熟市新合作常客隆购物广场有限公司	超级市场零售	江苏省苏州市
南京宁宝汽车服务有限公司	汽车零售	江苏省南京市
中国石油天然气股份有限公司江苏盐城销售分公司	机动车燃料零售	江苏省盐城市
江苏雅家乐集团有限公司	超级市场零售	江苏省盐城市
苏州苏宁云商销售有限公司	日用家电设备零售	江苏省苏州市
徐州中央百货大楼股份有限公司	百货零售	江苏省徐州市
无锡市苏宁云商销售有限公司	家用视听设备零售	江苏省无锡市
苏州市石路国际商城有限责任公司	百货零售	江苏省苏州市
宜兴华地百货有限公司	百货零售	江苏省无锡市
无锡买卖宝信息技术有限公司	通信设备零售	江苏省无锡市
泰州医药有限公司	药品零售	江苏省泰州市
镇江九泰投资咨询有限责任公司	医疗用品及器材零售	江苏省镇江市
苏州悦家超市有限公司	超级市场零售	江苏省苏州市
泰州第一百货商店股份有限公司	百货零售	江苏省泰州市
常州市红星装饰城	家具零售	江苏省常州市
江苏广吉汽车集团有限公司	汽车零售	江苏省无锡市
南通文峰电器销售有限公司	日用家电设备零售	江苏省南通市
南京屈臣氏个人用品商店有限公司	化妆品及卫生用品零售	江苏省南京市
南通苏宁云商销售有限公司	日用家电设备零售	江苏省南通市
丹阳市华地百货有限公司	百货零售	江苏省镇江市
常州苏宁云商商贸有限公司	家用视听设备零售	江苏省常州市

4-2 续表 16

企业名称	所属行业	企业所在地
江苏滔搏体育用品有限公司	体育用品及器材零售	江苏省南京市
徐州悦家商业有限公司	超级市场零售	江苏省徐州市
常州市五星电器有限公司	家用视听设备零售	江苏省常州市
南京商厦股份有限公司	百货零售	江苏省南京市
利福广场(苏州)有限公司	百货零售	江苏省苏州市
苏州鹏润国美电器有限公司	家用视听设备零售	江苏省苏州市
无锡华润万家生活超市有限公司	超级市场零售	江苏省无锡市
徐州苏宁云商销售有限公司	家用视听设备零售	江苏省徐州市
镇江扬中商城	百货零售	江苏省镇江市
南京欧尚超市有限公司	超级市场零售	江苏省南京市
苏州天虹商场有限公司	百货零售	江苏省苏州市
淮安苏宁云商销售有限公司	日用家电设备零售	江苏省淮安市
南京多尔田数码科技有限公司	照相器材零售	江苏省南京市
南京悦家超市有限公司	超级市场零售	江苏省南京市
连云港家得福商贸有限公司	超级市场零售	江苏省连云港市
宜兴大润发商业有限公司	超级市场零售	江苏省无锡市
盐城苏宁云商销售有限公司	家用视听设备零售	江苏省盐城市
张家港市新百信超市连锁经营有限公司	超级市场零售	江苏省苏州市
无锡欧尚超市有限公司	超级市场零售	江苏省无锡市
盐城商业大厦有限公司	百货零售	江苏省盐城市
常熟大润发超市有限公司	超级市场零售	江苏省苏州市
连云港润良商贸有限公司	超级市场零售	江苏省连云港市
苏州润瑞商业有限公司	超级市场零售	江苏省苏州市
南通八佰伴商贸股份有限公司	百货零售	江苏省南通市
常州金太阳至尊家电有限公司	家用视听设备零售	江苏省常州市
常州泰富百货集团有限责任公司	百货零售	江苏省常州市
江苏大统华购物中心有限公司	超级市场零售	江苏省无锡市
苏果超市(句容)有限公司	超级市场零售	江苏省镇江市
无锡三阳百盛广场有限公司	百货零售	江苏省无锡市
常州桥河文化用品有限公司	工艺美术品及收藏品零售	江苏省常州市
无锡天惠超市股份有限公司	超级市场零售	江苏省无锡市
扬州苏宁云商销售有限公司	日用家电设备零售	江苏省扬州市
南京顺序钟表有限公司	钟表、眼镜零售	江苏省南京市
南京宜家家居有限公司	家具零售	江苏省南京市
吴江润良商业有限公司	超级市场零售	江苏省苏州市
常州关河大润发商业有限公司	超级市场零售	江苏省常州市
苏州润德商业有限公司	超级市场零售	江苏省苏州市
宜兴新苏南商厦有限责任公司	百货零售	江苏省无锡市
江苏省盐城药业有限公司	药品零售	江苏省盐城市
江苏盐阜人民商场有限公司	百货零售	江苏省盐城市
江苏百润商品配送中心有限公司	超级市场零售	江苏省苏州市
苏果超市(淮安)有限公司	超级市场零售	江苏省淮安市
扬州润良商业有限公司	超级市场零售	江苏省扬州市
徐州绿健乳业有限责任公司	肉、禽、蛋、奶及水产品零售	江苏省徐州市
南通通润发超市有限公司	超级市场零售	江苏省南通市
扬中市通达商业总公司	百货零售	江苏省镇江市
先声再康江苏药业有限公司	药品零售	江苏省南京市
无锡天润发超市有限公司	超级市场零售	江苏省无锡市
苏果超市(连云港)有限公司	超级市场零售	江苏省连云港市
无锡爱莲连锁超市有限公司	家用视听设备零售	江苏省无锡市
南京边城体育用品销售有限公司	服装零售	江苏省南京市

4-2 续表 17

企业名称	所属行业	企业所在地
南京中央金城仓储超市有限责任公司	超级市场零售	江苏省南京市
江苏步步高电子有限公司	通信设备零售	江苏省苏州市
南通欧尚超市有限公司	超级市场零售	江苏省南通市
江苏盱眙县万润发商贸有限公司	超级市场零售	江苏省淮安市
江苏汇银电器连锁有限公司	日用家电设备零售	江苏省扬州市
江苏明都超市有限公司	超级市场零售	江苏省常州市
南通通州润泰商业有限公司	超级市场零售	江苏省南通市
吴江市润泰商业有限公司	超级市场零售	江苏省苏州市
徐州国美电器有限公司	家用视听设备零售	江苏省徐州市
南京新华书店有限责任公司	图书、报刊零售	江苏省南京市
昆山千灯润平商业有限公司	百货零售	江苏省苏州市
苏州美罗百货高新区购物中心有限公司	百货零售	江苏省苏州市
镇江大润发商业有限公司	超级市场零售	江苏省镇江市
苏州浒关润华商业有限公司	超级市场零售	江苏省苏州市
苏州礼安医药连锁总店有限公司	药品零售	江苏省苏州市
徐州市国美家用电器有限公司	日用家电设备零售	江苏省徐州市
江苏益丰大药房连锁有限公司	药品零售	江苏省南京市
江苏宜客隆商业管理有限公司	超级市场零售	江苏省无锡市
苏州婴知岛孕婴用品有限公司	其他日用品零售	江苏省苏州市
如皋大润发商业有限公司	超级市场零售	江苏省南通市
苏果超市(宿迁)有限公司	超级市场零售	江苏省宿迁市
徐州润平商业有限公司	超级市场零售	江苏省徐州市
江苏中大汽保设备销售有限公司	汽车零配件零售	江苏省盐城市
常州市恒泰医药连锁有限公司	药品零售	江苏省常州市
溧阳大润发商业有限公司	超级市场零售	江苏省常州市
南京音飞货架有限公司	其他未列明零售业	江苏省南京市
南京中商金润发龙江超市有限公司	超级市场零售	江苏省南京市
镇江家世界万方连锁超市有限责任公司	超级市场零售	江苏省镇江市
有货(江苏)商贸服务有限公司	互联网零售	江苏省南京市
江苏来伊份食品有限公司	其他食品零售	江苏省南京市
泰兴润泰商业有限公司	超级市场零售	江苏省泰州市
江苏海王星辰健康药房连锁有限公司	药品零售	江苏省苏州市
常州长虹大润发商业有限公司	超级市场零售	江苏省常州市
宿迁润良商业有限公司	超级市场零售	江苏省宿迁市
镇江林宁苏果连锁超市有限公司	超级市场零售	江苏省镇江市
沭阳县润泰商业有限公司	超级市场零售	江苏省宿迁市
苏州宝带润泰商业有限公司	超级市场零售	江苏省苏州市
苏果超市(仪征)有限公司	超级市场零售	江苏省扬州市
宜兴新东方百货有限公司	百货零售	江苏省无锡市
苏果超市(姜堰)有限公司	超级市场零售	江苏省泰州市
江苏商联超市有限公司	超级市场零售	江苏省淮安市
江苏阿仕顿服饰有限公司	服装零售	江苏省苏州市
好孩子好妈咪零售有限公司	服装零售	江苏省苏州市
苏果超市(溧水)有限公司	超级市场零售	江苏省南京市
南京爱婴岛儿童百货有限公司	超级市场零售	江苏省南京市
南京中商金润发鼓楼购物中心有限公司	超级市场零售	江苏省南京市
溧阳大统华购物中心有限公司	超级市场零售	江苏省常州市
涟水润华商业有限公司	超级市场零售	江苏省淮安市
苏州来伊份食品有限公司	其他食品零售	江苏省苏州市
东台大润发商业有限公司	超级市场零售	江苏省盐城市
常州市信特超市有限公司	超级市场零售	江苏省常州市

4-2 续表 18

企业名称	所属行业	企业所在地
苏州泉屋百货有限公司	百货零售	江苏省苏州市
苏州福满家便利店有限公司	其他综合零售	江苏省苏州市
泰兴市鼓楼购物中心有限公司	百货零售	江苏省泰州市
苏果超市(兴化)有限公司	超级市场零售	江苏省泰州市
苏州润平商业有限公司	超级市场零售	江苏省苏州市
江苏享佳健康科技股份有限公司	营养和保健品零售	江苏省南京市
江苏贝贝熊母婴用品有限公司	其他综合零售	江苏省无锡市
常州欧尚超市有限公司五星店	超级市场零售	江苏省常州市
大丰润泰商业有限公司	超级市场零售	江苏省盐城市
无锡汇华强盛医药连锁有限公司	药品零售	江苏省无锡市
常州悦达家乐福商业有限公司	超级市场零售	江苏省常州市
苏果超市(扬州)有限公司	超级市场零售	江苏省扬州市
苏果超市高淳有限公司	超级市场零售	江苏省南京市
苏果超市(高邮)有限公司	超级市场零售	江苏省扬州市
江苏沃尔玛百货有限公司	超级市场零售	江苏省南京市
苏果超市(海安)有限公司	超级市场零售	江苏省南通市
东台新合作商贸连锁有限公司	超级市场零售	江苏省盐城市
大丰市明星国际家居城有限公司	家具零售	江苏省盐城市
南通润华商业有限公司	超级市场零售	江苏省南通市
淮安广济医药连锁有限公司	药品零售	江苏省淮安市
南通国美电器有限公司	日用家电设备零售	江苏省南通市
徐州润华商业有限公司	超级市场零售	江苏省徐州市
苏果超市沛县有限公司	超级市场零售	江苏省徐州市
常州瑞和泰食品有限公司	超级市场零售	江苏省常州市
句容大润发商业有限公司	超级市场零售	江苏省镇江市
扬州润邗商业有限公司	超级市场零售	江苏省扬州市
苏州可的便利店有限公司	其他综合零售	江苏省苏州市
兴化润泰商业有限公司	超级市场零售	江苏省泰州市
苏果超市(南通)有限公司	超级市场零售	江苏省南通市
镇江市恺源商贸有限责任公司	超级市场零售	江苏省镇江市
南京行狐电子商务有限公司	服装零售	江苏省南京市
无锡大统华购物有限公司	超级市场零售	江苏省无锡市
无锡天鹏菜篮子工程有限公司	肉、禽、蛋、奶及水产品零售	江苏省无锡市
浙江省		
杭州联华华商集团有限公司	超级市场零售	浙江省杭州市
中国石化销售有限公司浙江温州石油分公司	机动车燃料零售	浙江省温州市
中国石化销售有限公司浙江台州石油分公司	机动车燃料零售	浙江省台州市
中石化碧辟(浙江)石油有限公司宁波分公司	机动车燃料零售	浙江省宁波市
中国石化销售有限公司浙江湖州石油分公司	机动车燃料零售	浙江省湖州市
杭州大厦有限公司	百货零售	浙江省杭州市
三江购物俱乐部股份有限公司	超级市场零售	浙江省宁波市
华润万家生活超市(浙江)有限公司	超级市场零售	浙江省杭州市
好易购家庭购物有限公司	邮购及电视、电话零售	浙江省杭州市
中石化碧辟(浙江)石油有限公司绍兴分公司	机动车燃料零售	浙江省绍兴市
中国石油化工股份有限公司浙江丽水石油分公司	机动车燃料零售	浙江省丽水市
中国石油天然气股份有限公司浙江台州销售分公司	机动车燃料零售	浙江省台州市
浙江银泰百货有限公司	百货零售	浙江省杭州市
雄风集团有限公司	百货零售	浙江省绍兴市
宁波太平鸟时尚服饰股份有限公司	服装零售	浙江省宁波市
浙江华润慈客隆超市有限公司	超级市场零售	浙江省宁波市
浙江康达汽车工贸有限公司	汽车零售	浙江省杭州市

4-2 续表 19

企业名称	所属行业	企业所在地
杭州天天物美商业有限公司	超级市场零售	浙江省杭州市
浙江世纪联华超市有限公司	超级市场零售	浙江省杭州市
绍兴宝顺汽车销售服务有限公司	汽车零售	浙江省绍兴市
中石化碧辟(浙江)石油有限公司杭州分公司	机动车燃料零售	浙江省杭州市
浙江金湖机电有限公司	汽车零售	浙江省杭州市
浙江国美电器有限公司	日用家电设备零售	浙江省杭州市
浙江十足商贸有限公司	其他综合零售	浙江省温州市
中国石油天然气股份有限公司浙江温州销售分公司	机动车燃料零售	浙江省温州市
宁波太平鸟风尚男装有限公司	服装零售	浙江省宁波市
杭州解百集团股份有限公司	百货零售	浙江省杭州市
浙江苏宁云商商贸有限公司	日用家电设备零售	浙江省杭州市
浙江上百贸易有限公司	超级市场零售	浙江省绍兴市
绍兴大通商城股份有限公司	百货零售	浙江省绍兴市
宁波欧尚超市有限公司	超级市场零售	浙江省宁波市
浙江诸暨第一百货有限公司	百货零售	浙江省绍兴市
沃尔玛(浙江)百货有限公司	超级市场零售	浙江省杭州市
江南布衣服饰有限公司	服装零售	浙江省杭州市
华润衢州医药有限公司	药品零售	浙江省衢州市
宁波市北仑加贝购物俱乐部	超级市场零售	浙江省宁波市
杭州联华华商集团拱墅世纪联华超市有限公司	超级市场零售	浙江省杭州市
浙江汇德隆实业集团有限公司	超级市场零售	浙江省杭州市
海宁市华联大厦有限公司	百货零售	浙江省嘉兴市
百大集团股份有限公司	百货零售	浙江省杭州市
浙江凯虹集团有限公司	百货零售	浙江省舟山市
曼卡龙珠宝股份有限公司	珠宝首饰零售	浙江省杭州市
宁波宝恒汽车销售服务有限公司	汽车零售	浙江省宁波市
浙江东兴商厦股份有限公司	超级市场零售	浙江省嘉兴市
宁波甬宁苏宁云商商贸有限公司	家用视听设备零售	浙江省宁波市
湖州市浙北大厦有限责任公司	百货零售	浙江省湖州市
宁波新江厦连锁超市有限公司	超级市场零售	浙江省宁波市
宁波浙国美电器有限公司	家用视听设备零售	浙江省宁波市
浙江人本超市有限公司	超级市场零售	浙江省温州市
衢州东方商厦有限公司	百货零售	浙江省衢州市
浙江大唐电子通信有限公司	通信设备零售	浙江省台州市
杭州德奥汽车有限公司	汽车零售	浙江省杭州市
浙江三江购物有限公司	超级市场零售	浙江省杭州市
杭州外海家友超市有限公司	超级市场零售	浙江省杭州市
浙江奥通汽车有限公司	汽车零售	浙江省杭州市
杭州屈臣氏个人用品商店有限公司	超级市场零售	浙江省杭州市
湖州天天向上信息技术有限公司	互联网零售	浙江省湖州市
嘉兴市戴梦得购物中心有限公司	百货零售	浙江省嘉兴市
浙江江南大厦股份有限公司	百货零售	浙江省嘉兴市
浙江星普五星电器有限公司	日用家电设备零售	浙江省杭州市
十足集团股份有限公司	其他综合零售	浙江省杭州市
浙江久加久食品饮料连锁有限公司	酒、饮料及茶叶零售	浙江省杭州市
浙江越王珠宝有限公司	珠宝首饰零售	浙江省绍兴市
浙江易川体育用品连锁有限公司	服装零售	浙江省金华市
绍兴英特大通医药有限公司	药品零售	浙江省绍兴市
绍兴市国商大厦有限责任公司	百货零售	浙江省绍兴市
浙江印象实业股份有限公司	服装零售	浙江省杭州市
浙江森马电子商务有限公司	服装零售	浙江省杭州市

4-2 续表 20

企业名称	所属行业	企业所在地
台州市三和连锁超市有限公司	超级市场零售	浙江省台州市
杭州五丰联合食品有限公司	肉、禽、蛋、奶及水产品零售	浙江省杭州市
浙江雅莹时装销售有限公司	服装零售	浙江省嘉兴市
宁波市家家乐食品有限责任公司	超级市场零售	浙江省宁波市
浙江供销超市有限公司	超级市场零售	浙江省绍兴市
温州崇高百货有限公司	服装零售	浙江省温州市
嵊州市国商大厦有限公司	百货零售	浙江省绍兴市
浙江华联医药连锁有限公司	药品零售	浙江省绍兴市
温州苏宁云商销售有限公司	日用家电设备零售	浙江省温州市
杭州欧尚超市有限公司	超级市场零售	浙江省杭州市
杭州联华生鲜超市有限公司	超级市场零售	浙江省杭州市
浙江福泰隆连锁超市有限公司	粮油零售	浙江省金华市
杭州桐君堂医药药材有限公司	药品零售	浙江省杭州市
宁波家乐福商业有限公司	超级市场零售	浙江省宁波市
宁波新江厦股份有限公司	百货零售	浙江省宁波市
台州华联超市有限公司	超级市场零售	浙江省台州市
杭州物美大卖场商业有限公司	超级市场零售	浙江省杭州市
绍兴市千客隆超市有限公司	超级市场零售	浙江省绍兴市
浙江永辉超市有限公司	超级市场零售	浙江省杭州市
湖州浙北大厦超市有限公司	超级市场零售	浙江省湖州市
宁波太平洋百货集团有限公司	百货零售	浙江省宁波市
龙游县香溢装饰材料市场有限公司	其他室内装饰材料零售	浙江省衢州市
慈溪大润发商贸有限公司	超级市场零售	浙江省宁波市
浙江滔搏体育用品有限公司	服装零售	浙江省杭州市
耀达集团有限公司	百货零售	浙江省台州市
宁波城市广场开发经营有限公司	百货零售	浙江省宁波市
温州百一超市有限公司	超级市场零售	浙江省温州市
博库网络有限公司	互联网零售	浙江省杭州市
杭州萧山润华大润发超市有限公司	超级市场零售	浙江省杭州市
平湖大润发商业有限公司	超级市场零售	浙江省嘉兴市
杭州悠可化妆品有限公司	互联网零售	浙江省杭州市
老百姓大药房连锁(浙江)有限公司	药品零售	浙江省杭州市
舟山市民生商厦有限责任公司	超级市场零售	浙江省舟山市
嘉兴苏宁云商商贸有限公司	日用家电设备零售	浙江省嘉兴市
嘉兴市秀洲新区商业有限责任公司	超级市场零售	浙江省嘉兴市
湖州老大房超市有限公司	超级市场零售	浙江省湖州市
华润万家生活超市(宁波)有限公司	超级市场零售	浙江省宁波市
浙江震元医药连锁有限公司	药品零售	浙江省绍兴市
杭州九洲大药房连锁有限公司	药品零售	浙江省杭州市
桐庐大润发商业有限公司	超级市场零售	浙江省杭州市
杭州瑞祥珠宝有限公司	珠宝首饰零售	浙江省杭州市
台州人本十足便利店有限公司	其他综合零售	浙江省台州市
德清中盈和祺农产品贸易有限公司	超级市场零售	浙江省湖州市
浙江万客隆商贸有限公司	其他综合零售	浙江省丽水市
嘉兴市永乐家电有限公司	日用家电设备零售	浙江省嘉兴市
永康润泰商业有限公司	超级市场零售	浙江省金华市
杭州家乐福超市有限公司	超级市场零售	浙江省杭州市
舟山市世纪新茂商贸有限公司	超级市场零售	浙江省舟山市
平阳县众泰市场管理有限公司	纺织品及针织品零售	浙江省温州市
德清正翔商业广场管理有限公司	百货零售	浙江省湖州市
浙江玉长城商业管理有限公司	百货零售	浙江省杭州市

4-2 续表 21

企业名称	所属行业	企业所在地
昆山润华商业有限公司瑞安分公司	超级市场零售	浙江省温州市
诸暨大润发商业有限公司	超级市场零售	浙江省绍兴市
嘉兴欧尚超市有限公司南湖店	超级市场零售	浙江省嘉兴市
奉化大润发商业有限公司	超级市场零售	浙江省宁波市
浙江杭州市新华书店有限公司	图书、报刊零售	浙江省杭州市
海盐大润发商业有限公司	超级市场零售	浙江省嘉兴市
宁波四明大药房有限责任公司	药品零售	浙江省宁波市
长兴八佰伴商贸有限公司	百货零售	浙江省湖州市
台州市中盛百货有限公司	百货零售	浙江省台州市
浙江贝爱服装有限公司	服装零售	浙江省嘉兴市
杭州雅戈尔服饰有限公司	服装零售	浙江省杭州市
杭州海王星辰健康药房有限公司	药品零售	浙江省杭州市
杭州百江液化气有限公司	生活用燃料零售	浙江省杭州市
杭州世纪联华超市富阳百大连锁有限公司	超级市场零售	浙江省杭州市
浙江天天好大药房连锁有限公司	药品零售	浙江省杭州市
杭州界内电子商务有限公司	互联网零售	浙江省杭州市
浙江海港超市连锁有限公司	超级市场零售	浙江省嘉兴市
浙江瑞人堂医药连锁有限公司	药品零售	浙江省台州市
杭州联华华商集团临安联华购物广场有限公司	超级市场零售	浙江省杭州市
华鼎菲妮迪国际时装零售有限公司	服装零售	浙江省杭州市
建德大润发商业有限公司	超级市场零售	浙江省杭州市
永康市华联商厦	百货零售	浙江省金华市
浙江元祖食品有限公司	糕点、面包零售	浙江省杭州市
浙江雄城商贸股份有限公司	百货零售	浙江省绍兴市
杭州余杭伟鹏家电有限公司	日用家电设备零售	浙江省杭州市
浙江有加利连锁超市有限公司	超级市场零售	浙江省金华市
嘉善东方大厦	超级市场零售	浙江省嘉兴市
温州交运集团汽车服务有限公司	汽车零售	浙江省温州市
安徽省		
南京医药合肥天星有限公司	药品零售	安徽省合肥市
合肥百货大楼集团股份有限公司	百货零售	安徽省合肥市
中国石油化工股份有限公司六安石油分公司	机动车燃料零售	安徽省六安市
安徽省高速石化有限公司	机动车燃料零售	安徽省合肥市
中国石化销售有限公司安徽安庆石油分公司	机动车燃料零售	安徽省安庆市
中国石化销售有限公司安徽芜湖石油分公司	机动车燃料零售	安徽省芜湖市
芜湖亚夏汽车股份有限公司	汽车零售	安徽省芜湖市
中国石油化工股份有限公司安徽阜阳石油分公司	机动车燃料零售	安徽省阜阳市
安徽商之都股份有限公司	百货零售	安徽省合肥市
芜湖中油石油有限公司	机动车燃料零售	安徽省芜湖市
安徽亚夏实业股份有限公司	汽车零售	安徽省宣城市
安徽省医药(集团)股份有限公司	药品零售	安徽省合肥市
中国石化销售有限公司安徽宣城石油分公司	机动车燃料零售	安徽省宣城市
安徽永辉超市有限公司	超级市场零售	安徽省合肥市
中国石化销售有限公司安徽池州石油分公司	机动车燃料零售	安徽省池州市
中国石化销售有限公司安徽淮南石油分公司	机动车燃料零售	安徽省淮南市
安徽百大合家福连锁超市股份有限公司	超级市场零售	安徽省合肥市
中国石油化工股份公司安徽黄山石油分公司	机动车燃料零售	安徽省黄山市
安徽省阜阳商厦股份有限公司	百货零售	安徽省阜阳市
中国石化销售有限公司安徽亳州石油分公司	机动车燃料零售	安徽省亳州市
宣城亚通汽车销售服务有限公司	汽车零售	安徽省宣城市
中国石油天然气股份有限公司安徽阜阳销售分公司	机动车燃料零售	安徽省阜阳市

4-2 续表 22

企业名称	所属行业	企业所在地
合肥悦家商业有限公司	超级市场零售	安徽省合肥市
安徽华夏商场(集团)有限公司	百货零售	安徽省宿州市
安徽百大电器连锁有限公司	家用视听设备零售	安徽省合肥市
中国石油天然气股份有限公司安徽六安销售分公司	机动车燃料零售	安徽省六安市
安徽快乐真棒商贸集团有限公司	超级市场零售	安徽省淮北市
华联集团股份有限公司	超级市场零售	安徽省阜阳市
芜湖南京新百大厦有限公司	百货零售	安徽省芜湖市
芜湖华亿国际购物中心有限责任公司	百货零售	安徽省芜湖市
安徽五星电器有限公司	家用视听设备零售	安徽省合肥市
中国石油化工股份有限公司安徽淮北石油分公司	机动车燃料零售	安徽省淮北市
合肥鼓楼商厦有限责任公司	百货零售	安徽省合肥市
安徽家家购物股份有限公司	邮购及电视、电话零售	安徽省合肥市
安徽苏宁云商销售有限公司	家用视听设备零售	安徽省合肥市
中国石油天然气股份有限公司安徽宿州销售分公司	机动车燃料零售	安徽省宿州市
安徽省徽商红府连锁超市有限责任公司	超级市场零售	安徽省合肥市
安徽三只松鼠电子商务有限公司	互联网零售	安徽省芜湖市
安徽金华联投资股份有限公司	百货零售	安徽省安庆市
安徽省台客隆连锁超市有限责任公司	超级市场零售	安徽省宣城市
安徽华联商厦有限责任公司	百货零售	安徽省淮南市
蚌埠市华运超市有限责任公司	超级市场零售	安徽省蚌埠市
安徽欧尚超市有限公司	超级市场零售	安徽省芜湖市
安徽宏图三胞科技发展有限公司	计算机、软件及辅助设备零售	安徽省合肥市
六安市家园大市场服务有限公司	其他室内装饰材料零售	安徽省六安市
安徽复兴汽车有限责任公司	汽车零售	安徽省合肥市
苏果超市(合肥)有限公司	超级市场零售	安徽省合肥市
中国石油天然气股份有限公司安徽宣城销售分公司	机动车燃料零售	安徽省宣城市
安徽卓泓健康产业有限责任公司	药品零售	安徽省合肥市
合肥新华书店有限公司	图书、报刊零售	安徽省合肥市
苏果超市(淮南)有限公司	超级市场零售	安徽省淮南市
淮南新欣医药有限公司	药品零售	安徽省淮南市
安徽省蚌埠市绿十字医药连锁有限公司	药品零售	安徽省蚌埠市
安徽安德利百货股份有限公司	百货零售	安徽省合肥市
巢湖安德利购物中心有限公司	百货零售	安徽省合肥市
安徽天正商务有限公司	超级市场零售	安徽省滁州市
沃尔玛(安徽)商业零售有限公司	超级市场零售	安徽省合肥市
苏果超市(马鞍山)有限公司	超级市场零售	安徽省马鞍山市
六安市满天星贸易有限责任公司	超级市场零售	安徽省六安市
安徽中新高科产业有限公司	超级市场零售	安徽省阜阳市
淮北大润发商贸有限公司	超级市场零售	安徽省淮北市
芜湖苏宁云商商贸有限公司	家用视听设备零售	安徽省芜湖市
合肥百货大楼集团铜陵合百商厦有限责任公司	百货零售	安徽省铜陵市
安徽国美电器有限公司	家用视听设备零售	安徽省合肥市
黄山工商城有限责任公司	其他综合零售	安徽省黄山市
青岛润泰事业有限公司马鞍山分公司	超级市场零售	安徽省马鞍山市
安徽白云(集团)商贸有限公司	百货零售	安徽省滁州市
合肥百大集团蚌埠合家福百大超市有限责任公司	超级市场零售	安徽省蚌埠市
芜湖大润发商贸有限公司	超级市场零售	安徽省芜湖市
阜阳市国贸商城投资股份有限公司	百货零售	安徽省阜阳市
苏果超市(滁州)有限公司	超级市场零售	安徽省滁州市
安徽新百华誉商业集团有限公司	超级市场零售	安徽省阜阳市
安徽省利辛县粮油食品商厦	超级市场零售	安徽省亳州市

4-2 续表 23

企业名称	所属行业	企业所在地
安徽省丰原大药房连锁有限公司	药品零售	安徽省蚌埠市
合肥翡翠大润发商业有限公司	百货零售	安徽省合肥市
特易购商业(安徽)有限公司	超级市场零售	安徽省合肥市
淮南市大润发商业有限公司	超级市场零售	安徽省淮南市
安徽滔搏体育用品有限公司	服装零售	安徽省合肥市
苏果超市(全椒)有限公司	超级市场零售	安徽省滁州市
萧县新联华商贸有限责任公司	百货零售	安徽省宿州市
阜阳大润发商业有限公司	超级市场零售	安徽省阜阳市
安徽省青园工贸有限公司	超级市场零售	安徽省安庆市
苏果超市(天长)有限公司	超级市场零售	安徽省滁州市
枞阳县益圣销售有限责任公司	百货零售	安徽省安庆市
安徽省金润商贸有限公司	超级市场零售	安徽省合肥市
涡阳县新华电商贸有限公司	百货零售	安徽省亳州市
黄山大润发商业有限公司	超级市场零售	安徽省黄山市
合肥庐阳大润发商业有限公司	超级市场零售	安徽省合肥市
合肥屈臣氏个人用品商店有限公司	超级市场零售	安徽省合肥市
宣城八佰伴商贸有限公司	百货零售	安徽省宣城市
定远县百大超市有限责任公司	百货零售	安徽省滁州市
滁州新华书店有限公司	图书、报刊零售	安徽省滁州市
安徽五星果品有限公司	果品、蔬菜零售	安徽省合肥市
六安市远盛贸易有限责任公司	百货零售	安徽省六安市
宣城新百百货有限公司	百货零售	安徽省宣城市
怀宁县永丰超市有限公司	百货零售	安徽省安庆市
滁州市百姓缘药品零售连锁有限公司	药品零售	安徽省滁州市
合肥太平鸟服饰营销有限公司	服装零售	安徽省合肥市
安徽百姓缘大药房连锁有限公司	药品零售	安徽省合肥市
安徽省东港工贸有限公司	其他未列明零售业	安徽省亳州市
南京医药合肥大药房连锁有限公司	药品零售	安徽省合肥市
定远县万汇龙装饰城有限公司	木质装饰材料零售	安徽省滁州市
合肥清溪大润发商业有限公司	超级市场零售	安徽省合肥市
安徽欧尚超市有限公司马鞍山花雨店	超级市场零售	安徽省马鞍山市
马鞍山旭日曼迪新医药有限公司	药品零售	安徽省马鞍山市
芜湖市福海商业投资有限公司	家具零售	安徽省芜湖市
亳州金色华联超市有限责任公司	百货零售	安徽省亳州市
桐城市金申实业有限责任公司	百货零售	安徽省安庆市
安徽乐城投资股份有限公司	超级市场零售	安徽省合肥市
亳州市盖盛祥超市有限公司	百货零售	安徽省亳州市
苏果超市(太和)有限公司	超级市场零售	安徽省阜阳市
六安白云商厦有限责任公司	服装零售	安徽省六安市
安徽省无为县食品公司	肉、禽、蛋、奶及水产品零售	安徽省芜湖市
淮南市恒康医药有限公司	药品零售	安徽省淮南市
福建省		
永辉超市股份有限公司福建福州鼓楼分公司	超级市场零售	福建省福州市
中石化森美(福建)石油有限公司厦门分公司	机动车燃料零售	福建省厦门市
中石化森美(福建)石油有限公司福州分公司	机动车燃料零售	福建省福州市
中石化森美(福建)石油有限公司漳州分公司	机动车燃料零售	福建省漳州市
中石化森美(福建)石油有限公司龙岩分公司	机动车燃料零售	福建省龙岩市
一丁集团股份有限公司	计算机、软件及辅助设备零售	福建省福州市
中石化森美(福建)石油有限公司南平分公司	机动车燃料零售	福建省南平市
中国石油天然气股份有限公司泉州销售分公司	机动车燃料零售	福建省泉州市
福建新华发行(集团)有限责任公司	图书、报刊零售	福建省福州市
福州唐颂寿山石文化艺术传播有限公司	工艺美术品及收藏品零售	福建省福州市

4-2 续表 24

企业名称	所属行业	企业所在地
中国石油天然气股份有限公司福建福州销售分公司	机动车燃料零售	福建省福州市
中国石油化工股份有限公司福建福州石油分公司	机动车燃料零售	福建省福州市
中国石油天然气股份有限公司福建厦门销售分公司	机动车燃料零售	福建省厦门市
泉州新华都购物广场有限公司	百货零售	福建省泉州市
福州麦多万嘉超市有限公司	粮油零售	福建省福州市
中石化森美(福建)石油有限公司宁德分公司	机动车燃料零售	福建省宁德市
沃尔玛深国投百货有限公司福州山姆会员商店	超级市场零售	福建省福州市
福建苏宁云商商贸有限公司	日用家电设备零售	福建省福州市
福建新华都综合百货有限公司	百货零售	福建省福州市
中国石油天然气股份有限公司福建漳州销售分公司	机动车燃料零售	福建省漳州市
福州国美电器有限公司	日用家电设备零售	福建省福州市
厦门市天虹商场有限公司	百货零售	福建省厦门市
厦门新华都购物广场有限公司	超级市场零售	福建省厦门市
中化(泉州)石油销售有限公司	机动车燃料零售	福建省泉州市
泉州鹏润国美电器有限公司	日用家电设备零售	福建省泉州市
福建东百集团股份有限公司	百货零售	福建省福州市
厦门苏宁云商销售有限公司	日用家电设备零售	福建省厦门市
厦门永乐思文家电有限公司	日用家电设备零售	福建省厦门市
沃尔玛(福建)商业零售有限公司	超级市场零售	福建省福州市
宁德万达广场商业物业管理有限公司	服装零售	福建省宁德市
莆田永辉超市有限公司	超级市场零售	福建省莆田市
南平永辉超市有限公司	超级市场零售	福建省南平市
中化(福建)石油销售有限公司	机动车燃料零售	福建省厦门市
斐乐服饰有限公司	纺织品及针织品零售	福建省厦门市
沃尔玛深国投百货有限公司厦门世贸分店	百货零售	福建省厦门市
泉州市理想茶叶有限公司	酒、饮料及茶叶零售	福建省泉州市
中闽百汇(泉州)商贸管理有限公司	百货零售	福建省泉州市
名鞋库网络科技有限公司	互联网零售	福建省厦门市
厦门国美电器有限公司	日用家电设备零售	福建省厦门市
漳州新华都百货有限责任公司	超级市场零售	福建省漳州市
厦门银祥食品有限公司	肉、禽、蛋、奶及水产品零售	福建省厦门市
福州市天虹百货有限公司	百货零售	福建省福州市
厦门市中闽百汇商业有限公司	百货零售	福建省厦门市
三明新华都购物广场有限公司	超级市场零售	福建省三明市
厦门永辉民生超市有限公司	超级市场零售	福建省厦门市
厦门富山诚达百货商业广场有限公司	超级市场零售	福建省厦门市
福州家乐福商业有限公司	超级市场零售	福建省福州市
厦门润瑞商业有限公司	超级市场零售	福建省厦门市
龙岩新华都辉业购物广场有限公司	超级市场零售	福建省龙岩市
厦门夏商民兴超市	超级市场零售	福建省厦门市
福建海晟连锁营销发展有限公司	烟草制品零售	福建省福州市
沃尔玛(厦门)商业零售有限公司	超级市场零售	福建省厦门市
福州好又多百货有限公司	超级市场零售	福建省福州市
日春股份公司	酒、饮料及茶叶零售	福建省泉州市
福建省麦都食品发展有限公司	糕点、面包零售	福建省泉州市
永安市佳洁贸易有限公司	超级市场零售	福建省三明市
厦门市中博贸易有限公司	通信设备零售	福建省厦门市
龙岩大润发商业有限公司	超级市场零售	福建省龙岩市
沃尔玛深国投百货有限公司泉州江滨北路分店	百货零售	福建省泉州市
南威软件股份有限公司	计算机、软件及辅助设备零售	福建省泉州市
永安永辉超市有限公司	超级市场零售	福建省三明市
莆田市凤凰百货有限公司	超级市场零售	福建省莆田市

4-2 续表 25

企业名称	所属行业	企业所在地
漳州大润发商业有限公司	超级市场零售	福建省漳州市
福建省米兰春天量贩有限公司	超级市场零售	福建省龙岩市
厦门永辉商业有限公司	超级市场零售	福建省厦门市
晋江润德商业有限公司	超级市场零售	福建省泉州市
福建省平和大世界商贸有限公司	超级市场零售	福建省漳州市
福建省大家乐商贸有限公司	百货零售	福建省莆田市
福清好又多百货商业广场有限公司	超级市场零售	福建省福州市
福州心艺企业管理有限公司	其他日用品零售	福建省福州市
福州沃尔玛百货有限公司	超级市场零售	福建省福州市
莆田市新华都万家惠购物广场有限公司	超级市场零售	福建省莆田市
福州金榕大润发商业有限公司	百货零售	福建省福州市
厦门家乐福商业有限公司	超级市场零售	福建省厦门市
福州明视眼镜有限公司	钟表、眼镜零售	福建省福州市
艾美百货(漳州)有限公司	百货零售	福建省漳州市
厦门夏商百货集团南平有限公司	超级市场零售	福建省南平市
福建省龙岩仰财通讯有限公司	通信设备零售	福建省龙岩市
上海红星美凯龙品牌管理有限公司泉州洛江分公司	家具零售	福建省泉州市
江西省		
江西新华发行集团有限公司	图书、报刊零售	江西省南昌市
中国石化销售有限公司江西九江石油分公司	机动车燃料零售	江西省九江市
江西南华医药有限公司	药品零售	江西省南昌市
江西汇仁集团医药科研营销有限公司	药品零售	江西省南昌市
江西洪客隆百货投资有限公司	百货零售	江西省南昌市
南昌百货大楼股份有限公司	百货零售	江西省南昌市
联盛商业连锁股份有限公司	百货零售	江西省九江市
江西风尚家庭购物有限公司	邮购及电视、电话零售	江西省南昌市
江西鹏润国美电器有限公司	家用视听设备零售	江西省南昌市
景德镇陶邑文化发展有限公司	工艺美术品及收藏品零售	江西省景德镇市
南昌市天虹商场有限公司	百货零售	江西省南昌市
腾达电器有限公司	家用视听设备零售	江西省新余市
洪城大厦(集团)股份有限公司	百货零售	江西省南昌市
重庆新日日顺家电销售有限公司南昌分公司	日用家电设备零售	江西省南昌市
赣州国光实业有限公司	超级市场零售	江西省赣州市
江西苏宁云商销售有限公司	日用家电设备零售	江西省南昌市
思创数码科技股份有限公司	计算机、软件及辅助设备零售	江西省南昌市
江西煌上煌集团食品股份有限公司	肉、禽、蛋、奶及水产品零售	江西省南昌市
江西青龙集团商厦有限公司	超级市场零售	江西省宜春市
江西省绿滋肴贸易有限公司	其他食品零售	江西省南昌市
江西黄庆仁栈华氏大药房有限公司	药品零售	江西省南昌市
沃尔玛(江西)商业零售有限公司	百货零售	江西省南昌市
江西步步高商业连锁有限责任公司新余地王购物广场	超级市场零售	江西省新余市
吉安市国光实业有限公司	超级市场零售	江西省吉安市
江西省万宜经贸有限公司	百货零售	江西省九江市
南昌欧珀电子有限公司	其他电子产品零售	江西省南昌市
南昌百货大楼萍乡有限责任公司	超级市场零售	江西省萍乡市
江西新洪客隆莲塘实业有限公司	超级市场零售	江西省南昌市
江西宝元商贸有限公司	服装零售	江西省南昌市
九江市派拉蒙百货有限公司	超级市场零售	江西省九江市
洪客隆投资发展(抚州)有限公司	超级市场零售	江西省抚州市
吉安市甘雨亭商贸有限责任公司	超级市场零售	江西省吉安市
德兴市东东商贸有限公司	百货零售	江西省上饶市
赣州大润发商业有限公司	百货零售	江西省赣州市

4-2 续表 26

企业名称	所属行业	企业所在地
山东省		
淄博商厦股份有限公司	百货零售	山东省淄博市
山东潍坊百货集团股份有限公司	百货零售	山东省潍坊市
家家悦集团股份有限公司	超级市场零售	山东省威海市
山东银座商城股份有限公司	百货零售	山东省济南市
山东远通汽车贸易集团有限公司	汽车零售	山东省临沂市
中国石化销售有限公司山东青岛石油分公司	机动车燃料零售	山东省青岛市
中国石化销售有限公司山东济南石油分公司	机动车燃料零售	山东省济南市
济南人民大润发商业有限公司	超级市场零售	山东省济南市
山东海王银河医药有限公司	药品零售	山东省潍坊市
济南华联商厦集团股份有限公司	百货零售	山东省济南市
山东新星集团有限公司	百货零售	山东省淄博市
山东全福元商业集团有限责任公司	百货零售	山东省潍坊市
山东德州百货大楼(集团)有限责任公司	百货零售	山东省德州市
润华集团股份有限公司	汽车零售	山东省济南市
青岛利客来集团股份有限公司	百货零售	山东省青岛市
中国石油天然气股份有限公司山东青岛销售分公司	机动车燃料零售	山东省青岛市
临沂医药集团有限公司	药品零售	山东省临沂市
中国石化销售有限公司山东滨州石油分公司	机动车燃料零售	山东省滨州市
罗欣医药集团有限公司	药品零售	山东省临沂市
山东九州商业集团有限公司	百货零售	山东省临沂市
中国石油化工股份有限公司山东威海石油分公司	机动车燃料零售	山东省威海市
青岛维客集团股份有限公司	百货零售	山东省青岛市
山东银座汽车有限公司	汽车零售	山东省济南市
青岛传承国际商贸有限公司	服装零售	山东省青岛市
烟台市家家悦超市有限公司	超级市场零售	山东省烟台市
山东龙口市博商购物广场	百货零售	山东省烟台市
山东贵诚集团购物中心有限公司	百货零售	山东省枣庄市
山东路油油气管理有限公司	机动车燃料零售	山东省济南市
济南国美电器有限公司	家用视听设备零售	山东省济南市
青岛永旺东泰商业有限公司	百货零售	山东省青岛市
烟台市振华百货集团股份有限公司振华商厦	百货零售	山东省烟台市
龙口市第一百货商店有限责任公司	百货零售	山东省烟台市
中国石油天然气股份有限公司山东潍坊销售分公司	机动车燃料零售	山东省潍坊市
烟台振华量贩超市有限公司	百货零售	山东省烟台市
青州市新创宜佳商贸城经营管理有限公司	五金零售	山东省潍坊市
新泰银座商城有限公司	百货零售	山东省泰安市
利群集团青岛利群商厦有限公司	百货零售	山东省青岛市
山东金宇商贸有限公司	家具零售	山东省济宁市
山东省聊城市百货大楼有限责任公司	百货零售	山东省聊城市
山东鲁百百货大楼集团有限公司	其他文化用品零售	山东省东营市
中国石油天然气股份有限公司山东泰安销售分公司	机动车燃料零售	山东省泰安市
中国石油天然气股份有限公司山东济宁销售分公司	机动车燃料零售	山东省济宁市
青岛国美电器有限公司	日用家电设备零售	山东省青岛市
东营银座商城有限公司	百货零售	山东省东营市
龙口市城关供销合作社	百货零售	山东省烟台市
济宁九龙贵和商贸集团有限公司	家用视听设备零售	山东省济宁市
麦凯乐(青岛)百货总店有限公司	百货零售	山东省青岛市
山东莱州市百货大楼有限公司	超级市场零售	山东省烟台市
青岛海信东海商贸有限公司	百货零售	山东省青岛市
中国石油化工股份有限公司山东莱芜石油分公司	机动车燃料零售	山东省莱芜市

4-2 续表 27

企业名称	所属行业	企业所在地
青岛苏宁云商商贸有限公司	家用视听设备零售	山东省青岛市
滨州银座商城有限公司	百货零售	山东省滨州市
三联商社股份有限公司	日用家电设备零售	山东省济南市
泰安银座商城有限公司	百货零售	山东省泰安市
新泰青云购物中心有限公司	百货零售	山东省泰安市
淄博银座商城有限责任公司	百货零售	山东省淄博市
青岛屈臣氏个人用品商店有限公司	超级市场零售	山东省青岛市
烟台振华购物中心有限公司	百货零售	山东省烟台市
章丘市供销集团总公司	百货零售	山东省济南市
青岛润华汽车销售服务有限公司	汽车零售	山东省青岛市
临沂佳轮汽车销售服务有限公司	汽车零售	山东省临沂市
兖州新合作百意商贸有限公司	百货零售	山东省济宁市
百丽国际鞋业(青岛)有限公司	鞋帽零售	山东省青岛市
山东苏宁云商商贸有限公司	日用家电设备零售	山东省济南市
山东统一银座商业有限公司	超级市场零售	山东省济南市
日照凌云工贸有限公司	百货零售	山东省日照市
济南漱玉平民大药房有限公司	药品零售	山东省济南市
山东奥德燃气有限公司	生活用燃料零售	山东省临沂市
山东韩都衣舍电商集团有限公司	互联网零售	山东省济南市
淄博茂业商厦有限公司	百货零售	山东省淄博市
日照日百商业有限公司	百货零售	山东省日照市
山东招金银楼有限公司	珠宝首饰零售	山东省烟台市
淄博特信百货商城有限公司	百货零售	山东省淄博市
利群集团即墨商厦有限公司	百货零售	山东省青岛市
胜利油田胜大超市	超级市场零售	山东省东营市
日照市新世纪商厦有限公司	服装零售	山东省日照市
山东奥德隆集团有限公司	百货零售	山东省淄博市
淄博富尔玛家具广场有限公司	家具零售	山东省淄博市
邹城九龙贵和购物广场有限公司	百货零售	山东省济宁市
山东省东营市日用工业品公司	百货零售	山东省东营市
诸城市仁和五交化有限责任公司	日用家电设备零售	山东省潍坊市
青岛新华书店有限责任公司	图书、报刊零售	山东省青岛市
东营市商业大厦有限责任公司	百货零售	山东省东营市
银座集团股份有限公司菏泽银座商城	百货零售	山东省菏泽市
临沂银座商城有限公司	百货零售	山东省临沂市
菏泽牡丹医药有限责任公司	药品零售	山东省菏泽市
日照银座商城有限公司	百货零售	山东省日照市
山东乐拍商业有限公司	邮购及电视、电话零售	山东省济南市
陵县粮食购销中心	粮油零售	山东省德州市
宁津县盐百购物中心有限公司	超级市场零售	山东省德州市
山东宏图三胞科技发展有限公司	计算机、软件及辅助设备零售	山东省济南市
青岛宝瑞纳体育用品有限公司	服装零售	山东省青岛市
聊城北斗汽车投资管理有限公司	汽车零售	山东省聊城市
邹城市百货大楼有限责任公司	百货零售	山东省济宁市
山东金都百货股份有限公司	百货零售	山东省烟台市
日照市腾达汽车销售服务有限公司	汽车零售	山东省日照市
青岛家乐福商业有限公司	超级市场零售	山东省青岛市
山东燕喜堂医药连锁有限公司	药品零售	山东省威海市
山东力威经贸有限公司	服装零售	山东省潍坊市
诸城百盛商场有限责任公司	百货零售	山东省潍坊市
青岛华润万家生活超市有限公司	超级市场零售	山东省青岛市

4-2 续表 28

企业名称	所属行业	企业所在地
银座集团德州商城有限公司	百货零售	山东省德州市
庆云县供销商厦	百货零售	山东省德州市
济南银座北园购物广场有限公司	百货零售	山东省济南市
山东省德州泰康药业有限公司	药品零售	山东省德州市
山东圣豪商业有限公司	其他未列明零售业	山东省滨州市
潍坊广潍汽车销售服务有限公司	汽车零售	山东省潍坊市
山东儒原实业有限公司	百货零售	山东省泰安市
利群集团莱州购物广场有限公司	超级市场零售	山东省烟台市
泰安凌云经贸有限公司	百货零售	山东省泰安市
青岛海信营销有限公司临沂分公司	日用家电设备零售	山东省临沂市
山东金孚隆股份有限公司	超级市场零售	山东省潍坊市
山东泰山新合作商贸连锁有限公司	百货零售	山东省泰安市
山东天成恒信科技大厦	计算机、软件及辅助设备零售	山东省东营市
青岛春阳大润发商业有限公司	百货零售	山东省青岛市
威海润华商业有限公司	超级市场零售	山东省威海市
潍坊中百益家园超市有限公司	家具零售	山东省潍坊市
淄博信誉楼百货有限公司	百货零售	山东省淄博市
东营信誉楼百货有限公司	百货零售	山东省东营市
新泰齐云商场有限公司	百货零售	山东省泰安市
山东十八乐超市有限公司莱芜店	超级市场零售	山东省莱芜市
利群集团青岛瑞泰购物广场有限公司	百货零售	山东省青岛市
山东梁山水泊商场	百货零售	山东省济宁市
山东长江汇泉集团超市有限公司	百货零售	山东省威海市
兖州九龙贵和购物广场有限公司	百货零售	山东省济宁市
青岛润泰事业有限公司	超级市场零售	山东省青岛市
潍坊世纪泰华福乐多超市有限公司	百货零售	山东省潍坊市
滕州银座商城有限公司	百货零售	山东省枣庄市
山东爱客多商贸有限公司	超级市场零售	山东省济宁市
山东聊城振华量贩超市有限公司	超级市场零售	山东省聊城市
淄博圣隆润发商业有限公司	超级市场零售	山东省淄博市
济南市中大润发商业有限公司	超级市场零售	山东省济南市
济南天桥大润发商业有限公司	超级市场零售	山东省济南市
济南十八家家悦超市有限公司	超级市场零售	山东省济南市
银座集团股份有限公司莱芜银座商城	超级市场零售	山东省莱芜市
莱芜信誉楼百货有限公司	超级市场零售	山东省莱芜市
苍山县宝庆超市有限公司	超级市场零售	山东省临沂市
山东振华五星百货有限公司	百货零售	山东省聊城市
淄博盈华置业有限公司惠仟佳购物广场	百货零售	山东省淄博市
淄博齐鲁商业有限公司	百货零售	山东省淄博市
山东省桓台县联华超市有限公司	超级市场零售	山东省淄博市
菏泽三越百货有限公司	其他综合零售	山东省菏泽市
烟台银座商城有限公司	百货零售	山东省烟台市
国药控股国大药房山东有限公司	药品零售	山东省临沂市
威海振华奥特莱斯商贸有限公司	超级市场零售	山东省威海市
邹城市五州国贸家具有限公司	家具零售	山东省济宁市
临邑信业商厦有限公司	家用视听设备零售	山东省德州市
枣庄市森博家具有限公司	家具零售	山东省枣庄市
临沂市沂蒙路百货大楼	百货零售	山东省临沂市
山东德州澳德乐购物中心有限公司	百货零售	山东省德州市
银座集团临朐华兴商场有限公司	百货零售	山东省潍坊市
山东省莱芜市医药公司	药品零售	山东省莱芜市

4-2 续表 29

企业名称	所属行业	企业所在地
济宁瑞尔福商贸有限公司	超级市场零售	山东省济宁市
青岛盛客隆购物广场有限公司	百货零售	山东省青岛市
青岛医保药品城有限公司	药品零售	山东省青岛市
泰安深国投商用置业有限公司	百货零售	山东省泰安市
济宁银座购物广场有限责任公司	百货零售	山东省济宁市
青岛润泰事业有限公司临沂分公司	超级市场零售	山东省临沂市
济宁市中央百货有限责任公司	百货零售	山东省济宁市
山东华润万家生活超市有限公司	超级市场零售	山东省济南市
潍坊百货大楼股份有限公司	百货零售	山东省潍坊市
潍坊广宇汽车销售服务有限公司	汽车零售	山东省潍坊市
济宁大润发商业有限公司	百货零售	山东省济宁市
青岛即墨振华大润发商业有限公司	超级市场零售	山东省青岛市
济南居然之家家居建材市场有限公司泰安分公司	家具零售	山东省泰安市
潍坊广潍发达商贸有限公司	汽车零售	山东省潍坊市
文登家家悦超市有限公司	超级市场零售	山东省威海市
山东世纪泰华集团有限公司	百货零售	山东省潍坊市
日照大润发商业有限公司	百货零售	山东省日照市
临沂大新华印刷物资有限公司	其他文化用品零售	山东省临沂市
山东德州扒鸡集团有限公司	肉、禽、蛋、奶及水产品零售	山东省德州市
山东聊城亿沣连锁超市有限公司	超级市场零售	山东省聊城市
邹平供销大厦集团有限公司	百货零售	山东省滨州市
青岛新快进出口有限公司	肉、禽、蛋、奶及水产品零售	山东省青岛市
临沂苏宁云商商贸有限公司	日用家电设备零售	山东省临沂市
潍坊泰山壹伍叁贰实业有限公司	烟草制品零售	山东省潍坊市
山东省淄博茂业百货股份有限公司	百货零售	山东省淄博市
河南省		
郑州丹尼斯百货有限公司	百货零售	河南省郑州市
中国石化销售有限公司河南洛阳石油分公司	机动车燃料零售	河南省洛阳市
河南大张实业有限公司	超级市场零售	河南省洛阳市
中国石油化工股份有限公司河南信阳石油分公司	机动车燃料零售	河南省信阳市
中国石油化工股份有限公司河南商丘分公司	机动车燃料零售	河南省商丘市
大商集团郑州新玛特购物广场有限公司	百货零售	河南省郑州市
中国石油化工股份有限公司河南濮阳石油分公司	机动车燃料零售	河南省濮阳市
中国石油天然气股份有限公司河南洛阳销售分公司	机动车燃料零售	河南省洛阳市
许昌市胖东来商贸集团有限公司	百货零售	河南省许昌市
河南威佳汽车贸易集团有限公司	汽车零售	河南省郑州市
河南豫海汽车销售有限公司	汽车零售	河南省郑州市
河南永乐生活电器有限公司	日用家电设备零售	河南省郑州市
西亚和美商业股份有限公司	超级市场零售	河南省信阳市
河南省国美电器有限公司	日用家电设备零售	河南省郑州市
中国石油天然气股份有限公司河南商丘销售分公司	机动车燃料零售	河南省商丘市
郑州利星汽车有限公司	汽车零售	河南省郑州市
河南世纪联华超市有限公司	超级市场零售	河南省郑州市
大商集团(郑州)商贸有限公司	百货零售	河南省郑州市
中国石油天然气股份有限公司河南新乡销售分公司	机动车燃料零售	河南省新乡市
大商集团许昌新玛特购物广场有限公司	百货零售	河南省许昌市
郸城县城关供销社	其他综合零售	河南省周口市
永辉超市河南有限公司	超级市场零售	河南省郑州市
洛阳丹尼斯量贩有限公司	超级市场零售	河南省洛阳市
商水县城关镇供销社	百货零售	河南省周口市
大商集团开封千盛购物广场有限公司	珠宝首饰零售	河南省开封市

4-2 续表 30

企业名称	所属行业	企业所在地
洛阳王府井百货有限责任公司	百货零售	河南省洛阳市
大商集团河南超市连锁发展有限公司	百货零售	河南省郑州市
河南苏宁云商销售有限公司	日用家电设备零售	河南省郑州市
中国石油天然气股份有限公司河南信阳销售分公司	机动车燃料零售	河南省信阳市
新乡市胖东来百货有限公司	百货零售	河南省新乡市
河南华润万家生活超市有限公司	超级市场零售	河南省郑州市
河南张仲景大药房股份有限公司	药品零售	河南省郑州市
南阳市万德隆商贸有限责任公司	百货零售	河南省南阳市
永城煤电控股集团先帅百货有限责任公司	百货零售	河南省商丘市
郑州市易初莲花连锁超市有限公司	超级市场零售	河南省郑州市
焦作新亚商厦有限责任公司	百货零售	河南省焦作市
河南五星电器有限公司	日用家电设备零售	河南省郑州市
信阳亚兴集团有限责任公司	超级市场零售	河南省信阳市
沈丘县北郊供销社	百货零售	河南省周口市
河南正道思达连锁商业有限公司	超级市场零售	河南省郑州市
河南万宝股份有限公司	家用视听设备零售	河南省开封市
河南德信泉商贸有限公司	超级市场零售	河南省平顶山市
焦作市百货大楼有限责任公司	百货零售	河南省焦作市
光山县上官岗聚龙实业有限公司	家具零售	河南省信阳市
洛阳龙羽新都汇商业经营管理有限公司	百货零售	河南省洛阳市
许昌市胖东来(集团)华豫电器有限公司	日用家电设备零售	河南省许昌市
漯河双汇商业连锁有限公司	肉、禽、蛋、奶及水产品零售	河南省漯河市
沃尔玛(河南)百货有限公司	百货零售	河南省郑州市
大商集团(新乡)新玛特购物广场有限公司	百货零售	河南省新乡市
郑州正道花园百货股份有限公司	百货零售	河南省郑州市
洛阳凯之旋市场管理有限公司	百货零售	河南省洛阳市
郑州悦家商业有限公司	超级市场零售	河南省郑州市
驻马店市乐山商场实业有限公司	百货零售	河南省驻马店市
新乡市胖东来生活广场有限公司	超级市场零售	河南省新乡市
河南中太石化有限责任公司	机动车燃料零售	河南省新乡市
大商集团(驻马店)新玛特购物广场有限公司	百货零售	河南省驻马店市
驻马店市爱家量贩有限公司	超级市场零售	河南省驻马店市
河南九头崖集团平顶山商业连锁有限公司	超级市场零售	河南省平顶山市
河南万果园实业集团有限公司	超级市场零售	河南省周口市
新乡市百货大楼有限责任公司	百货零售	河南省新乡市
河南东之杰运动产业发展有限公司	体育用品及器材零售	河南省郑州市
濮阳市百姓量贩有限公司	超级市场零售	河南省濮阳市
河南富豪表行有限公司	钟表、眼镜零售	河南省郑州市
河南正道中环百货有限公司	百货零售	河南省郑州市
新乡市平原商场有限公司	百货零售	河南省新乡市
栾川县长春商贸有限公司	超级市场零售	河南省洛阳市
河南省郑州市新华书店有限公司	图书、报刊零售	河南省郑州市
光山县宏远羽绒销售有限公司	服装零售	河南省信阳市
郑州丹尼斯生活广场有限公司济源分公司	百货零售	河南省省直辖县级行政区划
河南省裕隆时代百货有限公司	超级市场零售	河南省鹤壁市
罗山县华联超市有限责任公司	超级市场零售	河南省信阳市
濮阳市华中汽车交易市场有限公司	汽车零售	河南省濮阳市
郑州迪信通电子通信技术有限公司	通信设备零售	河南省郑州市
河南百家好一生医药连锁有限公司	药品零售	河南省洛阳市
郑州润瑞商业有限公司	百货零售	河南省郑州市
杞县红豆豆家世界超市	文具用品零售	河南省开封市

4-2 续表 31

企业名称	所属行业	企业所在地
镇平县医药公司	药品零售	河南省南阳市
河南乐语通讯器材有限公司	通信设备零售	河南省郑州市
洛阳钱江家具有限公司	家具零售	河南省洛阳市
西平县柏城商贸有限责任公司	百货零售	河南省驻马店市
商丘乐易商贸有限公司	超级市场零售	河南省商丘市
郸城县食品公司	肉、禽、蛋、奶及水产品零售	河南省周口市
信阳市百家商业有限责任公司	百货零售	河南省信阳市
南阳大统集团金玛特商贸有限公司	超级市场零售	河南省南阳市
信阳市文新茶叶有限责任公司	酒、饮料及茶叶零售	河南省信阳市
商丘市京港百货股份有限公司	超级市场零售	河南省商丘市
开封润泰商业有限公司	其他文化用品零售	河南省开封市
湖北省		
武汉武商集团股份有限公司	百货零售	湖北省武汉市
中百控股集团股份有限公司	超级市场零售	湖北省武汉市
武汉中商集团股份有限公司	百货零售	湖北省武汉市
中国石油化工股份有限公司湖北武汉石油分公司	机动车燃料零售	湖北省武汉市
中国石油天然气股份有限公司湖北武汉销售分公司	机动车燃料零售	湖北省武汉市
武汉京东世纪贸易有限公司	互联网零售	湖北省武汉市
武汉屈臣氏个人用品商店有限公司	百货零售	湖北省武汉市
三环集团公司	汽车零售	湖北省武汉市
国药控股湖北有限公司	药品零售	湖北省武汉市
武汉工贸有限公司	日用家电设备零售	湖北省武汉市
湖北高路油站经营有限责任公司	机动车燃料零售	湖北省武汉市
湖北寿康永乐商贸集团有限公司	超级市场零售	湖北省十堰市
中国石油化工股份有限公司湖北黄石石油分公司	机动车燃料零售	湖北省黄石市
荆门市东方百货大厦	超级市场零售	湖北省荆门市
中国石油天然气股份有限公司湖北宜昌销售分公司	机动车燃料零售	湖北省宜昌市
武汉国美电器有限公司	日用家电设备零售	湖北省武汉市
湖北富迪实业有限公司	超级市场零售	湖北省仙桃市
群光实业(武汉)有限公司	百货零售	湖北省武汉市
武汉苏宁云商销售有限公司	日用家电设备零售	湖北省武汉市
十堰市新合作超市有限公司	超级市场零售	湖北省十堰市
黄冈市黄商贸易股份有限公司	百货零售	湖北省黄冈市
湖北国贸大厦集团有限公司	百货零售	湖北省宜昌市
沃尔玛(湖北)商业零售有限公司	超级市场零售	湖北省武汉市
湖北博通电器有限公司	家用视听设备零售	湖北省潜江市
武汉市汉商集团股份有限公司	百货零售	湖北省武汉市
武汉武商集团十堰市人民商场有限公司	超级市场零售	湖北省十堰市
湖北金城大厦(集团)实业公司	百货零售	湖北省荆门市
武汉汉福超市有限公司	超级市场零售	湖北省武汉市
房县供销社资产经营管理有限公司	其他食品零售	湖北省十堰市
湖北世纪愿景商贸有限公司	其他食品零售	湖北省武汉市
中国石油天然气股份有限公司湖北孝感销售分公司	机动车燃料零售	湖北省孝感市
湖北鑫园商贸有限公司	百货零售	湖北省潜江市
湖北银泰新世纪购物中心有限公司	百货零售	湖北省随州市
湖北良品铺子食品有限公司	其他食品零售	湖北省武汉市
湖北宏发农产品经营有限公司	肉、禽、蛋、奶及水产品零售	湖北省襄阳市
湖北银泰仙桃商城大厦有限公司	百货零售	湖北省仙桃市
湖北孝武电器集团有限公司	日用家电设备零售	湖北省孝感市
百丽鞋业(武汉)有限公司	鞋帽零售	湖北省武汉市
中国石油天然气股份有限公司湖北销售分公司仙桃沔阳大道加油站	机动车燃料零售	湖北省仙桃市

4-2 续表 32

企业名称	所属行业	企业所在地
枝江市鸭子口安全蔬菜专业合作社	果品、蔬菜零售	湖北省宜昌市
中石化长江燃料有限公司武汉分公司	机动车燃料零售	湖北省武汉市
襄阳市好邻居连锁超市有限公司	超级市场零售	湖北省襄阳市
湖北竞速商贸有限公司	鞋帽零售	湖北省武汉市
湖北骏马贸易有限公司	汽车零售	湖北省武汉市
宜昌太平鸟服饰营销有限公司	服装零售	湖北省宜昌市
武汉医药(集团)股份有限公司	药品零售	湖北省武汉市
武汉马应龙大药房连锁有限公司	药品零售	湖北省武汉市
湖北奥莱商贸有限公司	家具零售	湖北省咸宁市
湖北杰之行体育产业发展股份有限公司	服装零售	湖北省武汉市
沃尔玛深国投百货有限公司武汉中山大道分店	超级市场零售	湖北省武汉市
武商仙桃购物中心管理有限公司	百货零售	湖北省仙桃市
浠水县鄂东农产品贸易有限责任公司	超级市场零售	湖北省黄冈市
武汉鲁巷广场购物中心	百货零售	湖北省武汉市
中百仓储恩施购物广场有限公司	百货零售	湖北省恩施土家族苗族自治州
襄阳市天天福超市有限公司	百货零售	湖北省襄阳市
宜昌大洋百货有限公司	百货零售	湖北省宜昌市
宜昌北山商业连锁有限责任公司	超级市场零售	湖北省宜昌市
襄阳市新合作超市有限公司	百货零售	湖北省襄阳市
襄阳鼓楼商场股份有限公司	其他综合零售	湖北省襄阳市
沙洋万利家居建材城	家具零售	湖北省荆门市
武汉新金珠宝首饰有限公司	珠宝首饰零售	湖北省武汉市
武汉三新书业有限公司	图书、报刊零售	湖北省武汉市
湖北雅斯连锁商业有限公司	超级市场零售	湖北省宜昌市
湖北孝商股份有限公司	百货零售	湖北省孝感市
武汉大润发江汉超市发展有限公司	超级市场零售	湖北省武汉市
襄樊中百仓储购物广场有限公司	其他综合零售	湖北省襄阳市
中百仓储黄石购物广场有限公司	超级市场零售	湖北省黄石市
宜昌万富工贸有限责任公司	超级市场零售	湖北省宜昌市
恩施自治州好又多商贸有限责任公司	超级市场零售	湖北省恩施土家族苗族自治州
湖北顺泰商贸有限公司	超级市场零售	湖北省随州市
老百姓大药房连锁(湖北)有限公司	药品零售	湖北省武汉市
襄阳天济大药房连锁有限责任公司	药品零售	湖北省襄阳市
武汉市富盟商贸有限公司	超级市场零售	湖北省武汉市
十堰市寿康永乐(郧县)郧阳购物广场有限公司	超级市场零售	湖北省十堰市
中百仓储随州购物广场有限公司	百货零售	湖北省随州市
武汉市仟吉食品销售有限公司	糕点、面包零售	湖北省武汉市
襄樊佳邻超市有限公司	超级市场零售	湖北省襄阳市
湖北美尔雅销售有限公司	服装零售	湖北省黄石市
湖北省中药材有限公司	药品零售	湖北省武汉市
武汉新华书店股份有限公司	图书、报刊零售	湖北省武汉市
荆州大润发商业有限公司	超级市场零售	湖北省荆州市
宜城市千禧烟花爆竹有限责任公司	其他未列明零售业	湖北省襄阳市
湖北航天信息技术有限公司	计算机、软件及辅助设备零售	湖北省武汉市
罗田县今天商贸有限责任公司	其他综合零售	湖北省黄冈市
武汉华罗利物业管理有限公司	其他日用品零售	湖北省武汉市
湖北真维斯服饰有限公司	服装零售	湖北省武汉市
钟祥市乐福生商贸有限责任公司	百货零售	湖北省荆门市
武汉美特斯邦威服饰有限公司	服装零售	湖北省武汉市
黄商麻城购物中心	超级市场零售	湖北省黄冈市
武汉中商团结销品茂管理有限公司	百货零售	湖北省武汉市
十堰亨运集团汽车销售服务有限公司	汽车零售	湖北省十堰市

4-2 续表 33

企业名称	所属行业	企业所在地
湖南省		
中国石化销售有限公司湖南长沙石油分公司	机动车燃料零售	湖南省长沙市
湖南友谊阿波罗商业股份有限公司	百货零售	湖南省长沙市
中国石油化工股份有限公司湖南株洲石油分公司	机动车燃料零售	湖南省株洲市
中国石化湖南衡阳分公司	机动车燃料零售	湖南省衡阳市
长沙通程实业(集团)有限公司	百货零售	湖南省长沙市
中国石油化工股份有限公司湖南岳阳石油分公司	机动车燃料零售	湖南省岳阳市
中国石油化工股份有限公司湖南怀化石油分公司	机动车燃料零售	湖南省怀化市
中国石油化工股份有限公司湖南郴州石油分公司	机动车燃料零售	湖南省郴州市
中国石油天然气股份有限公司湖南长沙销售分公司	机动车燃料零售	湖南省长沙市
中国石油化工股份有限公司湖南邵阳石油分公司	机动车燃料零售	湖南省邵阳市
中国石油化工股份有限公司湖南常德石油分公司	机动车燃料零售	湖南省常德市
中国石油化工股份有限公司湖南永州石油分公司	机动车燃料零售	湖南省永州市
中国石化销售有限公司湖南石油高速分公司	机动车燃料零售	湖南省长沙市
快乐购物股份有限公司	其他文化用品零售	湖南省长沙市
步步高商业连锁股份有限公司	超级市场零售	湖南省湘潭市
湖南博瑞新特药有限公司	药品零售	湖南省长沙市
中国石油化工股份有限公司湖南湘潭石油分公司	机动车燃料零售	湖南省湘潭市
中国石油化工股份有限公司湖南娄底石油分公司	机动车燃料零售	湖南省娄底市
中石化湖南益阳石油分公司	机动车燃料零售	湖南省益阳市
中国石油化工股份有限公司湖南湘西分公司	机动车燃料零售	湖南省湘西土家族苗族自治州
平和堂(中国)有限公司	百货零售	湖南省长沙市
株洲百货股份有限公司	百货零售	湖南省株洲市
湖南省兴盛营销有限公司	超级市场零售	湖南省益阳市
长沙步步高商业连锁有限责任公司	超级市场零售	湖南省长沙市
湖南家润多超市有限公司	超级市场零售	湖南省长沙市
长沙新时代医药有限公司	药品零售	湖南省长沙市
湖南佳惠百货有限责任公司	超级市场零售	湖南省怀化市
中国石油天然气股份有限公司湖南销售常德分公司	机动车燃料零售	湖南省常德市
长沙王府井百货有限责任公司	百货零售	湖南省长沙市
中国石油天然气股份有限公司湖南销售郴州分公司	机动车燃料零售	湖南省郴州市
湖南国美电器有限公司	日用家电设备零售	湖南省长沙市
益丰大药房连锁股份有限公司	药品零售	湖南省常德市
中海油湖南销售有限公司	机动车燃料零售	湖南省长沙市
心连心集团有限公司	超级市场零售	湖南省湘潭市
湖南省新一佳商业投资有限公司	超级市场零售	湖南省长沙市
中国石油天然气股份有限公司湖南怀化销售分公司	机动车燃料零售	湖南省怀化市
长沙宝悦汽车服务有限公司	汽车零售	湖南省长沙市
株洲东都步步高商业连锁有限责任公司	百货零售	湖南省株洲市
湖南苏宁云商有限公司	家用视听设备零售	湖南省长沙市
中国石油天然气股份有限公司湖南岳阳销售分公司	机动车燃料零售	湖南省岳阳市
老百姓大药房连锁股份有限公司	药品零售	湖南省长沙市
益阳恒康药业有限公司	药品零售	湖南省益阳市
永州步步高商业连锁有限责任公司	超级市场零售	湖南省永州市
新化县明园阳光购物中心	纺织品及针织品零售	湖南省娄底市
长沙天潮贸易有限公司	汽车零售	湖南省长沙市
王一实业集团衡阳香江百货有限公司	百货零售	湖南省衡阳市
中国石油天然气股份有限公司湖南娄底销售分公司	机动车燃料零售	湖南省娄底市
衡阳步步高商业连锁有限责任公司	超级市场零售	湖南省衡阳市
湖南梅尼超市股份有限公司	百货零售	湖南省张家界市
湖南华润万家生活超市有限公司	粮油零售	湖南省长沙市

4-2 续表 34

企业名称	所属行业	企业所在地
怀化步步高商业连锁有限责任公司	超级市场零售	湖南省怀化市
长沙屈臣氏个人用品商店有限公司	化妆品及卫生用品零售	湖南省长沙市
湖南比一比贸易有限责任公司	超级市场零售	湖南省长沙市
湖南丰彩实业发展有限公司	超级市场零售	湖南省常德市
百丽鞋业(长沙)有限公司	鞋帽零售	湖南省长沙市
湖南六三六连锁管理有限公司	烟草制品零售	湖南省长沙市
长沙家乐福超市有限责任公司	超级市场零售	湖南省长沙市
湖南绝味食品股份有限公司	肉、禽、蛋、奶及水产品零售	湖南省长沙市
湖南千金大药房连锁有限公司	药品零售	湖南省长沙市
湖南贝贝熊母婴用品有限公司	其他综合零售	湖南省长沙市
长沙市人人乐商业有限公司	百货零售	湖南省长沙市
常德市华星电器有限公司	日用家电设备零售	湖南省常德市
长沙市天虹百货有限公司	百货零售	湖南省长沙市
湖南步步高连锁超市益阳有限公司	超级市场零售	湖南省益阳市
嘉丽购物有限责任公司	其他文化用品零售	湖南省长沙市
湖南乐语通讯设备有限公司	通信设备零售	湖南省长沙市
长沙路口物资供销有限公司	百货零售	湖南省长沙市
长沙咿呀实业有限公司	其他食品零售	湖南省长沙市
娄底市天客超市有限责任公司	超级市场零售	湖南省娄底市
沃尔玛(湖南)商业零售有限公司	超级市场零售	湖南省长沙市
常德大润发商业有限公司	超级市场零售	湖南省常德市
长沙润良商业有限公司	超级市场零售	湖南省长沙市
湖南特邦商业股份有限公司	服装零售	湖南省娄底市
郴州拓普电器有限公司	日用家电设备零售	湖南省郴州市
沃尔玛深国投百货有限公司岳阳巴陵中路分店	超级市场零售	湖南省岳阳市
醴陵市家佳旺超市有限公司	超级市场零售	湖南省株洲市
购宝乐商业(湖南)有限公司	超级市场零售	湖南省长沙市
邵阳县伍凌贸易有限责任公司	百货零售	湖南省邵阳市
邵东县农夫山庄超市有限公司	超级市场零售	湖南省邵阳市
耒阳市步步高商业连锁有限责任公司	超级市场零售	湖南省衡阳市
沃尔玛深国投百货有限公司娄底春园分店	百货零售	湖南省娄底市
湖南真维斯服饰有限公司	服装零售	湖南省长沙市
邵东县仟家连锁有限公司	超级市场零售	湖南省邵阳市
湖南省邵阳县百货公司	百货零售	湖南省邵阳市
怀化怀仁大药房连锁有限公司	药品零售	湖南省怀化市
张家界步步高商业连锁有限责任公司	超级市场零售	湖南省张家界市
广东省		
广物汽贸股份有限公司	汽车零售	广东省广州市
广州晶东贸易有限公司	互联网零售	广东省广州市
华润万家有限公司	超级市场零售	广东省深圳市
广州市唯品会信息科技有限公司	互联网零售	广东省广州市
中国石化销售有限公司广东广州石油分公司	机动车燃料零售	广东省广州市
天虹商场股份有限公司	百货零售	广东省深圳市
中国石化销售有限公司广东东莞石油分公司	机动车燃料零售	广东省东莞市
四会市东城街道经济实业发展总公司	珠宝首饰零售	广东省肇庆市
中海油销售深圳有限公司	机动车燃料零售	广东省深圳市
广东鸿粤汽车销售集团有限公司	汽车零售	广东省广州市
广州市国美电器有限公司	日用家电设备零售	广东省广州市
中国石油化工股份有限公司广东惠州石油分公司	机动车燃料零售	广东省惠州市
中油碧辟石油有限公司广州分公司	机动车燃料零售	广东省广州市
沃尔玛深国投百货有限公司	百货零售	广东省深圳市

4-2 续表 35

企业名称	所属行业	企业所在地
中国石化销售有限公司广东茂名石油分公司	机动车燃料零售	广东省茂名市
中国石化销售有限公司广东湛江石油分公司	机动车燃料零售	广东省湛江市
广东合诚集团有限公司	汽车零售	广东省佛山市
广东骏和通信设备连锁销售有限公司	通信设备零售	广东省广州市
广东新协力集团有限公司	汽车零售	广东省佛山市
深圳茂业商厦有限公司	百货零售	广东省深圳市
广州易初莲花连锁超市有限公司	超级市场零售	广东省广州市
华润万家生活超市(广州)有限公司	超级市场零售	广东省广州市
中国石化销售有限公司广东中山石油分公司	机动车燃料零售	广东省中山市
中域电讯连锁集团股份有限公司	通信设备零售	广东省东莞市
中国石油化工股份有限公司广东江门石油分公司	机动车燃料零售	广东省江门市
广州市广百股份有限公司	百货零售	广东省广州市
广东苏宁云商销售有限公司	家用视听设备零售	广东省广州市
广州屈臣氏个人用品商店有限公司	超级市场零售	广东省广州市
广东永旺天河城商业有限公司	百货零售	广东省广州市
中国石化销售有限公司广东河源石油分公司	机动车燃料零售	广东省河源市
中国石油天然气股份有限公司广东广州销售分公司	机动车燃料零售	广东省广州市
深圳市苏宁云商销售有限公司	日用家电设备零售	广东省深圳市
广东天河城百货有限公司	服装零售	广东省广州市
广州友谊集团股份有限公司	百货零售	广东省广州市
深圳市国美电器有限公司	日用家电设备零售	广东省深圳市
中石化工股份有限公司广东肇庆石油分公司	机动车燃料零售	广东省肇庆市
广州百佳超级市场有限公司	超级市场零售	广东省广州市
中国石化销售有限公司广东珠海石油分公司	机动车燃料零售	广东省珠海市
深圳东风南方汽车销售服务有限公司	汽车零售	广东省深圳市
惠州酷友网络科技有限公司	互联网零售	广东省惠州市
中国石油化工股份有限公司广东阳江石油分公司	机动车燃料零售	广东省阳江市
深圳市人人乐商业有限公司	超级市场零售	广东省深圳市
中海油销售惠州有限责任公司	机动车燃料零售	广东省惠州市
中国石油化工股份有限公司广东梅州石油分公司	机动车燃料零售	广东省梅州市
中油碧辟石油有限公司东莞分公司	机动车燃料零售	广东省东莞市
深圳市恒波商业连锁股份有限公司	通信设备零售	广东省深圳市
深圳市顺电连锁股份有限公司	日用家电设备零售	广东省深圳市
广东壹加壹商业连锁有限公司	百货零售	广东省中山市
深圳百丽商贸有限公司	鞋帽零售	广东省深圳市
新一佳超市有限公司	百货零售	广东省深圳市
大参林医药集团股份有限公司	药品零售	广东省广州市
中国石化销售有限公司广东云浮石油分公司	机动车燃料零售	广东省云浮市
深圳市亨吉利世界名表中心有限公司	钟表、眼镜零售	广东省深圳市
佛山市顺德区乐从供销集团有限公司	超级市场零售	广东省佛山市
深圳市宝骏汽车销售服务有限公司	汽车零售	广东省深圳市
中国石油天然气股份有限公司广东江门销售分公司	机动车燃料零售	广东省江门市
广东粤宝汽车销售服务有限公司	汽车零售	广东省广州市
百朗商贸(深圳)有限公司	鞋帽零售	广东省深圳市
东莞市嘉荣超市有限公司	超级市场零售	广东省东莞市
深圳汇洁集团股份有限公司	服装零售	广东省深圳市
东莞东风南方汽车销售服务有限公司	汽车零售	广东省东莞市
深圳市百佳华百货有限公司	百货零售	广东省深圳市
中国石化销售有限公司广东揭阳石油分公司	机动车燃料零售	广东省揭阳市
深圳岁宝百货有限公司	百货零售	广东省深圳市
永旺华南商业有限公司	百货零售	广东省深圳市

4-2 续表 36

企业名称	所属行业	企业所在地
广东赛壹便利店有限公司	超级市场零售	广东省广州市
广东龙粤通信设备集团有限公司	通信设备零售	广东省广州市
广东君奥汽车贸易有限公司	汽车零售	广东省广州市
广州家广超市有限公司	超级市场零售	广东省广州市
中国石油天然气股份有限公司广东肇庆分公司	机动车燃料零售	广东省肇庆市
中油碧辟石油有限公司江门分公司	机动车燃料零售	广东省江门市
深圳市华熙汽车销售服务有限公司	汽车零售	广东省深圳市
深圳市奥德汽车贸易有限公司	汽车零售	广东省深圳市
深圳市仁孚特力汽车服务有限公司	汽车零售	广东省深圳市
深圳市海王星辰健康药房连锁有限公司	药品零售	广东省深圳市
深圳市国有免税商品(集团)有限公司	烟草制品零售	广东省深圳市
北京世纪卓越信息技术有限公司广州市分公司	图书、报刊零售	广东省广州市
东莞市时尚电器有限公司	日用家电设备零售	广东省东莞市
深圳市增特汽车贸易有限公司	汽车零售	广东省深圳市
沃尔玛(深圳)百货有限公司	其他综合零售	广东省深圳市
深圳岁宝连锁商业发展有限公司	百货零售	广东省深圳市
珠海市免税企业集团有限公司	百货零售	广东省珠海市
广州市锦龙汽车发展有限公司	汽车零售	广东省广州市
广州市好又多百货商业广场有限公司	百货零售	广东省广州市
沃尔玛(广东)商业零售有限公司	超级市场零售	广东省广州市
佛山市苏宁云商销售有限公司	日用家电设备零售	广东省佛山市
华润万家生活超市(珠海)有限公司	百货零售	广东省珠海市
中油碧辟石油有限公司惠州分公司	机动车燃料零售	广东省惠州市
广东仁孚怡邦汽车销售服务有限公司	汽车零售	广东省广州市
深圳家乐福商业有限公司	超级市场零售	广东省深圳市
广州沃尔玛百货有限公司	超级市场零售	广东省广州市
广州市国美电器有限公司佛山分公司	日用家电设备零售	广东省佛山市
珠海市爱婴岛商贸连锁有限公司	药品零售	广东省珠海市
深圳市锦龙汽车贸易有限公司	汽车零售	广东省深圳市
江门华润万家生活超市有限公司	百货零售	广东省江门市
广东中奥汽车销售服务有限公司	汽车零售	广东省广州市
广州摩登百货股份有限公司	百货零售	广东省广州市
深圳市昊天林实业有限公司	汽车零售	广东省深圳市
广东万宁连锁商业有限公司	其他综合零售	广东省广州市
茂名大参林连锁药店有限公司	药品零售	广东省茂名市
深圳市安奈儿股份有限公司	服装零售	广东省深圳市
茂名市明湖百货有限公司	超级市场零售	广东省茂名市
深圳宜家家居有限公司	家具零售	广东省深圳市
东莞市天虹商场有限公司	百货零售	广东省东莞市
广州市百丽鞋业有限公司	鞋帽零售	广东省广州市
广东壹号食品股份有限公司	肉、禽、蛋、奶及水产品零售	广东省湛江市
深圳市国美电器有限公司东莞市分公司	日用家电设备零售	广东省东莞市
广州市汇美服装有限公司	服装零售	广东省广州市
佛山市顺德区港华燃气有限公司	生活用燃料零售	广东省佛山市
深圳宜和股份有限公司	邮购及电视、电话零售	广东省深圳市
深圳臻乔时装有限公司	服装零售	广东省深圳市
广州宜家家居有限公司	家具零售	广东省广州市
广州市金佳信通信产品发展有限公司	通信设备零售	广东省广州市
沃尔玛(东莞)商业零售有限公司	超级市场零售	广东省东莞市
深圳乐荣超市有限公司	超级市场零售	广东省深圳市

4-2 续表 37

企业名称	所属行业	企业所在地
遂溪县供销合作联社	其他综合零售	广东省湛江市
特易购商业(广东)有限公司	百货零售	广东省广州市
深圳市影儿服饰有限公司	服装零售	广东省深圳市
深圳走秀网络科技有限公司	互联网零售	广东省深圳市
惠州市天虹商场有限公司	百货零售	广东省惠州市
东莞市天和商贸有限公司	百货零售	广东省东莞市
珠海众大利物资车业有限公司	汽车零售	广东省珠海市
东莞市苏宁云商销售有限公司	日用家电设备零售	广东省东莞市
佛山市好又多怡东百货商业有限公司	超级市场零售	广东省佛山市
深圳市中恒国信通信科技有限公司	通信设备零售	广东省深圳市
东莞沃尔玛百货有限公司	超级市场零售	广东省东莞市
广东益华百货有限公司	百货零售	广东省中山市
广州市宏丽有限公司	超级市场零售	广东省广州市
佛山市顺德区乐从供销集团顺客隆商场有限公司	超级市场零售	广东省佛山市
海球(广州)商业有限公司	服装零售	广东省广州市
广州王府井百货有限责任公司	百货零售	广东省广州市
珠海市泰锋电业有限公司	家用视听设备零售	广东省珠海市
深圳百安居装饰建材有限公司	其他室内装饰材料零售	广东省深圳市
深圳市深燃石油气有限公司	其他未列明零售业	广东省深圳市
深圳市君尚百货有限公司	百货零售	广东省深圳市
中山苏宁云商商贸有限公司	家用视听设备零售	广东省中山市
绰琪服装(深圳)有限公司	服装零售	广东省深圳市
中山市华润万家便利超市有限公司	超级市场零售	广东省中山市
中山市中山国美电器有限公司	家用视听设备零售	广东省中山市
广州宝元贸易有限公司	服装零售	广东省广州市
龙浩天地股份有限公司	鞋帽零售	广东省深圳市
广东海航乐万家连锁超市	超级市场零售	广东省梅州市
东莞家乐福商业有限公司	超级市场零售	广东省东莞市
卡尔丹顿服饰股份有限公司	服装零售	广东省深圳市
佛山市顺德区大润发商业有限公司	超级市场零售	广东省佛山市
深圳市国美电器有限公司惠州分公司	日用家电设备零售	广东省惠州市
广东胜佳超市有限公司	百货零售	广东省广州市
红珏高级时装有限公司	服装零售	广东省深圳市
广州市福满家连锁便利店有限公司	其他综合零售	广东省广州市
东莞市嘉祥通讯有限公司	通信设备零售	广东省东莞市
广州市田美润福商业有限公司	百货零售	广东省广州市
佛山市南海区华南通商贸发展有限公司	百货零售	广东省佛山市
国药控股国大药房(深圳)连锁有限公司	药品零售	广东省深圳市
广东小冰火人网络科技有限公司	日用家电设备零售	广东省佛山市
美心食品(广州)有限公司	糕点、面包零售	广东省广州市
中山市创世纪汽车有限公司	汽车零售	广东省中山市
珠海市煤气有限公司	生活用燃料零售	广东省珠海市
广州市新大新有限公司	百货零售	广东省广州市
中山市信和商业连锁有限公司	超级市场零售	广东省中山市
惠州市丽日购物广场有限公司	百货零售	广东省惠州市
深圳市大润发商业有限公司	超级市场零售	广东省深圳市
广东永旺天河城商业有限公司佛山东方广场分公司	超级市场零售	广东省佛山市
广州市盛颐捷农产品贸易有限责任公司	肉、禽、蛋、奶及水产品零售	广东省广州市
珠海市蓝海之略医疗股份有限公司	医疗用品及器材零售	广东省珠海市
广州初语服装设计有限公司	服装零售	广东省广州市

4-2 续表 38

企业名称	所属行业	企业所在地
广东钻石世家国际珠宝有限公司	珠宝首饰零售	广东省东莞市
深圳出版发行集团公司	图书、报刊零售	广东省深圳市
青岛润泰事业有限公司东莞大朗分公司	超级市场零售	广东省东莞市
深圳全棉时代科技有限公司	纺织品及针织品零售	广东省深圳市
韶关市大润发商业有限公司	超级市场零售	广东省韶关市
汕头苏宁云商销售有限公司	日用家电设备零售	广东省汕头市
肇庆市大润发商业发展有限公司	超级市场零售	广东省肇庆市
广州市好又多新港百货商业有限公司	超级市场零售	广东省广州市
利信达商业(中国)有限公司	服装零售	广东省广州市
广州市润平商业有限公司	百货零售	广东省广州市
深圳市好又多量贩百货有限公司	超级市场零售	广东省深圳市
昆山润华商业有限公司中山分公司	超级市场零售	广东省中山市
深圳市八马茶业连锁有限公司	酒、饮料及茶叶零售	广东省深圳市
昆山润华商业有限公司中山小榄分公司	百货零售	广东省中山市
如新中国日用品保健品有限公司广州分公司	其他日用品零售	广东省广州市
永旺中国商业有限公司顺德分公司	超级市场零售	广东省佛山市
东莞喜威液化石油气有限公司	生活用燃料零售	广东省东莞市
中山市歌慕服装有限公司	服装零售	广东省中山市
广东迪信通商贸有限公司	通信设备零售	广东省广州市
佛山市顺德区大参林药业有限公司	药品零售	广东省佛山市
深圳市国惠康实业发展有限公司	超级市场零售	广东省深圳市
迅销(中国)商贸有限公司广州东方宝泰店	服装零售	广东省广州市
广州健民医药连锁有限公司	药品零售	广东省广州市
广州七乐康药业连锁有限公司	药品零售	广东省广州市
中山市中智大药房连锁有限公司	药品零售	广东省中山市
广东赛壹便利店有限公司深圳分公司	其他综合零售	广东省深圳市
永旺华南商业有限公司永旺惠州东平店	百货零售	广东省惠州市
广州喜市多便利连锁有限公司	其他综合零售	广东省广州市
华润万家生活超市(中山)有限公司	超级市场零售	广东省中山市
惠州市人人乐商业有限公司	百货零售	广东省惠州市
江门市蓬江区大昌超市有限公司	超级市场零售	广东省江门市
惠州市万佳百货有限公司	百货零售	广东省惠州市
深圳康润华商贸有限公司	百货零售	广东省深圳市
珠海市珠光丰田汽车销售服务有限公司	汽车零售	广东省珠海市
深圳市欧莎世家服饰有限公司	互联网零售	广东省深圳市
真维斯服饰(广东)有限公司	服装零售	广东省惠州市
广东东明股份有限公司	超级市场零售	广东省韶关市
深圳市方太厨具有限公司	日用家电设备零售	广东省深圳市
广州康诚商业有限公司	超级市场零售	广东省广州市
深圳市沃尔弗斯实业有限公司	珠宝首饰零售	广东省深圳市
阳江大润发商业有限公司	百货零售	广东省阳江市
广州市西亚兴安商业有限公司	超级市场零售	广东省广州市
昆山润华商业有限公司潮州分公司	百货零售	广东省潮州市
广州市好又多(天利)百货商业有限公司	超级市场零售	广东省广州市
东莞市国贸超级市场有限公司	超级市场零售	广东省东莞市
深圳市易天移动数码连锁有限公司	通信设备零售	广东省深圳市
佛山市南海润良商业有限公司	超级市场零售	广东省佛山市
湛江大参林连锁药店有限公司	药品零售	广东省湛江市
佛山市润国商业有限公司	超级市场零售	广东省佛山市
沃尔玛(珠海)商业零售有限公司	百货零售	广东省珠海市

4-2 续表 39

企业名称	所属行业	企业所在地
沃尔玛(深圳)商业零售有限公司	超级市场零售	广东省深圳市
广州赫斯汀服饰有限公司	服装零售	广东省广州市
佛山大参林连锁药店有限公司	药品零售	广东省佛山市
江门大参林药店有限公司	药品零售	广东省江门市
博士眼镜连锁股份有限公司	钟表、眼镜零售	广东省深圳市
湛江市霞山昌大昌超级购物广场有限公司	超级市场零售	广东省湛江市
梅州市喜多多超市连锁有限公司	超级市场零售	广东省梅州市
沃尔玛深国百货有限公司茂名文化广场分店	超级市场零售	广东省茂名市
东莞市企正商业连锁有限公司	通信设备零售	广东省东莞市
广州市新华书店集团有限公司	图书、报刊零售	广东省广州市
佛山市顺德区金百惠贸易有限公司	超级市场零售	广东省佛山市
广东吉之岛天贸百货有限公司珠海扬名广场分公司	百货零售	广东省珠海市
广州市国美电器有限公司江门分公司	日用家电设备零售	广东省江门市
广州娇兰佳人化妆品连锁有限公司	化妆品及卫生用品零售	广东省广州市
广州市海王星辰医药连锁有限公司	药品零售	广东省广州市
广州市人人乐商业有限公司	超级市场零售	广东省广州市
韶关市新南康商贸有限公司	超级市场零售	广东省韶关市
深圳市中联大药房有限公司	药品零售	广东省深圳市
广东天天商场有限公司	超级市场零售	广东省佛山市
佛山市南海润瑞商业有限公司	超级市场零售	广东省佛山市
东莞樟木头大润发商业有限公司	超级市场零售	广东省东莞市
广州润增商贸有限公司	超级市场零售	广东省广州市
湛江市隆腾贸易有限公司	纺织品及针织品零售	广东省湛江市
清远市大润发商业有限公司	百货零售	广东省清远市
阳江市江城商业集团公司	百货零售	广东省阳江市
喜威(佛山)液化石油气有限公司	生活用燃料零售	广东省佛山市
广东省邮政公司深圳市分公司	图书、报刊零售	广东省深圳市
广西壮族自治区		
广西柳州医药股份有限公司	药品零售	广西壮族自治区柳州市
南宁百货大楼股份有限公司	百货零售	广西壮族自治区南宁市
广西南宁梦之岛百货有限公司	百货零售	广西壮族自治区南宁市
桂林微笑堂实业发展有限公司	百货零售	广西壮族自治区桂林市
广西玉柴机器专卖发展有限公司	其他未列明零售业	广西壮族自治区玉林市
南宁柏联百盛商业有限公司	百货零售	广西壮族自治区南宁市
广西联华超市股份有限公司	超级市场零售	广西壮族自治区柳州市
南宁国美电器有限公司	日用家电设备零售	广西壮族自治区南宁市
广西南城百货股份有限公司	超级市场零售	广西壮族自治区南宁市
柳州市百货股份有限公司	百货零售	广西壮族自治区柳州市
玉林金城商厦有限责任公司	百货零售	广西壮族自治区玉林市
广西苏宁云商销售有限公司	日用家电设备零售	广西壮族自治区南宁市
桂林市南城百货有限公司	超级市场零售	广西壮族自治区桂林市
广西钜荣汽车销售服务有限公司	汽车零售	广西壮族自治区南宁市
南宁市人人乐商业有限公司	超级市场零售	广西壮族自治区南宁市
柳州工贸大厦股份有限公司	百货零售	广西壮族自治区柳州市
广西华润万家生活超市有限公司	百货零售	广西壮族自治区南宁市
北海和安贸易有限责任公司	百货零售	广西壮族自治区北海市
北海大润发商业有限公司	超级市场零售	广西壮族自治区北海市
桂林百货大楼股份有限公司	百货零售	广西壮族自治区桂林市
广西利客隆超市有限公司	超级市场零售	广西壮族自治区南宁市
柳州桂中大药房连锁有限责任公司	药品零售	广西壮族自治区柳州市
沃尔玛(广西)商业零售有限公司	百货零售	广西壮族自治区南宁市

4-2 续表 40

企业名称	所属行业	企业所在地
老百姓大药房连锁(广西)有限公司	药品零售	广西壮族自治区南宁市
广西南百超市有限公司	超级市场零售	广西壮族自治区南宁市
柳州润平商业有限公司	超级市场零售	广西壮族自治区柳州市
广西通用商贸有限公司	超级市场零售	广西壮族自治区玉林市
南宁市江南南城百货有限公司	超级市场零售	广西壮族自治区南宁市
柳州五菱新事业发展有限责任公司	汽车零售	广西壮族自治区柳州市
广西鸿翔一心堂药业有限责任公司	药品零售	广西壮族自治区南宁市
桂林市华荣自选商店有限责任公司	超级市场零售	广西壮族自治区桂林市
南宁三燃燃气有限责任公司	生活用燃料零售	广西壮族自治区南宁市
广西贵港市华隆超市有限公司	超级市场零售	广西壮族自治区贵港市
海南省		
中国石油化工股份有限公司海南石油分公司	机动车燃料零售	海南省海口市
中国石油天然气股份有限公司海南销售分公司	机动车燃料零售	海南省海口市
中免集团三亚市内免税店有限公司	化妆品及卫生用品零售	海南省三亚市
海口家乐福商业有限公司	超级市场零售	海南省海口市
海南望海国际商业广场有限公司	服装零售	海南省海口市
海免海口美兰机场免税店有限公司	百货零售	海南省海口市
海南大润发商业有限公司	超级市场零售	海南省海口市
海口国兴大润发商业有限公司	超级市场零售	海南省海口市
广州市国美电器有限公司海南分公司	日用家电设备零售	海南省海口市
海南美都贸易有限公司	日用家电设备零售	海南省海口市
海南苏宁云商商贸有限公司	家用视听设备零售	海南省海口市
海南广安堂药品超市连锁经营有限公司	药品零售	海南省海口市
重庆市		
重庆百货大楼股份有限公司	百货零售	重庆市渝中区
重庆铠恩国际家居名都经营有限公司	家具零售	重庆市巴南区
重庆永辉超市有限公司	超级市场零售	重庆市江北区
重庆苏宁云商销售有限公司	家用视听设备零售	重庆市渝中区
重庆新华书店集团公司	图书、报刊零售	重庆市渝中区
中国石油重庆销售涪陵分公司	机动车燃料零售	重庆市涪陵区
重庆市国美电器有限公司	日用家电设备零售	重庆市沙坪坝区
中国石油天然气股份有限公司重庆渝中销售分公司	机动车燃料零售	重庆市九龙坡区
中国石油天然气股份有限公司重庆江南销售分公司	机动车燃料零售	重庆市南岸区
重庆万友经济发展有限责任公司	汽车零售	重庆市渝中区
中国石油天然气股份有限公司重庆江北销售分公司	机动车燃料零售	重庆市江北区
重庆安福汽车营销有限公司	汽车零售	重庆市渝北区
重庆桐君阁股份有限公司	药品零售	重庆市渝中区
重庆和平药房连锁有限责任公司	药品零售	重庆市渝中区
重庆重客隆超市连锁有限责任公司	超级市场零售	重庆市渝中区
重庆市新大兴实业(集团)有限公司	超级市场零售	重庆市涪陵区
重庆市宝驯汽车销售服务有限公司	汽车零售	重庆市九龙坡区
重庆家乐福商业有限公司	百货零售	重庆市渝中区
重庆西部奥特莱斯品牌折扣商业股份有限公司	服装零售	重庆市渝北区
重庆市万州百货采购供应站	计算机、软件及辅助设备零售	重庆市万州区
中国石化销售有限公司重庆涪陵石油分公司	机动车燃料零售	重庆市涪陵区
重庆东风南方汽车销售服务有限公司	汽车零售	重庆市九龙坡区
重庆万家雅迪汽车销售有限公司	汽车零售	重庆市沙坪坝区
重庆市赛玛特科技有限责任公司	通信设备零售	重庆市九龙坡区
重庆雄风百货广场有限公司	百货零售	重庆市北碚区
重庆鑫斛药房连锁有限公司	药品零售	重庆市涪陵区

4-2 续表 41

企业名称	所属行业	企业所在地
重庆中百仓储超市有限公司	超级市场零售	重庆市渝北区
重庆八达电子工程有限公司	计算机、软件及辅助设备零售	重庆市九龙坡区
重庆凤梧商贸有限公司	百货零售	重庆市巴南区
重庆名豪实业集团百货有限公司	百货零售	重庆市永川区
重庆市綦江区万家福超市有限责任公司	超级市场零售	重庆市綦江区
重庆宜家家居有限公司	家具零售	重庆市渝北区
迈盛悦合重庆体育用品有限公司	服装零售	重庆市渝中区
重庆华润万家生活超市有限公司	超级市场零售	重庆市沙坪坝区
重庆屈臣氏个人用品商店有限公司	百货零售	重庆市渝中区
重庆沁园餐饮管理有限公司	糕点、面包零售	重庆市九龙坡区
南川区风之彩商贸有限公司	超级市场零售	重庆市南川区
重庆市黔江区依蝶商贸有限公司	百货零售	重庆市黔江区
重庆梦工场乳制品连锁有限公司	肉、禽、蛋、奶及水产品零售	重庆市江北区
重庆桐君阁大药房连锁有限责任公司	药品零售	重庆市渝中区
重庆嘉茂沙坪坝商业咨询管理有限公司	百货零售	重庆市沙坪坝区
瑞皇(重庆)钟表有限公司	钟表、眼镜零售	重庆市渝中区
重庆市万和药房连锁有限公司	药品零售	重庆市南岸区
重庆爱莲百货超市有限公司	超级市场零售	重庆市渝北区
重庆市农产品集团渝南有限公司	超级市场零售	重庆市綦江区
重庆武陵山佳惠百货有限责任公司	百货零售	重庆市黔江区
重庆市永立百货超市有限公司	超级市场零售	重庆市荣昌县
重庆印龙服饰有限公司	服装零售	重庆市北碚区
重庆好又多百货商业有限公司	超级市场零售	重庆市南岸区
重庆市征程贸易有限公司	鞋帽零售	重庆市黔江区
沃尔玛(重庆)百货有限公司	百货零售	重庆市渝北区
重庆美特斯邦威服饰有限责任公司	服装零售	重庆市渝中区
重庆市人人乐商业有限公司	超级市场零售	重庆市沙坪坝区
云阳县腾龙商贸有限公司	超级市场零售	重庆市云阳县
重庆诚泰通信连锁有限公司	通信设备零售	重庆市渝中区
重庆千叶眼镜连锁有限公司	钟表、眼镜零售	重庆市渝中区
重庆合州实业集团兆庆商贸有限公司	汽车零售	重庆市合川区
永川区奥韵家博城	其他室内装饰材料零售	重庆市永川区
四川省		
中国石化销售有限公司四川石油分公司	机动车燃料零售	四川省成都市
中国石油天然气股份有限公司四川成都销售分公司	机动车燃料零售	四川省成都市
成都京东世纪贸易有限公司	互联网零售	四川省成都市
成都红旗连锁股份有限公司	超级市场零售	四川省成都市
中国石油天然气股份有限公司四川销售成品油分公司	机动车燃料零售	四川省成都市
四川苏宁云商销售有限公司	日用家电设备零售	四川省成都市
延长壳牌(四川)石油有限公司	机动车燃料零售	四川省成都市
成都国美电器有限公司	日用家电设备零售	四川省成都市
唯品会(简阳)电子商务有限公司	互联网零售	四川省资阳市
成都伊藤洋华堂有限公司	百货零售	四川省成都市
新华文轩出版传媒股份有限公司	图书、报刊零售	四川省成都市
中国石油天然气股份有限公司四川达州销售分公司	机动车燃料零售	四川省达州市
中国石油四川乐山销售分公司	机动车燃料零售	四川省乐山市
四川交投中油能源有限公司	机动车燃料零售	四川省成都市
中国石油天然气公司泸州销售分公司	机动车燃料零售	四川省泸州市

4-2 续表 42

企业名称	所属行业	企业所在地
四川新双立汽车销售服务有限责任公司	汽车零售	四川省成都市
中国石油天然气股份有限公司四川广安销售分公司	机动车燃料零售	四川省广安市
中国石油天然气股份有限公司四川攀枝花销售分公司	机动车燃料零售	四川省攀枝花市
中国石油天然汽股份有限公司四川绵阳销售分公司	机动车燃料零售	四川省绵阳市
中国石油天然气股份有限公司四川资阳销售分公司	机动车燃料零售	四川省资阳市
成都王府井百货有限公司	百货零售	四川省成都市
中国石油天然气股份有限公司四川南充销售分公司	机动车燃料零售	四川省南充市
中国石油天然气股份有限公司四川凉山销售分公司	机动车燃料零售	四川省凉山彝族自治州
成都家乐福超市有限公司	超级市场零售	四川省成都市
成都万友经济开发总公司	汽车零售	四川省成都市
中国石油天然气股份有限公司四川自贡销售分公司	机动车燃料零售	四川省自贡市
泸州汇通百货股份有限公司	百货零售	四川省泸州市
成商集团股份有限公司	百货零售	四川省成都市
四川华星锦业汽车销售服务有限公司	汽车零售	四川省成都市
四川省汇星实业(集团)有限公司	百货零售	四川省绵阳市
成都建国汽车贸易有限公司	汽车零售	四川省成都市
中国石油天然气股份有限公司四川眉山销售分公司	机动车燃料零售	四川省眉山市
中国石油天然气股份有限公司四川遂宁销售分公司	机动车燃料零售	四川省遂宁市
中国石油化工股份有限公司四川攀枝花石油分公司	机动车燃料零售	四川省攀枝花市
沃尔玛(四川)百货有限公司	超级市场零售	四川省成都市
中国石油天然气股份有限公司四川内江销售分公司	机动车燃料零售	四川省内江市
成都青羊区仁和春天百货有限公司	百货零售	四川省成都市
中国石油天然气股份有限公司四川巴中销售分公司	机动车燃料零售	四川省巴中市
四川华星名仕汽车销售服务有限公司	汽车零售	四川省成都市
成都锦泰宝驹汽车销售服务有限公司	汽车零售	四川省成都市
成都王府井购物中心有限公司	百货零售	四川省成都市
百丽鞋业成都有限公司	鞋帽零售	四川省成都市
成都新元素兴业汽车服务有限公司	汽车零售	四川省成都市
成都仁和春天百货有限公司	百货零售	四川省成都市
成都市人人乐商业有限公司	百货零售	四川省成都市
中国石油化工股份有限公司四川绵阳石油分公司	机动车燃料零售	四川省绵阳市
成都舞东风超市连锁有限责任公司	超级市场零售	四川省成都市
四川永辉超市有限公司	百货零售	四川省成都市
成都屈臣氏个人用品商店有限公司	化妆品及卫生用品零售	四川省成都市
四川领跑体育用品有限公司	服装零售	四川省成都市
群光大陆实业(成都)有限公司	百货零售	四川省成都市
成都欧尚超市有限公司	超级市场零售	四川省成都市
四川亿佳隆通讯连锁有限公司	计算机、软件及辅助设备零售	四川省成都市
成都大商投资有限公司	百货零售	四川省成都市
四川省互惠商业有限责任公司	超级市场零售	四川省成都市
犍为县黄家超市	超级市场零售	四川省乐山市
四川雅安博娟超市连锁有限公司	百货零售	四川省雅安市
四川家福来实业集团有限公司	日用家电设备零售	四川省绵阳市
蓬溪县南门口综合农贸市场有限公司	其他综合零售	四川省遂宁市
大竹县金利多农产品综合市场有限公司	木质装饰材料零售	四川省达州市
四川汇金商贸有限公司	酒、饮料及茶叶零售	四川省德阳市
成都宜家家居有限公司	家具零售	四川省成都市
成都美美力诚百货有限公司	服装零售	四川省成都市

4-2 续表 43

企业名称	所属行业	企业所在地
四川华润万通燃气股份有限公司	生活用燃料零售	四川省遂宁市
四川省绵阳药业集团公司	药品零售	四川省绵阳市
成都市武侯区红旗连锁有限公司	其他综合零售	四川省成都市
四川省达州商业集团有限公司	百货零售	四川省达州市
乐山市大众汽车贸易有限公司	汽车零售	四川省乐山市
成都市金牛区红旗连锁有限公司	超级市场零售	四川省成都市
达县美好农贸有限责任公司	肉、禽、蛋、奶及水产品零售	四川省达州市
四川哦哦超市连锁管理有限公司	超级市场零售	四川省成都市
荣县金桥供销有限公司	其他综合零售	四川省自贡市
成都市青羊区红旗连锁有限公司	百货零售	四川省成都市
四川省眉山宏远商贸有限公司	百货零售	四川省眉山市
成都伊斯丹百货有限公司	百货零售	四川省成都市
成都九龙贸易连锁有限责任公司	超级市场零售	四川省成都市
成都欧尚超市有限公司高新店	超级市场零售	四川省成都市
成都市好来屋量贩家居百货有限公司	百货零售	四川省成都市
四川阳光盛源商业有限公司	超级市场零售	四川省德阳市
四川壹玖壹玖酒类供应链管理股份有限公司	酒、饮料及茶叶零售	四川省成都市
成都市滔搏商贸有限公司	鞋帽零售	四川省成都市
四川家乐福商业有限公司	超级市场零售	四川省成都市
四川梅西商业股份有限公司	百货零售	四川省成都市
成都明嘉实业有限公司	汽车零售	四川省成都市
四川卓尔百货有限公司	超级市场零售	四川省内江市
达州中青市场管理有限公司	家具零售	四川省达州市
四川东升大药房连锁有限责任公司	药品零售	四川省达州市
成都市锦江区红旗连锁有限公司	超级市场零售	四川省成都市
乐天百货(成都)有限公司	百货零售	四川省成都市
渠县凯歌超市有限公司	超级市场零售	四川省达州市
成都市成华区红旗连锁有限公司	超级市场零售	四川省成都市
成都香江全球家居城有限公司	家具零售	四川省成都市
成都好家乡超市有限公司	超级市场零售	四川省成都市
成都市天虹百货有限公司	百货零售	四川省成都市
成都爱林至善贸易股份有限公司	服装零售	四川省成都市
四川宜宾叙府旅游开发有限公司	百货零售	四川省宜宾市
都江堰百伦商贸有限公司	百货零售	四川省成都市
四川省宜宾市燕君贸易连锁有限责任公司	通信设备零售	四川省宜宾市
达州市超辉百货有限公司	百货零售	四川省达州市
绵阳兴达好又多商贸有限公司	超级市场零售	四川省绵阳市
成都好又多百货商业广场有限公司	超级市场零售	四川省成都市
成都讯捷通讯连锁有限公司	通信设备零售	四川省成都市
宜宾绿源食品有限公司	超级市场零售	四川省宜宾市
四川华润万家好来超市有限公司	超级市场零售	四川省成都市
自贡市家和超市有限责任公司	超级市场零售	四川省自贡市
宝渝(成都)商贸有限公司	服装零售	四川省成都市
成都通能压缩天然气有限公司	生活用燃料零售	四川省成都市
柒一拾壹(成都)有限公司	超级市场零售	四川省成都市
成都拉夏贝尔服饰有限公司	服装零售	四川省成都市
四川百佳超级市场有限公司	超级市场零售	四川省成都市
宣汉县金向食品有限公司	肉、禽、蛋、奶及水产品零售	四川省达州市
七色纺商业连锁有限公司	纺织品及针织品零售	四川省成都市

4-2 续表 44

企业名称	所属行业	企业所在地
沃尔玛(四川)商业零售有限公司	超级市场零售	四川省成都市
四川德仁堂连锁有限公司	药品零售	四川省成都市
四川省老邻居商贸连锁有限责任公司	百货零售	四川省成都市
成都聚和市场经营管理有限公司	家具零售	四川省成都市
成都幸福大润发商贸有限公司	超级市场零售	四川省成都市
成都宝悦汽车有限公司	汽车零售	四川省成都市
贵州省		
中国石油化工股份有限公司贵州遵义石油分公司	机动车燃料零售	贵州省遵义市
中国石油化工股份有限公司六盘水石油分公司	机动车燃料零售	贵州省六盘水市
中国石油天然气股份有限公司贵州贵阳销售分公司	机动车燃料零售	贵州省贵阳市
中国石油化工股份有限公司贵州黔西南州石油分公司	机动车燃料零售	贵州省黔西南布依族苗族自治州
中国石油化工股份有限公司贵州毕节石油分公司	机动车燃料零售	贵州省毕节市
中国石油化工股份有限公司贵州安顺石油分公司	机动车燃料零售	贵州省安顺市
中国石油天然气股份有限公司贵州毕节销售分公司	机动车燃料零售	贵州省毕节市
中国石油化工股份有限公司贵州铜仁分公司	机动车燃料零售	贵州省铜仁市
中国石油股份有限公司遵义销售分公司	机动车燃料零售	贵州省遵义市
贵州省医药(集团)有限责任公司	药品零售	贵州省贵阳市
家有购物集团有限公司	邮购及电视、电话零售	贵州省贵阳市
贵阳星力百货集团有限公司	百货零售	贵州省贵阳市
贵阳苏宁云商销售有限公司	日用家电设备零售	贵州省贵阳市
贵州合力购物有限责任公司	超级市场零售	贵州省贵阳市
贵州永辉超市有限公司	超级市场零售	贵州省贵阳市
贵州一树连锁药业有限公司	药品零售	贵州省贵阳市
贵州国美电器有限公司	日用家电设备零售	贵州省贵阳市
沃尔玛(贵州)商业零售有限公司	超级市场零售	贵州省贵阳市
遵义华联综合超市管理有限公司	超级市场零售	贵州省遵义市
贵州滔搏体育用品有限公司	服装零售	贵州省贵阳市
贵州省百汇超市有限责任公司	超级市场零售	贵州省毕节市
贵州省黔西南州兴客隆超市有限公司	超级市场零售	贵州省黔西南布依族苗族自治州
云南省		
中国石油天然气股份有限公司云南昆明销售分公司	机动车燃料零售	云南省昆明市
云南鸿翔一心堂药业(集团)股份有限公司	药品零售	云南省昆明市
中国石化销售有限公司云南红河石油分公司	机动车燃料零售	云南省红河哈尼族彝族自治州
中国石油化工股份有限公司云南文山石油分公司	机动车燃料零售	云南省文山壮族苗族自治州
中国石油天然气股份有限公司云南红河销售分公司	机动车燃料零售	云南省红河哈尼族彝族自治州
中国石油化工股份有限公司云南昭通石油分公司	机动车燃料零售	云南省昭通市
云南沃尔玛百货有限公司	超级市场零售	云南省昆明市
中国石油化工股份有限公司云南保山石油分公司	机动车燃料零售	云南省保山市
昆明家乐福超市有限公司	超级市场零售	云南省昆明市
云南强林石化有限公司	机动车燃料零售	云南省昆明市
昆明云顺和商业发展有限公司	百货零售	云南省昆明市
云南万友汽车销售服务有限公司	汽车零配件零售	云南省昆明市
昆明诺仕达企业(集团)有限公司	珠宝首饰零售	云南省昆明市
云南奥兴达商贸有限公司	百货零售	云南省昆明市
中国石油天然气股份有限公司云南文山销售分公司	机动车燃料零售	云南省文山壮族苗族自治州
昆明国美电器有限公司	家用视听设备零售	云南省昆明市
云南苏宁云商销售有限公司	家用视听设备零售	云南省昆明市
沃尔玛(云南)商业零售有限公司	超级市场零售	云南省昆明市

4-2 续表 45

企业名称	所属行业	企业所在地
云南英茂商务有限公司	汽车零售	云南省昆明市
中国石油天然气股份有限公司云南玉溪销售分公司	机动车燃料零售	云南省玉溪市
云南万福汽车销售服务有限公司	汽车零售	云南省昆明市
云南健之佳连锁健康药房有限公司	药品零售	云南省昆明市
中国石油化工股份有限公司云南西双版纳石油分公司	机动车燃料零售	云南省西双版纳傣族自治州
云南玉溪百信商贸集团有限公司	超级市场零售	云南省玉溪市
昆明七彩云南实业股份有限公司	珠宝首饰零售	云南省昆明市
会泽县土产公司综合市场	其他综合零售	云南省曲靖市
昆明顺城若普商贸有限公司	服装零售	云南省昆明市
昆明雄达商贸有限责任公司	酒、饮料及茶叶零售	云南省昆明市
易门县龙泉市场开发有限公司	其他综合零售	云南省玉溪市
云南白药大药房有限公司	药品零售	云南省昆明市
云南百丽鞋业有限公司	鞋帽零售	云南省昆明市
昆明新华书店连锁有限公司	图书、报刊零售	云南省昆明市
云南立锐体育用品有限公司	服装零售	云南省昆明市
云南省曲靖市吉玛特百货有限公司	超级市场零售	云南省曲靖市
曲靖市麒麟区环城供销合作社	百货零售	云南省曲靖市
云南楚雄鹿城大厦实业有限责任公司	百货零售	云南省楚雄彝族自治州
云南之佳便利店有限公司	百货零售	云南省昆明市
云南龙润茶科技有限公司	酒、饮料及茶叶零售	云南省临沧市
景洪大润发商业有限公司	超级市场零售	云南省西双版纳傣族自治州
安宁市金方商业集团有限责任公司	超级市场零售	云南省昆明市
宣威市双井商贸有限责任公司	百货零售	云南省曲靖市
西藏自治区		
拉萨星宇通讯器材有限公司	通信设备零售	西藏自治区拉萨市
陕西省		
陕西延长壳牌石油有限公司	机动车燃料零售	陕西省西安市
陕西西北轻工批发市场经营管理有限公司	日用家电设备零售	陕西省西安市
西安大明宫雁塔购物广场有限责任公司	家具零售	陕西省西安市
陕西华润万家生活超市有限公司	超级市场零售	陕西省西安市
西安市人人乐超市有限公司	超级市场零售	陕西省西安市
陕西凯达投资集团有限责任公司	服装零售	陕西省西安市
西安市国美电器有限公司	日用家电设备零售	陕西省西安市
西安之星汽车有限公司	汽车零售	陕西省西安市
陕西苏宁云商销售有限公司	日用家电设备零售	陕西省西安市
开元商业有限公司	百货零售	陕西省西安市
西安爱家超市有限公司	超级市场零售	陕西省西安市
中国石油化工股份有限公司陕西榆林石油分公司	机动车燃料零售	陕西省榆林市
西安华讯得贸易有限公司	互联网零售	陕西省西安市
宝鸡商场有限公司	超级市场零售	陕西省宝鸡市
陕西省军区军人服务社	百货零售	陕西省西安市
陕西万佳购物广场有限公司	家具零售	陕西省西安市
西安民生集团股份有限公司	百货零售	陕西省西安市
西安荣宝汽车销售服务有限公司	汽车零售	陕西省西安市
西安双鹤医药股份有限公司	药品零售	陕西省西安市
咸阳世纪金花商贸有限公司	超级市场零售	陕西省咸阳市
陕西乐家电视购物有限责任公司	邮购及电视、电话零售	陕西省西安市
西安光彩商贸有限责任公司	灯具零售	陕西省西安市

4-2 续表 46

企业名称	所属行业	企业所在地
西安赛格商业运营管理有限公司	百货零售	陕西省西安市
西安秋林商贸有限责任公司	百货零售	陕西省西安市
西安兴正元购物中心有限公司	百货零售	陕西省西安市
陕西民生家乐商业连锁有限责任公司	超级市场零售	陕西省西安市
陕西渭南燕兴实业有限公司	汽车零售	陕西省渭南市
宝鸡天健医药有限公司	药品零售	陕西省宝鸡市
宝鸡人民商场股份有限公司	百货零售	陕西省宝鸡市
开元商城宝鸡有限公司	百货零售	陕西省宝鸡市
陕西福迪汽车贸易有限公司	汽车零售	陕西省西安市
西安开元商业地产发展有限公司	百货零售	陕西省西安市
陕西蜂星电讯零售连锁有限责任公司	通信设备零售	陕西省西安市
西安宝秦贸易有限公司	体育用品及器材零售	陕西省西安市
延安百货大楼(集团)有限公司	百货零售	陕西省延安市
陕西创维电子有限公司	家用视听设备零售	陕西省西安市
陕西明珠家居产业有限公司	家具零售	陕西省咸阳市
西安市新华书店	图书、报刊零售	陕西省西安市
陕西乐友商贸有限公司	其他日用品零售	陕西省西安市
西安易初莲花连锁超市有限公司	超级市场零售	陕西省西安市
西安怡康医药连锁有限责任公司	药品零售	陕西省西安市
陕西华润万家生活超市有限公司渭南东风路分公司	超级市场零售	陕西省渭南市
城固县经贸市场建设服务有限公司	纺织品及针织品零售	陕西省汉中市
汉中世纪阳光商厦有限公司	日用家电设备零售	陕西省汉中市
陕西老百姓大药房连锁有限公司	药品零售	陕西省西安市
西安世纪金花宜品生活用品有限公司	超级市场零售	陕西省西安市
宝鸡华通商厦有限责任公司	百货零售	陕西省宝鸡市
咸阳家友购物广场有限公司	百货零售	陕西省咸阳市
西安世纪金花珠江时代广场购物有限公司	百货零售	陕西省西安市
咸阳华润万家生活超市有限公司	超级市场零售	陕西省咸阳市
沃尔玛陕西百货有限公司	超级市场零售	陕西省西安市
咸阳爱家超市有限公司	超级市场零售	陕西省咸阳市
陕西民生家乐投资管理有限公司	超级市场零售	陕西省西安市
安康市喜盈门商贸有限公司	超级市场零售	陕西省安康市
西安屈臣氏个人用品商店有限公司	化妆品及卫生用品零售	陕西省西安市
西安大润发超市有限公司	百货零售	陕西省西安市
甘肃省		
中国石油天然气股份有限公司甘肃兰州销售分公司	机动车燃料零售	甘肃省兰州市
中国石油甘肃白银销售分公司	机动车燃料零售	甘肃省白银市
甘肃中油交通油品有限公司	机动车燃料零售	甘肃省兰州市
中国石油天然气股份有限公司甘肃天水销售分公司	机动车燃料零售	甘肃省天水市
中国石油天然气股份有限公司甘肃定西销售分公司	机动车燃料零售	甘肃省定西市
中国石油天然气股份有限公司甘肃陇南销售分公司	机动车燃料零售	甘肃省陇南市
兰州民百(集团)股份有限公司	百货零售	甘肃省兰州市
兰州西太华工贸集团股份有限公司	百货零售	甘肃省兰州市
天水桥南家居建材城有限公司	家具零售	甘肃省天水市
甘肃华润万家生活超市有限公司	百货零售	甘肃省兰州市
兰州惠仁堂药业有限公司	药品零售	甘肃省兰州市
甘肃东方百佳商贸有限公司	超级市场零售	甘肃省庆阳市
兰州良志实业集团有限责任公司	汽车零售	甘肃省兰州市

4-2 续表 47

企业名称	所属行业	企业所在地
甘肃国芳综合超市有限公司	百货零售	甘肃省兰州市
甘肃新乐连锁超市有限责任公司	超级市场零售	甘肃省张掖市
兰州虹盛百货购物广场有限公司	百货零售	甘肃省兰州市
甘肃众友健康医药连锁有限公司	药品零售	甘肃省兰州市
景泰县三益筑绿有限公司	其他食品零售	甘肃省白银市
敦煌市展望文化旅游产业发展有限责任公司	工艺美术品及收藏品零售	甘肃省酒泉市
青海省		
西宁王府井百货有限责任公司	百货零售	青海省西宁市
西宁大十字百货商店有限公司	百货零售	青海省西宁市
北京华联综合超市股份有限公司青海第一分公司	超级市场零售	青海省西宁市
西宁市西大街百货大楼有限公司	百货零售	青海省西宁市
青海宁食(集团)有限公司	其他综合零售	青海省西宁市
青海百货有限责任公司	百货零售	青海省西宁市
青海夏都百货股份有限公司	纺织品及针织品零售	青海省西宁市
宁夏回族自治区		
银川新华百货商店股份有限公司	百货零售	宁夏回族自治区银川市
银川市新华百货连锁超市有限公司	超级市场零售	宁夏回族自治区银川市
中国石油天然气股份有限公司宁夏吴忠销售分公司	机动车燃料零售	宁夏回族自治区吴忠市
银川新华百货东桥电器有限公司	日用家电设备零售	宁夏回族自治区银川市
宁夏华润万家生活超市有限公司	百货零售	宁夏回族自治区银川市
银川市双宝副食品有限公司	超级市场零售	宁夏回族自治区银川市
新疆维吾尔自治区		
中国石油天然气股份有限公司新疆乌鲁木齐销售公司	机动车燃料零售	新疆维吾尔自治区乌鲁木齐市
国药集团新疆新特药业有限公司	药品零售	新疆维吾尔自治区乌鲁木齐市
新疆友好集团股份有限公司	百货零售	新疆维吾尔自治区乌鲁木齐市
新疆国美电器有限公司	家用视听设备零售	新疆维吾尔自治区乌鲁木齐市
美克美家家具连锁有限公司	家具零售	新疆维吾尔自治区乌鲁木齐市
新疆汇嘉时代百货股份有限公司	百货零售	新疆维吾尔自治区乌鲁木齐市
新疆友好百盛商业发展有限公司	百货零售	新疆维吾尔自治区乌鲁木齐市
阿克苏金桥超市有限责任公司	百货零售	新疆维吾尔自治区阿克苏地区
新疆好家乡超市有限公司	超级市场零售	新疆维吾尔自治区乌鲁木齐市
昌吉市汇嘉时代百货有限公司	服装零售	新疆维吾尔自治区昌吉回族自治州
新疆家乐福超市有限公司	超级市场零售	新疆维吾尔自治区乌鲁木齐市
新疆苏宁云商商贸有限公司	家用视听设备零售	新疆维吾尔自治区乌鲁木齐市
新疆百丽鞋业有限公司	鞋帽零售	新疆维吾尔自治区乌鲁木齐市
新疆新捷股份有限公司	机动车燃料零售	新疆维吾尔自治区乌鲁木齐市
新疆友好集团库尔勒天百商贸有限公司	百货零售	新疆维吾尔自治区巴音郭楞蒙古自治州
新疆百草堂医药连锁经销有限公司	药品零售	新疆维吾尔自治区乌鲁木齐市
新疆济康医药连锁有限责任公司	药品零售	新疆维吾尔自治区乌鲁木齐市
哈密天马商贸有限责任公司	百货零售	新疆维吾尔自治区哈密地区
新疆康宁医药连锁有限责任公司	药品零售	新疆维吾尔自治区巴音郭楞蒙古自治州
新疆宏景通讯有限公司	通信设备零售	新疆维吾尔自治区乌鲁木齐市

4-3 分地区大型住宿业企业名单

企业名称	所属行业	企业所在地
北京市		
中国国际贸易中心有限公司	旅游饭店	北京市朝阳区
北京燕莎中心有限公司	旅游饭店	北京市朝阳区
北京富华金宝中心有限公司	旅游饭店	北京市东城区
北京香格里拉饭店有限公司	旅游饭店	北京市海淀区
北京昆仑饭店有限公司	旅游饭店	北京市朝阳区
北京友谊宾馆	旅游饭店	北京市海淀区
北京嘉里大酒店有限公司	旅游饭店	北京市朝阳区
王府饭店有限公司	旅游饭店	北京市东城区
北京九华山庄集团股份有限公司	旅游饭店	北京市昌平区
七天快捷酒店管理(北京)有限公司	一般旅馆	北京市东城区
北京桔子水晶酒店管理咨询有限公司	一般旅馆	北京市东城区
丽都饭店有限公司	旅游饭店	北京市朝阳区
桔子酒店管理(中国)有限公司	旅游饭店	北京市海淀区
北京首都旅游国际酒店集团有限公司	一般旅馆	北京市东城区
北京亮马河大厦有限公司	旅游饭店	北京市朝阳区
北京国际俱乐部有限公司	旅游饭店	北京市朝阳区
北京市北京饭店	旅游饭店	北京市东城区
北京世纪金源大饭店有限责任公司	旅游饭店	北京市海淀区
北京香江财富酒店有限公司	旅游饭店	北京市朝阳区
北京国际饭店	旅游饭店	北京市东城区
中国职工之家	旅游饭店	北京市西城区
北京新世纪饭店有限公司	旅游饭店	北京市海淀区
北京温都水城旅游饭店管理有限公司	旅游饭店	北京市昌平区
盘古氏国际大酒店有限责任公司	旅游饭店	北京市朝阳区
北京市长富宫中心有限责任公司	旅游饭店	北京市朝阳区
东方艺术大厦有限公司	旅游饭店	北京市朝阳区
北京市西苑饭店	旅游饭店	北京市海淀区
北京市蟹岛绿色生态农庄有限公司	旅游饭店	北京市朝阳区
北京云南大厦酒店有限公司	旅游饭店	北京市朝阳区
北京汉华国际饭店有限公司	旅游饭店	北京市东城区
北京香港马会会所有限公司	旅游饭店	北京市东城区
赛特集团有限公司	旅游饭店	北京市朝阳区
港澳中心有限公司	旅游饭店	北京市东城区
如家和美酒店管理(北京)有限公司	一般旅馆	北京市西城区
北京新疆大厦	旅游饭店	北京市海淀区
北京光明饭店有限公司	旅游饭店	北京市朝阳区
北京市长城饭店公司	旅游饭店	北京市朝阳区
北京新侨饭店有限公司	旅游饭店	北京市东城区
首都大酒店	旅游饭店	北京市东城区
北京裕龙国际酒店	旅游饭店	北京市海淀区
中日青年交流中心	旅游饭店	北京市朝阳区
北京市京伦饭店有限责任公司	旅游饭店	北京市朝阳区
北京欣燕都酒店连锁有限公司	旅游饭店	北京市西城区
北京春晖园文化娱乐有限责任公司	旅游饭店	北京市顺义区

4-3 续表 1

企业名称	所属行业	企业所在地
保利大厦有限公司	旅游饭店	北京市东城区
北京华侨大厦有限公司	旅游饭店	北京市东城区
中国妇女活动中心	旅游饭店	北京市东城区
北京盛安酒店管理有限公司	一般旅馆	北京市海淀区
北京金隅凤山温泉度假村有限公司	旅游饭店	北京市昌平区
北京和平宾馆有限公司	旅游饭店	北京市东城区
北京歌华开元大酒店有限公司	旅游饭店	北京市朝阳区
北京京铁天佑酒店管理有限公司	旅游饭店	北京市丰台区
梅地亚电视中心有限公司	旅游饭店	北京市海淀区
文津国际酒店管理(北京)有限公司	旅游饭店	北京市海淀区
北京天伦王朝饭店有限公司	旅游饭店	北京市东城区
北京亚洲大酒店有限公司	旅游饭店	北京市东城区
北京市建国饭店公司	旅游饭店	北京市朝阳区
北京凯迪克格兰云天大酒店有限公司	旅游饭店	北京市朝阳区
北京西郊宾馆有限责任公司	旅游饭店	北京市海淀区
北京贵都大酒店有限责任公司	旅游饭店	北京市西城区
北京银泉大厦	旅游饭店	北京市海淀区
天津市		
天津市天联宾馆有限责任公司	一般旅馆	天津市滨海新区
天津国风航空服务股份合作公司	其他住宿业	天津市红桥区
河北省		
河北宾馆有限公司	旅游饭店	河北省石家庄市
兴华财富集团武安财富国际酒店有限公司	一般旅馆	河北省邯郸市
新奥集团艾力枫社酒店有限公司	一般旅馆	河北省廊坊市
山西省		
山西丽华大酒店	旅游饭店	山西省太原市
山西迎泽宾馆	旅游饭店	山西省太原市
内蒙古自治区		
香格里拉大酒店(呼和浩特)有限公司	旅游饭店	内蒙古自治区呼和浩特市
辽宁省		
辽宁瑞心酒店集团有限责任公司	旅游饭店	辽宁省沈阳市
大连香格里拉酒店有限公司	旅游饭店	辽宁省大连市
营口红运酒店管理有限公司红运大饭店	旅游饭店	辽宁省营口市
大连富丽华大酒店	旅游饭店	辽宁省大连市
香格里拉大酒店(沈阳)有限公司	旅游饭店	辽宁省沈阳市
辽宁大厦	旅游饭店	辽宁省沈阳市
沈阳市碧桂园玛丽蒂姆酒店有限公司	旅游饭店	辽宁省沈阳市
大连长江广场有限公司日航饭店	旅游饭店	辽宁省大连市
吉林省		
长春香格里拉大酒店有限公司	旅游饭店	吉林省长春市
长春金安大饭店有限公司	旅游饭店	吉林省长春市
黑龙江省		
哈尔滨香格里拉大饭店有限公司	旅游饭店	黑龙江省哈尔滨市
哈尔滨万达商业投资有限公司万达索菲特大酒店	旅游饭店	黑龙江省哈尔滨市
哈尔滨友谊宫	旅游饭店	黑龙江省哈尔滨市

4-3 续表 2

企业名称	所属行业	企业所在地
上海市		
上海外滩半岛酒店有限公司	旅游饭店	上海市黄浦区
上海商城	旅游饭店	上海市静安区
上海浦东新区香格里拉酒店有限公司	旅游饭店	上海市浦东新区
锦江之星旅馆有限公司	一般旅馆	上海市闵行区
中国金茂(集团)有限公司	旅游饭店	上海市浦东新区
上海王宝和大酒店有限公司	旅游饭店	上海市黄浦区
上海明天广场有限公司金威万豪酒店	旅游饭店	上海市黄浦区
静安希尔顿饭店	旅游饭店	上海市静安区
上海元一酒店有限公司	一般旅馆	上海市闵行区
花园饭店	旅游饭店	上海市黄浦区
上海锦江饭店有限公司	旅游饭店	上海市黄浦区
上海扬子江大酒店有限公司	旅游饭店	上海市长宁区
上海太平洋大饭店有限公司	旅游饭店	上海市长宁区
上海和平饭店有限公司	旅游饭店	上海市黄浦区
上海市衡山(集团)公司	旅游饭店	上海市徐汇区
上海新天舜华有限公司	旅游饭店	上海市浦东新区
上海光大会展中心有限公司	旅游饭店	上海市徐汇区
上海锦江汤臣大酒店有限公司	旅游饭店	上海市浦东新区
上海新发展大酒店有限公司	旅游饭店	上海市普陀区
格林豪泰酒店(中国)有限公司	一般旅馆	上海市普陀区
上海虹桥迎宾馆	旅游饭店	上海市长宁区
上海东郊宾馆有限公司	旅游饭店	上海市浦东新区
上海长峰酒店管理有限公司	旅游饭店	上海市长宁区
上海新世界丽笙大酒店有限公司	旅游饭店	上海市黄浦区
宝钢集团宝山宾馆	旅游饭店	上海市宝山区
上海虹桥宾馆有限公司	旅游饭店	上海市长宁区
上海上实南洋大酒店有限公司	旅游饭店	上海市静安区
上海紫泰酒店管理有限公司	旅游饭店	上海市长宁区
上海瑞金宾馆	旅游饭店	上海市黄浦区
上海国际贵都大饭店有限公司	旅游饭店	上海市静安区
上海东锦江大酒店有限公司	旅游饭店	上海市浦东新区
上海华亭宾馆有限公司	旅游饭店	上海市徐汇区
上海斯格威大酒店有限公司	旅游饭店	上海市黄浦区
上海兴国宾馆	旅游饭店	上海市长宁区
上海世茂庄园置业有限公司世茂佘山艾美酒店	旅游饭店	上海市松江区
上海市上海宾馆有限公司	旅游饭店	上海市静安区
上海二十一世纪酒店有限公司	旅游饭店	上海市浦东新区
上海海仑宾馆有限公司	旅游饭店	上海市黄浦区
上海海鸥国际酒店投资管理有限公司	旅游饭店	上海市长宁区
上海建国宾馆有限公司	旅游饭店	上海市徐汇区
上海紫金山大酒店	旅游饭店	上海市浦东新区
上海松江开元名都大酒店有限公司	其他住宿业	上海市松江区
上海国际网球中心酒店管理有限公司	旅游饭店	上海市徐汇区
上海新发展圣淘沙大酒店有限公司	旅游饭店	上海市奉贤区
银星宾馆	旅游饭店	上海市长宁区
上海古象大酒店有限公司	旅游饭店	上海市黄浦区

4-3 续表 3

企业名称	所属行业	企业所在地
上海宝隆宾馆有限公司	旅游饭店	上海市虹口区
上海大厦	旅游饭店	上海市虹口区
江苏省		
金陵饭店股份有限公司	旅游饭店	江苏省南京市
苏州工业园区金鸡湖大酒店有限公司	旅游饭店	江苏省苏州市
苏州吴中白金汉爵大酒店有限公司	旅游饭店	江苏省苏州市
无锡湖滨饭店有限公司	旅游饭店	江苏省无锡市
苏州中茵皇冠假日酒店有限公司	旅游饭店	江苏省苏州市
溧阳亚东实业发展有限公司	旅游饭店	江苏省常州市
无锡汉爵投资有限公司	旅游饭店	江苏省无锡市
江苏省会议中心有限公司(钟山宾馆)	旅游饭店	江苏省南京市
苏州新城花园酒店有限公司	旅游饭店	江苏省苏州市
南京中心大酒店有限公司	旅游饭店	江苏省南京市
南京维景国际大酒店有限公司	旅游饭店	江苏省南京市
南京玄武饭店有限责任公司	旅游饭店	江苏省南京市
南通大饭店有限公司	旅游饭店	江苏省南通市
张家港华芳金陵国际酒店有限公司	旅游饭店	江苏省苏州市
南京黄马实业有限公司	旅游饭店	江苏省南京市
江阴国际大酒店有限公司	旅游饭店	江苏省无锡市
黄嘉酒店有限公司	旅游饭店	江苏省无锡市
常州九洲花园大酒店有限公司	旅游饭店	江苏省常州市
徐州开元名都大酒店有限公司	旅游饭店	江苏省徐州市
南京古南都饭店有限公司	旅游饭店	江苏省南京市
常州富都大酒店有限公司	旅游饭店	江苏省常州市
浙江省		
上虞国际大酒店有限公司	旅游饭店	浙江省绍兴市
杭州华溥实业有限公司	旅游饭店	浙江省杭州市
杭州黄龙饭店有限公司	旅游饭店	浙江省杭州市
香格里拉大酒店(宁波)有限公司	旅游饭店	浙江省宁波市
浙江世贸君澜大饭店	旅游饭店	浙江省杭州市
香格里拉大酒店(温州)有限公司	旅游饭店	浙江省温州市
温州王朝大酒店有限公司	旅游饭店	浙江省温州市
宁波华侨饭店有限公司	旅游饭店	浙江省宁波市
杭州国际会议中心有限公司	旅游饭店	浙江省杭州市
宁波雅戈尔达蓬山旅游投资开发有限公司	旅游饭店	浙江省宁波市
上虞雷迪森万锦大酒店有限公司	旅游饭店	浙江省绍兴市
宁波南苑集团股份有限公司	旅游饭店	浙江省宁波市
温州万和豪生大酒店有限公司	旅游饭店	浙江省温州市
杭州之江饭店	旅游饭店	浙江省杭州市
东阳市横店影都宾馆有限公司	旅游饭店	浙江省金华市
宁波东港波特曼大酒店有限公司	旅游饭店	浙江省宁波市
杭州香格里拉饭店有限公司	旅游饭店	浙江省杭州市
瑞安市辰茂阳光酒店有限公司	旅游饭店	浙江省温州市
宁波太平洋大酒店有限公司	旅游饭店	浙江省宁波市
温州华侨饭店有限公司	旅游饭店	浙江省温州市
振石大酒店有限公司	旅游饭店	浙江省嘉兴市
温州锦绣酒店投资有限公司	旅游饭店	浙江省温州市

4-3 续表 4

企业名称	所属行业	企业所在地
锦绣天地酒店管理有限公司	旅游饭店	浙江省杭州市
浙江金马饭店有限公司	旅游饭店	浙江省杭州市
台州恩都酒店有限公司	旅游饭店	浙江省台州市
舟山海中洲国际大酒店有限公司	旅游饭店	浙江省舟山市
德清县驿站生态旅游开发有限公司	旅游饭店	浙江省湖州市
平湖圣雷克大酒店有限责任公司	旅游饭店	浙江省嘉兴市
杭州第一世界大酒店有限公司	旅游饭店	浙江省杭州市
杭州太虚湖假日酒店有限公司	旅游饭店	浙江省杭州市
台州耀达国际酒店有限公司	旅游饭店	浙江省台州市
浙江宾馆有限责任公司	旅游饭店	浙江省杭州市
绍兴咸亨大酒店有限公司	旅游饭店	浙江省绍兴市
温州阿外楼度假酒店有限公司	一般旅馆	浙江省温州市
永康宾馆	旅游饭店	浙江省金华市
嘉兴富悦大酒店管理有限公司	旅游饭店	浙江省嘉兴市
长兴紫金实业有限公司	旅游饭店	浙江省湖州市
安徽省		
安徽省世纪金源大饭店管理有限公司	旅游饭店	安徽省合肥市
安徽元一大酒店有限公司	旅游饭店	安徽省合肥市
福建省		
厦门磐基大酒店有限公司	旅游饭店	福建省厦门市
福州世纪金源大饭店有限公司	旅游饭店	福建省福州市
福州香格里拉酒店有限公司	旅游饭店	福建省福州市
厦门和平里酒店有限公司	旅游饭店	福建省厦门市
厦门海悦山庄酒店有限公司	旅游饭店	福建省厦门市
厦门国际大酒店有限公司	旅游饭店	福建省厦门市
长山湖(长乐)国际酒店有限公司	旅游饭店	福建省福州市
厦门国际会议中心酒店有限公司	旅游饭店	福建省厦门市
厦门悦华酒店	旅游饭店	福建省厦门市
泉州酒店	旅游饭店	福建省泉州市
杭钢(厦门)酒店有限公司	旅游饭店	福建省厦门市
晋江市金玛国际酒店有限公司	旅游饭店	福建省泉州市
长乐国惠大酒店有限公司	旅游饭店	福建省福州市
厦门东方酒店有限公司	旅游饭店	福建省厦门市
厦门福隆体育产业发展有限公司艾美酒店	旅游饭店	福建省厦门市
漳州宾馆	旅游饭店	福建省漳州市
泉州悦华酒店有限公司	旅游饭店	福建省泉州市
创元(福建)大酒店有限公司	旅游饭店	福建省福州市
国谊(福建)大酒店有限责任公司	其他住宿业	福建省福州市
厦门京闽中心酒店	旅游饭店	福建省厦门市
福建国惠大酒店有限公司	旅游饭店	福建省福州市
福清融侨大酒店	旅游饭店	福建省福州市
江西省		
江西庐山天沐温泉渡假有限公司	旅游饭店	江西省九江市
山东省		
山东银座佳驿酒店有限公司	一般旅馆	山东省济南市
山东大厦	旅游饭店	山东省济南市
港中旅(青岛)海泉湾有限公司	旅游饭店	山东省青岛市

4-3 续表 5

企业名称	所属行业	企业所在地
青岛奥海投资发展有限公司海尔洲际酒店	旅游饭店	山东省青岛市
济南舜耕山庄	旅游饭店	山东省济南市
青岛海景(国际)大酒店发展有限公司	旅游饭店	山东省青岛市
济南海尔绿城置业有限公司喜来登酒店	旅游饭店	山东省济南市
青岛海景花园大酒店	旅游饭店	山东省青岛市
临沂宾馆有限责任公司	旅游饭店	山东省临沂市
青岛颐中国际大酒店有限公司	旅游饭店	山东省青岛市
烟台财会培训中心	旅游饭店	山东省烟台市
山东银座旅游集团有限公司	旅游饭店	山东省济南市
山东东方瑞海地热旅游开发有限公司	旅游饭店	山东省临沂市
荣成石岛宾馆有限公司	旅游饭店	山东省威海市
青岛万达广场置业有限公司万达艾美酒店	旅游饭店	山东省青岛市
河南省		
河南省永和铂爵国际酒店有限公司	旅游饭店	河南省郑州市
郑州裕达国贸酒店有限公司	旅游饭店	河南省郑州市
开封中州国际饭店有限公司	旅游饭店	河南省开封市
河南省黄河迎宾馆	旅游饭店	河南省郑州市
湖北省		
湖北尚一特酒店管理有限公司	一般旅馆	湖北省襄阳市
武汉武昌万达广场投资有限公司万达威斯汀酒店	旅游饭店	湖北省武汉市
武汉香格里拉大饭店有限公司	旅游饭店	湖北省武汉市
武汉扬子江游船有限公司	旅游饭店	湖北省武汉市
长江轮船海外旅游总公司	旅游饭店	湖北省武汉市
湖北洪山宾馆有限公司	旅游饭店	湖北省武汉市
武汉市七天酒店管理有限公司	旅游饭店	湖北省武汉市
湖南省		
湖南运达酒店管理有限公司	旅游饭店	湖南省长沙市
华天酒店集团股份有限公司	其他住宿业	湖南省长沙市
衡阳四海神龙实业有限公司神龙大酒店	旅游饭店	湖南省衡阳市
湖南华雅国际大酒店有限公司	旅游饭店	湖南省长沙市
湖南圣爵菲斯投资有限公司	旅游饭店	湖南省长沙市
长沙世纪金源大饭店有限公司	旅游饭店	湖南省长沙市
湖南富丽华大酒店	旅游饭店	湖南省长沙市
湖南芙蓉国酒店管理有限公司	旅游饭店	湖南省长沙市
湖南国际金融大厦有限公司	旅游饭店	湖南省长沙市
长沙通程国际广场置业发展有限公司	旅游饭店	湖南省长沙市
湖南宾馆	旅游饭店	湖南省长沙市
韶山宾馆	旅游饭店	湖南省湘潭市
广东省		
珠海长隆投资发展有限公司	旅游饭店	广东省珠海市
七天四季酒店(广州)有限公司	旅游饭店	广东省广州市
七天酒店(深圳)有限公司	一般旅馆	广东省广州市
广州花园酒店	旅游饭店	广东省广州市
香格里拉大酒店(广州琶洲)有限公司	旅游饭店	广东省广州市
深圳华侨城大酒店有限公司	旅游饭店	广东省深圳市
华润(深圳)有限公司君悦酒店	旅游饭店	广东省深圳市
中青旅山水酒店投资管理有限公司	旅游饭店	广东省深圳市
香格里拉大酒店(深圳福田)有限公司	旅游饭店	广东省深圳市

4-3 续表 6

企业名称	所属行业	企业所在地
中国大酒店	旅游饭店	广东省广州市
佛山宾馆有限公司	旅游饭店	广东省佛山市
广州富力恒盛置业发展有限公司富力丽思卡尔?酒店分公司	旅游饭店	广东省广州市
星河实业(深圳)有限公司星河丽思卡尔顿酒店	旅游饭店	广东省深圳市
港中旅(珠海)海泉湾有限公司	旅游饭店	广东省珠海市
广州富力鼎盛置业发展有限公司富力君悦大酒店分公司	旅游饭店	广东省广州市
广州市东方宾馆股份有限公司	旅游饭店	广东省广州市
广东省机场管理集团公司白云机场铂尔曼大酒店	旅游饭店	广东省广州市
揭西县京明温泉度假村有限公司	旅游饭店	广东省揭阳市
深圳圣廷苑酒店有限公司	旅游饭店	广东省深圳市
广东新白云宾馆有限公司	旅游饭店	广东省广州市
深圳市华侨城城市客栈有限公司	一般旅馆	广东省深圳市
龙门县地派温泉度假村有限公司	旅游饭店	广东省惠州市
深圳大中华喜来登酒店有限公司	旅游饭店	广东省深圳市
梅县雁南飞茶田有限公司	旅游饭店	广东省梅州市
深圳市维也纳国际酒店管理有限公司	旅游饭店	广东省深圳市
增城市碧桂园凤凰城酒店有限公司	旅游饭店	广东省广州市
广州市城建天誉房地产开发有限公司威斯汀酒店	旅游饭店	广东省广州市
深圳市益田假日广场有限公司威斯汀酒店	旅游饭店	广东省深圳市
金茂深圳酒店投资有限公司金茂深圳万豪酒店	旅游饭店	广东省深圳市
湛江海滨滨馆有限责任公司	旅游饭店	广东省湛江市
深圳威尼斯酒店	旅游饭店	广东省深圳市
深圳香格里拉大酒店有限公司	旅游饭店	广东省深圳市
东莞市松山湖酒店有限公司	旅游饭店	广东省东莞市
中国对外贸易广州物业开发公司	旅游饭店	广东省广州市
广州首旅建国酒店有限公司	旅游饭店	广东省广州市
东莞市康帝国际酒店有限公司	旅游饭店	广东省东莞市
广州华钜君悦酒店有限公司	旅游饭店	广东省广州市
珠海度假村酒店有限公司	旅游饭店	广东省珠海市
广东亚洲国际大酒店	旅游饭店	广东省广州市
东莞市塘厦三正半山酒店有限公司	旅游饭店	广东省东莞市
江门市逸豪酒店有限公司	旅游饭店	广东省江门市
广州市七天酒店管理有限公司	一般旅馆	广东省广州市
深圳好日子酒店有限公司	旅游饭店	广东省深圳市
深圳市皇庭酒店管理有限公司	旅游饭店	广东省深圳市
加福投资(深圳)有限公司福朋喜来登酒店	旅游饭店	广东省深圳市
广州万达广场投资有限公司万达希尔顿酒店	旅游饭店	广东省广州市
深圳市五洲宾馆有限责任公司	旅游饭店	广东省深圳市
深圳恒丰海悦国际酒店有限公司	旅游饭店	广东省深圳市
深圳市京基晶都酒店管理有限公司	旅游饭店	广东省深圳市
广州从化碧水湾温泉度假村有限公司	旅游饭店	广东省广州市
广州市九龙湖旅游娱乐开发有限公司	旅游饭店	广东省广州市
广州翡翠皇冠假日酒店有限公司	旅游饭店	广东省广州市
中山市京华世纪酒店有限公司	旅游饭店	广东省中山市
从都国际企业有限公司	旅游饭店	广东省广州市
惠州市康帝国际酒店有限公司	旅游饭店	广东省惠州市
东莞旗峰山酒店有限公司	旅游饭店	广东省东莞市

4-3 续表 7

企业名称	所属行业	企业所在地
广东嘉华酒店有限公司	旅游饭店	广东省东莞市
保利(佛山)酒店有限公司	旅游饭店	广东省佛山市
深圳海景奥思廷酒店有限公司	旅游饭店	广东省深圳市
龙门县南昆山温泉旅游大观园有限公司	旅游饭店	广东省惠州市
中山温泉有限公司	旅游饭店	广东省中山市
广州远洋宾馆有限公司	旅游饭店	广东省广州市
珠海海湾大酒店	旅游饭店	广东省珠海市
湛江康益广场娱乐有限公司	旅游饭店	广东省湛江市
广州大厦有限公司	一般旅馆	广东省广州市
东莞市会展国际大酒店	旅游饭店	广东省东莞市
广州流花宾馆集团股份有限公司	旅游饭店	广东省广州市
深圳阳光酒店	旅游饭店	广东省深圳市
深圳市东方银座酒店有限公司	旅游饭店	广东省深圳市
广州华侨大厦企业有限公司	旅游饭店	广东省广州市
深圳麒麟山庄	旅游饭店	广东省深圳市
广州市星河湾酒店有限公司	旅游饭店	广东省广州市
珠海德翰大酒店有限公司	旅游饭店	广东省珠海市
广州地中海国际酒店有限公司	旅游饭店	广东省广州市
佛山市顺德区华财企业投资有限公司顺德华财酒店	旅游饭店	广东省佛山市
广州凯旋大酒店有限公司凯旋华美达大酒店	旅游饭店	广东省广州市
江门市名冠金凯悦大酒店有限公司	一般旅馆	广东省江门市
广州新世纪酒店有限公司	旅游饭店	广东省广州市
广西壮族自治区		
香格里拉大酒店(桂林)有限公司	旅游饭店	广西壮族自治区桂林市
广西沃顿国际大酒店有限公司	旅游饭店	广西壮族自治区南宁市
柳州饭店	旅游饭店	广西壮族自治区柳州市
海南省		
金茂(三亚)旅业有限公司	旅游饭店	海南省三亚市
三亚天域实业有限公司	旅游饭店	海南省三亚市
中粮酒店(三亚)有限公司	旅游饭店	海南省三亚市
三亚红树林旅业有限公司	旅游饭店	海南省三亚市
金茂(三亚)度假酒店有限公司	旅游饭店	海南省三亚市
三亚家化旅业有限公司	旅游饭店	海南省三亚市
三亚国光豪生度假酒店有限公司	旅游饭店	海南省三亚市
三亚鹿回头旅游区开发有限公司三亚半山半岛洲际度假酒店	旅游饭店	海南省三亚市
三亚海韵度假酒店有限公司	旅游饭店	海南省三亚市
三亚长岛旅业有限公司	旅游饭店	海南省三亚市
海南中港诚实业有限公司	旅游饭店	海南省三亚市
三亚林海房地产开发有限公司三亚湾海居铂尔曼度假酒店	旅游饭店	海南省三亚市
海南观澜湖酒店有限公司	旅游饭店	海南省海口市
三亚华宇旅业有限公司	旅游饭店	海南省三亚市
三亚中港渔业有限公司	旅游饭店	海南省三亚市
海南开维海棠度假投资有限公司	旅游饭店	海南省三亚市
三亚新天房置业有限公司	旅游饭店	海南省三亚市
三亚红树林度假酒店经营有限公司	旅游饭店	海南省三亚市
海南新佳和实业有限公司三亚分公司	旅游饭店	海南省三亚市
三亚万达大酒店有限公司万达希尔顿逸林酒店	旅游饭店	海南省三亚市

4-3 续表 8

企业名称	所属行业	企业所在地
三亚湘投瑞达置业有限公司三亚湘投银泰度假酒店	旅游饭店	海南省三亚市
三亚鸿洲国际游艇会有限公司	旅游饭店	海南省三亚市
三亚民生旅业有限责任公司海棠湾民生威斯汀度假酒店	旅游饭店	海南省三亚市
海南中远博鳌有限公司	旅游饭店	海南省琼海市
海口国宾馆开发有限公司	旅游饭店	海南省海口市
海口明光酒店管理有限公司	旅游饭店	海南省海口市
三亚亚龙湾云天热带森林公园有限公司人间天堂鸟巢度假村	旅游饭店	海南省三亚市
重庆市		
重庆世纪金源时代大饭店有限公司	旅游饭店	重庆市江北区
重庆君豪大饭店有限责任公司	旅游饭店	重庆市江北区
重庆天来酒店有限公司	旅游饭店	重庆市渝北区
恒大地产集团江津有限公司酒店分公司	旅游饭店	重庆市江津区
四川省		
香格里拉大酒店(成都)有限公司	旅游饭店	四川省成都市
成都世纪城新国际会展中心有限公司世纪天堂洲际大饭店	旅游饭店	四川省成都市
城市名人城市酒店管理(中国)股份有限公司	旅游饭店	四川省成都市
四川锦江宾馆有限责任公司	旅游饭店	四川省成都市
四川九寨天堂国际会议度假中心有限公司	旅游饭店	四川省阿坝藏族羌族自治州
成都市向阳凯宾斯基饭店有限公司	旅游饭店	四川省成都市
成都建工集团旅游有限公司青城国际酒店	旅游饭店	四川省成都市
成都世纪城新国际会展中心有限公司假日酒店	旅游饭店	四川省成都市
成都市锦江区明宇豪雅饭店有限公司	旅游饭店	四川省成都市
贵州省		
贵阳世纪金源大饭店管理有限责任公司	旅游饭店	贵州省贵阳市
贵阳凯宾斯基大酒店有限公司	旅游饭店	贵州省贵阳市
贵州饭店有限责任公司	旅游饭店	贵州省贵阳市
云南省		
云南红河投资有限公司酒店分公司	旅游饭店	云南省红河哈尼族彝族自治州
昆明世纪金源大饭店有限公司	旅游饭店	云南省昆明市
陕西省		
香格里拉大酒店(西安)有限公司	旅游饭店	陕西省西安市
陕西宾馆有限责任公司	旅游饭店	陕西省西安市
陕西人民大厦有限公司	旅游饭店	陕西省西安市
陕西金信实业发展有限公司	旅游饭店	陕西省西安市
陕西云海投资管理有限公司	旅游饭店	陕西省西安市
西安建国饭店有限公司	旅游饭店	陕西省西安市
陕西华清爱琴海生态发展有限责任公司	旅游饭店	陕西省西安市
甘肃省		
兰州饭店	旅游饭店	甘肃省兰州市
新疆维吾尔自治区		
新疆边疆宾馆	旅游饭店	新疆维吾尔自治区乌鲁木齐市
新疆机场集团天缘酒店管理有限责任公司	一般旅馆	新疆维吾尔自治区乌鲁木齐市

4-4 分地区大型餐饮业企业名单

企业名称	所属行业	企业所在地
北京市		
北京必胜客比萨饼有限公司	正餐服务	北京市东城区
北京肯德基有限公司	快餐服务	北京市东城区
北京麦当劳食品有限公司	快餐服务	北京市东城区
呷哺呷哺餐饮管理有限公司	快餐服务	北京市大兴区
海鸿达(北京)餐饮管理有限公司	正餐服务	北京市大兴区
北京星巴克咖啡有限公司	咖啡馆服务	北京市朝阳区
北京吉野家快餐有限公司	快餐服务	北京市西城区
眉州东坡餐饮管理(北京)有限公司	正餐服务	北京市朝阳区
中国全聚德(集团)股份有限公司	正餐服务	北京市西城区
北京首都机场餐饮发展有限公司	正餐服务	北京市顺义区
聚德华天控股有限公司	正餐服务	北京市西城区
北京真功夫快餐连锁管理有限公司	快餐服务	北京市朝阳区
北京永和大王餐饮有限公司	快餐服务	北京市东城区
北京金鼎轩酒楼有限责任公司	正餐服务	北京市东城区
北京和合谷餐饮管理有限公司	快餐服务	北京市西城区
北京俏江南餐饮管理有限公司	正餐服务	北京市朝阳区
北京大董烤鸭店有限责任公司	正餐服务	北京市朝阳区
汉堡王(北京)餐饮管理有限公司	快餐服务	北京市顺义区
北京索迪斯服务有限公司	其他未列明餐饮业	北京市朝阳区
北京嘉和一品企业管理股份有限公司	正餐服务	北京市顺义区
北京市新宏状元餐饮管理有限公司	正餐服务	北京市海淀区
顺峰饮食酒店管理股份有限公司	正餐服务	北京市朝阳区
北京华卓餐饮连锁股份有限公司	正餐服务	北京市顺义区
北京快客利餐饮管理有限公司	正餐服务	北京市朝阳区
北京便宜坊烤鸭集团有限公司	正餐服务	北京市东城区
北京味千餐饮管理有限公司	快餐服务	北京市朝阳区
北京联郡餐饮管理有限公司	正餐服务	北京市海淀区
北京市西单麻辣诱惑餐饮有限公司	正餐服务	北京市西城区
北京萨莉亚餐饮管理有限公司	正餐服务	北京市东城区
北京好伦哥餐饮有限公司	快餐服务	北京市海淀区
北京东来顺集团有限责任公司	正餐服务	北京市东城区
北京郭林家常菜食品有限责任公司	正餐服务	北京市西城区
北京恒泰丰餐饮有限公司	正餐服务	北京市东城区
北京龙城丽华快餐有限公司	餐饮配送服务	北京市朝阳区
北京德克士食品有限公司	快餐服务	北京市东城区
北京礼信年年餐饮管理有限公司	餐饮配送服务	北京市海淀区
净雅食品股份有限公司	正餐服务	北京市朝阳区
北京小南国餐饮管理有限公司	正餐服务	北京市东城区
北京金丰餐饮有限公司	其他未列明餐饮业	北京市海淀区
北京星物语餐饮管理有限公司	其他未列明餐饮业	北京市东城区
华润太平洋餐饮管理(北京)有限公司	咖啡馆服务	北京市东城区
北京马氏东方饺子王餐饮有限责任公司	正餐服务	北京市门头沟区
北京为之味餐饮有限公司	快餐服务	北京市东城区
北京禾绿回转寿司饮食有限公司	快餐服务	北京市朝阳区
北京港丽餐饮管理有限公司	正餐服务	北京市西城区
北京比格餐饮管理有限责任公司	快餐服务	北京市西城区
北京新世纪青年饮食有限公司	正餐服务	北京市西城区
北京健力源餐饮管理有限公司	快餐服务	北京市海淀区
北京金钱豹餐饮管理有限公司	正餐服务	北京市朝阳区

4-4　续表 1

企业名称	所属行业	企业所在地
北京旺顺阁美食有限公司	正餐服务	北京市朝阳区
央视后勤服务发展(北京)有限责任公司	正餐服务	北京市海淀区
北京凯瑞豪门餐饮有限公司	正餐服务	北京市海淀区
北京眉州酒店管理有限公司	正餐服务	北京市朝阳区
北京万龙洲饮食有限责任公司	正餐服务	北京市东城区
北京翔达投资管理有限公司	正餐服务	北京市西城区
北京新沸腾鱼乡餐饮投资顾问有限公司	正餐服务	北京市朝阳区
北京紫福餐饮有限公司	正餐服务	北京市东城区
北京金钱豹餐饮有限公司	正餐服务	北京市东城区
北京首钢饮食有限责任公司	其他未列明餐饮业	北京市石景山区
北京航天华盛科贸发展有限公司	正餐服务	北京市丰台区
天津市		
天津肯德基有限公司	快餐服务	天津市南开区
天津麦当劳食品有限公司	快餐服务	天津市河西区
天津海底捞餐饮管理有限公司	正餐服务	天津市西青区
天津德克士食品开发有限公司	快餐服务	天津市滨海新区
天津快客利食品科技咨询有限公司	餐饮配送服务	天津市河北区
河北省		
唐山凤凰园美食城	正餐服务	河北省唐山市
山西省		
太原肯德基有限公司	快餐服务	山西省太原市
大同市王府至尊酒店有限责任公司	正餐服务	山西省大同市
山西芙蓉餐饮有限公司	正餐服务	山西省太原市
内蒙古自治区		
内蒙古小尾羊牧业科技股份有限公司	正餐服务	内蒙古自治区包头市
包头万达广场商业管理有限公司	正餐服务	内蒙古自治区包头市
辽宁省		
百胜餐饮(沈阳)有限公司	快餐服务	辽宁省沈阳市
大连肯德基有限公司	快餐服务	辽宁省大连市
亚惠美食有限公司	快餐服务	辽宁省大连市
沈阳麦当劳(餐厅食品)有限公司	快餐服务	辽宁省沈阳市
沈阳顺峰饮食有限公司	正餐服务	辽宁省沈阳市
大连麦当劳餐厅食品有限公司	快餐服务	辽宁省大连市
辽宁合兴快餐有限公司	快餐服务	辽宁省沈阳市
大连合兴快餐有限公司	快餐服务	辽宁省大连市
吉林省		
吉林省南湖宾馆	正餐服务	吉林省长春市
长春国商餐饮管理有限公司	快餐服务	吉林省长春市
黑龙江省		
哈尔滨东方众合餐饮有限责任公司	正餐服务	黑龙江省哈尔滨市
黑龙江麦当劳(餐厅食品)有限公司	快餐服务	黑龙江省哈尔滨市
上海市		
上海必胜客有限公司	正餐服务	上海市徐汇区
上海统一星巴克咖啡有限公司	咖啡馆服务	上海市徐汇区
上海肯德基有限公司	快餐服务	上海市徐汇区
上海麦当劳食品有限公司	快餐服务	上海市徐汇区
上海伟略餐饮管理有限公司	正餐服务	上海市黄浦区
快乐蜂(中国)餐饮管理有限公司	快餐服务	上海市闵行区
津味(上海)餐饮管理有限公司	咖啡馆服务	上海市徐汇区
上海适达餐饮管理有限公司	其他饮料及冷饮服务	上海市徐汇区

4-4 续表 2

企业名称	所属行业	企业所在地
上海捞派餐饮管理有限公司	正餐服务	上海市宝山区
上海领先餐饮管理有限公司	正餐服务	上海市黄浦区
上海老城隍庙餐饮(集团)有限公司	快餐服务	上海市黄浦区
望湘园(上海)餐饮管理有限公司	正餐服务	上海市浦东新区
悦达咖世家(上海)餐饮管理有限公司	咖啡馆服务	上海市虹口区
上海小南国海之源餐饮管理有限公司	正餐服务	上海市杨浦区
上海萨莉亚餐饮有限公司	正餐服务	上海市徐汇区
上海一茶一坐餐饮有限公司	正餐服务	上海市徐汇区
上海真功夫快餐管理有限公司	快餐服务	上海市闸北区
上海爱一特餐饮有限公司	正餐服务	上海市浦东新区
上海避风塘美食有限公司	正餐服务	上海市黄浦区
上海棒约翰餐饮管理有限公司	正餐服务	上海市徐汇区
上海绿捷快餐有限公司	快餐服务	上海市闵行区
汉堡王(上海)餐饮有限公司	快餐服务	上海市黄浦区
上海怡乐食食品科技服务有限公司	快餐服务	上海市徐汇区
上海广成餐饮管理有限公司	正餐服务	上海市长宁区
上海新旺餐饮管理有限公司	正餐服务	上海市黄浦区
上海沃歌斯餐饮有限公司	快餐服务	上海市静安区
上海俏江南酒店管理有限公司	正餐服务	上海市静安区
杏花楼食品餐饮股份有限公司	正餐服务	上海市黄浦区
信恒餐饮管理(上海)有限公司	其他饮料及冷饮服务	上海市嘉定区
上海大富贵酒楼有限公司	正餐服务	上海市黄浦区
呷哺呷哺餐饮管理(上海)有限公司	正餐服务	上海市徐汇区
上海博海餐饮集团有限公司	正餐服务	上海市金山区
利满美餐饮(上海)有限公司	正餐服务	上海市黄浦区
上海速堡餐饮有限公司	正餐服务	上海市闸北区
上海宝莱纳餐饮有限公司	正餐服务	上海市徐汇区
上海盘古餐饮管理有限公司	正餐服务	上海市长宁区
康帕斯(中国)企业管理服务有限公司	餐饮配送服务	上海市闵行区
蓝蛙餐饮管理(上海)有限公司	正餐服务	上海市浦东新区
上海港丽餐饮管理有限公司	正餐服务	上海市黄浦区
上海朋利来餐饮管理有限公司	小吃服务	上海市普陀区
上海麦金地餐饮管理服务股份有限公司	正餐服务	上海市浦东新区
上海外滩三号饮食文化有限公司	正餐服务	上海市黄浦区
上海新亚富丽华餐饮股份有限公司	正餐服务	上海市黄浦区
上海海舟餐饮服务管理有限公司	其他未列明餐饮业	上海市浦东新区
新元素餐饮管理(上海)有限公司	正餐服务	上海市静安区
上海罗定民餐饮有限公司	正餐服务	上海市杨浦区
上海巴贝拉意舟餐饮管理有限公司	快餐服务	上海市浦东新区
上海采华餐饮管理有限公司	正餐服务	上海市徐汇区
上海豪普生达商业管理有限公司	正餐服务	上海市浦东新区
上海家有好面餐饮管理有限公司	小吃服务	上海市黄浦区
上海仟果企业管理有限公司	其他饮料及冷饮服务	上海市黄浦区
食之秘餐饮管理(上海)有限公司	正餐服务	上海市黄浦区
和民餐饮管理(上海)有限公司	正餐服务	上海市黄浦区
上海天泰餐饮服务有限公司	正餐服务	上海市徐汇区
上海银湖酒店有限公司	正餐服务	上海市松江区
上海新区小南国餐饮管理有限公司	正餐服务	上海市浦东新区
九橙(上海)餐饮服务有限公司	正餐服务	上海市嘉定区
上海六合顺风餐饮有限公司	正餐服务	上海市黄浦区

4-4 续表 3

企业名称	所属行业	企业所在地
上海锦亚餐饮管理有限公司	快餐服务	上海市虹口区
上海常州大娘水饺餐饮有限公司	快餐服务	上海市黄浦区
上海禾绿饮食有限公司	正餐服务	上海市长宁区
上海金阳葱企业管理咨询有限公司	正餐服务	上海市闵行区
上海辉哥海鲜火锅餐饮有限公司	正餐服务	上海市静安区
上海日益餐饮有限公司	正餐服务	上海市浦东新区
马上诺餐饮(上海)有限公司	正餐服务	上海市黄浦区
贝拉吉奥(上海)餐饮管理有限公司	正餐服务	上海市闵行区
上海长宁唐宫海鲜舫有限公司	正餐服务	上海市长宁区
上海锦江国际食品餐饮管理有限公司	其他未列明餐饮业	上海市徐汇区
上海达美乐比萨有限公司	正餐服务	上海市黄浦区
上海豫园大酒店有限公司豫园万丽酒店	正餐服务	上海市黄浦区
上海丰裕餐饮管理有限公司	正餐服务	上海市黄浦区
心品印象(上海)餐饮管理有限公司	正餐服务	上海市徐汇区
上海华航餐饮管理有限公司	正餐服务	上海市崇明县
上海金钱豹宴会餐饮管理有限公司	正餐服务	上海市闵行区
上海红子鸡美食总汇有限公司	正餐服务	上海市普陀区
上海浦东唐宫海鲜舫有限公司	正餐服务	上海市浦东新区
江苏省		
南京肯德基有限公司	快餐服务	江苏省南京市
苏州肯德基有限公司	快餐服务	江苏省苏州市
大娘水饺餐饮集团股份有限公司	快餐服务	江苏省常州市
无锡肯德基有限公司	快餐服务	江苏省无锡市
和夏(南京)餐饮管理有限公司	其他未列明餐饮业	江苏省南京市
南京麦当劳餐饮食品有限公司	快餐服务	江苏省南京市
常州丽华快餐集团有限公司	快餐服务	江苏省常州市
苏州白金汉爵大酒店有限公司	正餐服务	江苏省苏州市
同庆楼太湖餐饮无锡有限公司	正餐服务	江苏省无锡市
南京联郡餐饮管理有限公司	正餐服务	江苏省南京市
南京味千餐饮管理有限公司	快餐服务	江苏省南京市
南京华宁电气实业有限公司	正餐服务	江苏省南京市
昆山皇冠国际会展酒店有限公司	正餐服务	江苏省苏州市
皇郡金钱豹餐饮管理(无锡)有限公司	正餐服务	江苏省无锡市
苏州松鹤楼餐饮管理有限公司	正餐服务	江苏省苏州市
无锡麦当劳餐厅食品有限公司	快餐服务	江苏省无锡市
迪欧餐饮管理有限公司	咖啡馆服务	江苏省苏州市
江阴市龙希国际大酒店有限公司	正餐服务	江苏省无锡市
苏州市大娘水饺餐饮有限公司	其他未列明餐饮业	江苏省苏州市
南京梅山生活服务发展有限公司	正餐服务	江苏省南京市
南京爱味弘企业管理服务有限公司	正餐服务	江苏省南京市
苏州工业园区科桥餐饮服务有限公司	餐饮配送服务	江苏省苏州市
南京金都饮食服务有限公司	正餐服务	江苏省南京市
浙江省		
杭州肯德基有限公司	快餐服务	浙江省杭州市
浙江凯旋门澳门豆捞控股集团有限公司	正餐服务	浙江省杭州市
浙江麦当劳餐厅食品有限公司	快餐服务	浙江省杭州市
浙江老娘舅餐饮有限公司	快餐服务	浙江省湖州市
杭州饮食服务集团有限公司	正餐服务	浙江省杭州市
绍兴市咸亨酒店有限公司	正餐服务	浙江省绍兴市
浙江外婆家餐饮有限公司	正餐服务	浙江省杭州市

4-4　续表 4

企业名称	所属行业	企业所在地
平湖白金汉爵大酒店有限公司	正餐服务	浙江省嘉兴市
浙江两岸食品连锁有限公司	正餐服务	浙江省杭州市
杭州味千餐饮管理有限公司	快餐服务	浙江省杭州市
杭州楼外楼实业集团股份有限公司	正餐服务	浙江省杭州市
宁波南苑环球酒店管理有限公司	正餐服务	浙江省宁波市
温州滨海大酒店有限公司	正餐服务	浙江省温州市
宁波市来必堡餐饮管理有限公司	快餐服务	浙江省宁波市
嘉兴市金悦大酒楼有限公司	正餐服务	浙江省嘉兴市
宁海金海开元名都大酒店有限公司	正餐服务	浙江省宁波市
安徽省		
安徽同庆楼餐饮发展有限公司	正餐服务	安徽省合肥市
安徽蜀王美心快餐管理有限责任公司	快餐服务	安徽省合肥市
合肥滨投商业运营管理有限责任公司	正餐服务	安徽省合肥市
安徽老乡鸡餐饮有限公司	快餐服务	安徽省合肥市
安徽省驿达高速公路服务区经营管理有限公司	快餐服务	安徽省合肥市
安徽联升餐厅食品有限公司	快餐服务	安徽省合肥市
芜湖汉爵阳明大酒店有限公司	正餐服务	安徽省芜湖市
合肥港荣酒店管理有限公司	正餐服务	安徽省合肥市
福建省		
百胜餐饮(福州)有限公司	快餐服务	福建省福州市
厦门肯德基有限公司	快餐服务	福建省厦门市
福建鑫富肥牛世界餐饮(连锁)管理服务有限公司	正餐服务	福建省南平市
厦门麦当劳食品发展有限公司	快餐服务	福建省厦门市
福州麦当劳餐厅食品有限公司	快餐服务	福建省福州市
福州德克士食品有限公司	快餐服务	福建省福州市
福州豪亨世家餐饮管理有限公司	正餐服务	福建省福州市
佳客来(福建)餐饮连锁管理有限公司	正餐服务	福建省福州市
厦门佰翔空厨食品有限公司	餐饮配送服务	福建省厦门市
江西省		
南昌肯德基有限公司	快餐服务	江西省南昌市
江西海印餐饮管理有限公司	正餐服务	江西省南昌市
山东省		
青岛肯德基有限公司	快餐服务	山东省青岛市
山东蓝海股份有限公司	正餐服务	山东省东营市
山东麦当劳(餐厅食品)有限公司	快餐服务	山东省济南市
山东联升餐厅食品有限公司	快餐服务	山东省青岛市
青岛良友饮食股份有限公司	正餐服务	山东省青岛市
青岛健力源餐饮管理有限公司	其他未列明餐饮业	山东省青岛市
山东舜和国际酒店有限公司	正餐服务	山东省济南市
荣峰国际饭店	正餐服务	山东省泰安市
德州双鸿大酒店有限公司	正餐服务	山东省德州市
山东齐盛国际宾馆	正餐服务	山东省淄博市
青岛举鑫帮厨有限公司	正餐服务	山东省青岛市
山东华盛江泉城酒店有限公司	正餐服务	山东省临沂市
河南省		
郑州肯德基有限公司	快餐服务	河南省郑州市
河南麦当劳(餐厅食品)有限公司	快餐服务	河南省郑州市

4-4 续表 5

企业名称	所属行业	企业所在地
洛阳餐饮旅游集团有限公司	正餐服务	河南省洛阳市
湖北省		
百胜餐饮(武汉)有限公司	快餐服务	湖北省武汉市
武汉麦当劳餐饮食品有限公司	快餐服务	湖北省武汉市
武汉艳阳天商贸发展有限公司	正餐服务	湖北省武汉市
湖北星巴克咖啡有限公司	咖啡馆服务	湖北省武汉市
武汉市亢龙太子酒轩有限责任公司	正餐服务	湖北省武汉市
武汉易食铁路餐饮服务有限公司	餐饮配送服务	湖北省武汉市
武汉湖锦娱乐发展有限公司江汉分公司	正餐服务	湖北省武汉市
湖北三五醇食品配送有限公司	正餐服务	湖北省武汉市
武汉永和大王餐饮有限公司	快餐服务	湖北省武汉市
武汉市小蓝鲸健康美食酒店管理有限公司	正餐服务	湖北省武汉市
湖南省		
长沙肯德基有限公司	快餐服务	湖南省长沙市
湖南迈湘餐厅食品有限公司	快餐服务	湖南省长沙市
湖南徐记酒店管理有限公司	正餐服务	湖南省长沙市
长沙五十七度湘餐饮管理有限公司	正餐服务	湖南省长沙市
长沙饮食集团长沙火宫殿有限公司	正餐服务	湖南省长沙市
广东省		
百胜餐饮(广东)有限公司	快餐服务	广东省广州市
广东三元麦当劳食品有限公司	快餐服务	广东省广州市
百胜餐饮(深圳)有限公司	快餐服务	广东省深圳市
麦当劳餐厅(深圳)有限公司	快餐服务	广东省深圳市
广东星巴克咖啡有限公司	咖啡馆服务	广东省广州市
广州真功夫快餐连锁管理有限公司	快餐服务	广东省广州市
深圳真功夫餐饮管理有限公司	快餐服务	广东省深圳市
深圳面点王饮食连锁有限公司	快餐服务	广东省深圳市
广州酒家集团股份有限公司	正餐服务	广东省广州市
广州市绿茵阁饮食连锁有限公司	正餐服务	广东省广州市
广州市麦点九毛九餐饮连锁有限公司	正餐服务	广东省广州市
广州萨莉亚餐饮有限公司	正餐服务	广东省广州市
东莞肯德基有限公司	快餐服务	广东省东莞市
星巴克咖啡(深圳)有限公司	咖啡馆服务	广东省深圳市
深圳永和大王餐饮有限公司	快餐服务	广东省深圳市
春满园饮食管理服务(深圳)集团有限公司	正餐服务	广东省深圳市
深圳市海底捞餐饮有限责任公司	正餐服务	广东省深圳市
深圳市宝利来投资有限公司	正餐服务	广东省深圳市
味千拉面饮食服务(深圳)有限公司	正餐服务	广东省深圳市
真功夫餐饮管理有限公司	快餐服务	广东省东莞市
广州渔民新村饮食有限公司	正餐服务	广东省广州市
广州真功夫经营管理有限公司	快餐服务	广东省广州市
深圳领鲜稻香饮食有限公司	正餐服务	广东省深圳市
元气寿司餐饮服务管理(深圳)有限公司	正餐服务	广东省深圳市
广州白云国际会议中心有限公司	正餐服务	广东省广州市
中山麦当劳食品有限公司	快餐服务	广东省中山市
东莞麦华食品有限公司	快餐服务	广东省东莞市
深圳市禾绿餐饮管理有限公司	快餐服务	广东省深圳市

4-4 续表 6

企业名称	所属行业	企业所在地
深圳航空食品有限公司	餐饮配送服务	广东省深圳市
深圳市广深铁路列车经贸实业有限公司	正餐服务	广东省深圳市
南海渔村有限公司	正餐服务	广东省广州市
深圳威耀饮食有限公司	快餐服务	广东省深圳市
深圳绿源餐饮管理有限公司	快餐服务	广东省深圳市
汉堡王食品(深圳)有限公司	快餐服务	广东省深圳市
广州市番禺中国旅行社	正餐服务	广东省广州市
深圳南联食品有限公司	其他未列明餐饮业	广东省深圳市
广州市越秀区鸿星艺都海鲜酒家	正餐服务	广东省广州市
江门麦当劳(餐厅食品)有限公司	快餐服务	广东省江门市
深圳市嘉旺餐饮连锁有限公司	快餐服务	广东省深圳市
广州市超味盉饮食有限公司	正餐服务	广东省广州市
深圳市慈浩餐饮科技有限公司	快餐服务	广东省深圳市
深圳家乐缘餐饮顾问有限公司	快餐服务	广东省深圳市
佛山大家乐饮食有限公司	快餐服务	广东省佛山市
珠海金濠汉堡食品有限公司	快餐服务	广东省珠海市
深圳新语餐饮管理有限公司	小吃服务	广东省深圳市
广州渔民新村餐饮企业管理有限公司	正餐服务	广东省广州市
深圳市粤菜王府餐饮管理有限公司	正餐服务	广东省深圳市
深圳大快活快餐有限公司	快餐服务	广东省深圳市
八十五度餐饮管理(深圳)有限公司	小吃服务	广东省深圳市
惠州麦当劳(餐厅食品)有限公司	快餐服务	广东省惠州市
东莞麦长食品有限公司	快餐服务	广东省东莞市
中山市海港城海鲜大酒楼有限公司	正餐服务	广东省中山市
湛江市君豪酒店有限公司	正餐服务	广东省湛江市
广州市旺鼎餐饮有限公司	正餐服务	广东省广州市
深圳维华盛世唐宫饮食有限公司	正餐服务	广东省深圳市
广州从化凯旋宫饮食娱乐有限公司	正餐服务	广东省广州市
深圳润园四季餐饮有限公司	正餐服务	广东省深圳市
新世代餐饮管理(深圳)有限公司	正餐服务	广东省深圳市
深圳市百岁村餐饮连锁有限公司	正餐服务	广东省深圳市
广州市恒大酒店有限公司	正餐服务	广东省广州市
广州市食尚国味饮食管理有限公司	正餐服务	广东省广州市
美心食品(深圳)有限公司	小吃服务	广东省深圳市
汕头高新区新梅园大酒楼有限公司	正餐服务	广东省汕头市
广州市莲香楼有限公司	正餐服务	广东省广州市
东莞市鸿骏膳食管理有限公司	小吃服务	广东省东莞市
深圳市巴蜀风饮食管理有限公司	正餐服务	广东省深圳市
广州南园酒家饮食有限公司	正餐服务	广东省广州市
广州市番禺祈福新?渡假俱乐部有限公司	正餐服务	广东省广州市
明华(蛇口)海员服务公司明华国际会议中心	正餐服务	广东省深圳市
广西壮族自治区		
南宁肯德基有限公司	快餐服务	广西壮族自治区南宁市
广西禾唛餐饮有限公司	快餐服务	广西壮族自治区南宁市
广西三品王餐饮管理有限公司	快餐服务	广西壮族自治区南宁市
重庆市		
重庆兴红得聪餐饮管理有限公司	正餐服务	重庆市渝中区

4-4 续表 7

企业名称	所属行业	企业所在地
重庆和之吉饮食文化有限公司	正餐服务	重庆市渝中区
重庆骑龙饮食文化有限责任公司	正餐服务	重庆市北碚区
重庆陶然居饮食文化(集团)股份有限公司	正餐服务	重庆市九龙坡区
重庆味千餐饮文化有限公司	快餐服务	重庆市九龙坡区
重庆肯德基有限公司	快餐服务	重庆市渝中区
重庆市小八仙餐饮有限公司	正餐服务	重庆市万州区
重庆北三玖玖餐饮有限公司	正餐服务	重庆市万州区
重庆阿兴记产业(集团)有限公司	正餐服务	重庆市渝北区
重庆菜香源餐饮文化有限公司	正餐服务	重庆市九龙坡区
重庆德庄酒店管理有限公司	正餐服务	重庆市南岸区
重庆刘一手餐饮管理有限公司	正餐服务	重庆市九龙坡区
四川省		
四川海底捞餐饮股份有限公司	其他未列明餐饮业	四川省资阳市
百胜餐饮(成都)有限公司	快餐服务	四川省成都市
四川麦当劳餐厅食品有限公司	快餐服务	四川省成都市
成都星巴克咖啡有限公司	咖啡馆服务	四川省成都市
芭夯餐饮管理有限公司	正餐服务	四川省自贡市
四川乡村基餐饮有限公司	快餐服务	四川省成都市
四川森林雨餐饮有限公司	其他未列明餐饮业	四川省绵阳市
四川省成都市饮食公司	正餐服务	四川省成都市
攀钢集团生活服务有限公司	正餐服务	四川省攀枝花市
四川四维餐饮投资管理有限公司	正餐服务	四川省绵阳市
成都金牛山庄有限责任公司	正餐服务	四川省成都市
成都市源创巴国布衣餐饮股份有限公司	正餐服务	四川省成都市
贵州省		
贵州雅园饮食娱乐有限责任公司	正餐服务	贵州省贵阳市
云南省		
昆明市肯德基有限公司	快餐服务	云南省昆明市
昆明桂影餐饮有限公司	正餐服务	云南省昆明市
昆明饮食服务有限公司	正餐服务	云南省昆明市
云南空港华卓航空食品有限公司	正餐服务	云南省昆明市
云南滇美餐饮有限公司	快餐服务	云南省昆明市
云南东方航空食品有限公司	餐饮配送服务	云南省昆明市
陕西省		
百胜餐饮(西安)有限公司	正餐服务	陕西省西安市
西安真爱服务事业有限公司	正餐服务	陕西省西安市
西安饮食股份有限公司	正餐服务	陕西省西安市
陕西松茂食品餐饮有限公司	快餐服务	陕西省西安市
西安百姓厨房大馄饨餐饮有限责任公司	正餐服务	陕西省西安市
西安小六汤包餐饮有限责任公司	正餐服务	陕西省西安市
西安麦当劳(餐厅食品)有限公司	快餐服务	陕西省西安市
陕西徐记酒店有限公司	正餐服务	陕西省西安市
甘肃省		
兰州肯德基有限公司	快餐服务	甘肃省兰州市
新疆维吾尔自治区		
新疆肯德基有限公司	快餐服务	新疆维吾尔自治区乌鲁木齐市
新疆百富餐饮股份有限公司	快餐服务	新疆维吾尔自治区乌鲁木齐市

附　录

简要说明:

附录Ⅰ：统计上大中小微型企业划分办法

附录Ⅱ：批发和零售业、住宿和餐饮业统计限额标准

附录Ⅲ：主要统计指标解释

附录Ⅰ 统计上大中小微型企业划分办法

一、根据工业和信息化部、国家统计局、国家发展改革委、财政部《关于印发中小企业划型标准规定的通知》(工信部联企业〔2011〕300 号),结合统计工作的实际情况,特制定本办法。

二、本办法适用对象为在中华人民共和国境内依法设立的各种组织形式的法人企业或单位。个体工商户参照本办法进行划分。

三、本办法适用范围包括:农、林、牧、渔业,采矿业,制造业,电力、热力、燃气及水生产和供应业,建筑业,批发和零售业,交通运输、仓储和邮政业,住宿和餐饮业,信息传输、软件和信息技术服务业,房地产业,租赁和商务服务业,科学研究和技术服务业,水利、环境和公共设施管理业,居民服务、修理和其他服务业,文化、体育和娱乐业等 15 个行业门类以及社会工作行业大类。

四、本办法按照行业门类、大类、中类和组合类别,依据从业人员、营业收入、资产总额等指标或替代指标,将我国的企业划分为大型、中型、小型、微型等四种类型。具体划分标准见附表。

五、企业划分由政府综合统计部门根据统计年报每年确定一次,定报统计原则上不进行调整。

六、本办法自印发之日起执行,国家统计局 2003 年印发的《统计上大中小型企业划分办法(暂行)》(国统字〔2003〕17 号)同时废止。

附表：统计上大中小微型企业划分标准

行业名称	指标名称	计量单位	大型	中型	小型	微型
农、林、牧、渔业	营业收入(Y)	万元	Y≥20000	500≤Y＜20000	50≤Y＜500	Y＜50
工业 *	从业人员(X)	人	X≥1000	300≤X＜1000	20≤X＜300	X＜20
	营业收入(Y)	万元	Y≥40000	2000≤Y＜40000	300≤Y＜2000	Y＜300
建筑业	营业收入(Y)	万元	Y≥80000	6000≤Y＜80000	300≤Y＜6000	Y＜300
	资产总额(Z)	万元	Z≥80000	5000≤Z＜80000	300≤Z＜5000	Z＜300
批发业	从业人员(X)	人	X≥200	20≤X＜200	5≤X＜20	X＜5
	营业收入(Y)	万元	Y≥40000	5000≤Y＜40000	1000≤Y＜5000	Y＜1000
零售业	从业人员(X)	人	X≥300	50≤X＜300	10≤X＜50	X＜10
	营业收入(Y)	万元	Y≥20000	500≤Y＜20000	100≤Y＜500	Y＜100
交通运输业 *	从业人员(X)	人	X≥1000	300≤X＜1000	20≤X＜300	X＜20
	营业收入(Y)	万元	Y≥30000	3000≤Y＜30000	200≤Y＜3000	Y＜200
仓储业	从业人员(X)	人	X≥200	100≤X＜200	20≤X＜100	X＜20
	营业收入(Y)	万元	Y≥30000	1000≤Y＜30000	100≤Y＜1000	Y＜100
邮政业	从业人员(X)	人	X≥1000	300≤X＜1000	20≤X＜300	X＜20
	营业收入(Y)	万元	Y≥30000	2000≤Y＜30000	100≤Y＜2000	Y＜100
住宿业	从业人员(X)	人	X≥300	100≤X＜300	10≤X＜100	X＜10
	营业收入(Y)	万元	Y≥10000	2000≤Y＜10000	100≤Y＜2000	Y＜100
餐饮业	从业人员(X)	人	X≥300	100≤X＜300	10≤X＜100	X＜10
	营业收入(Y)	万元	Y≥10000	2000≤Y＜10000	100≤Y＜2000	Y＜100
信息传输业 *	从业人员(X)	人	X≥2000	100≤X＜2000	10≤X＜100	X＜10
	营业收入(Y)	万元	Y≥100000	1000≤Y＜100000	100≤Y＜1000	Y＜100
软件和信息技术服务业	从业人员(X)	人	X≥300	100≤X＜300	10≤X＜100	X＜10
	营业收入(Y)	万元	Y≥10000	1000≤Y＜10000	50≤Y＜1000	Y＜50
房地产开发经营	营业收入(Y)	万元	Y≥200000	1000≤Y＜200000	100≤Y＜1000	Y＜100
	资产总额(Z)	万元	Z≥10000	5000≤Z＜10000	2000≤Z＜5000	Z＜2000
物业管理	从业人员(X)	人	X≥1000	300≤X＜1000	100≤X＜300	X＜100
	营业收入(Y)	万元	Y≥5000	1000≤Y＜5000	500≤Y＜1000	Y＜500
租赁和商务服务业	从业人员(X)	人	X≥300	100≤X＜300	10≤X＜100	X＜10
	资产总额(Z)	万元	Z≥120000	8000≤Z＜120000	100≤Z＜8000	Z＜100
其他未列明行业 *	从业人员(X)	人	X≥300	100≤X＜300	10≤X＜100	X＜10

说明：

1.大型、中型和小型企业须同时满足所列指标的下限，否则下划一档；微型企业只须满足所列指标中的一项即可。

2.附表中各行业的范围以《国民经济行业分类》（GB/T4754-2011）为准。带*的项为行业组合类别，其中，工业包括采矿业，制造业，电力、热力、燃气及水生产和供应业；交通运输业包括道路运输业，水上运输业，航空运输业，管道运输业，装卸搬运和运输代理业，不包括铁路运输业；信息传输业包括电信、广播电视和卫星传输服务，互联网和相关服务；其他未列明行业包括科学研究和技术服务业，水利、环境和公共设施管理业，居民服务、修理和其他服务业，社会工作，文化、体育和娱乐业，以及房地产中介服务，其他房地产业等，不包括自有房地产经营活动。

3.企业划分指标以现行统计制度为准。（1）从业人员，是指期末从业人员数，没有期末从业人员数的，采用全年平均人员数代替。（2）营业收入，工业、建筑业、限额以上批发和零售业、限额以上住宿和餐饮业以及其他设置主营业务收入指标的行业，采用主营业务收入；限额以下批发与零售业企业采用商品销售额代替；限额以下住宿与餐饮业企业采用营业额代替；农、林、牧、渔业企业采用营业总收入代替；其他未设置主营业务收入的行业，采用营业收入指标。（3）资产总额，采用资产总计代替。

附录Ⅱ　批发和零售业、住宿和餐饮业统计限额标准

<table>
<tr><th>行业类别</th><th>统计指标名称</th><th>限额标准</th></tr>
<tr><td>批发业</td><td>年主营业务收入</td><td>2000 万元</td></tr>
<tr><td>零售业</td><td>年主营业务收入</td><td>500 万元</td></tr>
<tr><td>住宿业</td><td rowspan="2">年主营业务收入</td><td rowspan="2">200 万元</td></tr>
<tr><td>餐饮业</td></tr>
</table>

附录Ⅲ　主要统计指标解释

一、批发和零售业、住宿和餐饮业主要财务指标解释

1. **资产总计**：指企业过去的交易或者事项形成的、由企业拥有或者控制的、预期会给企业带来经济利益的资源。资产一般按流动性（资产的变现或耗用时间长短）分为流动资产和非流动资产。其中流动资产可分为货币资金、交易性金融资产、应收票据、应收账款、预付款项、其他应收款、存货等；非流动资产可分为长期股权投资、固定资产、无形资产及其他非流动资产等。

2. **流动资产合计**：资产满足以下条件之一应归为流动资产：（1）预计在一个正常营业周期中变现、出售或耗用，主要包括存货、应收账款等；（2）主要为交易目的而持有；（3）预计在资产负债表日起一年内（含一年）变现；（4）自资产负债日起一年内，交换其他资产或清偿负债的能力不受限制的现金或现金等价物。包括货币资金、应收票据、应收账款、存货等项目。

3. **固定资产原价**：指固定资产的成本，包括企业在购置、自行建造、安装、改建、扩建、技术改造某项固定资产时所发生的全部支出总额。

4. **累计折旧**：指企业在报告期末提取的历年固定资产折旧累计数。

5. **负债合计**：指企业过去的交易或者事项形成的，预期会导致经济利益流出企业的现时义务。负债一般按偿还期长短分为流动负债和非流动负债。

6. **所有者权益合计**：指企业资产扣除负债后由所有者享有的剩余权益。公司的所有者权益又称股东权益。包括实收资本、资本公积、盈余公积、未分配利润等。

7. **实收资本**：指企业投资者实际投入的资本(或股本)，包括货币、实物、无形资产等各种形式的投入。实收资本按投资主体可分为国家资本、集体资本、法人资本、个人资本、港澳台资本和外商资本。

8. **国家资本**：指有权代表国家投资的政府部门或机构、直属事业单位对企业形成的资本金。

9. **集体资本**：指由本企业职工等自然人集体投资或各种机构对企业进行扶持形成的集体性质的资本金。

10. **法人资本**：指法人以其依法可支配的资产投入企业形成的资本金。

11. **个人资本**：指自然人实际投入企业的资本金。

12. **港澳台资本**：指我国香港、澳门和台湾地区投资者实际投入企业的资本金。

13. **外商资本**：指外国投资者实际投入企业的资本金。

14. **营业收入**：指企业经营主要业务和其他业务所确认的收入总额。营业收入合计包括“主营业务收入”和“其他业务收入”。

15. **主营业务收入**：指企业确认的销售商品、提供劳务等主营业务的收入。

16. **主营业务成本**：指企业经营主要业务所发生的成本总额。

17. **主营业务税金及附加**：指企业经营主要业务应负担的营业税、消费税、城市维护建设税、教育费附加等。

18. **主营业务利润**：指企业在从事商品销售、提供服务等主要经营中所产生的利润之和。

19. **其他业务利润**：指企业经营除主要业务以外的其他业务实现的利润。

20. **销售费用**：指企业在销售商品和材料、提供劳务的过程中发生的各种费用，包括保险费、包装费、展览费和广告费、商品维修费、预计产品质量保证损失、运输费、装卸费等以及为销售本企业商

品而专设的销售机构（含销售网点、售后服务网点等）的职工薪酬、业务费、折旧费等经营费用。

21. 管理费用：指企业为组织和管理企业生产经营所发生的费用，包括企业在筹建期间内发生的开办费、董事会和行政管理部门在企业经营管理中发生的，或者应当由企业统一负担的公司经费等。

22. 财务费用：指企业为筹集生产经营所需资金等而发生的筹资费用，包括企业生产经营期间发生的利息支出（减利息收入）、汇兑损失（减汇兑收益）以及相关的手续费等。

23. 营业利润：指企业从事生产经营活动所取得的利润。

24. 利润总额：指企业在一定会计期间的经营成果，是生产经营过程中各种收入扣除各种耗费后的盈余，反映企业在报告期内实现的盈亏总额。

25. 应交所得税：指企业按税法规定，应从生产经营等活动的所得中缴纳的税金。

26. 应付职工薪酬：指企业为获得职工提供的服务而给予各种形式的报酬以及其他相关支出。包括职工工资、奖金、津贴和补贴，职工福利费，医疗保险费、养老保险费、失业保险费、工伤保险费和生育保险费等社会保险费，住房公积金，工会经费和职工教育经费，非货币性福利，因解除与职工的劳动关系给予的补偿，其他与获得职工提供的服务相关的支出。

27. 应交增值税：指企业按税法规定，从事货物销售或提供加工、修理修配劳务等增加货物价值的活动本期应交纳的税金。根据会计相关科目贷方累计发生额，按下述公式计算填报：

应交增值税＝销项税额－（进项税额－进项税额转出）－出口抵减内销产品应纳税额－减免税款＋出口退税

二、批发和零售业商品购、销、存情况指标解释

1. 商品购进额：指从本企业以外的单位和个人购进（包括从国外直接进口）作为转卖或加工后转卖的商品金额（含增值税）。本指标反映批发和零售业从国内外市场上购进商品的总价。

2. 进口：指直接从国外进口或委托外贸企业代理进口的商品金额，不包括从国内有关单位购进的进口商品。对外贸易企业只统计自主经营进口的商品，不统计受托代理进口的商品。

3. 商品销售额：指对本单位以外的单位和个人出售的商品金额（包括售给本单位消费用的商品，含增值税）。在批发和零售业中，本指标反映在国内市场上销售商品以及出口商品的总价。

4. 出口：指直接向国（境）外出口商品和委托外贸企业代理出口的商品金额，商品出口不包括售给外贸企业出口或加工后出口的商品，以及在国内市场以外币销售的商品。外贸企业只统计自主经营出口的商品，不包括受托代理出口的商品。

5. 期末商品库存额：对于批发和零售业法人单位和个体经营户，是指报告期末取得所有权的全部商品金额（含增值税）；对于批发和零售业产业活动单位，是指报告期末实际在库且归属法人具有所有权的全部商品金额（含增值税）。这个指标反映批发和零售业的商品库存情况，以及对市场商品供应的保证程度。

三、住宿和餐饮业经营情况指标解释

1. 营业额：指住宿和餐饮业单位在经营活动中因提供服务或销售商品等取得的全部收入，包括：客房收入、餐费收入、商品销售额（含增值税）和其他收入。不包括法人企业附营的其他行业产业活动单位的餐费收入、商品销售收入等各项收入。

2. 客房收入：指住宿和餐饮业单位在经营活动中因提供住宿服务取得的收入。不包括法人企业附营的其他行业产业活动单位的客房收入。

3. 餐费收入：指住宿和餐饮业单位为顾客提供就餐服务取得的收入。包括：经烹饪、调制加工后出售的各种食品，如主食、炒菜、凉拌菜等的收入。不包括法人企业附营的其他行业产业活动单位的餐费收入。

4. 商品销售额：指对本单位以外的单位和个人出售的商品金额（包括售给本单位消费用的商品，含增值税）。在住宿和餐饮业中，本指标反映住宿和餐饮业单位出售商品的销售总额（含增值税），不包括法人企业附营的其他行业产业活动单位的商品销售额。

5. 其他收入：指营业额中除客房收入、餐费收入、商品销售额（含增值税）以外的其他收入。

四、批发和零售业、住宿和餐饮业主要经济效益分析指标解释

1. 负债率：指企业负债总额与资产总额之比。它表示企业资产总额中，债权人提供资金所占的比重，以及企业资产对债权人权益的保障程度。其计算公式为:

负债率=（负债总额 ÷ 资产总额） × 100%

2. 主营业务毛利率：指企业主营业务收入和主营业务成本之间的差额与主营业务收入之比，其计算公式为:

主营业务毛利率=（主营业务收入-主营业务成本） ÷ 主营业务收入 × 100%

3. 人均主营业务收入：指企业主营业务收入与年末从业人员数之比，其计算公式为:

人均主营业务收入=主营业务收入 ÷ 年末从业人员数

4. 费用率：指销售费用、管理费用和财务费用三项之和与主营业务收入之比。其计算公式为:

费用率=（销售费用+管理费用+财务费用） ÷ 主营业务收入 × 100%